Essentials
of
Political
Economy

政治经济学通识

历史·经典·现实

黄琪轩 著

人民东方出版传媒

东方出版社

目　录

导论

一　如何分配稀缺资源？　/ 001

二　什么是政治经济学？　/ 007

三　为何要"走进"又要"走出"政治经济学的经典？　/ 011

第一章　古典自由主义政治经济学——斯密与马尔萨斯

一　为什么欧洲人长高了？　/ 022

二　为什么苏联时代的分工遭受挫折？　/ 028

三　为什么美国信教的民众比欧洲多？　/ 036

四　为何英国率先掀起了工业革命？　/ 041

五　为什么开放有利于和平与安全？　/ 048

六　为何生活在 1800 年的英国人比他们的祖先更穷？　/ 055

第二章 政治经济学中的新自由主义潮流——哈耶克与弗里德曼

一 政府如何治理通货膨胀？ / 067

二 是否应该允许私人发行货币？ / 073

三 国家货币为何逐步占据了主导地位？ / 081

四 为何西方的援助收效甚微？ / 087

五 为何斯大林的经济模式会倒向其政治模式？ / 093

六 政府是否应该强制收取养老金？ / 102

七 政府是否应该颁布行医资格执照？ / 108

第三章 理性选择的政治经济——奥尔森、布坎南等人的贡献

一 为何美国总统选举投票率呈下降趋势？ / 116

二 为什么美国的债务居高不下？ / 122

三 为何赤道几内亚的居民喝不上洁净的饮用水？ / 125

四 为何官僚机构越来越臃肿？ / 132

五 为什么美国食糖价格是其他国家的两倍？ / 138

六 为何政府要为食糖厂商损害广大选民的利益？ / 142

七 为何人们要花钱实施报复？ / 148

第四章　马克思与政治经济学中的新视角

一　为何人类社会的财富水平显著提升？ / 153

二　为何 19 世纪末的麦金利能赢得选举？ / 158

三　为何巴西工人没有从"经济奇迹"中获益？ / 163

四　资本主义企业的利润率为何呈下降趋势？ / 171

五　为何美国贫富差距扩大了？ / 177

六　为什么日本人的幸福感下降了？ / 184

七　为何资本主义国家不断受经济危机困扰？ / 191

第五章　政治经济学中马克思的跟随者——希法亭、列宁等人的贡献

一　为何金融集团"大而不倒"？ / 200

二　发达国家为何再度实施贸易保护？ / 208

三　19 世纪末的英国为何大量输出资本？ / 213

四　第一次世界大战为何爆发？ / 219

五　为何美国军费开支如此巨大？ / 224

六　为何 18 世纪的印度会出现"去工业化"趋势？ / 230

七　为何现在的阿根廷远远落后于美国？ / 239

第六章　政治经济学中的国家视角——李斯特与汉密尔顿的遗产

一　为什么要靠军队讨债？ / 250

二　为何俄罗斯的市场化改革步履维艰？ / 259

三　非洲为何没有演化成现代经济体？ / 266

四　为何18世纪的英国能成功开拓海外市场？ / 274

五　美国政府为何要禁止商人出口技术？ / 279

六　为何苏联要生产过时的计算机？ / 289

七　为何美国在内战后建立如此高的关税？ / 300

八　为何空中客车能占据世界民用航空业的半壁江山？ / 309

九　为何巴西大农场主缴纳很低的税？ / 319

第七章　政治经济学中的制度视角——从凡勃伦到诺斯

一　为何美国富商会赞助大学？ / 325

二　为何贾府的饭桌上要有"茄鲞"这道菜？ / 331

三　哥斯达黎加为何能赢得对美国的诉讼？ / 338

四　为何发展中国家有庞大的僵化资本？ / 341

五　为何教育水平的提升不能提高经济绩效？ / 350

六　为何海外侨民会增加母国的跨国投资？　/ 357

七　为何英国能在战争中借到更多的债？　/ 363

八　为何拉美国家落后了？　/ 369

后记　/ 376

导论

2005 年 7 月 1 日,《科学》杂志创刊 125 周年之际,它公布了 125 个最具挑战性的科学问题。这些问题,主要是对自然界未知领域的探索,也有一些问题涉及人类社会,比如,在今后的世界,马尔萨斯的理论还会是错的吗? 为什么有些国家的经济持续增长,而有些国家则陷入停滞? 政治自由和经济自由紧密相关吗? 撒哈拉以南的非洲,为何其贫困率在增长,人均寿命在减少? 合作行为是如何演化的? 等等。这也是当代政治经济学文献常常会讨论的相关问题。长久以来,政治经济学的一些问题持续困扰着人类,在历史上被反复地讨论。本书将从政治经济学的经典出发,试图沟通经典、历史与现实,展示政治经济学不同视角各自的特点,以及这些视角的思想起源、历史参照与当代回响。本章首先从稀缺资源分配的角度导入政治经济学中政府与市场的互动。

一　如何分配稀缺资源?

"稀缺"(scarcity)是社会科学中的关键概念。经济学家关注稀缺,政治学家、社会学家也非常关注稀缺,因为不仅经济资源是稀缺的,名誉声望和政治职务同样是稀缺的。什么是"稀缺"呢？简单来讲，它有两个构成要素：一是资源、生产要素或产出是有限的；二是它们难以满足社会的需求。[①]

我们先来看构成稀缺的第一个要素：资源是有限的。无论是物质资源还是非物质资源，如果它们能无限地供应，那就构不成稀缺。空气对人而言是不可或缺的，但它的供给是无限的，因此长期以来，空气不是稀缺资源。尽管这个地球上有大量的水，但洁净的饮用水却是有限的；世界上有10亿人喝不上洁净的饮用水，每天，世界上有上千名儿童因缺乏洁净的饮用水而死亡。因此，洁净的水是稀缺的。2000年，全球有近30亿人每天的消费不足两美元；8.4亿人没有足够的食物；20亿人缺乏基本的卫生设施；不发达国家中有1/4的儿童连小学都没毕业，便辍学在家。[②] 根据世界银行公布的数据：2013年，世界上有10.7%的人每天消费不足1.9美元，人数多达7.67亿。[③] 在我们生活的世界，物质资源的稀缺性随处可见。此外，不少非物质资源也往往是有限的，比如荣誉，每年获得诺贝尔奖的人选是有限的；数学界的菲尔兹奖每四年才颁发一次，而且只授予年龄在40岁以下的数学家。总之，要构成稀缺，资源需要是有限的。

构成稀缺的第二个要素是社会需要，也就是它有用。尽管不少资源是有限的，但是当人类社会对它没有任何需求时，它就构不成稀缺。比如在中国的西藏，鱼类尽管有限，但是藏族同胞不吃鱼。因此，由于缺乏社会需求，也构不成稀缺。不少自然资源，比如金属铀的储备是有限的。20世纪60年代，由于黄金储备短缺，美国总统艾森豪威尔曾考虑过是否有可能用铀代替黄金作为主要的外汇储备。[④] 在人类能够利用铀之前，我们对这一贵金属没有需求，也就谈不上稀缺。

---

① Donald Rutherford, *Routledge Dictionary of Economics*, London and New York: Routledge, 1992, p.363.

② ［美］威廉·伊斯特利著，崔新钰译：《白人的负担：为什么西方的援助收效甚微》，中信出版社2008年版，第6页。

③ 相关数据参见世界银行网站公布的数据：http://www.worldbank.org/en/topic/poverty/overview。

④ ［美］弗朗西斯·加文著，严荣译：《黄金、美元与权力：国际货币关系的政治（1958—1971）》，社会科学文献出版社2011年版，第55页。

　　日常生活中的大量资源都是稀缺的，那如何来分配这些稀缺资源呢？我们可以想到很多办法，比如：靠暴力掠夺、靠权威、靠投票、先到先得、论资排辈、靠绩效、靠交换等。

　　第一种办法是靠暴力分配稀缺资源。在人类历史上，人或者国家常常诉诸暴力来获得稀缺资源。《荷马史诗》中的《伊利亚特》讲述的是为了争夺美女海伦而引发的一场战争。美女是稀缺的，而争夺这一稀缺资源的方式是战争。1846年到1848年，美国和墨西哥爆发了战争，起因是美国想买墨西哥的土地，遭到墨西哥政府的拒绝。在战争中为美国立下赫赫战功的尤利塞斯·格兰特（Ulysses Grant）指出：这是一个强大的国家对一个相对弱小的国家发动的最不义的战争之一。墨西哥的谈判代表也指出：一个国家因为邻国不愿意将领土卖给自己，便发动了一场战争，这是史无前例的做法。[1]美国通过此次战争，获得了新的领土，包括得克萨斯、加利福尼亚、新墨西哥、亚利桑那、内华达和犹他州等。领土是稀缺的，所以人类历史上常常可见诉诸武力来获得稀缺的领土。1893年，150名海军陆战队队员登陆夏威夷，协助美国在夏威夷的种植园主发动叛乱，推翻了夏威夷土著女皇的统治。1897年，美国兼并了夏威夷。当时的一幅漫画把美国兼并夏威夷描绘成一场枪口胁迫下的婚礼。美国的威廉·麦金利（William Mckinley）总统扮演牧师，他宣读了"兼并政策"，而夏威夷的土著女皇则被描绘成新娘，在伺机寻找逃脱的机会。要知道，当时大部分夏威夷人并不赞同美国对夏威夷的兼并。[2]而美国仍旧依靠暴力获得了夏威夷这一太平洋上稀缺的战略要地。

　　第二种办法是靠权威来分配稀缺资源。在地理大发现时期，葡萄牙和西班牙就未开发的海外区域展开了激烈的争夺，双方相持不下。1493年，罗马教皇亚历山大六世（Alexander VI）出面调停，他将亚速尔群岛和佛得角群岛以西100里格的子午线定为两国势力范围的分界线。该线以西属于西班牙的势力范围，以东则归葡萄牙，这条线被称为"教皇子午线"。裁

---

　　① ［美］埃里克·方纳著，王希译：《给我自由！——一部美国的历史》（上卷），商务印书馆2010年版，第602—604页。

　　② ［美］埃里克·方纳：《给我自由！——一部美国的历史》（上卷），第843页。

定海外殖民地的势力范围是由教皇这样的权威来完成的。当资源稀缺的时候，权威的分配与裁决是解决稀缺资源争执的重要方式。

新中国成立初期，百废待兴，国内用于发展经济的资源十分有限。在资金有限的情况下，中国政府是优先发展轻工业还是重工业？这一问题成为当时新中国领导人讨论的焦点。不少民主人士向党中央提议中国应该优先发展轻工业，以改善民生，施行仁政。此时，毛泽东主席认为：优先发展轻工业，照顾短期利益的做法是"小仁政"。他强调，我们施行仁政的重点应当放在建设重工业上，这是人民的长远利益，这才是"大仁政"。我们不能为了实施"小仁政"，而妨碍了"大仁政"。[①] 因此，毛泽东主席决策解决了稀缺资源投向的优先顺序，这也是依靠权威的分配方式。

改革开放后，国企日益面临经营困境，出于国企解困的需要，中国开始发展股票市场，为国企拓展新的融资渠道。上市能为企业带来廉价融资的收益，但中央政府长期实行上市的"额度控制"，防止因过多国企迅速涌入导致股票市场负担过重。因此，上市名额成为稀缺资源。从1993年开始，政府有意识地将上市额度在全国范围内进行分配。地方政府在这一过程中也享有很大的分配权力。上市资格是稀缺的资源，而当时该资源的分配不是靠市场交易，而是靠政府来完成。

第三种办法是靠投票来分配稀缺资源。例如，在古希腊的选举中，群众用呼喊声的大小来表示他们对候选人的支持程度，获得更高呼声便可以在选举中获胜。冀鲁豫边区曾实行过"豆选"。当时要选正、副村长两人，但是候选人有六名，岗位是稀缺的。由于抗日根据地的群众90%都是文盲，边区政府就把豆子发给选民，每个候选人身后放一只大碗，选民赞成谁，就在谁的大碗中丢一颗豆子。[②] 谁获得的豆子多，谁就当选。

第四种办法是按"先到先得"原则来分配稀缺资源。美国的土地资源比欧洲更丰裕，19世纪时，大量欧洲移民横跨大西洋到美国寻求机会，土地成了他们争夺的对象。汤姆·克鲁斯（Tom Cruise）主演的电影《大

---

① 薄一波：《若干重大决策与事件的回顾》（上卷），中共中央党校出版社1991年版，第291页。
② 牛铭实、米有录：《豆选》，中国人民大学出版社2014年版，第100页。

地雄心》（*Far and Away*）就讲述了一位爱尔兰移民去美国寻找自己土地的故事。当时的一项规矩就是先到先得。枪声一响，那些无地的移民使出浑身解数，迅速跑到一块无主的土地上，将手中执有的旗帜插到那里。谁先在一片土地上插上旗帜，这块土地就属于谁。淘金热时期的故事如出一辙，谁先占领这块土地，那里的金矿就归谁。在这样的规则下，速度就变得非常重要。当年英国的火车很重视安全，行驶得很慢，而美国则不然，火车的行驶速度很快，导致事故频发。据说一位旅客下车后发现自己把行李忘在了火车上，路人说："赶紧去追啊。"他说："不急，追也追不上了。前面有个拐弯的地方，在那个地方，火车经常翻车。我过去看看。"他慢慢地走到了那个拐弯处，发现火车翻了，他走过去找到了行李。[①] 在"先到先得"分配规则下，火车过快的行驶速度影响了行车安全。但是，重速度而轻安全的选择就是对"先到先得"分配规则的回应。因为在很多时候，快速行动会让你抢占先机。

第五种分配稀缺资源的办法是论资排辈。日本企业内部长期实行"年功序列"制度，这意味着资历老的员工可以得到更丰厚的薪酬。而在日本历史上，年龄太大可能还会成为获得稀缺资源的负资产。曾获得戛纳电影节大奖的日本电影《楢山节考》讲述了发生在古代日本信州一个贫苦山村的故事。由于没有余粮，那里的村民难以供养老人。于是，村子里面形成了一条规矩：当老人70岁的时候，就由其子女背到山上，去见山神。这样做就是任由老年人自生自灭，把剩余的口粮留给后代。

第六种分配稀缺资源的办法是靠绩效。历史上，中国的人才选拔制度就是靠考试（科举制）来分配资源。"朝为田舍郎，暮登天子堂"，大批读书人一辈子皓首穷经，通过考科举来竞争资源。吴敬梓小说《儒林外史》中的范进，在得知中举后，居然高兴得发了疯。奥运金牌也是稀缺的，运动员们为了夺取金牌，必须要做到"更快、更高、更强"。有时候，为了在运动场上有更好的表现，他们不得不以损害自己的健康为代价。1972年到

---

① Daniel Boorstin, *The Americans: The National Experience*, New York: Random House, 1965, p.134.

2002年，美国橄榄球运动员的体型明显增大。1972年的超级碗赛事中，进攻内锋的平均体重已经高达248磅（1磅约为0.45千克）；到了2002年，超级碗的攻击锋线平均体重又增加到304磅；而达拉斯牛仔队的阿伦·吉布森（Aaron Gibson）的体重更是高达422磅。想进入赛事名单的前锋食量都奇大无比，为了获得更好的赛事成绩，他们把自己变成了400磅的人肉盾牌和破城锤，他们不再敏捷，不再迅速，不再会用脚的力量。[①]

第七种分配稀缺资源的办法是交易。不同资源的持有者可以根据自身的需要，进行交换。1803年，美国从法国手中购买了路易斯安那州；1867年，美国花了720万美元从沙皇俄国手中买下了阿拉斯加。对美国、法国和俄国而言，这是你情我愿的交易行为。纽约寸土寸金，而帝国大厦更是纽约的关键性地标，商业价值突出，20世纪90年代，日本的公司就曾高价买下帝国大厦。日常生活中，我们购买产品和服务，公司购买原料，大都属于市场交易。

上述七种并没有穷尽分配稀缺资源的办法，这项清单还可以列得更长。这些办法大致可以划分为两类：一类是横向的分配，一类是纵向的分配。日常生活中购买食品、地产、股票等市场交易活动就是典型的横向分配，它遵循的是交易原则，主要依赖市场进行，这是靠自愿的交易来分配资源。纵向的分配主要依赖政府进行，它靠强制力来分配稀缺资源，典型的模式就是靠暴力、权威、命令来完成分配。这样的分配可以罔顾个人意愿。我们可以将上述稀缺资源的分配方式视为一条横轴、一条纵轴。本书中，横轴与纵轴的互动、国家与市场的互动就是政治经济学的主要内容。

---

① ［美］迈克尔·桑德尔著，黄慧慧译：《反对完美：科技与人性的正义之战》，中信出版社2013年版，第33页。

二　什么是政治经济学？

自诞生开始，政治经济学（political economy）一词就有多重含义。在亚当·斯密看来，政治经济学是管理国家资源以创造财富的科学；对马克思而言，政治经济学关注生产资料的所有权如何影响了历史进程。到了20世纪，"政治经济学"一词也有着不同的含义。有时它指的是一个研究领域，关注政治和经济的互动。有时它指的是一套研究方法，就方法而言，学者之间也存在分歧。[①] 政治经济学在本书中指的是对政治与经济互动的研究。笔者想从政治与经济的互动、政府与市场的互动等角度来展示政治经济学。

政治经济学的一个侧面是：政治如何影响了经济。就经济问题而言，会有很多议题，如经济增长、收入分配、居民消费、通货膨胀、国际贸易、跨国投资等。诸多经济政策、经济现象背后往往有其政治根源。

我们看一下历史上曾被英国殖民过的国家或地区的发展现状，就会发现它们存在很大差异。就发展程度而言，澳大利亚、新加坡已经跻身发达国家行列；而同样被英国殖民过的塞拉利昂、尼日利亚则沦为不发达的国家。当然，还有一些国家处于中间位置，它们既不是最好的，也没有变成最糟糕的，如斯里兰卡、埃及等。经济发展是经济问题，而政治经济学需要寻找经济问题的政治根源。有研究显示，历史上英国在殖民地采用不同的殖民形式会影响这些国家的人类发展指数，包括经济绩效。在对外殖民过程中，英国在有的地方采用直接殖民的统治模式，在有的地方则采用间接殖民的统治模式。不同的殖民模式，英国统治的深入程度不同，对当地社会的改造也存在差异，遗留给当地的制度遗产同样会存在区别。在英国直接殖民的国家，英国人会更深入地渗透到当地社会，使当地的社会结构

---

① Barry Weingast and Donald Wittman，"The Reach of Political Economy," in Barry Weingast and Donald Wittman, eds., *The Oxford Handbook of Political Economy*，New York：Oxford University Press，2006，p.3.

趋于瓦解的同时，也留下了民主、法治等制度遗产。这些地方的经济绩效会比间接殖民的地方要好，人类发展指数更高。[1]经济绩效属于经济问题，殖民形式则属于政治问题。寻找经济绩效背后的政治根源就是政治经济学的研究目标。

罗伯特·贝茨（Robert Bates）在《热带非洲的市场与国家：农业政策的政治基础》一书中提到大部分非洲国家存在一些比较奇怪的农业政策。为提高农产品的产量，政府可以实施两种政策：一是提高农产品价格；一是对农产品实施补贴。非洲国家的政府往往偏好实施后一种政策。贝茨认为这样的政策背后有着明显的政治根源。因为提高农产品的价格，会损害城市中工人与制造商的利益。如果食品价格提高，城市中的工人会面临更高昂的生活成本，这会引发他们的不满。工人生活成本的提高也会让制造商支付更高的工资，减少他们的利润，而城市的利益集团对政府的威胁比农村的群体更大。因此，政府不愿意提高农产品价格。另一项政治因素是，政府提高农产品价格，会让所有农民受益；而补贴则只是支付给政府的支持者。基于以上两点的考虑，政府会选择用补贴而非提价的方式来发展农业，政治的考虑而非经济的计算占据了压倒性优势。[2]不少民众常常埋怨政府出台荒谬的、难以理解的经济政策，而政治经济学则从政治逻辑来理解那些看似"荒谬"的经济政策——它们或许缺乏经济效率，但却可以为政策制定者带来足够多的政治利益。

政治经济学的另一个侧面是：经济如何影响了政治。就政治问题而言，会有诸多主题：国家构建、族群冲突、选举、民主化、革命、战争等。这些政治问题的出现往往有着经济根源。

例如，历史上，有过多次民主化潮流，有的国家从专制转向民主政体，而有的国家则从民主倒退回专制。人们发现，自然资源丰富的国家，往往很难实现民主。这一政治问题背后有何经济缘由呢？如果一个国家拥有大

---

① Matthew Lange, *Lineages of Despotism and Development: British Colonialism and State Power*, Chicago and London: The University of Chicago Press, 2009.

② ［美］罗伯特·贝茨著，曹海军等译，刘骥等校：《热带非洲的市场与国家：农业政策的政治基础》，吉林出版集团有限责任公司 2011 年版，第 97—98 页。

规模的石油等非税收收入（nontax revenue）——无论它是民主国家还是专制国家——它的政体会更为稳定。因为在民主国家，政府征税容易激起国内精英群体的不满，动摇民主政治；在专制国家，如果政府在福利等社会支出方面的经费投入不足，同样会导致民众的不满，危及政治稳定。但有了石油等非税收入就会大不一样。民主国家有了石油收入可以使政府减少征税数额，让精英群体满意；而在专制国家，政府可以用石油等收入加大社会支出，让普通民众满意，从而保证了政权的稳定。[1]

政体变迁是政治问题，寻找这一政治问题的经济根源属于政治经济学的研究领域。有学者研究发现民主和专制有着不同的经济根基。历史上，为何英国建立了议会民主制，而法国则走向了绝对主义王权？我们知道英国和法国长期进行争霸战争，他们都需要为战争融资，为此，欧洲的君主需要不断寻找新的税收来源。英国和法国的差异在于：英国的君主主要通过对贸易进行征税来获得收入，而法国的君主主要通过对不动产（例如盐矿和土地）进行征税。不同的征税方式导致英国和法国的民众在王权面前有着不同的议价能力。由于土地等不动产难以转移到海外，因此，法国民众的议价能力比英国民众更低。在英国，国王为了获得纳税人的合作，不得不让纳税人在税收政策的制定过程中发声，从而孕育了议会民主制度。相对而言，法国国王则不那么需要纳税人的合作，因此法国走向了绝对主义王权。[2]

人们往往认为在不平等的社会，难以实现民主化，而有的研究者则对这一常识提出了质疑。在整理了1820年以后的数据后，研究者发现：如果对不平等进行分类，那么不同类型的不平等对一个国家民主化进程的影响

---

[1]　Kevin Morrison, "Oil, Nontax Revenue, and the Redistributional Foundations of Regime Stability," *International Organization*, Vol. 63, No. 2009, pp.107–138. 此外，有研究对石油国家再分配效应的检验有不同的结论，认为出产石油的国家并不是靠再分配，而是用卖石油的钱来增强镇压力量，进而阻止民主化。参见 Michael Ross, "Does Oil Hinder Democracy?" *World Politics*, Vol.53, No.3, 2001, pp.325–361。

[2]　Robert Bates and Da-Hsiang Donald Lien, "A Note on Taxation, Development and Representative Government," *Politics and Society*, Vol.14, No.1, 1984, pp. 53–70. 关于民主与专制的经济起源的研究，另参见［美］达龙·阿塞莫格鲁、詹姆士·罗宾逊著，马春文等译《政治发展的经济分析：专制和民主的经济起源》，上海财经大学出版社2008年版。

有着显著差异。一种是乡村的不平等（rural inequality），另一种是收入的不平等（income inequality）。只有乡村的不平等才对民主化有负面的影响，而收入的不平等则对民主化有积极的作用。因为乡村的不平等往往与土地集中、地主势力强大等保守因素联系在一起，这些守旧的土地精英常常是民主化的重要障碍。而在全国范围内的收入不平等往往和工业化、中产阶级的兴起等民主化的支持力量联系在一起。[1]不平等是经济问题，而民主化是政治问题，探寻不同类型的不平等如何影响民主化进程，也就是经济因素如何影响了政治。

法治作为国家治理的重要形式，其治理水平的高低也有着一定的经济根源。在中国，各个地方的法治水平相差很大，即便在经济发展水平类似的地区，各个地方政府对法院的投入也存在较大差异。有研究指出这是中国不同地区官员依靠的资产类型存在差异导致的。如果对资产进行简单划分，可以有两类：第一类是国有企业、本土的私营企业以及海外华人在中国的投资；第二类是微软、星巴克等外资企业。第一类资产的所有者更容易接近当地政府官员，也更容易获得经济特权。因此，这类群体对法治的需求比较小。第二类资产的所有者不仅不是本土企业，也并非由海外华人创办，他们缺少和当地政府官员的政治联系，因此更加希望创建一个公平竞争的平台，其推动法治建设的意愿也更强。如果一个地区的地方官员依靠非海外华人外资来增加税收、推动经济增长，那么这个地方的法治水平会更高；如果当地官员主要依靠国企、本土的私企以及海外华人投资来获得税收与经济增长，那么当地的法治水平会系统地低于前者。[2]寻找法治背后的经济逻辑也是政治经济分析。

政治经济学的经典中有大量关于政治与经济互动的论述。不过，这样的互动往往是政治学家，而非经济学家关注的"政治经济学"。阿尔弗雷德·马歇尔（Alfred Marshall）是新古典经济学的创始人，他编撰的教材《经济

---

[1]　Ben Ansell and David Samuels, *Inequality and Democratization: An Elite-Competition Approach*, New York: Cambridge University Press, 2015.

[2]　Yuhua Wang, *Tying the Autocrat's Hands: The Rise of the Rule of Law in China*, New York: Cambridge University Press, 2015.

学原理》自 1890 年出版以来，几度再版。在此之前，约翰·斯图亚特·穆勒（John Stuart Mill）在 1848 年出版的《政治经济学原理》（*Principles of Political Economy*）是英国经济学界的标准教科书，被广泛使用。而马歇尔《经济学原理》的出版取代了穆勒的《政治经济学原理》，成为流行教科书。经济学也从原有的"政治经济学"中独立出来。此后，经济学家往往称自己的研究为经济学（economics），而不是政治经济学。需要指出的是，的确有一部分经济学家也在研究"政治经济学"，但这部分经济学家是用经济学的分析方法来研究政治问题。这样的政治经济学被称为"新政治经济学"（new political economy）。这批运用经济学的方法分析政治问题的学者与著作，我们将在本书第三章中予以介绍。

三 为何要"走进"又要"走出"政治经济学的经典？

本书强调回到经典，又要超越经典。现实世界变动不居，我们为什么要通过阅读那些时代久远的政治经济学经典来解答现实问题？除了给我们带来乐趣，满足我们探索的欲望，开阔我们的视野，阅读政治经济学的经典还有以下几点好处。

首先，阅读经典是以不变应万变。这个世界瞬息万变、日新月异，不少当代社会科学理论的生命周期会显得越来越短。那么，我们怎样才能更好把握这个变动不居的世界，把握比较根本的、不变的关键要素呢？经典之所以是经典，就在于它关注的不是这个世界最紧迫的问题，而是最根本的问题，那些问题千百年来长期困扰着人类社会。因此，阅读经典，可以让我们绕开一些眼前的变动，从而更好地把握政治经济学最根本、影响最持久的问题。

其次，阅读经典是与历史上最聪明的人对话。流传下来的政治经济学经典大都代表了那个时代人类对政治经济学问题认识的最高水平。尽管经典的回答有时会出错，但是你会发现：即使它们错了，也错得有趣；即使它们在当时错了，但可能会在新的时代恢复生机；即使它们的结论错了，但也让我们领略了其细致的推理过程和精致的思维魅力。推导数学问题是思维锻炼，研读当代文献也是思维锻炼，与历史上那些聪明人对话，同样是诸多思维锻炼中的一种。

再次，经典能有效激发我们的求知兴趣。人类有着持续的好奇心，大多数人感兴趣的东西不是太少，而是太多。人们往往会对一些问题有着长远的关切，古往今来的政治经济学会持续讨论一些议题。政治经济学的经典能持续流传，因为它们代表了生活在那个时代的人对这些未知领域的探索，而这类问题不仅能激起先圣先贤的兴趣，也会激起我们的兴趣。古人的很多想法，在他们生活的时代缺乏精致的科学工具来检验，他们的想法与思考尽管不能为我们提供可靠的答案，但却为我们提出了问题。这些问题往往能激发我们的兴趣，在前人画上句号的地方，我们画上问号，开始新的探索旅程。

最后，经典是无形的手。尽管当前的科学不断进步，但有一点没有变：人具有自主性，能主动从历史中学习。人的自主性常常会改变政治经济规律的必然性。18 世纪的英国诗人亚历山大·蒲柏（Alexander Pope）说：自然和自然法则隐藏在黑暗中，上帝说，让牛顿来，一切遂臻光明。（Nature and Nature's law lay hid in night；God said, Let Newton be, and all was light）。尽管社会科学也想有如此豪迈的宣言，但是，当代社会科学家大都会更谦虚。因为他们知道，社会科学提出的诸多规律不同于自然规律，自然物没有自主性，而社会中的人有自主性。如果说自然规律更多的是必然律，社会规律则更少必然性，更多或然性。即便政治经济学家请来了牛顿，在他们关注的世界中，仍旧充满了不确定性。此时，已有的观念结构就会对我们产生持续的、强大的影响。我们的政治经济决策常常会受到经典、思想、理念等无形的手的牵引。阅读过这些经典，在被它们牵引的时候，我们会有更多的自觉。同时，我们也能看到社会中的他人是如何被牵引以及被何种观念牵引的。

因此，政治经济学日益走向"科学化"的同时，我们仍需要阅读年代久远的经典。长期的"科学化"趋势使得政治经济学的研究日显乏味。本杰明·科恩（Benjamin Cohen）教授在撰写《国际政治经济学学科史》的时候指出，国际政治经济学已变得越来越枯燥。近年的国际政治经济学研究难以与早期的研究一争高下；近期的国际政治经济学研究也缺乏开创性的贡献，缺乏经典。[①] 不仅国际政治经济学如此，近年来比较政治经济学研究也同样面临缺少经典与趣味的问题。经典与当代社会科学文献的分割，使得我们在阅读经典时感到天马行空；阅读现代社会科学文献时则感到枯燥乏味。本书恰恰希望搭建起政治经济学古今对话的桥梁，或者让经典重新经受历史的检验，或者寻找经典的现代回响，或者从现实问题出发引出对经典的争论。所以，我们强调政治经济学需要"回到经典"。

但是，在"回到经典"的同时，我们还需要"走出经典"。这是为何？事实上，改革开放之前，中国学者一直在阅读政治经济学的经典，即马克思主义的经典。尽管恩格斯曾经说过"我们的理论是发展着的理论，而不是必须背得烂熟并机械地加以重复的教条"，[②] 但是，当时中国学界的经典阅读却捆绑了中国人的想象力，因为没有比较，也缺乏检验，让经典变成了教条。不仅在中国如此，这样的例子在其他国家也同样存在。

苏联解体后的俄罗斯改革者读的是亚当·斯密、大卫·李嘉图等自由主义经济学的诸多经典，他们被经典捆绑，深信休克疗法的有效性而罔顾自由市场的政治基础。不少发展中国家的领导人读的是弗里德里希·哈耶克、米尔顿·弗里德曼，最后将"新自由主义"（Neoliberalism）的经典奉为圭臬。20世纪50年代，美国国务院从智利天主教大学的交换项目中选拔学员，安排到美国芝加哥大学学习。此后，美国又从拉美各国挑选了一批学员在美国各主要大学学习。这群拉美青年的精神导师就是新自由主义的领军人物——米尔顿·弗里德曼。他们在美国大学学习了新自由主义的经典，学成回国后，很快占据了拉美学界与政界的重要岗位，并将他们的理

---

① Benjamin Cohen, "Are IPE Journals Becoming Boring," *International Studies Quarterly*, 2010, Vol.54, No.3, pp. 887–891.

② 《马克思恩格斯全集》第三十六卷，人民出版社1975年版，第584页。

念付诸实践。他们开始大刀阔斧地进行自由化改革，让价格市场化、贸易自由化，取消对金融部门的管制，大规模地进行私有化改革。阅读经典而照搬经典的结果就是将经典变成教条，让拉美的自由化改革步履蹒跚。拉美经济经历了"失去的十年"，"新自由主义"的改革在一些拉美国家甚至引发了严重的危机。

由于经济形势不断恶化，2001年12月，阿根廷政府颁布了限制银行提款的法令，民众只能从银行提取少量的现金存款。此举立即遭到社会各界的强烈反对并引发大规模社会骚乱。阿根廷各地发生居民哄抢商店、阻塞交通等暴力事件。费尔南多·德拉鲁阿（Fernando De La Rua）总统颁布戒严令。戒严令的颁布不仅没有平息骚乱，反而导致了更大规模的示威和抗议活动，成千上万的人走上街头。情况持续恶化，愤怒的民众包围了总统官邸，德拉鲁阿总统只好宣布辞职。为了躲开愤怒的民众，他乘坐直升机逃离了总统官邸。

随后，反对党成员、阿根廷参议院主席做了临时总统。两天后，阿根廷国会推选阿根廷圣路易斯省的省长罗德里格斯·萨阿（Rodríguez Saá）为总统。萨阿上台后随即宣布阿根廷政府无力偿付930亿美元的债务。这是全球经济史上数额最大的一次债务违约。但是，阿根廷的游行和示威仍旧持续。由于得不到党内的全力支持，萨阿在上任一周后就被迫宣布辞职。此时，阿根廷众议院议长接替萨阿担任临时总统。阿根廷的骚乱仍在继续。2002年1月1日，阿根廷国会召开两院大会，推选在1999年总统竞选中败北的正义党候选人爱德华多·杜阿尔德（Eduardo Duhalde）为总统。自2001年12月20日德拉鲁阿总统宣布辞职至2002年1月1日杜阿尔德就任新总统，短短12天内，阿根廷五易总统。阿根廷的骚乱与恐慌即来源于其自由化改革引发的金融危机与货币危机。

因此，本书强调阅读经典的同时要走出经典。为了避免政治经济学的经典沦为教条，我们需要做到至少以下两点：

首先，我们需要提供多种政治经济学经典的视角。认识世界的视角不止一个，同一问题的答案也往往不止一个。请看图0-1，如果你问这张图中有几个正方体，有人会说6个，有人会说7个。事实上，从一个角度看，这张图有 6 个正方体；而从另一个角度，你会看到 7 个正方体。

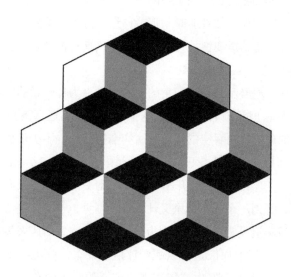

图 0-1　图形中的正方体

我们再看图 0-2 展示了什么？看到图形白色部分的人会说这张图画的是一个杯子；看到黑色部分的人会说这张图画的是两个面对面的人。

图 0-2　图形中的杯子与人

马克斯·韦伯（Max Weber）曾警告同时代的德国人：不宜让自由主义的政治经济学蒙蔽了眼睛，因为单一视角是危险的。他说："当一种看问题的方式如此自信地一往直前时，那就已经有落入幻觉的危险，即过高估计了自己这种视角的重要性，尤其是把一种只具有相当限定性的视角当成了唯一的视角。"①

为了更深入地展示某一个视角的理论，本书为每一章的问题提供了一个视角的答案。但我们必须明确，这些问题的答案远远不止一个。不同政治经济学的理论视角看待的历史与事实会有差异。不少历史学家强调让历史说话，而历史从来不自己说话。爱德华·卡尔（Edward Carr）举了一个例子："琼斯在宴会后开车回家，他比平日多喝了点酒，车子的刹车又不大灵，开到一个死角那里又什么都看不见，一下撞倒了罗宾逊，把他压死了。罗宾逊是走过街道，到街角拐角处这家香烟店来买烟的。"② 那么，发生这场车祸的原因是什么呢？琼斯不开车，就不会发生车祸；琼斯不喝酒，或许也不会发生这场车祸；琼斯的刹车没有坏，这场车祸可能就不会发生；琼斯路过的那个死角如果有路灯，琼斯可能就不会撞倒罗宾逊；如果罗宾逊不抽烟，他就不会出来买烟，也就不会被车撞到……尽管卡尔认为有些原因可以被剔除，但是在寻找因果关系来组织历史事实的时候，政治经济学者的理论视角有着重要的作用。卡尔的看法是："事实本身就能说话，这一点当然并不真实。事实本身要说话，只有当历史学家要它们说，它们才能说：让哪些事实登上讲坛说话，按什么次第讲什么内容，这都是由历史学家决定的。"③ 用阿尔伯特·爱因斯坦（Albert Einstein）的话来讲就是：你是否能观察到一个事物取决于你用什么理论，理论决定了你能观察到什么事物。④不是世界在那里，你就观察到了这个世界；你有怎样的政治经济学理论决定了你观察到怎样的世界。政治经

① ［德］马克斯·韦伯著，甘阳、李强等译：《民族国家与经济政策》，生活·读书·新知三联书店1997年版，第94页。
② ［英］爱德华·卡尔著，吴柱存译：《历史是什么？》，商务印书馆1981年版，第113页。
③ ［英］爱德华·卡尔：《历史是什么？》，第6页。
④ Abdus Salam, *Unification of Fundamental Forces：The First 1988 Dirac Memorial Lectures*, New York：Cambridge University Press, 1990, p.99.

济学中有形形色色的经典，不同的经典提供不同的视角。不同的视角会让政治经济学家在看待同一段历史与现实的时候，寻找到不同的证据，得出非常不同的结论。

　　本书接下来的章节会分别介绍政治经济学的四个视角：以个体为中心的视角、以阶级为中心的视角、以国家为中心的视角、以制度为中心的视角。不同的视角都有相应的经典，这些经典都能从不同侧面把握世界政治经济的历史演进，为现实问题提供不同的答案。只有一种视角的政治经济学是危险的，"一旦一种观念在社会上或者在学术圈盛行时，它都会引发两个导致事物走向反面的机制。首先，在社会上，一种观念一旦在社会上取得优势，无论是真诚信徒还是机会主义分子都会不遗余力地把这一观念在思想和实践层面做大。其结果就是不断显露和放大这一观念的误区，所带来的负面（甚至是灾害性的）后果反倒'证明'了其他观念的'正确'。其次，在学术圈内，某一观念一旦占领了学术市场，无论是它的真诚信徒还是跟风者都会不遗余力地把围绕这一观念的研究做到极致。学术与经验事实的关系越来越不切合，从而为其他观念和理论的兴起铺平了道路。最可悲的却几乎不可避免的情景是，主流社会观念和主流学术观念合流，学术降为权力的附庸和帮凶。在历史上，这种情景带来的总是灾难"。①

　　赵鼎新老师指出："记得前苏联阵营在 20 世纪 90 年代垮台时，许多人跟我说马克思主义左派理论是回不来了。我当时的回答是：'等着吧，它会回来得比你想象的快。'自由主义犯自由主义的错误，左派犯左派的错误，法西斯犯法西斯的错误，科学主义者犯科学主义者的错误，原教旨主义犯原教旨主义的错误。一个观念一旦变得强大并成为从国家到社会的实践，后继者就会放大该观念的误区，再后继者就会排斥这一观念并把另一种观念推向高峰。"②在马克思主义的指导下，我们需要学习借鉴人类社会创造的一切文明成果。只有了解多元的视角，我们才能更好地理解世界，修

---

　　①　赵鼎新：《社会科学研究的困境：从与自然科学的区别谈起》，《社会学评论》2015年第4期。
　　②　赵鼎新：《社会科学研究的困境：从与自然科学的区别谈起》，《社会学评论》2015年第4期。

正错误。

其次，我们要让经典接受检验，包括接受历史与现实的检验。让经典与历史和现实对话，就是在搭建一座桥梁，搭建经典与当代社会科学对话的桥梁。就同一个问题而言，不同经典常常能找到不同的答案。比如，全球化的驱动力是什么？不同的理论视角会找到不同的历史事实与现实证据。一般而言，自由主义者较多地梳理全球化历史的一个侧面，他们强调理性的个人遵循比较优势，他们希望参与国际分工，促进国际交换。因此，理性的个人成了自由主义政治经济学者书写全球化历史的重要起点。同样是看待全球化的历史，现实主义的政治经济学者会看到强权在整合世界市场的过程中发挥的重要作用。在他们眼中，世界市场的兴起离不开霸权国家提供的政治支撑。马克思主义者则强调阶级力量，尤其是资产阶级为了获得更多的利润，不断突破民族国家的界限，不断开拓全球市场的边疆。不同理论流派的政治经济学者都可以用自己的视角来书写一部全球化的历史。在用历史与现实检验经典的时候，当代政治经济学者往往比较重视以下三条标准。

第一条标准是"适用范围"（scope）。政治经济学家在总结历史与现实规律的时候，总是试图解释更大范围的历史与现实。有的政治经济学理论只能解释个案，而有的则能提供更广阔的解释力。它们不仅能解释更多的国家、涵盖更多的人口，还能与更长时段的历史经验相吻合。因此，在接受历史与现实检验时，解释范围更广的政治经济学理论往往在理论竞争中有着显著的优势。

第二条标准是"简约"（parsimony）。不少历史学家喜欢展示历史的复杂性，比如对于20世纪30年代经济危机的起因，他们会展示无数的偶然事件如何引发了"意想不到的后果"。而作为社会科学家的当代政治经济学者则喜欢用更简单的方式来处理复杂事件。他们认为需要抓住一些关键因素。因此，他们的研究往往都可以简要地表达为：在什么条件下，有什么事情会发生（if…then）；或者也可以表述成：如果一个因素朝一个方向变化，那么，它很大可能会引发另外一个因素朝特定的方向变化（the more…the more likely）。政治经济学者展示历史与现实的时候，他们相信要以"地图式"的方式展示，而不能以"照相机式"的方式展示。不同于"照相机式"的、事无巨细地展现历史与现实，"地图式"的展示要求研究者抓住历史与现实的关键，简化历史与现实。如果把政治经济的历史与现实展示得烦琐庞杂、纷乱无章，这样的理论既难以提炼规律，也无法指导现实。因此，不同的政治经济学理论视角在接受历史与现实检验的过程中，是否能简约地总结历史与现实的规律是判断其理论竞争力高下的又一标准。

第三条标准是"精确"（precision）。政治经济学家从历史与现实中总结的规律，往往需要具备"精确"的特征。含混不清的政治经济学理论不仅让读者难以理解，而且因为其"模糊"的特点，也难以用来指导实践。例如，在政治经济学中，有关霸权稳定论的大部分研究都强调，开放的国际经济是公共品。这个公共品的提供需要一个政治前提：霸权国家的存在。正如查尔斯·金德尔博格（Charles Kindleberger）所说："一个稳定的世界经济秩序需要一个稳定的提供者。"[1] 金德尔博格的表述被后来的学者总结为霸权稳定论。这是从世界政治经济的历史中抽象出的规律。而这样的规律会面临诸多挑战，因为它不够精确。比如，什么样的国家是"霸权国家"？以军事实力还是经济实力来衡量？什么样的国际经济秩序才算得上"开放"？因此，斯蒂芬·克莱斯勒（Stephen Krasner）、蒂莫西·麦基翁（Timothy McKeown）等人对霸权稳定论进行了修正。[2] 事实上，不少当代政治经济学家正是运用现代社会科学的方法，如比较案例研究、过程追踪、统计等，寻找更大限度的"精确性"。哲学家阿尔弗雷德·怀特海（Alfred Whitehead）说：西方两千多年的哲学都是柏拉图的注脚。事实上，这句话运用在政治经济学中也有道理。不少当代政治经济学的学者所做的大量研究都是在重复早期经典的结论与推论。他们用历史与现实的证据提供了一些更精确的检验。此时，在理论的竞技场上，"精确"成为理论流派之间

---

[1]　Charles Kindleberger, *The World in Depression, 1929-1939*, Berkeley: University of California Press, 1973, p.305.

[2]　Stephen Krasner, "State Power and the Structure of International Trade," *World Politics*, Vol. 28, No.3, 1976; Timothy McKeown, "Hegemonic Stability Theory and 19th Century Tariff Levels in Europe," *International Organization*, Vol. 37, No.1, 1983.

竞争力强弱的又一个评判标准。

　　本书既强调"回到经典"，又希望能"走出经典"，让经典接受历史与现实的检验。在接下来的章节中，政治经济学的经典会不断地、反复地参照世界政治经济的历史演进，关照现实问题，接受历史与现实的检验。

第一章　古典自由主义政治经济学
——斯密与马尔萨斯

亚当·斯密（Adam Smith）和托马斯·马尔萨斯（Thomas Mal-thus）都是古典自由主义（Classical Liberalism）的重要代表人物。亚当·斯密的《国富论》发表于 1776 年，和詹姆斯·瓦特（James Watt）改良蒸汽机同年。历史学家阿诺德·汤因比（Arnold Toynbee）曾说："《国富论》与蒸汽机打破了旧世界，开创了新世界。"[1] 斯密的影响十分深远，不仅影响了政治学家、经济学家、社会学家，还影响了遥远国度的文学家。俄国的普希金在其作品《叶甫盖尼·奥涅金》中表达了对斯密的热爱；屠格涅夫则表示对斯密充满敬意，称自己是斯密的学生。[2]《国富论》在中国有多个译本。1902 年，《国富论》第一部中译本面世，即严复先生主持翻译的《原富》。此后，王亚南、郭大力再度将此书翻译成中文，不足之处是文白间杂。20 世纪末，由庚子赔款公派到牛津大学的老一辈学者杨敬年教授再度将《国富论》译成中文。这一译本文笔优美、行文流畅，已被收入"影响世界历史进程丛书"。

斯密的古典自由主义充满了乐观的气息。《国富论》从制针工厂的故事出发，探讨是什么样的原因使得劳动生产率大幅提高，国富之道背后存在怎样的机制。斯密认为劳动分工（division of labour）显著地提高了

---

① Salim Rashid, *The Myth of Adam Smith*, Cheltenham: Edward Elgar, 1998, p.212.

② ［俄］阿尼金著，晏智杰译：《改变历史的经济学家》，华夏出版社2007年版，第172—173页。

经济效率，分工不需要靠政府来引导，而应依赖理性的经济个体，即"经济人"（homo economicus）。经济人是古典自由主义政治经济学的重要假定，对后世影响深远。他们宣称人是理性的（rational）、自利的（self-interested）、效用最大化的（utility maximization）。古典自由主义者强调政府在经济生活中应扮演守夜人的角色，政府在经济生活中需要自由放任（laissez-faire）。斯密坚信竞争（competition）的重要作用，他认为竞争性的市场可以使资源配置得更有效率。依靠竞争性市场这只"看不见的手"（invisible hand），而不是政府这只"看得见的手"，才能引导一个国家实现经济繁荣。斯密批评重商主义者，因为他认为自由贸易不仅能提高民众的福祉，还有利于和平。这被后来的国际政治经济学者发展为"贸易和平论"。

1798 年，马尔萨斯出版了《人口原理》。和斯密的乐观笔调不同，马尔萨斯的自由主义则笼罩着悲观的氛围，以至于 200 多年后，《科学》杂志还问出这样的问题：马尔萨斯会继续错下去吗？如果在未来，马尔萨斯的预言再度复活了，人类的前景会相当灰暗。

一　为什么欧洲人长高了？

当你参观 16 世纪西班牙国王菲利普斯二世（Felipe Ⅱ）的王宫时，你会惊讶地发现：国王的卧榻相当短小！那张御用的床铺看起来就是一张正方形的床。即便到了 1840 年的鸦片战争时期，英军士兵的平均身高也只有 1.65 米。[①]而今，大部分欧洲国家男性的平均身高已经远远超过了历史时期。如表 1-1 所示，自 1750 年到 1975 年，欧洲六国男性的平均身高大都有了显著的提高。英国男性的平均身高从 165.9 厘米增加到 175 厘米；挪威男

---

① 赖建诚：《经济史的趣味》，浙江大学出版社 2011 年版，第 28 页。

性的平均身高从 163.9 厘米增加到 178.3 厘米。其他国家男性的平均身高也都有显著增长，当然匈牙利男性的身高增长并不那么显著，从 169.1 厘米增加到 170.9 厘米，中间还出现过倒退。

表 1-1　1750—1975 年部分欧洲国家男性的平均身高（单位：厘米）

年份＼国家	英国	挪威	瑞典	法国	丹麦	匈牙利
1750—1775	165.9	163.9	168.1	—	—	169.1
1776—1800	167.9	—	166.7	163.0	165.7	167.2
1801—1825	168.0	—	166.7	164.3	165.4	166.7
1826—1850	171.6	—	168.0	165.6	165.3	—
1851—1875	169.3	168.6	169.5	165.6	165.3	—
1951—1975	175.0	178.3	177.6	174.3	176.0	170.9

资料来源：Robert Fogel, *The Escape from Hunger and Premature Death*, *1700-2100: Europe*, *America*, *and the Third World*, New York: Cambridge University Press, 2004, p.13, Table 1.4。

什么原因让欧洲人长高了？一般而言，较好的物质条件往往会让社会的平均身高有所增加。

斯密卓越的写作才能［经济史学家马克·布劳格（Mark Blaug）称："斯密大概是经济学家中文笔最为优美的人，我看斯密著作的时候就想大声地朗读。"①］在他《国富论》前三章中就已展示出来。他在开篇的前三章首先关注劳动分工（division of labour），在斯密看来，这是促进国民财富增长的重要源泉之一。

斯密从世人所熟知的例子——制针工厂展开他的论证。斯密指出：一个工人，"用他最大的努力，或许一天制造不出一枚针，肯定不能制造 20 枚"。但是，如果在制针工厂，一群工人分工协作，"一个人抽丝，另一个人拉直，第三个人切断，第四个人削尖，第五个人磨光顶端以便安装针头；

① ［英］马克·布劳格著，姚开建译：《经济理论的回顾》，中国人民大学出版社2009年版，第45页。

做针头要求有两三道不同的操作；装针头是一项专门的业务，把针刷白是另一项；甚至将针装进纸盒中也是一项专门的职业。如此，制针这一重要的业务就分成了大约18道不同的工序"。这样，一个10人规模的制针工厂，"每天能制针48000枚。每个人制造48000枚针的1/10，就是每天制针4800枚"。如果没有分工，斯密说："那他们肯定不能每人每天制造出20枚针，或许连一枚也造不出来。"①如果我们乐观估计，假定这个工人在一天的时间里，不靠他人协作，只靠自己就能制造出20枚针。那么，得益于分工，他每天的产量达到了4800枚，产量增长了240倍！事实上，制针业的劳动生产率的确得到了惊人的提高：1830年，英国伯明翰的制针工厂每分钟生产45枚针；1900年，每分钟生产180枚；1980年，每分钟生产500枚。从1776年每人平均每天生产4800枚，到200多年后的80万枚，制针工业的劳动生产率提高了16667%。②

斯密指出分工带来了生产率的提高，主要可以归因于以下三点：第一，得益于分工，每一个工人的熟练程度提高了。如果一个人既是牙医，又是汽车修理工，还是电视主持人，你肯定不会去找这个人看牙。③因为他肯定不如专业的牙医技能娴熟。第二，分工节约了从一种工作转向另一种工作所丧失的时间。第三，分工还有一项副产品，即"发明了很多的机器，便利和简单化了劳动，使一个人能干许多人的活"。④因此，一个人如果专注于一种职业，肯定会熟能生巧；同时他避免了从一种业务转向另外一种业务过程中的心不在焉、磨磨蹭蹭，因而更能全神贯注地工作；而且，工人长期从事一项工作，还能积累经验，有助于发明创造。事实上，在英国工业革命时期，大部分发明创造都是工匠根据生产经验而改进完成的。

因此，斯密认为："在每一种工艺中，只要能采用劳动分工，劳动生产力就能成比例地增长。在享有最发达的产业和效率增进的那些国家，分

---

① ［英］亚当·斯密著，杨敬年译：《国富论》（上），陕西人民出版社2001年版，第8—9页。

② ［美］雷·坎特伯里著，礼雁冰等译：《经济学简史：处理沉闷科学的巧妙方法》，中国人民大学出版社2011年版，第66页。

③ ［美］威廉·伊斯特利：《白人的负担：为什么西方的援助收效甚微》，第148页。

④ ［英］亚当·斯密：《国富论》（上），第11页。

工也进行得最彻底；在未开化社会中一人从事的工作，在进步社会中一般由几个人担任。"① 北京大学的周其仁教授回忆了他在黑龙江完达山插队时候的情境："在完达山狩猎的年月，深山老林里就是我和师父两人，差不多样样自给自足。我们住的茅舍是自己盖的，吃的食物不是从山上打来的，就是小菜园子里种出来的。我的师父可能干了，懂得各种野生动物的活动规律，在野外就是倾盆大雨之下也有本事生出一堆火来，他甚至还能自制洗衣用的'肥皂'和猎枪子弹！可师父的生活实在很穷，每件衣服都是补丁。"② 这位能干的师父生活贫困，尽管他能靠自己制造几乎一切生活用品，但却难以享受分工带来的好处。美国的生理学家贾雷德·戴蒙德（Jared Diamond）来到新几内亚，他发现：这些新几内亚人比一般的欧洲人或者美国人要更聪明、机敏、能干。在新几内亚，和本地人相比，他自己连一些简单的工作都不能胜任。戴蒙德不由得发出这样的感慨："在新几内亚人看来，我是多么呆头呆脑。"③ 但是，在新几内亚，由于缺乏西方社会的分工，这些聪明机敏的人却没能享受西方社会富裕的生活。

劳动分工使得不同行业的产量迅速增长。分工会让各人发挥各自的长处，"天堂是由法国的厨子、英国的警察、意大利的恋人和德国的汽车组成，并由瑞士人管理的地方；而地狱则是由英国的厨子、德国的警察、瑞士的恋人和法国的汽车组成，并由意大利人管理的地方"。④ 斯密强调根据"绝对优势"分工，大卫·李嘉图（David Ricardo）后来将之发展成为比较优势。"举个最普通的例子，如果一位律师打字的速度是其秘书的两倍，他是不是就该把秘书辞掉自己亲自打字呢？答案是否定的。这是因为，如果一位律师作为打字员的工作效率是其秘书的两倍，而作为律师的工作效率是其秘书的五倍，那么他就应当从事法律工作而让秘书来打字，这样对

---

① ［英］亚当·斯密：《国富论》（上），第9页。
② 周其仁：《改革的逻辑》，中信出版社2013年版，第43页。
③ ［美］贾雷德·戴蒙德著，谢延光译：《枪炮、病菌与钢铁：人类社会的命运》，上海译文出版社2000年版，第10页。
④ ［美］威廉·伊斯特利：《白人的负担：为什么西方的援助收效甚微》，第58页。

双方都有好处。"①

在斯密看来，这样的好处不仅惠及社会顶层的一小撮人。在一个治理得当的社会里，增长带来的好处和丰裕能够惠及最下层的人民。斯密的《国富论》不是仅仅把眼光放在国家的繁荣富裕上，相反，他非常关注最普通民众的生存环境。一个身份低下的欧洲劳动者如何比有权有势的非洲国王享有更优越的物质生活条件？这是斯密要回答的问题。他指出："一个欧洲君主的生活用品，并非总是大大超过一个勤劳节俭的农民的生活用品，而这个农民的生活用品却总是超过许多非洲君主的生活用品，这些君主正是数以万计的赤裸野蛮人的生命与自由的绝对主宰啊。"② 在斯密看来，欧洲普通人生活的改善正是源于劳动分工，这使得一个普通欧洲农民的生活水准超过了非洲的君主。

斯密认为，欧洲国家之间的普通民众生活水平存在差异，这也在很大程度上归因于劳动分工的细致程度存在差异。在苏格兰，分工进行得更为彻底，那里的民众生活水平就好于法国。"最穷的值得称赞的男人和女人，没有一双皮鞋也不敢在公众中露面。在苏格兰，风尚使之在最低阶级的男人中成为生活必需品，但在同一阶级的妇女中则不然，她们可以赤脚行走，没有什么不体面。在法国，皮鞋不论对男人或女人都不是必需品，最低阶级的男人和妇女穿着木屐，有时还赤脚公然行走，毫不失体面。"③ 正是得益于国际贸易与分工，英国实现了国家财富的增长，也让苏格兰民众比其他欧洲国家，比如法国，有了更好的物质生活水平。18世纪以前，茶叶是奢侈品，只有王公贵族才能消费，但到18世纪初的时候，茶叶变成了普通老百姓都能消费的产品。1784年以后，茶叶进入了寻常百姓家，甚至连最贫困的农民和钉子制造商都喝得起。④ 得益于劳动分工，英国不同行业的产量成倍增长，在一个治理得很好的社会出现普遍的富裕，包括最底层的人

① ［美］米尔顿·弗里德曼、罗丝·弗里德曼著，张琦译：《自由选择》，机械工业出版社2008年版，第44页。

② ［英］亚当·斯密：《国富论》（上），第15—16页。

③ ［英］亚当·斯密：《国富论》（下），第943—944页。

④ Ralph Davis, *The Industrial Revolution and British Overseas Trade*, Leicester: Leicester University Press, 1979, p.47.

民。[1]社会上不同阶层的物质生活都得到了改善。

值得注意的是，斯密将消费者购买力的提高作为衡量"国家财富"的标准。他将人均收入而不是国民总收入作为其经济福利的标准和出发点。[2]正是因为劳动分工，人均收入提高了，一个国家才能实现普遍富裕，普通民众的生活才能得到有效改善。所以我们看到，欧洲普通民众的身高随着经济的发展而增长。身处贫困社会的印度与孟加拉民众的身高则显著低于欧洲人。[3]

柏拉图在《理想国》里面也谈到了分工。他认为：老天在造人的时候，在统治者身上加入了黄金；在辅助者（军人）的身上加入了白银；而在农民的身上加入了铁和铜。[4]个人天生资质不同，因而分工不同。斯密没有像柏拉图那样把不同天性作为划分社会阶层的依据，他提倡经济流动性和进入各种职业的自由。他反对依据所谓天生能力低下而把任何个人摈弃在外。[5]斯密指出："最不相同的人物之间的差异，例如一个哲学家和一个普通的街头搬运夫之间的差异，似乎不是由于天赋，而是由于习惯、风俗和教育所产生的。"[6]因此，斯密的分工更具平民色彩。

劳动分工既然给社会带来如此多的好处，那么，它背后的驱动力是什么呢？斯密指出劳动分工不是源于人们的智慧与远见，而是所有人共有的本能或者倾向。

---

① ［英］亚当·斯密：《国富论》（上），第 14 页。

② ［美］亨利·威廉·斯皮格尔著，晏智杰等译：《经济思想的成长》（上），中国社会科学出版社1999 年版，第 211 页。

③ 1990 年左右，印度南部男性的平均身高只有 1.64 米；1994 年时，在西孟加拉茶园工作的工人的平均身高为 1.61 米。

④ ［古希腊］柏拉图著，郭斌和等译：《理想国》，商务印书馆 1986 年版，第 128 页。

⑤ ［美］亨利·威廉·斯皮格尔：《经济思想的成长》（上），第 213 页。

⑥ ［英］亚当·斯密：《国富论》（上），第 20 页。

二 为什么苏联时代的分工遭受挫折？

苏联实施的计划经济有着广泛的分工。就国防工业来看，各部门的分工非常细致：国防工业部负责生产常规武器；航空工业部负责生产飞机以及飞机零部件；造船工业部负责船舶制造；无线电工业部负责生产电子产品零部件及其设备；中型机械制造部负责制造核武器；通用机械制造部负责生产战略导弹。但是，苏联经济在经历了一段时期的增长后随即陷入持续的低迷。大致从 1960 年开始，以往蓬勃向上的苏联工业增长开始减速。到 20 世纪 70 年代，苏联遭遇了更大的经济困难。往昔的成功成了失落，经济增长率大幅度下降。[①]苏联时代的分工不仅没有给苏联民众带来普遍富裕，反而让他们遭遇严重的物资短缺。所以才流传着广为人知的笑话：美国外交代表团到苏联访问，苏联官员陪他们参观"建设的伟大成就"，并得意地说："到下一个五年计划，每个苏联家庭都可以拥有一架私人飞机！"美国人惊讶地问："他们要飞机干什么呢？"苏联官员说："当然有用啊，譬如你在莫斯科听说列宁格勒开始供应面包了，你可以马上开飞机赶去排队啊。"这个笑话从一个侧面说明，苏联存在分工，但却没有生产出民众急需的物品，也没有给民众带来普遍的富裕。

按斯密的理解，分工不需要政府规划，靠理性的个人就能实现。"劳动分工提供了那么多的好处，它最初却并不是由于任何人类的智慧，预见到并想要得到分工所能带来的普遍富裕。它是人性中某种倾向的必然结果，虽然是非常缓慢的和逐渐的结果，这是一种互通有无、物物交换、彼此交易的倾向。"[②]如果没有交换的机会，人们难以倾力去掌握某一专业技能，也没有机会充分发挥他们各式各样的天赋。正是交换的可能性使得个人之间的差异变得对彼此有用。正如前面的例子，一个制针厂主每天会生产近 5

---

① Robert Allen, "The Rise and Decline of the Soviet Economy," *The Canadian Journal of Economics*, Vol. 34, No. 4, 2001, p. 861.

② [英] 亚当·斯密：《国富论》（上），第 17 页。

万枚针，他会把他自己消费不了的针，拿去交换自己所需的其他产品。"这就鼓励了每一个人去从事一种专门的职业，并培养和完善他所具有的从事这一职业的才能或天资。"① 由于自利的个人需要与他人互通有无，从而产生了交换，推动了分工的出现。

分工根植于人性。如果不理解人，斯密就不可能创立他的理论体系。这一点，斯密像马基雅维利和霍布斯，他们都是按人的本来面目，而不是人应该是什么样子来观察人类。② 斯密把自利放在首要位置，认为人的自利之心是激发经济发展的动力。如果你需要一枚针，那你需要考虑自己能用什么物品和制针厂商交换。这一点被后来的学者更为系统地概括为"经济人"（homo economicus）。他们宣称人是理性的（rational）、自利的（self-interested）、效用最大化的（utility maximization）。由于相信自利的个人能实现自己的利益，斯密笃信政府在经济生活中需要"自由放任"（laissez-faire）。

斯密指出，要获得自己所需，不要试图依赖他人的善意。"人总是需要有其他同胞的帮助，单凭他们的善意，他是无法得到这种帮助的。他如果诉诸他们的自利之心（self-love），向他们表明，他要求他们所做的事情是于他们自己有好处的，那他就更有可能如愿以偿。"③ 下面这段话应该是《国富论》中援引频率最高的一段话了："不是从屠夫、酿酒师和面包师的恩惠，我们期望得到自己的饭食，而是从他们自利的打算。我们不是向他们乞求仁慈，而是诉诸他们的自利之心，从来不向他们谈自己的需要，而只是谈对他们的好处。"④

在斯密生活的时代，教会宣扬追求个人利益是一种激情，属于人类的动物本性。斯密则认为，正是通过交换来追求个人利益才将人类与动物区分开来，并且赋予人类独特的尊严。斯密指出："从来没有人看到过两只狗用两根骨头彼此进行公平的、有意识的交换。"⑤ 而正是这样的自利行为塑造

---

① ［英］亚当·斯密：《国富论》（上），第19页。

② ［美］托德·巴克霍尔兹著，杜丽群等译：《已故西方经济学家思想的新解读：现代经济思想导论》，中国社会科学出版社2004年版，第19页。

③ ［英］亚当·斯密：《国富论》（上），第18页。

④ ［英］亚当·斯密：《国富论》（上），第18页。

⑤ ［英］亚当·斯密：《国富论》（上），第17页。

了一个复杂的市场经济。"在人中间最不同的才能对彼此都有用处；他们的各自才能的产品，通过互通有无、交易和交换的一般天性，仿佛变成了一种共同的财富，在这里每个人都可以购买到他所需要的其他人的才能的产品的一部分。"[1]

斯密指出："没有成千上万人的帮助和合作，一个文明社会中的最卑贱的工人，就不可能得到他普通所得到的那种平常的简单的生活用品。"[2]包括最普通不过的一支铅笔。伦纳德·里德（Leonard Read）写了一篇短文《铅笔的故事》。这篇以第一人称写作的短文向人们展示："我，铅笔，是种种奇迹的复杂的结合：树、锌、铜、石墨，等等。然而，在这些大自然所显现的种种奇迹之外，还有一个更为非凡的奇迹：人的种种创造精神的聚合——成百上千万微不足道的实际知识，自然地、自发地整合到一起，从而对人的需求和欲望做出反应。在这个过程中，竟然没有任何人来主宰！……成千上万的人卷入到了生产铅笔的过程中，没有一个是因为自己想要一支铅笔而去干自己的活儿。他们中有些人从来没有见过铅笔，也从来不管铅笔是干什么用的。每个人都把自己的工作仅仅看作是获取自己所需要的商品和服务的一种办法……每次我们到商店购买一支铅笔，我们都是用我们的一丁点劳务，来换取投入到铅笔生产过程中的成千上万人中的每个人提供的极小量的一些劳务……更令人叹为观止的是，铅笔在源源不断地生产出来。没有一个人坐在一个中央办公机构对这成千上万的人发布命令。也没有军警来执行这些无人发布的命令。这些人生活在不同的地方，讲着不同的语言，信奉着不同的宗教，甚至可能彼此憎恶——然而，所有这些差异，并没有妨碍他们合作生产一支铅笔。"[3]生产铅笔的过程非常复杂，而复杂的分工过程却不需要计划机构来协调。由自利之心引出的分工是不需要中央计划机构来协调的。

其实，斯密在《国富论》中早就有过相关的论述。他指出，在我们看

---

① ［英］亚当·斯密：《国富论》（上），第21页。
② ［英］亚当·斯密：《国富论》（上），第15页。
③ ［美］伦纳德·里德著，秋风译：《铅笔的故事》，载罗卫东主编《经济学经典文献选读》，浙江大学出版社2011年版，第97—104页。

来，生产最简单不过的一件衣服，也是人们在自利之心的驱使下完成的复杂分工。一件毛织品上衣，"尽管看起来很粗糙，却是大量工人联合劳动的产品。牧羊人、选毛人、梳毛人、染工、梳理工、纺工、织工、蒸洗工、缝工和许许多多其他的人，必须全都结合他们不同的手艺，以便完成这种即使是家常的产品。此外，把这些材料从某些工人那里运输到常常住在国内最遥远的地方的其他工人手中，需要有多少商人和运输人啊！尤其是，需要有多少商业和航运，需要有多少造船人、航海人、制帆人、制绳人，以便把染匠所使用的不同染料带到一起，这些染料常常来自世界各个最遥远的角落！要生产这些最卑贱的工人所使用的工具，也必须有多少种不同的劳动啊！"① 生产衣服和制造铅笔的过程是类似的。自利的个人会驱使分工的自然形成，并为社会提供有效的服务。

人类是理性的，是有私心的，受利己主义驱使的。如果放任不管，每个个体将追求他自身的私利，在促进私利的同时也促进了社会利益。"每一个人都不断地竭力为他所能支配的资本找到最有利的使用方法。诚然，他所考虑的是他自己的利益，而不是社会的利益。但是研究他自己的利益自然地或者毋宁说必然地导使他去采取最有利于社会的使用方法"。② 因此，政府不应当干预这一过程，而应当遵循自由放任的政策。相反，当政府卷入本应由自利之心驱使的分工时，反而会带来负面影响。

"看不见的手"（invisible hand）也许是《国富论》中援引频率最高的词。斯密是这么论述的："他指引这种劳动产品使它具有最大的价值，也只是为了自己的利得；在这种场合，也像在许多其他场合一样，他被一只看不见的手引导着，去达到一个他无意追求的目的。虽然这并不是他有意要达到的目的，可是对社会来说并非不好。他追求自己的利益，常常能促进社会的利益，比有意这样去做更加有效。我从未听说过，自命为为了公共利益而从事贸易的人做过多少好事。"③ 如果做出了错误决策，政府官员可以溜之大吉，但商人不能，他需要为自己的决策承担后果。因此，斯密倡导

① ［英］亚当·斯密：《国富论》（上），第 14—15 页。
② ［英］亚当·斯密：《国富论》（上），第 500 页。
③ ［英］亚当·斯密：《国富论》（上），第 502—503 页。

市场的决策由商人自行判断，政府官员不要自作聪明。

在《国富论》中，有无数的场合，斯密运用历史教训和时代经验把政府描述为低效、腐败、轻浮、浪费以及受制于既得利益集团的机构。"一个政府向其他政府学习技术之快，莫过于从人民口袋掏钱的技术。"①他提醒政府应该允许"看不见的手"自行运作，来实现国民财富的增长。"每一个人的资本应投入何种本国劳动，何种劳动产品具有最大的价值，他根据自己的当地情况，可以比任何政治家或立法家做出更好的判断。试图指导私人应采用何种方式去使用其资本的政治家，不但使他自己枉费了最不必要的辛劳，而且僭取了这样一种权力：这种权力不但不能放心地付托给任何个人，而且也不能放心地付托给任何的委员会或参议院，而在将它交到任何一个愚蠢和荒唐到妄以为自己适于行使这种权力的人手中时，是最危险不过的。"②

斯密是持非常积极的心态来看待人的自利之心的。在他的另一部著作《道德情操论》中，还对此展开了非常精彩的论述。"对大多数富人来说，财富的主要乐趣在于炫耀财富，在他们心目中，认为当他们看起来拥有除他们以外任何人都不能拥有的这些财富的决定性标志时，炫耀就达到了无以复加的程度了。"③斯密看到，财富带给人的效用很大部分是为了炫耀，这一点被后来的托尔斯坦·凡勃伦（Thorstein Veblen）加以发挥，成为《有闲阶级论》一书关注的焦点。但是，和凡勃伦对"炫耀性消费"嘲讽的口吻不同，斯密对人类的虚荣心也持积极的态度。

在《道德情操论》里，斯密讲述了一个穷人家小孩的故事。穷人的孩子幻想自己很舒适地住在一座宫殿里，幻想自己也能坐在马车里舒适地旅行，希望有一大批扈从可以伺候自己。为了实现这一目标，这个小孩费尽心机，"他向所有的人献殷勤；他为自己所痛恨的那些人效劳，并向那些他所轻视的人献媚"。为了获得豪宅和马车，他"全身心地投入到对财富和伟大的追求"中。为了实现梦想的目标和获得社会荣耀，他把自己搞得身心疲惫。等他获得了这些以后，他幡然醒悟，"财富和地位仅仅是毫无效用的

① ［英］亚当·斯密：《国富论》（上），第 933 页。
② ［英］亚当·斯密：《国富论》（上），第 503 页。
③ ［英］亚当·斯密著，蒋自强等译：《道德情操论》，商务印书馆 1997 年版，第 211 页。

小玩意，它们同玩物爱好者的百宝箱一样不能用来实现我们的肉体舒适和心灵平静"。他开始反省，"他在内心深处诅咒野心，徒然怀念年轻时的悠闲和懒散，怀念那一去不复返的各种享受，后悔自己曾经愚蠢地为了那些一旦获得之后便不能给他带来真正满足的东西而牺牲了它们"。如果斯密就在这里停笔，那他就是非常平庸的一位学者。

斯密笔锋一转，说道：虽然追求虚荣不好，但是，我们要接受人类的天性。而这样的天性会改变世界。"天性很可能以这种方式来欺骗我们。正是这种蒙骗不断地唤起和保持人类勤劳的动机。正是这种蒙骗，最初促使人类耕种土地，建造房屋，创立城市和国家，在所有的科学和艺术领域中有所发现、有所前进。这些科学和艺术，提高了人类的生活水平，使之更加丰富多彩；完全改变了世界面貌。"[1]对财富和地位的追逐，在不少人看来是庸俗的，但在斯密看来，这样的天性却最终有益于社会。

"看不见的手"不仅出现在《国富论》中，斯密还用地主的例子引出了《道德情操论》中"看不见的手"。斯密写道，尽管地主"天性是自私的和贪婪的，虽然他们只图自己方便，虽然他们雇用千百人来为自己劳动的唯一目的是满足自己无聊而又贪得无厌的欲望"，但是地主的这种贪婪之心、虚荣之心却在改善普通人的生活。为了追求虚荣，地主会雇用厨师、建筑工人，购买手工业者制造的小玩意儿。这些普通民众因为地主的生活而获得了收入。斯密指出：地主的自利之心，让其他人获益。尽管不是他的本意，但却将自己消费不了的财富分配给了普通人。"他们还是同穷人一样分享他们所作一切改良的成果。一只看不见的手引导他们对生活必需品做出几乎同土地在平均分配给全体居民的情况下所能做出的一样的分配，从而不知不觉地增进了社会利益，并为不断增多的人口提供生活资料。"[2]

斯密透彻地阐释出利用人的自利之心，让"看不见的手"发挥作用，在经济政策上实施自由放任，这是使国家财富增殖的最佳手段。在这样一种经济运行体系中，个人可以追逐其自身的私人利益；但是，不管其本意

---

① ［英］亚当·斯密：《道德情操论》，第 229 页。
② ［英］亚当·斯密：《道德情操论》，第 229—230 页。

如何，自然秩序都会趋向于把个人对私利的追求转变为一种促进社会利益的手段。

政府不应该压制自利的倾向，因为它是一种丰富的资源。这就是斯密所信赖的"自由放任"。"此所有偏重或限制的体系被完全取消以后，明显的和简单的天然自由体系（the obvious and simple system of natural liberty）就自行建立起来了。每一个人，只要他不违背公正的法律，就有完全的自由去按他自己的方式去追求他自己的利益，用他的劳动和资本去和任何其他人或其他一类人的劳动和资本竞争。君主完全摆脱了这样一种职责：在试图履行这种职责时他总是陷入无数的幻灭之中，任何人类的智慧和知识不足以使他去恰当地履行这种职责；这个职责就是监督私人劳动，并指引它去从事最适合社会利益的职业。"① 这样，斯密就完成了从"自利之心"到"自由放任"的对接。斯密最后做了海关关长，每年有 600 英镑的收入（斯密做教授的时候，每年从学生那里领取的酬金不超过 170 英镑）。这位自由贸易的斗士最后用重商主义的政策去打击走私。当然，这也是自利之心在驱使。

事实上，斯密的英国前辈托马斯·霍布斯（Thomas Hobbes）也强调自利之心，他甚至把同情心都看作自利之心。霍布斯在其名著《利维坦》的第六章中指出：人的所有动机，甚至同情，都源于自利。因为自利的个人担心自己也会遭受同样的苦难。"为他人的苦难而悲伤谓之怜悯，这是想象类似的苦难可能降临在自己身上而引起的，因之便也称为共感，用现代的话来说便是同情。"② 后世的经济学家不断强化"自利之心"这一主题。由于人有自利之心，因此激励很重要。同时，不少自由主义的学者从各种角度论证了自由放任的经济政策更能带来国民财富的增进。如图 1-1 所示，詹姆斯·格瓦特尼（James Gwartney）等人对经济自由与经济绩效等进行了一系列的相关研究，结果表明：经济自由程度高和人均收入呈正相关。

不仅如此，经济自由还惠及了普通人，甚至最贫穷的人。如图 1-2 所

---

① ［英］亚当·斯密：《国富论》（下），第 753 页。
② ［英］托马斯·霍布斯著，黎思复等译：《利维坦》，商务印书馆 1985 年版，第 42 页。

示，经济自由和最底层 10% 民众的收入呈正相关。

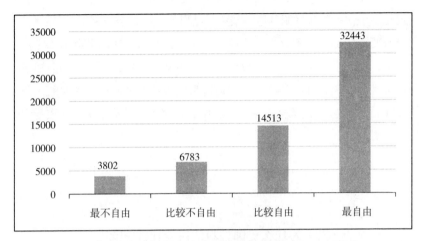

图 1-1 2007 年经济自由程度与人均收入统计（单位：美元）

资料来源：James Gwartney，Robert Lawson，and Seth Norton，*Economic Freedom of the World: 2009 Annual Report*，Vancouver：Economic Freedom Network，2009，p.19，Exhibit 1.6。

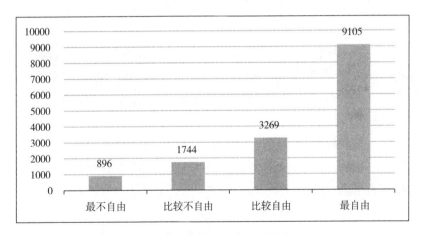

图 1-2 2007 年经济自由程度与最底层 10% 人群的收入（单位：美元）

资料来源：James Gwartney，Robert Lawson，and Seth Norton，*Economic Freedom of the World: 2009 Annual Report*，Vancouver：Economic Freedom Network，2009，p.21，Exhibit 1.11。

这符合斯密的论断，自由带来繁荣，也惠及普通民众。自利之心造就了市场交换，市场交换又驱使劳动分工不断细化，继而带来专业分工、专门技能、手法娴熟和发明创造，最终的结果就是给社会带来了更多的财富。政府需要克制自己，不要去干扰自然秩序，最好的办法就是自由放任。斯密相信，在一个竞争的、自由放任的资本主义经济中，自由市场会把所有利己主义的、营利性的和唯利是图的行为纳入到一个使社会受益的、和谐的、"明显的和简单的天然自由体系"中。他坚信，政府的职能应该受到严格的限制。

三　为什么美国信教的民众比欧洲多？

马克思曾断言："宗教是人民的鸦片。"[1]作为全球第一大经济体的美国，同时拥有庞大的信教民众。如图 1-3 所示，20 世纪 90 年代初的一项研究表明，同为新教国家，在美国，每周去教堂参加宗教活动的人数占人口总数的 45% 左右；而在瑞典、芬兰、丹麦、挪威等国家，每周去教堂的人数不足 10%。跨国比较的证据显示，教会集中度越高，越缺乏竞争，参与宗教活动的民众越少。

在美国这样存在多个教派竞争的国家，竞争的压力会迫使各教派竞相提供更好的服务，以吸引信教民众。而在瑞典、芬兰、丹麦、挪威等单一国教主导的地方，缺乏竞争让那里的教会缺乏动力去改善服务，因而导致信教民众流失。这是竞争（competition）在发挥作用。

斯密在《国富论》中指出："一种定为国教的和受到大量捐赠的宗教的牧师，常常变成有学问的和文雅的人，具有绅士或足以使他们博得绅士所受尊敬的一切优良品质，但是他们也会逐渐丧失使得他们对下层人民具有

---

① 《马克思恩格斯文集》第一卷，人民出版社 2009 年版，第 4 页。

权威和影响的品质……这样一种牧师在遇到这类紧急情况时，没有其他的办法，只有请求政府来迫害、摧毁或驱逐自己的反对者，认为他们扰乱了公共秩序。"① 没有竞争会让信仰的传播者产生懈怠，影响信仰的传播，也让具有垄断地位的宗教缺乏竞争力。

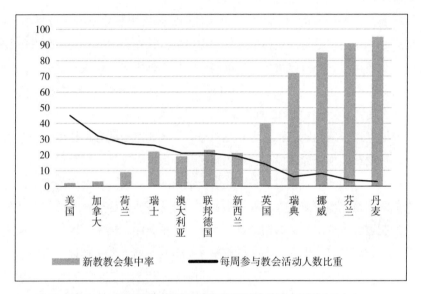

图 1-3　教会集中度与每周参与宗教活动的民众比重（%）

资料来源：Laurence Iannaccone, "The Consequences of Religious Market Structure," *Rationality and Society*, Vol. 3, No. 2, 1991, p. 158。

不仅宗教如此，教育也是如此。斯密对牛津大学一直印象不佳，其中一个原因就是他在牛津学习期间，牛津大学的教育是敷衍马虎的。斯密在那里学到的东西大都是靠自己在图书馆阅读获得的。斯密说：在牛津大学，大部分的教授许多年来甚至已经完全放弃了假装在教学。② 他认为领取固定工资的牛津教授缺乏竞争，因此对教学疏忽懈怠，对学生漠不关心。《国富论》花了四分之一的篇幅来讨论重商主义的理论与实践。这是因为重商主

---

① ［英］亚当·斯密：《国富论》（下），第854—855页。

② ［英］亚当·斯密：《国富论》（下），第829页。

义恰恰是竞争的大敌。

乔治·斯蒂格勒（George Stigler）认为斯密的巨大成功在于他将这一点置于经济学的中心位置：在竞争条件下，对追求自身利益的个人行为进行系统分析。他认为这是《国富论》"皇冠上的宝石"（crown jewel），且至今仍是资源配置理论的基石。[1]

那么，怎样才能创造出竞争的条件呢？经济思想史学家布劳格指出：斯密并不满足于说明，仅仅依靠自由市场经济，就会把所有的事情办得最好。他还潜心研究保障市场运行的制度结构。他很了解私人利益既可能促进公共福利，也可能阻碍公共福利。市场机制促进和谐，但也破坏和谐，除非它受到适当的制度和法律框架的制约。[2]

斯密对于殖民地扩张，尤其是对东印度公司垄断的分析提供了一个佐证，说明私人利益如果没有制度约束将会导致重大灾难。尽管斯密拥护自由市场，但他却不是当时日益崛起的制造商的代言人。在斯密的笔下，商人们既不是也不应该是人类的统治者。为什么呢？因为这些人往往就是垄断的制造者、重商主义的构筑者。在《国富论》中，斯密不仅花了大量的笔墨来批评政府，也用了很大的篇幅来抨击制造商。斯密批评政府的言论被后来的学者不断重复，但斯密批评制造商的论述却常常被忽视。"不论在商业或制造业的任何部门，商人的利益在某些方面总是和公共利益不同的，甚至是相抵触的。"[3]既然个人是自利的，那么，商人也不例外。商人要获得利益，既可以通过市场交易来实现，也可以通过制造垄断来完成。斯密认为商人喜欢垄断，以此可以缩小竞争范围，将利润提高到自然水平以上。因此，这个阶级的"利益从来不和公共利益完全一致，他们常常想要欺骗公众甚至想要压迫公众"。[4]在斯密笔下，这群人就是垄断的制造者。

在斯密看来，商人的自利之心驱使他们搞阴谋诡计，实施垄断，损害

---

① George Stigler, "The Successes and Failures of Professor Smith," *Journal of Political Economy*, Vol.84, No. 6, 1976, pp.1199–1213.

② ［英］马克·布劳格：《经济理论的回顾》，第44—45 页。

③ ［英］亚当·斯密：《国富论》（上），第 292 页。

④ ［英］亚当·斯密：《国富论》（上）（上），第 292 页。

公众。他指出：同一行业的人即使为了娱乐和消遣而集合在一起，他们的谈话也很少不涉及反对公众的阴谋和某种提高价格的策划。[①] 而且，斯密看到了这群人有很强的"集体行动"的能力，因为"商人和工厂主聚居城市，习惯于城市盛行的独占性同业公会精神，自然力图获取针对于其所有同胞的那种排他性特权，像他们拥有的针对其各自城市的居民的那种特权一样。因此，他们似乎是对外国货物进口施加的各种限制的最初创始人，这种限制确保他们对国内市场的垄断权"。[②]

不仅如此，由于通过政府获得了垄断权，他们会形成强大的政治力量，垄断者的政治权力使得他们可以威胁政府。垄断的特权一旦建立，人们若再想要消除，在政治上将会非常困难。当英国政府授予东印度公司垄断权以后，该公司不仅把控了商业贸易，还打造了自己的武装力量。东印度公司一度拥有一支 26 万人的军队（包括海军和陆军）。"这种垄断权已经大大增加了某些种类的制造业者的人数，使他们像一支庞大的常备军那样，不但可以威胁政府，而且在许多场合可以威胁立法机关。如果议会的议员支持加强这种垄断权的每一项提议，他肯定不但会得到精通贸易的好名声，而且会得到一个人数和财富使之具有极大重要性的阶级的热烈欢迎和拥护。反之，如果他反对这种提议，尤其是如果他有足够的权力去阻止这种提议的通过，那么，无论是最大的正直声誉，还是最高的地位，或是对国家有最大的功绩，都不能保护他，使他免于最恶劣的辱骂和诽谤，免于人身攻击，有时还有真实的危险，这些都是愤怒和失望的垄断者的无理暴行。"[③] 垄断集团的经济力量会成功转化为政治力量，让其垄断地位牢不可破。

二战结束以后，不少发展中国家实施了进口替代政策，借以发展本国工业。同时，这些政府无意间创造了大量的垄断企业。不少发展中国家政府通过实施保护政策，赋予其国内企业以垄断地位。以巴西为例，由于享有垄断地位，没有竞争压力，巴西的国有企业浪费严重，创新乏力。20 世纪 70 年代，巴西政府曾大幅度举借外债。这些借款主要用于支付巴西国有

---

① ［英］亚当·斯密：《国富论》（上），第 161 页。

② ［英］亚当·斯密：《国富论》（下），第 509 页。

③ ［英］亚当·斯密：《国富论》（下），第 518 页。

企业的高层领导高额的薪酬和津贴。（有一段时期，70% 的巴西外债都用于巴西的国有企业。）80 年代早期，巴西国企高层获得高薪的现象非常普遍，以致当巴西政府连海外借款的利息都难以偿付时，巴西的国有企业仍向其企业高管支付高额的薪酬。一旦政府建立起了垄断，垄断集团就会形成巨大的政治势力。不少巴西国有企业的管理人员都来自政府部门，如巴西石油公司的总裁就来自军方与政界高层。[1] 1974 年出任巴西总统的埃尔内斯托·盖泽尔（Ernesto Geisel）就曾担任巴西石油公司总裁。在此情况下，政府再想打破垄断，引入竞争，将会面临巨大的政治障碍。

斯密认为，要想避免这样的局面，政府就不要随意制造垄断。"它或许应当十分小心地不去建立任何新的同一种类的垄断，也不去把已经建立的垄断进一步扩大。每一种这样的规定都会在国家宪法中引入某种程度的真实混乱，以后要去挽救，又会造成另一种混乱。"[2]

斯密看到了资本家（雇主）对自由竞争的威胁，包括对工人的威胁。这一点认识被后来的马克思所强化。斯密认为，雇主和劳动者如果产生纠纷，劳动者往往会以失败告终。他指出了雇主的几个优势：首先，"雇主人数较少，能更加容易地联合起来"，人数较少的雇主比人数众多的劳工更容易达成集体行动。其次，斯密看到了现行法律对雇主阶层的偏袒，"法律和政府机关至少是不禁止他们的联合，却禁止工人的联合。我们没有任何由议会通过的法律，反对联合起来去降低工资的价格；但却有许多法律反对联合起来去提高这种价格"。这样的法律偏袒导致马克思将资本主义的国家称为管理资产阶级共同事务的"中央委员会"。再次，劳资纠纷中，雇主能赢，是因为他们持有资产。"雇主们能撑持得更加长久。一个地主、一个农场主、一个制造业者或商人，即使不雇用一个工人，也能靠已经拥有的资本生活一两年。而没有工作，许多工人就不能维持一星期，少有人能维持一个月，更少有人能度过一年。从长远来说，雇主不能没有工人也像工人不能没有雇主一样，但是前一种必要性却不是那么迫切"。[3]因此，如果放任雇主自行其是，他会凭借其经济与权

[1] Eul-Soo Pang, *The International Political Economy of Transformation in Argentina，Brazil，and Chile since 1960*，pp. 49—62.

[2] ［英］亚当·斯密：《国富论》（下），第 519 页。

[3] ［英］亚当·斯密：《国富论》（上），第 87—88 页。

力优势削弱市场竞争。雇主获得这样的权力对竞争的市场而言是一个损害。斯密的这一点被后来的主流自由主义学者逐渐淡化，却被马克思主义者所强化。

斯密的自由主义并不是教条式的，而是实用主义的。他不仅批判僵化的封建制度和专断的政府政策，同时也批判资本主义的经济权力集中和商人的垄断倾向。罗伯特·海尔布隆纳（Robert Heilbroner）指出：斯密并不拥护任何一个阶级，只忠于他自己的体系。如果说斯密有何偏见，那么他比较偏袒消费者。和大多数当代的自由主义学者相比，斯密对商人的动机更加怀有公开的敌意。[①]而这公开的敌意源于斯密对竞争性的自由市场的捍卫。自利的商人在追逐自身利益的过程中，如果缺乏制度约束，可能损害社会和公众的利益。斯密指出："商人和制造商不是也不应当是人类的统治者，他们的卑鄙贪欲和垄断精神虽然或许是无法纠正的，但是可以很容易地防止它去扰乱任何人（除了他们自己以外）的安宁。"[②]为了让自己的和谐体系能存在下去，斯密认为需要约束这群人的行为。

在斯密的政治经济学体系中，不仅需要理性的个体，还需要竞争的环境。理性的个体只有在竞争的环境中才能提升效率、创造繁荣。竞争的益处并不局限于经济领域，对信仰、教育等其他领域也同样适用。

四　为何英国率先掀起了工业革命？

瓦特改良蒸汽机和斯密出版《国富论》在同一年。而蒸汽机成为第一次工业革命的重要标志。在人类经济史上，英国是第一个完成工业革命的

---

① ［美］罗伯特·海尔布隆纳著，唐欣伟译：《经济学统治世界》，湖南人民出版社2013年版，第52—54页。

② ［英］亚当·斯密：《国富论》（下），第542—543页。

国家。尽管斯密没有预见到英国的工业革命，但按照他的逻辑，英国之所以能率先展开工业革命，很大程度上得益于英国通过国际贸易，开拓了广阔的市场，[1]促进了分工，也建立了自由市场。英国工业革命的历史和斯密有关市场规模（extent of market）的论述是高度契合的。

第一次工业革命前夕，英国主要依靠出口，而不是国内消费，来消化工业产出的增长。18世纪上半期，英国国内的需求增长仅为42%，而出口的增长则非常显著。[2]纵观整个18世纪，英国工业的出口增长了近450%（以1700年为100，1800年则为544），而供国内消费的产品生产仅增长了52%（1700年为100，1800年为152）。[3]1688年到1815年，至少一半以上的新增工业品被出口到海外。[4]海外市场的开拓为英国产品提供了持续又庞大的产品需求。

从某种意义上讲，支撑第一次工业革命的支柱产业——英国纺织业的发展就是靠海外市场推动起来的。18世纪，英国纺织业的出口比重不断提升，无论是纱织品、毛纺织品还是棉纺织品的出口都在迅速增长。英国工业革命时期，接近2/3的纱制品都用于出口。[5]17世纪末，英国毛纺品的出口量占总产量的30%；到1740年，这个比重提高到近50%。[6]而到了1800年，超过60%的英国棉纺织品都用于出口，国内的消费则不足40%。[7]英国这样

---

① 下面的素材参见黄琪轩《技术大国起落的历史透视——政府主导的市场规模与技术进步》，《上海交通大学学报》（哲学社会科学版）2013年第2期。

② Christopher Harvie, "Revolution and the Rule of Law," in Kenneth Morgan, ed., *The Oxford History of Britain*, New York: Oxford University Press, 1993, p.478.

③ [法]费尔南·布罗代尔著，顾良、施康强译：《15至18世纪的物质文明、经济和资本主义》第三卷，生活·读书·新知三联书店1992年版，第673页。

④ Patrick O'Brien, "Deconstructing the British Industrial Revolution as a Conjuncture and Paradigm for Global Economic History," in Jeff Horn, Leonard Rosenband and Merritt Roe Smith eds., *Reconceptualizing the Industrial Revolution*, Cambridge, Massachusetts: The MIT Press, 2010, p.27.

⑤ Knick Harley, "Trade: Discovery, Mercantilism and Technology," in Roderick Floud and Paul Johnson, eds., *The Cambridge Economic History of Modern Britain, Volume1. Industrialization, 1700–1860*, Cambridge: Cambridge University Press, 2008, p.186.

⑥ [英]大卫·兰德斯著，谢怀筑译：《解除束缚的普罗米修斯》，华夏出版社2007年版，第55页。

⑦ Joseph Inikori, *Africans and the Industrial Revolution in England: A Study in International Trade and Economic Development*, New York: Cambridge University Press, p.436, Table. 9.6.

的出口业绩让其竞争对手法国相形见绌。19 世纪中期，英国有 60% 的棉织品用于出口，而此时法国棉织品的出口仅占其产量的 10%。[1] 庞大的海外市场为英国的纺织产业提供了巨大的利润刺激，让纺织产业有机会和动力去扩大投资，改进技术。

除了纺织业，庞大的海外市场需求也在推动英国其他产业的升级与发展。这一时期，英国工业制成品以及铁制品的出口总量在不断提升。1750 年，英国国内生产的铁制品还不能满足自身需求，当时英国进口的铁制品还是其产出的两倍；到 1814 年，英国铁制品的出口量则是进口总量的 5 倍多；到 19 世纪中叶，英国铁制品的出口总量又比 19 世纪初期增加了近 20 倍（1814 年为 5.7 万吨，1852 年为 100 多万吨）。此时，英国铁制品的出口总量已经超过了世界其他国家的总和。[2] 随着纺织业的发展、海外运输能力的增强，英国的金属工业也得到了迅速发展。英国精加工金属产品、机械以及工程类产品的出口也逐渐增多，出口的商品日趋多样化。在出口的制成品中，金属制品的比重在 1814—1816 年为 12%；1854—1856 年，这个比重上升到了 27%。[3] 英国积极开拓海外市场，不仅推动了纺织业的发展，也推动了相关技术的发展与产业升级。斯密对分工的看法，也恰好可以用来理解英国的工业革命。他关于分工国际化的论述就是英国工业革命的再现。

斯密在《国富论》第三章的开篇指出："交换能力引起劳动分工，而分工的范围必然总是受到交换能力的限制。换言之，即受到市场范围（市场规模）的限制。当市场很小时，没有人能得到任何的鼓励，去专门从事一种职业。"[4] 道理很简单，让我们再次回到制针工厂。由于劳动分工，生产效率得以改进，制针工人每天能制造 4800 枚针。如果这些针卖不出去，制针产业的制造商怎么会有生产的积极性呢？斯密举了另外一个例子，"在苏格

---

① Maxine Berg, *The Age of Manufactures*：*1700-1820. Industry, Innovation and Work in Britain*, London：Routledge, 1994, p.14.

② ［英］大卫·兰德斯：《解除束缚的普罗米修斯》，第 95 页。

③ Maxine Berg, *The Age of Manufactures*：*1700-1820. Industry, Innovation and Work in Britain*, p.106.

④ ［英］亚当·斯密：《国富论》（上），第 22 页。

兰高地的穷乡僻壤，即使是制钉人这样一种行业也不可能有。这种工人每天能造 1000 枚铁钉，一年工作 300 天，按照这种速度，他每年能造 30 万枚铁钉。但在这种情况下，他不可能售出 1000 枚，而这只是全年中一天的工作量。"[1] 由于生产这么多铁钉却又卖不出去，苏格兰的穷乡僻壤就不会出现细致的分工，不会出现专业的制钉人。市场必须扩大很多倍才能吸纳小型制针、制钉工厂的产量。因此，市场规模构成了劳动分工发展的主要障碍。在斯密看来，任何对商业发展的障碍都是对劳动分工发展的障碍，它会阻碍生产率的提高，进而阻碍国民财富的增加。

事实上，市场规模还有其他意义。庞大的市场规模有利于实现规模经济，降低生产成本。二战以后，全球的制造业开始向大规模生产演进，产业升级和技术进步需要巨大成本。只有足够庞大的市场、足够多的购买力，才能支撑大规模生产。钢铁、汽车、飞机等产业在狭小的市场是难以实现产业发展的。例如，二战后大多数拉美国家都努力发展汽车产业，但是它们的努力却无法突破市场规模的限制。20 世纪 60 年代，车辆装配厂的最小生产规模必须达到年产 20 万辆。当时世界上只有 7 家公司的年产量能超过 100 万辆，它们是通用、福特、克莱斯勒、雷诺、大众、菲亚特以及丰田。20 世纪 50 年代，阿根廷每年售出的新车数量为 5 万辆；到 60 年代，阿根廷最大的汽车公司年产量也不过 5.7 万辆。和其他拉美国家一样，由于受制于狭小的市场规模，阿根廷汽车产业无法享有大规模生产带来的效率，它生产一辆汽车的成本是美国的 2.5 倍。[2]

斯密还提到了地理位置对市场规模的影响。内陆国家的地理位置会限制其出口，限制其市场规模，导致其往往难以实现有效的分工，进而难以实现国民财富的增长。研究者发现，内陆国家的出口要比临海的国家少一半。[3] 世界上最穷的 10 亿人，有 38% 居住在内陆国家。[4] 因为这些国家难以

---

①　[英] 亚当 · 斯密：《国富论》（上），第 23 页。

②　[英] 罗伯特 · 艾伦：《全球经济史》，第 129 页。

③　Michael Faye, John McArthur, Jeffrey Sachs and Thomas Snow, "The Challenges Facing Landlocked Developing Countries," *Journal of Human Development*, Vol. 5, No. 1, 2004, p.40.

④　Paul Collier, *The Bottom Billion: Why the Poorest Countries are Failing and What Can Be Done About It*, New York: Oxford University Press, 2007, p.54.

发挥出口的优势，难以拓展有效的市场规模。国民财富的增长也随之受到了极大的限制。而英国工业革命前夕的市场开拓恰恰为英国的工业革命开辟了道路。

那么，开辟海外市场是否需要保护自己国内的市场呢？如果把开拓海外市场与保护国内市场并举，那获得的市场不会更大吗？

斯密的回答是否定的。"每一个精明的户主的座右铭是：凡是制作起来比购买更费钱的东西，绝不要在家里制作。裁缝不自己制鞋，而是向鞋匠买鞋。鞋匠不自己缝衣服，而是雇用裁缝匠。农民不自己制鞋，也不自己缝衣，而是雇用这两种匠人。他们全都发现，用一种使自己对邻人居于有利地位的方式来使用自己的全部劳动，用自己劳动的一部分产物去购买自己需要的东西，是于自己有利的。"① 而且，斯密指出，对个人是有利的选择，对国家而言也同样如此。"对每一个私人家庭来说是精明的行为，对一个大国不可能是愚蠢的行为。"② 如果从海外购买产品更便宜，就没有必要自己生产，结余的资源可以投到更有效率的地方。因此，没有必要搞保护性的关税。这些关税会损害公众利益，它们既减少了"消费收益"，也降低了"生产收益"。首先，保护性关税提高了商品价格，使得消费者遭受损失。其次，保护性关税还影响了生产效率。因为这些受保护的行业有着较高的利润，进而吸引了资金和劳动力的涌入。这些资源原本可以流入更有效率的产业，现在却被错误地吸引到受保护的行业中。

值得注意的是，在斯密的分析中，消费者被放在了重要的位置。"消费是所有生产的唯一目的，只是在为了促进消费者的利益时才应当去注意生产者的利益。这个原则完全是自明之理，试图去证明它倒是荒谬的。但在重商主义体系中，消费者的利益几乎经常为生产者的利益而被牺牲，似乎将生产而不是将消费看作是所有工商业的最终目的。"③

按这一思路来理解，英国之所以能率先完成工业革命，是因为英国能积极推动海外市场的开拓，拓展了其市场规模，进而实现了劳动生产率的

---

① ［英］亚当·斯密：《国富论》（下），第 503 页。
② ［英］亚当·斯密：《国富论》（下），第 504 页。
③ ［英］亚当·斯密：《国富论》（下），第 725 页。

极大改进。而英国实现市场规模的关键在于积极推动自由贸易。

斯密的论述是对重商主义的革命，是抵制政府干预自由贸易的思想武器。那么，斯密的逻辑存在哪些瑕疵呢？经济史学家罗纳德·芬德利（Ronald Findlay）和凯文·奥罗克（Kevin O'Rourke）在二人合作的有关贸易政治经济史的著作《强权与富足：第二个千年的贸易、战争和世界经济》中指出：迄今为止，亚当·斯密及其追随者们都认为大部分的军事开支是浪费之举，因为它们挤出了更有效率的私人投资。亚当·斯密的这种观点建立在一个前提之上，即私人部门所依靠的市场和原料供应始终存在。[①] 但是，这样的假定往往在现实世界中遭遇挑战。众所周知的是，英国人能打开中国的市场不是靠自利的人性以及与之相伴的贸易，而是靠鸦片战争中的坚船利炮。如果我们把历史追溯得更远，也同样如此。

英国之所以能如此有效地开拓国际市场，离不开其强大的海军。在18世纪，西欧的殖民地大都具有海洋性质，贸易又是远距离贸易。在拓展海外市场的过程中，英国与其他欧洲国家常常受到一些因素的干扰。英国凭借强大的海军，消除了这些干扰，成功地拓展了英国的海外市场。[②]

无论是和平时期还是战争时期，英国海军对英国的贸易都起到了重要作用。英国的海军保障了英国产品能占据国际制成品与服务业市场的最大份额。[③] 在地中海、大西洋、太平洋、印度洋沿岸，英国海军构建起捍卫英国海外利益的安全网络，这些军事建设保护了英国的船只与货物。[④] 1714年到1739年，英国海军已经取得了无可匹敌的优势地位。[⑤] 有了这样的政治前提，英国的海外市场才能有效拓展，市场规模带来的分工与技术进步才能

---

① ［美］罗伯特·芬德利、凯文·奥罗克著，华建光译：《强权与富足：第二个千年的贸易、战争和世界经济》，中信出版社2012年版，第379页。

② 黄琪轩：《技术大国起落的历史透视》，《上海交通大学学报》（哲学社会科学版）2013年第2期。

③ Patrick O'Brien, "Introduction: Modern Conceptions of the Industrial Revolution," in Patrick O'Brien and Roland Quinault, ed., *The Industrial Revolution and British Society: Essays in Honour of Max Hartwell*, Cambridge: Cambridge University Press, 1993, p.12.

④ Maxine Berg, *The Age of Manufactures: 1700–1820. Industry, Innovation and Work in Britain*, p.107.

⑤ Jan Glete, *Navies and Nations: Warships, Navies and State Building in Europe and America, 1500–1860, Vol.1*, Stockholm: Almqvist and Wiksell International, 1993, p.257.

实现。

　　由于英国需要与美洲、非洲与亚洲拓展贸易，而此时海上航路并不安全，其中一个重要的威胁来自海盗。当时，法国、西班牙以及荷兰等国家支持海盗劫掠英国商船。[1] 曾经有一段时期，英国的贸易受到海盗的沉重打击。1693 年，绝大部分的英国商船被海盗中途拦截。[2] 因此，如果不能保障海上航道的安全，英国拓展海外市场的努力将付诸东流。在这一背景下，英国海军为其商船保驾护航，海盗的威胁才得以有效消除。此外，英国海军还需要消解欧洲竞争对手的威胁，削弱竞争对手在海外的竞争能力。

　　一位旅居英国的法国人写道："众所周知，在这十年（1804—1813）中，世界上任何一个国家，如果没有得到英国的同意，就做不成生意。"[3] 这是英国海军霸权的写照，也展示了英国的海军优势如何为英国长期的经济优势提供保障。尤其重要的是：英国的海军确保了英国对外贸易能有效避免来自劲敌法国的竞争。即便是在拿破仑实施海上封锁期间，英国的海军还能维系其对欧洲的贸易。当时有人这样评论英国的海上贸易："这个国家的航海受到了良好的保护，我们的船只优质，海员优良，法国对我们难以构成竞争。"[4] 在皇家海军的保护下，英国的远洋运输没有受到严重的干扰，在战争期间的船舶损失也相对较少。而法国则相形见绌，法国的海军原本具有海上优势，但是法国的作战政策重视陆军而轻视海军。路易十五曾宣称：在法国，除维特尼的海军外，绝不会有别的海军。[5] 由于法国海军的缺失，"法兰西的商业则不复见于海上。法兰西的边界为敌国各军封锁后，它只能依它本国极有限的物产为生，而英吉利则可以自中国远及马赛诸塞特

---

　　① Maxine Berg, *The Age of Manufactures: 1700-1820. Industry, Innovation and Work in Britain*, p.107.

　　② Jeremy Black, *Trade, Empire and British Foreign Policy, 1689-1815: Politics of A Commercial State*, London: Routledge, 2007, p. 112.

　　③ ［法］费尔南·布罗代尔：《15 至 18 世纪的物质文明、经济和资本主义》第三卷，第 670 页。

　　④ Jeremy Black, *Trade, Empire and British Foreign Policy, 1689-1815: Politics of A Commercial State*, p. 179.

　　⑤ ［美］斯塔夫里阿诺斯著，吴象婴等译：《全球通史：1500 以后的世界》，上海社会科学院出版社 1999 年版，第 178 页。

的全世界为市场"。[1]

因为海外贸易常常受到战争的干扰，法国的商业以及海外殖民地也随之不振。而英国依靠强大的海军主导了海外市场，它在战争期间遭受的损失也远远比法国要少。[2] 相对法国而言，英国的这一政治优势转化成了贸易优势。长期来看，海军为英国的商贸往来与经济发展提供了政治前提。英国的工业革命的发生，很大程度来自海外贸易的增长，即斯密谈到的市场规模的扩大。而英国海外市场规模的扩大，不是依赖于自利的人性引发的贸易，也并非依靠"自然秩序"的扩展，而更显著地仰仗其海军。尽管斯密旗帜鲜明地反对政府干预，但英国海军带来的权力却为其倡导的市场规模提供了基础。

五　为什么开放有利于和平与安全？

斯密的乐观主义情绪影响深远。世界贸易组织（WTO）一直倡导自由贸易理念，其官方网站列举了自由贸易的十大优点：第一，国际贸易促进了世界和平；第二，国际贸易有利于纠纷的解决；第三，基于规则的体系让人们生活更便利；第四，自由贸易降低了人们的生活成本；第五，自由贸易让消费者可以选择不同层次的产品，增加了消费者的选择；第六，自由贸易增加了民众的收入；第七，自由贸易促进了经济增长；第八，自由贸易让经济运行更有效率，也降低了经济运行的成本；第九，自由贸易让政府免受特殊利益集团操控；第十，自由贸易促进良治。[3] 这些优点显然

---

① ［英］屈勒味林著，钱端升译：《英国史》（下册），中国社会科学出版社2008年版，第545页。

② Daniel Baugh，"Naval Power：What Gave the British Navy Superiority？"in Leandro Prados de la Escosur，ed.，*Exceptionalism and Industrialization：Britain and its European Rivals，1688-1815*，p.235-257.

③ 参见其网站 WTO：10 Benefits of the WTO Trading System。

很好地继承了斯密的衣钵。后来的自由主义学者强调自由贸易不仅能带来经济收益，还能带来显著的政治收益。

斯密指出，各国国民被教导说："他们的利益在于使所有的邻国变穷。每一个国家都变得用嫉妒的目光去看待和自己有商业往来的一切国家的繁荣，认为它们的得利就是自己的损失。在国家之间也像在个人之间一样，商业本来自然应当成为联合和友谊的纽带，但是现在却变成了争论和仇恨的最容易产生的源泉。"[1]他认为流行的看法是危险的、有害的，应该用积极的心态看待邻国的财富。"邻国的财富在战争和政治中虽然可能是危险的，在贸易中都是肯定有利的。在敌对状态中，它可能使我们的敌人所维持的海陆军优于我们自己的海陆军；但在和平商业状态中，财富一定能使它们为我们自己产业的直接产品或用这种产品交换来的东西提供更好的市场，交换更大的价值。正如一个富人能比一个穷人成为邻近劳动人民的更好的顾客一样，一个富国也是如此。"[2]富裕的邻国为我们自己提供了一个广大的市场。"一个富国的制造商无疑地可能是邻国制造商的非常危险的竞争者。然而，这种竞争对人民大众是有利的；此外，还从这样一个国家的巨大支出对他们在其他方面提供的良好市场而大为获利。"[3]

通过贸易，各国的利益交织在一起，成为利益共同体，这就是后来学者发展出来的"贸易和平论"。这一理论从国家间的经济联系来考察国家之间的纷争与合作。理查德·罗斯克莱斯（Richard Rosecrance）指出：随着世界贸易的增加，世界政治的性质也发生了变化。以往强调军事征服、领土占领的"军事—政治世界"，开始变成"贸易世界"。在贸易日趋重要的时候，各国更加强调通过贸易来增强自身的实力，国家也变成了"贸易国家"。[4]以往，国家需要通过军事征服获得国家利益，现在，国家依靠自由无碍地与他国进行

---

① ［英］亚当·斯密：《国富论》（下），第542—543页。
② ［英］亚当·斯密：《国富论》（下），第543页。
③ ［英］亚当·斯密：《国富论》（下），第544页。
④ Richard Rosecrance, *The Rise of the Trading State: Commerce and Conquest in the Modern World*, New York: Basic Books, 1985, pp.23-26.

经济交换就能实现国家利益。[①] 国家间对贸易的重视和偏好在日益上升，跨国的经济联系构成了一项重要的利益。国家之间的贸易让众多利益团体获得巨大的好处，也使这些利益团体的影响力得到增强，它们积极行动，维护和平，促进贸易。[②] 持贸易和平论理念的学者认识到：贸易会将各国的利益绑定在一起，从而使支持和平的力量发展壮大。不过，美国的第一任财长汉密尔顿等人以及后来的现实主义政治经济学家则对此持相当怀疑的态度。

关于自由贸易与和平的关联。国际关系学者常常提出的异常案例就是19世纪末的德国。[③]19世纪末，德国和美国的崛起冲击到英国的霸权。随着德国的经济成长、产业升级，德国的对外贸易量激增。1875—1895年，德国产品的出口总值实现了30%的增长。[④]此后，德国出口增长加速，1890—1913年，德国的出口额增加了两倍，接近英国的水平。[⑤]从所占世界贸易的份额来看，德国的份额也稳步上升。第一次世界大战爆发时，德国出口占世界出口总额的20.2%。[⑥]1872年，德国的制成品只占出口商品总额的44%；而到了1900年，这一比重上升到了62%。[⑦]但是，德国的贸易增长，激起了霸权国家英国的敌对。1913年，世界制成品出口的60%来自欧洲的三个国家：英国、德国与法国。[⑧]这三个国家同时也是第一次世界大战的主要参战国。与欧洲国家不同，美国通过自身的市场吸收了其迅速扩

[①]　Richard Rosecrance，"International Security and the Virtual State：States and Firms in World Politics，" *Review of International Studies*，Vol.28，No.3，2002，pp.443-455.

[②]　Patrick McDonald，*The Invisible Hand of Peace：Capitalism，The War Machine，and International Relations Theory*，New York：Cambridge University Press，2009.

[③]　下列素材参见黄琪轩《大国经济成长模式及其国际政治后果——海外贸易、国内市场与权力转移》，《世界经济与政治》2012年第9期。

[④]　［英］大卫·兰德斯：《解除束缚的普罗米修斯》，第325页。

[⑤]　［美］保罗·肯尼迪著，蒋葆英等译：《大国的兴衰》，中国经济出版社1989年版，第264—265页。

[⑥]　Hans-Joachim Braun，*The German Economy in the Twentieth Century：The German Reich and the Federal Republic*，New York：Routledge，1990，p.22.

[⑦]　［英］大卫·兰德斯：《解除束缚的普罗米修斯》，第325页。

[⑧]　［英］C.L.莫瓦特编，中国社会科学院世界历史研究所组译：《新编剑桥世界近代史：世界力量对比的变化（1898—1945）》第12卷，中国社会科学出版社1999年版，第55页。

大的产出，从而缓和了海外扩张的痛苦。相比之下，美国依靠国内市场的经济成长模式，使得美国能在这一时期把大部分经济能量用于拓展自身广阔的国内市场。因此，英国等国家对美国的威胁感知远远比德国要小。当德国与英国从经济竞争走向战争的时候，美国受到国际社会的关注相对较少，依靠国内市场实现了经济成长与产业升级，最终和平地取代了英国的世界霸权。

有研究对 1870—1938 年间的国际冲突做了检验并发现：从统计上看，当双方的经济依存度从较低走向中等强度的时候，冲突的概率在逐渐降低，这似乎印证了贸易和平论；但是当双方的经济依存度从中等强度走向紧密联系的时候，双发爆发冲突的概率也随之上升。这是一个倒 U 型的曲线。[①]还有研究者对 19 世纪后半期到 20 世纪末的数据进行了统计检验，发现随着两个国家贸易联系的增加，两国间爆发军事冲突与战争的可能性在增加。贸易和平论是一个幻象。[②]

开放不仅包括商品的自由流动，还包括资本的自由流动。有人或许会问，如果实施开放政策，资本大量流出本国，会不会影响国家安全？斯密的回答是不会。因为商人不会舍近求远，他们更倾向于投资国内，他们更熟悉国内的环境，也更了解国内的法律。"在利润相等或接近相等的情况下，每一个批发商自然宁愿从事国内贸易而不愿从事对外消费贸易，宁愿从事对外消费贸易而不愿从事贩运贸易。在国内贸易中，不会像在对外消费贸易中常常发生的情形那样，资本长期不在他的视野之内。他能更好地了解自己所信托的人的品德和处境；如果他受到欺骗，他也更了解必须向它寻求救济的本国法律。"[③]因此，在同等情况下，商人愿意将资本留在国内。通过"看不见的手"，自由的经济政策不仅不会妨害国家安全，反而有利于国防。自利的商人会优先考虑投资国内，这样会阻挠资金外流，促

---

① Katherine Barbieri, "Economic Interdependence. A Path to Peace or a Source of Interstate Conflict," *Journal of Peace Research*, Vol.33, No.1, 1996, pp. 29-49.

② Katherine Barbieri, *The Liberal Illusion: Does Trade Promote Peace*, Ann Arbor: The University of Michigan Press, 2002, p.121.

③ ［英］亚当·斯密：《国富论》（下），第 500—501 页。

进国家安全。[①]"由于每一个人力图尽可能地使用他的资本去支持本国劳动，并指引劳动产品具有最大的价值，所以他必然是在力图使社会的年收入尽可能大。诚然，一般说来，他无意去促进公共利益，也不知道自己在多大程度上促进公共利益。他宁愿支持本国劳动而不支持外国劳动，只是为了自己的安全。"[②]国防依赖国家财富，而斯密认为理性的个人愿意将资本留在国内。因此，开放带来了诸多好处，包括繁荣、和平与安全。

当然，斯密的假定是"同等情况下，商人愿意将资本留在国内"。但实际上各国的政治经济环境却不是在"同等情况下"。20世纪70年代和80年代，金融创新以及金融市场的一体化使得墨西哥的总统们把横征暴敛得来的财富转移到更安全的地方，以避免比索贬值的冲击。何塞·波蒂略（José Portilloy）总统及其亲属将他们的资金从墨西哥大规模转移到海外，给墨西哥经济带来致命性打击。这些资本主要流向了美国，投资于房地产和金融资产。[③]亚洲金融危机期间，大量的资金撤到了美国。1997年3月到1998年，世界各地流向美国的直接投资和证券投资达到3200多亿美元。这导致1998年，韩国的GDP下降5.8%，印度尼西亚和泰国的GDP下降约10%，而美国的GDP增长则为4.3%。[④]2008年，由美国引发的次贷危机席卷全球，冰岛宣布破产；而美国却是危机中最先恢复的国家。不仅如此，2008年金融危机期间，美国政府还能以较低的利率从世界各地借来大量资金。美国政府比墨西哥政府更透明，美国的金融系统比亚洲的金融系统更完善，更为重要的是，美国的经济体量更大，使得它在金融危机中有更大的回旋余地。[⑤]美国享有的这些优势不是其他国家一朝一夕能够改变的。当遥远国度的民众发现并非投资国内最安全，收益最高，那么，他

---

① 赖建诚：《经济思想史的趣味》，浙江大学出版社2011年版，第260—283页。

② ［英］亚当·斯密：《国富论》（下），第502—503页。

③ ［英］苏珊·斯特兰奇著，杨雪冬译：《疯狂的金钱——当市场超过了政府的控制》，中国社会科学出版社2000年版，第122页。

④ Eric van Wincoop and Kei-Mu Yi, "Asia Crisis Postmortem," in Moon Joong Tcha and Chung-Sok Suh. eds., *The Korean Economy at the Crossroads：Triumphs，Difficulties and Triumphs Again*，New York：Routledge，pp. 247-258.

⑤ 黄琪轩：《资本项目自由化与金融安全的政治》，《东北亚论坛》2016年第5期。

们是否还更加偏爱对本国的投资？这样的开放是否还能保障一个国家的繁荣与安全？

不仅对资本的开放如此，对贸易的开放也存在安全隐患。我们在后面的章节会展示美国如何通过贸易把夏威夷变成其附庸。我们先来看17—19世纪爱尔兰参与国际贸易的例子。①

17世纪，随着英国人口的增长，对肉类需求不断增加，英国开始大规模从爱尔兰进口牛肉。于是，参与国际贸易的爱尔兰地主开始改变土地的用途，原本种植燕麦的土地变成了养牛场。从17世纪中叶开始，爱尔兰每年向英国出口6万头牛，占爱尔兰出口总额的75%。如此一来，肉类从爱尔兰民众的饮食中消失了，他们开始吃素，由此引发了爱尔兰的叛乱。处死了英国国王查理一世的护国公奥利弗·克伦威尔（Oliver Cromwell）用铁血手腕镇压了爱尔兰叛乱，屠杀、流放了众多爱尔兰人，使得爱尔兰人口锐减至90万。以前爱尔兰人吃燕麦，后来发现马铃薯提供的热量更高，他们开始种植马铃薯。这样的变化使得释放出的土地可以用来养牛，以参与对英贸易。18世纪上半期，爱尔兰人消耗的食品中有一半是马铃薯，而牛肉都用于出口。

1784年，英国又向爱尔兰开放了粮食进口市场，爱尔兰的出口结构又开始转变，它变成了粮食出口国。19世纪的时候，爱尔兰的粮食出口是其进口额的10倍，英国一半的粮食是由爱尔兰供应的。爱尔兰的经济再度随对英贸易而转型。为了种植更多的粮食，爱尔兰的地主把牛和农民从土地上赶走。当年是牛驱赶了人，现在是粮食驱赶了牛和人。农民只有小块的荒地种植高热量的马铃薯以维持生计。从1845年到1849年，爱尔兰出现了马铃薯枯萎病。长期吃素的农民原本就体质虚弱，此时更难以抵御大饥荒的冲击。这次大饥荒夺取了上百万爱尔兰人的生命。而这一时期，爱尔兰出口到英国的粮食却增多了。由此来看，自由贸易并非总是在维护国家经济安全，有时它的作用恰恰相反。

---

① 参见［美］赫尔曼·施瓦茨著，徐佳译《国家与市场——全球经济的兴起》，江苏人民出版社2008年版，第152—154页。

当然，斯密也不是开放的教条主义者，他指出自由贸易会有几个例外。"当航海法制定时，英格兰和荷兰虽然实际上没有作战，可是在两国间存在最激烈的仇恨。""由于国防比国家富裕更重要，航海法或许是英格兰所有商业法规中最明智的一种。"[1] 斯密也承认：在某些时候，自由贸易需要为安全让路。只不过斯密将安全压倒贸易的情形视为例外。

斯密还指出："如果立即全部取消高关税和进口禁令，廉价的外国同类货物可能迅速涌入本国市场，使成千上万的本国人民全部立即失去普通的日常工作和生活资料。这样造成的混乱可能是十分巨大的。"[2] 所以，即便要走向自由贸易，也要减少这一过程带来的混乱和损失。这样的想法也被后来世界贸易组织的例外条款所采纳。如果遇到严重的开工不足、工人失业以及企业亏损等情况，世贸组织允许成员国实施暂时性的进口限制或提高关税。不过，斯密相信这只是权宜之计。长期来看，国家还是要积极参与自由贸易的。因为他假定工作转换很容易。"大部分的制造业都有其他附带的制造业，性质相似，一个工人很容易从其中的一种工作转到另一种工作。"[3] 事实上，伴随当今各国的产业升级，对工人的专业技能要求越来越高，制造工人在上岗前往往需要经过长时间的学习与培训，岗位转变也变得不那么容易。20世纪以后，资本的专属性和劳动力的专属性都在提高，资本与劳动力在不同行业之间的流动性降低了。[4] 当底特律的汽车工厂倒闭以后，一名汽车厂的工人已难以变成一名飞机厂的工人。当工人在不同岗位之间流动性降低时，自由贸易往往引发大量的政治冲突。[5] 自由贸易带来的工人工资下降、失业等问题已成为世界各国，尤其是发达国家政府不得不面临的难题。

① ［英］亚当·斯密：《国富论》（下），第511—512页。
② ［英］亚当·斯密：《国富论》（下），第516页。
③ ［英］亚当·斯密：《国富论》（下），第517页。
④ Michael Hiscox, "Commerce, Coalitions, and Factor Mobility: Evidence from Congressional Votes on Trade Legislation," *American Political Science Review*, Vol.96, No.3, 2002, pp.595-596.
⑤ ［美］迈克尔·希斯考克斯著，于扬杰译：《国际贸易与政治冲突：贸易、联盟与要素流动程度》，中国人民大学出版社2005年版。

斯密称英国为"小店主国家"（nation of shopkeepers）。[①] 这一称呼流行至今。而当那些小店主变大以后，他的论述是否还有生命力？后来不少学者，如马克思、琼·罗宾逊（Joan Robinson）、爱德华·张伯伦（Edward Chamberlin）、约翰·肯尼斯·加尔布雷思（John Kenneth Galbraith）以及保罗·克鲁格曼（Paul Krugman）等都宣布了亚当·斯密完全竞争的世界随着岁月的流逝已经变得不再有重大意义。因为大型公司出现了，强大的工会也随之出现，规模经济也在改变政治经济领域的运行规则。不管斯密受到多少挑战，斯密及其《国富论》对政治学、经济学、社会学等学科产生了持久的、深远的影响。不少论著和书籍提出各式各样的问题，采用形形色色的方法，都不过是在重复斯密的结论或者政策推论。例如，人的自利之心会推动经济繁荣；自由放任的政策要免受政府干扰；竞争会带来良好的绩效。马尔萨斯继承了斯密的自由放任，即使是面对贫困人口，马尔萨斯仍坚持不要政府救济。因为马尔萨斯认为一旦政府展开对贫困人口的救济，结果会变得更糟。斯密的自由主义政治经济是乐观的，但是马尔萨斯的预言却是悲观的。

六　为何生活在 1800 年的英国人比他们的祖先更穷？

经济史学家格里高利·克拉克（Gregory Clark）强调：1800 年的时候，世界上的大部分居民要比他们的原始祖先更贫穷。那时世界人口的平均寿命为 30 岁左右；而在狩猎采集社会，人均寿命为 35 岁。而且，与生活在 1800 年的普通英国民众相比，在狩猎采集社会生活的原始居民享有更为丰富的食物。直到 1863 年，在英国农场工作的工人摄入的卡路里量才相

[①]　［英］亚当·斯密：《国富论》（下），第 675 页。

当于这些原始居民的摄入量。我们在前面提到过，贫困和食物短缺会影响普通民众的身高。但中石器时代和新石器时代的欧洲人竟比生活在1800年的英国人、荷兰人的身高还要高一些。（中石器时代欧洲人的平均身高已经达到了168厘米。）[1] 这是什么原因呢？在解决贫困匮乏这一问题上，现代社会已经发生了本质的改变吗？

《饥饿的苏丹》是一张闻名于世的照片。1993年，战乱频仍的苏丹发生了大饥荒。南非的自由摄影记者凯文·卡特（Kevin Carter）来到战乱、贫穷、正在遭遇饥荒的苏丹采访。一天，他看到这样一幅令人震惊的场景：一个骨瘦如柴的苏丹小女孩在前往食物救济中心的路上，饿得再也走不动了。这位小女孩趴倒在地上。而就在不远处，蹲着一只硕大的秃鹰，正盯着地上这个奄奄一息的瘦小生命，等待着小女孩咽气后，猎食小女孩。凯文·卡特在那里静静地等候，以防惊扰这只猎食的秃鹰。他最终选好角度，抢拍下了这一镜头。1993年3月，美国的《纽约时报》刊登了凯文·卡特的这幅照片（图1-4），其他媒体也竞相转载。这张照片迅速传播到了世界各地，在全世界激起了强烈反响。

图1-4　饥饿的苏丹

---

① ［美］格里高利·克拉克著，李淑萍译：《应该读点经济史：一部世界经济简史》，中信出版社2009年版，第1—2，47，56页。

1994年，卡特凭借这幅照片斩获普利策新闻大奖。这幅照片带给了卡特巨大的荣誉，也给他带来了很大的痛苦。人们纷纷质问，卡特为什么不去救那个小女孩？有媒体评论卡特是踩在小女孩的尸体上得了普利策奖。就在普利策颁奖仪式结束的两个月后，警察在南非的约翰内斯堡发现卡特自杀身亡。他在汽车的排气管上套了一截软管，把一氧化碳的废气导入车内。他留下的遗言是："真的，真的对不起大家，生活的痛苦远远超过了欢乐。"《饥饿的苏丹》是用直观的形式展示世界最底层的10亿人生活的冰山一角。

2007年，全球约有8.4亿人因为饥饿而处于严重的营养不良状态。到了2008年，这一数字增长到9.2亿。每年，全世界约有4000万人死于饥饿或者与饥饿相关的疾病。这相当于世界上每天都有300架大型喷气式客机坠毁，且没有幸存者。而这里面，有超过一半的乘客是儿童。[1]尽管世界上的粮食足够喂养两倍于现有世界的人口，但联合国特别大会报告起草人吉恩·齐格勒（Jean Ziegler）与合作者于2005年的著作中指出：每7秒钟，这个世界就有一个10岁以下的儿童直接或者间接死于饥饿。[2]我注意到，在其2011年出版的著作中，这个数字变为：每5秒钟，世界上就有一个10岁以下的儿童直接或者间接死于饥饿。每年，由于难以获得干净的饮用水，有超过220万人死于痢疾与腹泻，其中大部分是婴幼儿和儿童。[3]据《基督教箴言报》报道："911"事件发生当天，全世界死于饥饿的儿童就超过3.5万人；而此后的百余天里饿死的儿童更多达392万，相当于"911"死难人数的1000倍。[4]

根据联合国儿童基金会、世界卫生组织以及世界银行集团联合发布的数据：2017年，全球5岁以下的儿童中，仍有22.2%，即将近1.5亿的儿童发育迟缓。[5]

---

① Jean Dreze and Amartya Sen, *Huger and Public Action*, New York：Oxford University Press，2002，p.36.

② George Kent and Jean Ziegler, *Freedom from Want：The Human Right To Adequate Food*, Washington D.C.：Georgetown University Press，2005，Foreword，p.15.

③ Jean Ziegler, Christophe Golay, Claire Mahon and Sally-Anne Way, *The Fight for the Right to Food：Lessons Learned*, New York：Palgrave Macmillan，2011，p.1.

④ 王莺莺：《从非洲看反恐》，《国际问题研究》2002年第4期。

⑤ 参见：https://data.unicef.org/topic/nutrition/malnutrition/。

　　诺贝尔经济学奖得主阿玛蒂亚·森（Amartya Sen）及其合作者让·德雷兹（Jean Dreze）的著作《饥饿与公共行为》一书指出：印度民众长期遭受饥饿的困扰。每八年，因为饥饿而患病死亡的印度人口数量相当于中国三年困难时期饿死的人口总数。[①] 因此，政治经济学家保罗·科利尔（Paul Collier）专门为这群人撰写了《最底层的十亿人》，并制定了行动方案。[②]

　　政府是否应该救济穷人？托马斯·马尔萨斯旗帜鲜明地回答：不应该。马尔萨斯的姓氏是马尔索斯（Malthouse），这一姓氏的意思是酿造啤酒的作坊。由于他们家族有好几代均从事神职工作，就把姓氏中的字母 o 和 e 去掉了。这样，他们的姓氏念起来也就和啤酒酿造无关了。马尔萨斯年幼时在家接受教育，1784 年被剑桥大学耶稣学院录取。1797 年，他成为英国教会的乡村牧师，但他却很少从事传教这一工作。马尔萨斯于 1804 年结婚，放弃了牧师职务。此后，他生养了三个女孩。1805 年，他开始执教于黑利伯里（Haileybury）学院（这是东印度公司为培训其员工而创办的学院），成为英国的一名政治经济学教授（他也可能是英国第一位政治经济学教授）。马尔萨斯有先天性的唇腭裂，因而一直不愿人们给他画像，直到去世前他才同意留下一张画像，他一生只画过这一次像。[③]

　　由于其"激进"的人口学说，马尔萨斯被视为反社会的人。用传记作家詹姆斯·博纳（James Bonar）的话来讲，马尔萨斯是他那个时代受到最多指责的人。与马尔萨斯相比，拿破仑受到的责难都难以和马尔萨斯相提并论。马尔萨斯为天花、奴隶制以及杀婴辩护，同时又谴责救济穷人以及教区津贴。马尔萨斯反对救济，反对施舍，他是一个鼓吹家庭邪恶而自己却恬不知耻地结婚的人。[④] 马尔萨斯从一开始就备受关注，对他的责难像

　　① Jean Dreze and Amartya Sen, *Huger and Public Action*, pp.214–215.

　　② Paul Collier, *The Bottom Billion: Why the Poorest Countries are Failing and What Can Be Done About It*, New York: Oxford University Press, 2007. 中译本参见 ［美］保罗·科利尔著，王涛译：《最底层的十亿人》，中信出版社 2008 年版。

　　③ Mark Skousen, *The Making of Modern Economics: The Lives and Ideas of the Great Thinkers*, New York: M.E. Sharpe, 2001, p.72.

　　④ ［美］罗伯特·海尔布隆纳：《经济学统治世界》，第 66 页。

雨水一样多。

　　那么，马尔萨斯为何反对救济，反对施舍？他的依据是什么呢？他的名著《人口原理》初版于 1798 年，是在《国富论》出版的 22 年后。马尔萨斯和斯密的不同之处在于：斯密的自由主义语调是积极乐观的；而马尔萨斯的预言则是阴郁悲观的。马尔萨斯在《人口原理》的第一版序言中写道："我对人类生活的看法具有忧郁的色彩。但我认为，我绘出这种暗淡的色彩，完全是因为现实中就有这种色彩。"[1] 他想向人们展示世界是什么样子，而不是应该是什么样子。

　　马尔萨斯的推理从两条公理出发：第一，食物是人类生存所必需的；第二，两性之间的情欲是必然的，且几乎会保持现状。他认为，两性之间的情欲是恒久的，在今天仍同几千年前一样强烈，人口的增殖无限大于土地为人类提供生产生活资料的能力。[2]

　　马尔萨斯认为人口的增长呈几何级数（1，2，4，8，16，32），而土地却不可能像人口那样增长，基于土地提供的生活资料的增长是呈算数级数增加的（1，2，3，4，5）。人口的增长远远快于生活资料的增长。因而，人口若不受到抑制，将会每 25 年增加一倍。[3] 经济思想史学家亨利·斯皮格尔（Henry Spiegel）按马尔萨斯提供的数据算了一笔账：如果人口不受限制，那么在 225 年后，人口会增长 512 倍，而食物的供给只增长 10 倍。[4] 这样，大部分人会陷入衣食无着的境地。

　　1801 年，英国出版了其第一份人口普查报告。这份报告强化了马尔萨斯的结论：18 世纪后英国人口显著增长。马尔萨斯研究发现人口快速增长给粮食供给带来了巨大压力。1801 年，马尔萨斯居住的村庄居住了 510 人；到 1831 年，这里的人口达到了 929 人。[5]1750 年，250 公斤小麦的价格是 31 先令；1775 年，价格涨到 46 先令；到 1800 年，又上涨到 128 先令。

---

①　［英］托马斯·马尔萨斯著，朱泱等译：《人口原理》，商务印书馆 1992 年版，第 2 页。
②　［英］托马斯·马尔萨斯：《人口原理》，第 6—7 页。
③　［英］托马斯·马尔萨斯：《人口原理》，第 11 页。
④　［美］亨利·斯皮格尔：《经济思想的成长》（上），第 236 页。
⑤　Gregory Clark, *A Farewell to Alms: A Brief Economic History of the World*, Princeton: Princeton University Press, 2007, p.32, Figure 2.7.

马尔萨斯指出：人口的不断增加使得社会下层阶级陷入贫困，这又导致他们的境况永远也得不到显著的改善。① 为了支持自己的结论，马尔萨斯还去外国考察，包括挪威、芬兰以及俄国。正如前文指出的，和他们的原始祖先相比，生活在 1800 年的英国人更加穷苦。

那么，当社会下层阶级陷入贫困与绝望的时候，社会是否应该予以救济呢？马尔萨斯坚决反对政府救济贫困人口，他有两条理由。

首先，马尔萨斯指出：济贫法使得人口增长，而养活人口的食物却不会跟着增加。② 如果通过救济来增加社会下层阶级的财富和收入，大多数人会因为条件的改善而养育更多的小孩。不久以后，由于粮食供给跟不上人口增长，这些穷人就又回到了原来维持生计的水平。因而，马尔萨斯让那些人道的救济者抛弃幻想，不要以为原本获得 18 便士的人，现在可以获得 5 先令，他们的生活就可以称心如意，每顿饭都有肉吃，这是一个非常错误的结论。如果政府为穷人积极提供救济，要不了多久，这个国家会比以前更穷，而且下层民众的生活处境将比每天仅能得到 18 便士的时候更为悲惨。"当食物相对于人口而言处于稀缺状态时，社会最底层的人们无论是每天得到 18 便士还是 5 先令，都无关紧要，反正他们得过最苦最紧的日子。"③

其次，济贫法削弱了社会下层阶级努力工作的激励。马尔萨斯指出：救济院收容的人减少了社会更为勤劳、更有价值的社会成员本应享有的食物份额，也迫使更多的人依赖救济为生。④ 英国的济贫法削弱了普通人储蓄的能力与意愿，从而削弱了人们朴素节俭、勤勉度日、追求幸福的一个最强有力的动机。⑤ 救济贫困人口，会让他们产生幻觉，让穷人觉得自己富有了，可以有时间不去干活了。如此一来，救济就影响了社会的产出。所以，富人无论做出多大的贡献，做出多大的牺牲，也阻止不了社会下层民众陷入苦难。⑥ 政府也要抛弃救济穷人的幻想，那是好心办坏事。

---

① ［英］托马斯·马尔萨斯：《人口原理》，第 14 页。
② ［英］托马斯·马尔萨斯：《人口原理》，第 30 页。
③ ［英］托马斯·马尔萨斯：《人口原理》，第 31 页。
④ ［英］托马斯·马尔萨斯：《人口原理》，第 30 页。
⑤ ［英］托马斯·马尔萨斯：《人口原理》，第 34—35 页。
⑥ ［英］托马斯·马尔萨斯：《人口原理》，第 33 页。

依据上述两点理由，马尔萨斯强烈反对救济贫困。他认为救济贫困是只顾眼前，而不顾将来。对穷人的施舍可以暂时救活一个人，但是，这个人活下去以后又会繁衍子孙，人口越来越多，却不愿意好好干活，这样的善举最后导致的结果可能很残酷。马尔萨斯指出：英国每年为穷人征收巨额税收，但是穷人的痛苦却依然如旧。[1]

马尔萨斯认为，应该形成一种风气，把没有自立能力而陷入贫困看作一种耻辱。尽管这样做很残酷，但是对于促进全人类的幸福来说，这种刺激似乎是绝对必需的。任何试图削弱这种刺激的企图，不论用意多么良善，不论计划多么周详，总会产生事与愿违的后果。[2]马尔萨斯向人们展示了悲观的未来，不管改变世界的尝试在短期内取得了多大的业绩，都不可能真正带来改变：可怜的贫困人口不可避免地是这个社会的组成部分。良好的政府实施人道的政策，如提供公共谷仓以防止歉收，只能减少饥荒中的死亡率，但却让活下来的人活得更加困苦。

马尔萨斯指出，控制人口增长包括预防性抑制（preventive check）和积极抑制（positive check）。预防性抑制是人们对养家糊口的忧虑，[3]因而自动选择了包括绝育、节欲与生育控制、延迟结婚等措施以控制人口增长。积极抑制则包括饥荒、病痛、灾难和战争等减少人口增长的事件。马尔萨斯甚至在其《人口原理》的第六版中提出：我们不应该建议穷人保持清洁卫生，相反，我们应该鼓励他们养成坏习惯。在我们的城镇，我们应该把街道建得更狭窄，这样让人们簇拥在房间里，招来瘟疫。在乡下，我们应该把村庄建在污浊的死水塘边，尤其鼓励定居在沼泽与肮脏的地方。[4]这样，瘟疫、流行病的爆发可以让大自然扮演积极抑制人口的角色。经济史学家格里高利·克拉克（Gregory Clark）支持马尔萨斯的论点。他指出：在1800年，当代人看来是灾难的事件，诸如战争、暴力、动乱、农业

---

① ［英］托马斯·马尔萨斯：《人口原理》，第30页。
② ［英］托马斯·马尔萨斯：《人口原理》，第34页。
③ ［英］托马斯·马尔萨斯：《人口原理》，第26页。
④ Stanley Brue and Randy Grant, *The Evolution of Economic Thought*, Mason：South-Western, 2013, p.95.

歉收、崩溃的基础设施、糟糕的卫生条件减少了人口的压力，却提高了人的生活水平。相反，现在看来，世界银行和联合国推崇的和平、稳定、秩序、公共卫生、救济贫困人口等举措却是当时社会繁荣的大敌。这些积极因素增加了人口，致使社会陷入贫困。[①]

按马尔萨斯的预言，人类社会会出现周期性的增长与停滞。在食物丰富的时候，人均口粮增多，人口繁殖旺盛；过多的人口会导致食物紧缺，人均口粮减少，进而导致人口减少。人类的生活水平就这么走走停停。人口的增长和生活条件的改善受制于粮食的增长，这就是马尔萨斯陷阱（Malthusian trap）。而图1-5也展示了在长时段的历史时期，马尔萨斯是对的。世界人均收入周期性地经历了不断上升和下降。直到工业革命以后，人均收入似乎才突破了马尔萨斯陷阱。

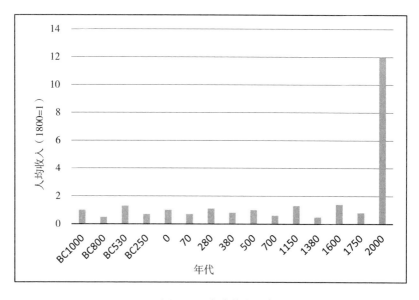

图1-5 世界3000年来的人均收入波动

资料来源：Gregory Clark，*A Farewell to Alms：A Brief Economic History of the World*，Princeton：Princeton University Press，2007，p.2，Figure 1.1.

---

① Gregory Clark，*A Farewell to Alms：A Brief Economic History of the World*，p.5.

马尔萨斯的学说影响深远。在社会研究中，他影响了一批人，出现了社会达尔文主义（Social Darwinism）。殊不知达尔文本人也受到了马尔萨斯的影响。达尔文和华莱士分别独立得出了进化论，他们二人均对马尔萨斯表示了感谢。此外，马尔萨斯在政策领域也留下了遗产。对马尔萨斯而言，他在政策领域的最大胜利就是征服了当时英国的首相小威廉·皮特（William Pitt the Younger）。1796 年，皮特在英国国会的辩论中强烈支持对穷人实施救济。但是四年之后，他接受了马尔萨斯的理论，收回了对救济法案的支持。[1]马尔萨斯的理念也极大地促成了英国 1834 年新济贫法的出台，重新严格限制了 18 世纪 80 年代以后比较宽松的救济规定。该法案拒绝向工厂以外的强壮劳动力提供救济，同时，让接受救济者领到的救济要比不接受救济者领到的工资水平更低，即遵循劣等处置原则（less eligibility）。[2]有劳动能力的人不能在救济院之外获得救济金。贫民只有在进入"济贫院"后，方可获得食物救济。但该院实际上是"劳动院"，住宿拥挤、工作繁重、待遇低下、食物很差；家庭会被拆散，接受救济者在那里会受到严酷的对待，以便不成为公众的负担。这样，穷人除了万不得已，就不会来申请救济了。在新的济贫法出台 4 个月后，马尔萨斯去世。

对马尔萨斯的争论并没有随着他的离世而停止。人们现在批评马尔萨斯时，常常指出，人口并非像马尔萨斯预言的那样是呈几何级数增长。的确，随着避孕技术的发展，人口可以得到控制。在一些西方国家，人口的增长还呈下降趋势。大规模都市化是马尔萨斯的预言在不少发达国家落空的一个重要原因。孩子在农村被视为资产，而在城市则是负债。但是，马尔萨斯的预言却仍然困扰着贫困落后的国家，尤其是撒哈拉以南的非洲国家。在极端贫困的落后地区，这一预言仍在继续。尽管在 1800 年，英国人的生活水平比不上他们的原始祖先。但这一时期英国人的生活水平要比 2005 年左右居住在非洲马拉维的民众的生活水平高出 2.5 倍。2005 年前后，

---

① ［美］托德·巴克霍尔兹：《已故西方经济学家思想的新解读：现代经济思想导论》，第 49 页。

② ［英］S.G.切克兰德：《英国的公共政策》，载［英］彼得·马塞厄斯、悉尼·波拉德主编《剑桥欧洲经济史》（第八卷），经济科学出版社 2004 年版，第 548 页。

成千上万的非洲人的收入还不到工业革命前英国工人收入水平的40%。[1]如果这些落后国家的经济状况不能得到有效改善，那里的人口增长未必能得到有效控制。

此外，有人还批评马尔萨斯，粮食也不是按算数级数增长。技术的进步，像绿色革命、杂交水稻等新技术的出现，极大地推动了粮食的增产。今天的美国只需要一小部分的农业人口就养活了整个美国；不仅如此，美国农场主还将大量的农产品出口到国外。为了推销他们的农产品，他们不得不求助于美国总统和美国贸易代表的力量。

生态学家保罗·埃利希（Paul Ehrlich）是美国斯坦福大学的人口生物学教授。1968年，其著作《人口炸弹》一书出版后，立刻成为畅销书，他也成为世界知名的科学家。在其著作第一章的开篇，他指出在印度德里访问期间，当地拥挤嘈杂的人口给他带来了巨大的感官冲击，因此他决定写下此书。[2]埃利希指出：地球需要给日益增长的人口提供资源，要为这么多的人口提供食物、淡水和矿物，这将超过地球的"承载能力"。随着资源的日益短缺，各类商品一定会更加昂贵。1980年，一位乐观的经济学家朱利安·西蒙（Julian Simon）挑战了埃利希。西蒙和埃利希打赌，他让埃利希选出任何一种自然资源——谷类、石油、煤、木材、金属——和一个未来的日期。如果埃利希的预测是对的，世界人口的增长让资源变得更为短缺，那么资源的价格也要上涨。西蒙的预测与之相反，他认为人是理性的，如果资源价格上涨，人会研发新的技术或者寻找替代的物品来替换昂贵的资源。因此，西蒙认为未来资源的价格会下降。埃利希接受了西蒙的挑战，挑选了五种金属：铬、铜、镍、锡、钨。1980年9月29日，他们二人各自以假想的方式买入1000美元的等量金属，每种金属各200美元。这场赌局的规则是：到1990年9月29日，在剔除通货膨胀的因素后，如果这五种金属的价格上涨了，西蒙就需要付给埃利希这些金属的总差价。反之，假如这五种金属的价格下跌了，埃利希将把总差价支付给西

---

① Gregory Clark, *A Farewell to Alms: A Brief Economic History of the World*, p.44.

② Paul Ehrlich, *The Population Bomb*, New York: Ballantine Books, 1988, p.1.

蒙。这场赌局的结果是，埃利希输了，他给西蒙寄去了一张金属价格计算账单以及 576.07 美元的支票。埃利希所选的五种金属，在剔除了通货膨胀因素以后，价格都下降了。这场著名的赌局更支持了一些自由主义的经济学家，他们认为人会对激励做出反应，当金属价格过高时，理性的人就会寻找替代选择。事实上，原材料价格下降，除了市场供求，还有很重要的政治因素，因为关键原材料的价格也并非由市场决定。20 世纪 70 年代初，阿拉伯国家以石油资源作为政治武器对西方国家实施制裁，导致石油价格大幅度上涨。1974 年底，亨利·基辛格（Henry Kissinger）就发出警告：如果石油出口国家的油价上涨扼杀了工业国家的经济，美国会考虑诉诸武力。[①] 要知道，中东国家卖给美国的石油价格和卖给中国的石油价格是不同的。石油的价格上涨还是下跌，都不仅仅是市场在起作用。现在，人们关注人口增长，很大程度上已不再担心粮食供给，而是担心人口密度的提高造成相应的环境危害。在《布满贫民窟的星球》一书中，作者指出贫民窟在世界范围内迅速蔓延。2001 年，世界上至少有 9 亿人居住在贫民窟。[②] 根据联合国人类住区规划署公布的数据，2015 年到 2016 年，全球有 10 亿人居住在贫民窟。[③] 除了提供充足的资源，地球是否能给众多的人口提供足够的生存空间？人口压力在未来可能将长期存在。让我们再回到《科学》杂志在 2005 年公布的 125 个科学问题中的一个：在今后的世界，马尔萨斯还将继续错下去吗？或许，当年的马尔萨斯陷阱还在，这一轮只是上升的长波。

---

①　Seyom Brown，*The Faces of Power: Constancy and Change in United States Foreign Policy from Truman to Obama*，New York：Columbia University Press，2015，p.285.

②　［美］迈克·戴维斯著，潘纯林译：《布满贫民窟的星球》，新星出版社2009年版，第27页。

③　参见：https://unhabitat.org/slum-almanac-2015-2016/。

第二章　政治经济学中的新自由主义潮流
——哈耶克与弗里德曼

　　20 世纪 70 年代末 80 年代初，新自由主义（Neoliberalism）发展模式在全球各国的影响力逐渐增大，它倡导一个 D–L–P 公式，即放松管制（deregulation）、自由化（liberalization）与私有化（privatization）。[①]这一发展模式在全球范围内的扩散有着深刻的思想基础。

　　新自由主义的经济学家与政治学家影响了世界发展模式的转向，[②]他们建立了广泛的跨国联系和影响巨大的智库。朝圣山学会（Mont Pelerin Society）、史开夫家族慈善信托基金（Scaife Family Foundation）以及芝加哥大学经济学系为他们的学术交往提供了很好的平台。弗里德里希·哈耶克（Friedrich Hayek）和米尔顿·弗里德曼（Milton Friedman）是新自由主义的两位重要代表人物。哈耶克创建了朝圣山学会，他是学会的第一代领导人；而弗里德曼则成为学会的第二代领导人。新自由主义也被称为新古典自由主义。哈耶克以及弗里德曼等人试图在新的历史时期复活以亚当·斯密等人为代表的古典自由主义。总体而言，他们沿袭了以个体为中心的政治经济学。1960 年，弗里德曼在朝圣山学会的发言中指出：人就是人，根本不存在所谓的阶层和阶级，而只有最简单的

---

①　Manfred Steger and Ravi Roy, *Neoliberalism: A Very Short Introduction*, New York: Oxford University Press, 2010, p.14.

②　Richard Cockett, *Thinking the Unthinkable: Think-tanks and the Economic Counter-Revolution, 1931–1983*, London: Harper Collins Publisher, 1995.

个人。[1]抛开他们所关注的议题以及方法，他们的结论和政策指向几乎与斯密等人如出一辙。

一　政府如何治理通货膨胀？

1923 年 1 月，由于德国无力偿还一战的战争赔款，法国和比利时军队开进了德国的鲁尔工业区，德国政府宣布消极抵抗。鲁尔危机使得整个德国经济陷入停顿，最直接的后果就是德国财政完全破产。德国政府为了支持鲁尔区工人的罢工，印发了数量庞大的纸币。1923 年底，德国出现了严重的通货膨胀，德国马克变得一文不值。大人们将钞票捆起来生火或者糊墙，小孩则拿来当搭房子的积木。[2]这个世界颠倒了，原来一分钱一张的邮票变成了 500 万马克，一个鸡蛋要 8000 万马克，一磅肉要 32 亿马克，一磅黄油要 60 亿马克，一磅土豆要 5000 万马克，一杯啤酒要 1.5 亿马克。当时，有德国的储户收到银行这样的来信："本银行表示深深的遗憾，我们将不再管理你的 68000 马克的存款，因为管理费用已经超过了存款。因此，我们将归还您的存款。又因为我们没有可以处理此业务的小面额纸币，我们已将存款数额增加到 100 万马克。"更令人哭笑不得的是，信封上居然贴着面值为 500 万马克的邮票。[3]

1922 年，著名作家欧内斯特·海明威（Ernest Hemingway）正和太太在德国旅行。他的回忆录便记载了通货膨胀对德国民众的损害。当时，

---

① ［美］安格斯·伯金著，傅瑞蓉译：《伟大的说服——哈耶克、弗里德曼与重塑大萧条之后的自由市场》，华夏出版社 2014 年版，第 250 页。

② ［德］史蒂文·奥茨门特著，邢来顺等译：《德国史》，中国大百科全书出版社 2009 年版，第 263 页。

③ ［美］克劳斯·费舍尔著，余江涛译：《纳粹德国：一部新的历史》，译林出版社 2012 年版，第 74 页。

正值德国通货膨胀肆虐时期，德国马克与美元汇率大约为 800 比 1，海明威购入了 670 马克。

他写道："90 美分维持了我和太太一天的开销，这天结束时，我们还剩 120 马克。我们到一个水果摊，一位老太太在卖苹果、梨子和李子。我们选了 5 个非常漂亮的苹果，付给她 50 马克的钞票。她找给我们 38 马克零钱。一位慈祥和蔼的白胡子老先生看到我们买苹果，举起帽子向我们打招呼：'先生，请问这苹果多少钱？'他怯生生地用德语问我。我数了一下零钱，告诉他 12 马克。他摇摇头说：'我买不起，太贵了。'他健步离开了大街，走路的样子跟所有其他国家的白胡子老年绅士一样。他曾非常渴望地看着这些苹果，我当时要是给他一些钱就好了。在这一天，12 马克币值还不足 2 美分。"[①] 新自由主义的重要代表人物哈耶克在其《货币的非国家化》一书中也注意到德国当时的高通胀。他发现：1923 年的德国马克仅仅相当于它以前价值的一万亿分之一。[②]

恶性的通货膨胀严重损害了德国广大中产阶级的利益，使得魏玛共和国的稳定遭受致命打击。德国的经济问题大大增强了国内的民族主义、反民主势力以及反凡尔赛和约的不满情绪。对于那些一直忍受可怕苦难的德国人来讲，他们期望通过全面的胜利来报复对手，纠正他们在第一次世界大战结束以后忍受的屈辱。[③] 德国的经济困境为此后纳粹党的崛起铺平了道路。通货膨胀会给民众带来巨大的苦难，那怎样才能有效解决这一问题呢？有许多方案可供参考。

其一，恢复历史上曾实施过的金本位（gold standard）。金本位这项国际货币制度安排有利于遏制通货膨胀，它需要满足几个条件才能发挥作用：[④] 其中一个就是，各成员国的货币供给需要由黄金储备作保证。金本位是政府的一种承诺机制，国内的货币供应必须和黄金储备保持一致，从而

① ［美］杰弗里·弗里登著，杨宇光译：《20世纪全球资本主义的兴衰》，上海人民出版社2009年版，第122—123页。

② ［英］哈耶克著，姚中秋译：《货币的非国家化》，新星出版社 2007 年版，第 38 页。

③ ［德］史蒂文·奥茨门特：《德国史》，第 279 页。

④ Giulio Gallarotti, *The Anatomy of an International Monetary Regime: The Classical Gold Standard, 1880-1914*, New York: Oxford University Press, 1995, pp.21-23.

使国内物价能保持稳定。1914 年时，英国的物价和一个世纪前滑铁卢战争时的物价一致，[①] 由于实施了金本位制度，英国物价居然在近百年间保持不变。20 世纪 80 年代，美国总统里根设立黄金问题委员会，这一委员会也曾设想让国际货币体系回归金本位。[②] 哈耶克在其《货币的非国家化》一书中，给予金本位很高的评价。他指出：金本位给了当权者约束，"正是这种约束，使得整个世界在很长一段时间内——大约有 200 多年——保持货币币值相对稳定。在此期间，工业制度得以发育壮大"。[③] 由于金本位有如此显著的优点来抑制通货膨胀，哈耶克进一步指出："如果有机会，群众可能宁可回归到金本位制，而不是任何形态的纸币。"[④] 为什么我们回不到金本位这样的国际货币安排了呢？抛开政治上的原因，技术上的原因是，黄金供应跟不上经济发展需求。在金本位制度下，货币供应与黄金储备挂钩，黄金供应不足会造成货币发行不足，将使全球经济面临通货紧缩的压力。

其二，实施货币局（Monetary Board）制度。实施该制度的国家，政府以立法形式明确规定：本国货币钉住一种强势货币，如美元，并与之建立货币联系。政府承诺本币与某一确定的外国货币之间可以固定汇率进行无限制兑换，并要求货币当局确保履行这一兑换义务。如果实施货币局制度，那么，该国的货币发行量必须依赖外汇储备。当出口增加，外汇储备随之增加，政府才可以增发相应的本国货币。这样就显著约束了政府滥发货币的权力。

其三，美元化（dollarization）。这是指一国政府放弃本币而使用美元代替本币执行货币的各项职能的制度。由于名义或者事实上采用美元作为国家货币，加之美元的币值又比较稳定，这样的制度安排就解决了通货膨胀问题。但是，美元化也存在很大的风险。在很长一段时期里，巴拿马政

① Kevin Dowd and Richard H. Timberlake，"Introduction，" in Kevin Dowd and Richard Timberlake，eds.，*Money and the Nation State：The Financial Revolution，Government，and the World Monetary System*，London：Transaction Publisher，1998，p.7.

② Michael Bordo，*The Gold Standard and Related Regimes*，New York：Cambridge University Press，1999，p.2.

③ ［英］哈耶克：《货币的非国家化》，第 36 页。

④ ［英］哈耶克：《货币的非国家化》，第 96 页。

府一直把美元作为国内的主要货币。1988 年，美国与巴拿马政府发生冲突。美国政府利用美元作武器，中断了向巴拿马的货币供应。巴拿马在美国的资产也被冻结，大多数巴拿马国内银行被迫关闭。一周内，巴拿马政府甚至无法足额发放除军队之外的工作人员的工资。美国驻巴拿马大使说：巴拿马经济遭受了自 1671 年海盗亨利·摩根（Henry Morgan）洗劫以来的最大损失。[①] 这是其中一个风险：国家陷入货币依附。1983 年，时任以色列财政部长约拉姆·阿利多尔（Yoram Aridor）提出实施美元化以应对通货膨胀压力的建议，遭到了以色列民众的强烈反对，他也被迫辞职。因为一个骄傲的、独立的国家却没有自己的货币，这是不可想象的。[②] 此为第二个问题：民族认同会妨碍国家实施美元化的政策。2001 年 12 月，阿根廷爆发骚乱，短短 12 天内，阿根廷五易总统。阿根廷的骚乱与恐慌缘于其实施货币局制度与美元化措施后引发的货币危机。这是美元化的第三个问题：国家丧失了通过货币政策调节宏观经济的能力。

其四，成立独立的央行（central bank independence）。如果中央银行是独立的，货币政策不受政府控制，那么通货膨胀就可以得到较好的控制。如图 2-1 所示，中央银行独立性较高的国家，其通货膨胀率也较低。众所周知的美联储有着较强的独立性，能保证美国的货币发行免受政治干扰，可以较好地维持美元币值。

图 2-1 中入选的国家，都是经济发展程度较高的国家。事实上，有研究发现，独立的中央银行并不必然降低通货膨胀率。20 世纪 80 年代，当智利和委内瑞拉两国均面临 20% 左右的通货膨胀率时，两国都推动中央银行实现独立。这项措施在智利取得了成效，通货膨胀率下降到 3% 左右；但委内瑞拉却没有实现其政策的初衷。两个国家同样推动央行的独立，结果却大相径庭。这是因为智利的治理质量比委内瑞拉高。有研究者在对近 70 个国家的数据进行整理后发现：只有在政治制度有着较高的质量时（比如

①　［美］乔纳森·科什纳著，李巍等译：《货币与强制：国际货币权力的政治经济学》，上海人民出版社 2013 年版，第 158—166 页。

②　Lawrence Klein, "Some Second Thoughts on the European Monetary System," *Greek Economic Review*, Vol. 15, No.1, 1993, p.113.

政府稳定，没有稳定的政府难以让民众相信政府能有效抗击通货膨胀；高效的官僚体系以及法治等），独立的央行才能降低通货膨胀。[①]

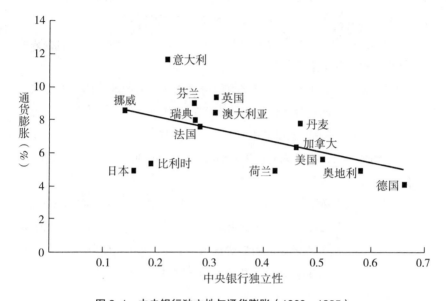

图 2-1　中央银行独立性与通货膨胀（1969—1995）

资料来源：Thomas Oatley, *International Political Economy: Interests and Institutions in the Global Economy*, New York：Pearson/Longman，2009，p.285，Figure.13.5。

此外还有一种方案——指数化。这项措施将工资与物价挂钩，工资随着物价指数的增长而相应增长。这是米尔顿·弗里德曼对抗通货膨胀的建议。在现实生活中，这项建议曾经被采用过。1964 年以后，巴西军政府为控制通货膨胀，卡斯特洛·布兰科（Castelo Branco）总统在经济学家的帮助下，将汇率、利率、税收、工资、价格等绑定在一起。他希望用这种指数化的措施，让各项经济指标以同样的速度变化。这样生产和就业便可以更迅速有效地适应新的环境。政府定期提高利率和小幅提高工资，以防止通货膨胀影响民众的购买力。但这一举措造成的是穷人更穷，富人更富。

---

① 　Kai Hielscher and Gunther Markwardt，"The Role of Political Institutions for the Effectiveness of Central Bank Independence," *European Journal of Political Economy*，2012，Vol. 28，No.3，pp.286–301.

民众的实际工资降低了，财富更多地聚集在富人手中。1977年8月，巴西政府承认：1973年到1974年间公布的通货膨胀官方指数是受政府操纵的。工资调整指数与通货膨胀指数挂钩不仅没有保障民众的收入，反而使工薪阶层失去了31.4%的实际工资收入。[①] 指数化方案的倡导者往往认为实施指数化等一系列政策方案是没有政治摩擦，没有利益集团操控的，而事实证明，指数会被利益集团所左右和操控。

哈耶克认为，即便指数化方案实施得很成功，这一政策的问题仍然很严重，因为物价上涨扰乱了价格信号，扰乱了市场运行。更严重的后果是："这些后果远不是通货膨胀所能带来的最严重的损害，用这种不完整的疗法来治疗一部分症状，很可能会弱化人们对于通货膨胀的反感，从而会拖长，也推动通胀加速。"[②]

哈耶克在其著作《货币的非国家化》中提出了另一种抑制通货膨胀的办法：货币的非国家化（Denationalisation of Money）。哈耶克指出：用市场中的竞争性私人货币取代国家对货币供应的控制，可以有效抑制通货膨胀。他试图说服大家：货币与其他商品并无不同。通过私人发行者之间的竞争来供应货币，要好于政府的垄断。

图 2-2　意大利小镇菲力亭诺发行的货币

---

① ［巴西］博勒斯·福斯托著，刘焕卿译：《巴西简明史》，社会科学文献出版社2006年版，第279页。

② ［英］哈耶克：《货币的非国家化》，第92页。

哈耶克的想法在现实生活中已经初见端倪。受欧债危机影响，2011年，意大利罗马东部一个人口不足 600 人的小镇菲力亭诺（Filettino）做出了尝试。这座小镇的镇长卢卡·塞拉利（Luca Sellari）为了摆脱意大利的债务问题，保存菲力亭诺的自主性，发行了小镇自己的货币。该小镇的货币与欧元的汇率为 2 比 1。这张纸币上印着小镇的关键性地标——塔楼，也印着小镇镇长自己的头像。

无独有偶，英国的城市布里斯托（Bristol）也在欧债危机的冲击下发行了自己的货币。布里斯托是英国主要贸易港口和飞机制造中心，人口大约为 50 万。2012 年，受欧债危机的冲击，当地居民对英国银行和英镑逐渐丧失信心，布里斯托当地政府决定推出自己的货币布里斯托镑（Bristol Pound）。他们还开通了一个主题为 "我们的城市，我们的货币"（our city, our money）的网站。[①]

二　是否应该允许私人发行货币？

那么，是否应该允许非国家行为体，包括私人发行货币呢？哈耶克的回答是肯定的。这也是哈耶克《货币的非国家化》一书的主题。他认为：所有的政府都希望从民众那里获得资源，而政府垄断货币发行的权力，让政府能够通过增发货币来获得资源。这样的做法自古就有。如果你手中有一枚硬币，你会发现它的外圈圆环上刻有垂直的刻线。有人或许会觉得这样的设计是为了防止手滑。事实上，这是一种为了防止人们刮钱的设计。在欧洲中世纪，铸造钱币的技术不够精良，致使金银币质地松软，铸币很容易被人用刀子从边缘刮掉一小块，俗称 "让钱流汗"。一些专业从事货币

---

① 参见：https://bristolpound.org。

兑换业务的商人，收到优质硬币后，晚上就将金银币的边缘刮掉，然后把刮过的硬币再度投入到市面上。普通的商人与百姓，在不知情的情况下就收下了劣币。日子久了，被骗的人多了，铸币者就在钱币外围刻上垂直的小线，防止"让钱流汗"。[1]但政府却在以不同的方式"让钱流汗"。哈耶克指出："在人们拿着金属块到政府的熔炉去铸造货币的时候，政府也强行留下太多部分，这只是掠夺人民的第一步。"[2]自古以来，政府都通过铸币来获得"铸币税"。我们来看清朝末年的例子，为了解决财政危机，清政府增大了货币发行量。1853年4月，咸丰皇帝允许户部发行当十铜大钱，即一枚铜钱抵以前的十枚铜钱。在此后的一年中，户部又相继发行当五十、当百、当两百、当三百、当四百、当五百，乃至当千的铜大钱（一枚铜钱的币值相当于以前的一千枚铜钱）。即便如此，清政府还不满意。为了节省货币铸造成本，咸丰皇帝于1854年2月又批准铸造铁钱，因为铁价比铜价便宜。紧接着，皇帝又批准铸造铅钱。户部不断减少铸造货币中贵金属的分量。严重的时候，有人抓起一把这一时期铸造的钱币放入水中，它们居然能在水面上漂起来。为了获得更多的收入，咸丰皇帝还在1853年批准发行"户部官票"，每张银票可以抵一两到五十两白银不等。同年12月，咸丰皇帝再度批准发行"大清宝钞"，面额为一千文到一百千文不等，而一张"大清宝钞"的制造成本仅为一文六毫，清政府印制面额为一千文的纸币，几乎净赚一千文。[3]

哈耶克认为历史上的政府总是通过货币发行来掠夺民众财富："自罗马时代到形形色色的纸币开始占据重要地位的17世纪，铸币的历史几乎就是一部不断贬值的历史。"[4]那么，哈耶克倡导的"货币的非国家化"，有什么依据呢？

首先，政府垄断货币发行制造了通货膨胀。哈耶克指出："迄今为止发生的历次严重通货膨胀，都是政府通过印钞机满足其财政'需要'的结

---

[1] 赖建诚：《经济史的趣味》，第122页。

[2] ［英］哈耶克：《货币的非国家化》，第29页。

[3] 茅海建：《苦命天子：咸丰皇帝奕詝》，生活·读书·新知三联书店2013年版，第106页。

[4] ［英］哈耶克：《货币的非国家化》，第33页。

果。"[1] 我们不能假定政府是为公共利益服务的，政府官员也有着自身的利益。"在纸币被置于政治控制之下后，这种垄断就成了一场无可救药的灾难。"[2] 和大多数自由主义者一样，哈耶克对政府怀有很强的戒心。"纸币的出现，则让政府获得了一种更为廉价的诈骗人民的方法。"[3] 因为纸币的发行成本更低，政府甚至不需要持有贵金属就能无限量发行货币。一张发行于 2009 年 1 月的津巴布韦币，上面赫然印刷着 14 个零。如果你拿着这么一张钞票，俨然已跻身万亿富翁之列。而事实上，这张钞票甚至连一片面包都买不起。要知道，1980 年津巴布韦独立时，1 津巴布韦币可以兑换1.5 美元。不仅发展中国家如此，发达国家也同样承受通货膨胀之苦。杰夫里·伍德（Geoffrey Wood）在 1990 年为哈耶克的《货币的非国家化》写前言中指出：在英国，过去 20 多年中生活成本上涨了 500% 多。[4] 在哈耶克及其追随者看来，通货膨胀是政府垄断货币发行带来的恶果。

其次，政府垄断货币发行不仅带来了通货膨胀，还扰乱了市场价格和经济秩序。哈耶克强调市场的自由运行需要由价格信号来引导。但是，通货膨胀却干扰了这一重要信号，进而扭曲了资源的配置。"从长远来看，通货膨胀对于经济正常运转构成的更严重的、并最终可能导致自由市场体系无法正常运转的危害则在于，价格结构被扰乱，从而引导资源投向错误的方向，驱使劳动力和其他生产要素尤其是资本投资某些项目。"[5] 因此，各国政府在强调宏观经济调控的时候，"一种将货币量的控制权当作一件追求个别具体目标的工具，摧毁了价格机制驱使市场均衡的功能"。[6] 自由市场需要价格作为信号来协调人的行为，这样的信号一旦被扰乱，自由市场就不再有效率。

再次，政府垄断货币发行还扩张了政府权力。19 世纪德国经济学家阿道夫·瓦格纳（Adolph Wagner）对许多欧洲国家，以及日本和美国的政

---

① ［英］哈耶克：《货币的非国家化》，第 134 页。
② ［英］哈耶克：《货币的非国家化》，第 30 页。
③ ［英］哈耶克：《货币的非国家化》，第 35 页。
④ ［英］杰夫里·伍德：《第三版前言》，载哈耶克《货币的非国家化》，第 3 页。
⑤ ［英］哈耶克：《货币的非国家化》，第 92—93 页。
⑥ ［英］哈耶克：《货币的非国家化》，第 135 页。

府部门支出做了详尽的考察。他的研究表明：现代工业的发展必然导致政府活动的增加。随着经济的发展，人均收入的提高，政府部门的支出也逐步增长。这项研究被后人称为"瓦格纳法则"。[1]但是，哈耶克却对政府权力扩张这一趋势持警惕态度："我们可以有十足把握地说，所有地方的政府都一直在滥用人民对它们的信赖而欺诈人民。"[2]垄断货币发行权，让政府获得了一项重要的政策工具，增大了政府的权力。"从历史上看，自成一体的国家货币不过是民族国家政府增进其权力的一件工具而已。"[3]发行货币这项政策工具，"极大地有助于政府权力的广泛增长"。[4]"近代以来政府之所以不断扩张，在很大程度上是由于能够通过发行货币来弥补其赤字。"[5]事实上，政府的规模在不断扩张，"正是由于没有竞争，使得垄断的货币发行者不用遵守某种有益的纪律，于是，货币供应垄断权也使政府似乎没有必要将其开支控制在财政收入水平以内"。[6]因此，政府扩张背后有着一项重要的经济权力支撑：垄断货币发行权，获得铸币税。

最后，政府垄断货币发行还会诱发政治俘获。哈耶克相信，政府不可能按广大民众的普遍利益行事。一旦获得了照顾某些集团的权力，多数政府就会用这种权力来谋私利，赢得政治支持。"这种诱惑不断促使政府通过操纵货币数量去满足某个地方或者某个群体的要求。于是，大量资金就被用来收买那些嗓门最高、以无法回绝的方式要求帮助的人。"[7]而这样做会扰乱市场的正常运转。几乎所有政府都希望拥有更强有力的支持者，"它会被迫收买足够数量的支持，以获得多数地位。即使政府具有这个世界上最好的意图，它也不可能抗拒这种压力，除非给它设置一个它不能逾越的明确的界限"。[8]如果中央银行不独立，受政府的偏好摆布，受政治压力的左右，

---

[1]　Adolph Wagner, "Three Extracts on Public Finance," in Richard Musgrave and Alan Peacock, eds., *Classics in the Theory of Public Finance*, Hampshire: Palgrave Macmillan, 1958, pp. 1–15.

[2]　[英] 哈耶克：《货币的非国家化》，第29页。

[3]　[英] 哈耶克：《货币的非国家化》，第130页。

[4]　[英] 哈耶克：《货币的非国家化》，第31页。

[5]　[英] 哈耶克：《货币的非国家化》，第32页。

[6]　[英] 哈耶克：《货币的非国家化》，第135页。

[7]　[英] 哈耶克：《货币的非国家化》，第117页。

[8]　[英] 哈耶克：《货币的非国家化》，第137页。

那它就难以履行良好的货币发行职能。"受政治控制，甚至面临严重政治压力的中央银行，根本不可能调整货币发行量，使其有利于市场秩序的顺畅运转。"[1] 按照哈耶克的逻辑，即便央行具有独立的地位，也不如将货币发行权下放，因为央行也会受到利益集团的左右。

哈耶克是一个娴熟的辩手，在列举了政府垄断货币发行的诸多问题后，他同时指出了私人发行货币的诸多优势。

首先，允许私人发行货币可以遏制通货膨胀。私人发行者和政府不同，他们没有垄断性的权力，要想生存，他们必须要具备吸引客户的优势。"竞争性通货发行者必须向其客户提供的最具吸引力的东西是：它得保证，它发行的通货的价值将会维持稳定。"[2] 私人货币赖以生存的基础是人们对它的信任。如果私人货币发行者不能满足人们的预期，他"就有可能迅速丢失其整个发钞业务，这种恐惧将能提供一种比任何政府垄断所能提供的更强大的保险机制"。[3] 这就是私人发行者和政府最大的不同，如果它不能满足人们的预期，"所遭受的惩罚就是立刻丢掉自己的生意"。[4]

有了选择权，"公众会从若干彼此竞争的私人发行之通货中挑选出某种会比政府提供之货币更好的货币"。[5] 人们可以自己选择信誉较好、币值稳定的货币，并且会竞相模仿成功的选择。"至少从长期来看，在若干通货中被人们有效地选择出来的，一般都是有竞争力的那种通货。能在竞争中脱颖而出的通货，将是在它的帮助下取得成功的人们所喜欢、他人因而也模仿使用的那种通货。"[6] 一旦公众拥有了选择权，他们就可以"用脚投票"。因此，货币发行者之间的竞争，会像斯密所说的"看不见的手"那样发挥作用。自利的发行者会为自身利益而控制好货币发行数量，进而实现公共利益，培育良好的商业环境。"一旦人们有了选择权，他们将会密切关注他们

---

① ［英］哈耶克：《货币的非国家化》，第135页。
② ［英］哈耶克：《货币的非国家化》，第65页。
③ ［英］哈耶克：《货币的非国家化》，第52页。
④ ［英］哈耶克：《货币的非国家化》，第55页。
⑤ ［英］哈耶克：《货币的非国家化》，第74页。
⑥ ［英］哈耶克：《货币的非国家化》，第77页。

可以随意使用的几种不同通货的价值的各不相同的变动情况。"① "当公众能够做出选择之时，他们将会选择那种购买力有望保持稳定的通货，而由此提供的货币，要好于以前存在过的任何货币，这种货币也更能保障稳定的商业环境。"②

不过，哈耶克指出，这需要一个前提，就是自由的新闻媒体。哈耶克假定，新闻媒体是独立的，金融报刊每天都会提供无所不包的信息。如果有哪位银行家没有能够确保他所发行之货币的价值平稳，就会有上千只"猎狗"（指新闻媒体）扑上去撕咬这位不幸的银行家。③自由开放的媒体是私人发行货币的互补制度安排，没有它们，民众可能难以及时获取有效的、真实的信息来选择货币。

其次，私人发行货币可以限制政府权力。前面指出，政府垄断了货币发行权，便可以为弥补财政赤字打开通道。要限制政府权力，就需要关闭这条通道。"要限制政府，则必须剥夺它发行货币的垄断权。"④在哈耶克看来，政府的扩张已经威胁到西方的自由主义文明，"切断政府为了自己的需要而拧开货币供应的龙头之手，对于阻止不受限制的政府无限膨胀的趋势，也具有同样重要价值，而这种趋势正在威胁文明之前景"。⑤如果允许私人发行货币，那么，对哈耶克而言，中央银行也就失去了存在的必要。

问题来了，哈耶克的方案可以在现实生活中实行吗？只要政府不禁止，哈耶克认为他的设想就能实现。"我们可以断言，任何一种具有公众所渴望之属性的货币，都是有可能取得成功的，只要政府不人为禁止人们使用它即可。"⑥因为理性的银行家和民众都会做出理性的选择。对银行家而言，自利之心会让他选择限制货币的发行量。因为，真正具有决定意义的是公众持有它的意愿。⑦如果发行者想要获得长久的利益，他就需要克制。"控

---

① ［英］哈耶克：《货币的非国家化》，第 111 页。
② ［英］哈耶克：《货币的非国家化》，第 115 页。
③ ［英］哈耶克：《货币的非国家化》，第 57 页。
④ ［英］哈耶克：《货币的非国家化》，第 95 页。
⑤ ［英］哈耶克：《货币的非国家化》，第 138 页。
⑥ ［英］哈耶克：《货币的非国家化》，第 96 页。
⑦ ［英］哈耶克：《货币的非国家化》，第 69 页。

制货币总量的责任将由某些机构承担，这些机构的利己之心会使它们将货币总量控制在用户最能承受的水平上。"① 竞争的压力促使这些发行者为了自身的利益而控制发行量，以确保自身在竞争性市场中生存。"如果它所提供的货币对用户的好处还达不到其他货币的好处，那它就不可能继续在这个行业待下去。"② 这里，斯密又复活了。哈耶克指出："只受自己追求利润之动机驱使的发钞银行，将会因此而比以前任何机构更好地服务于公共利益，甚至比那些号称要追求公共利益的机构更好地服务于公共利益。"③ 而且，货币的非国家化会给银行家带来巨大利益。"如果新一代年轻的银行家获得机会，他们就会迅速地发展出新的银行形态所需要的技术，这种新的银行形态不仅是安全的、有利可图的，而且与以前的制度相比，更有益于社会。"④

对消费者而言，自利的消费者也会做出有益于社会的选择。"即使不是靠着洞察力，他们也很快会通过经验学习并模仿那些最成功的行为，因为这最能增进他们的利益。"⑤ "人们很快将会发现理性的思考所能够告诉他们的一切。"⑥

哈耶克认为："在一个给定区域内只能有一种货币，这却绝非货币的本质所在，由于政府禁止使用其他货币，才经常出现这种情形。"⑦ 历史上，货币曾经是非国家化的，哈耶克的想法是有历史依据的。历史学家卡罗·奇波拉（Carlo Cipolla）指出：19 世纪以前，几乎没有任何主权国家能指望在其疆域内享有垄断货币供应的权力。在那个时候，外国货币和本国货币享有同等权利。各国的货币可以不受限制地、自由地从境外流入一个国家

---

① ［英］哈耶克：《货币的非国家化》，第 105 页。
② ［英］哈耶克：《货币的非国家化》，第 126 页。
③ ［英］哈耶克：《货币的非国家化》，第 115 页。
④ ［英］哈耶克：《货币的非国家化》，第 106 页。
⑤ ［英］哈耶克：《货币的非国家化》，第 74 页。
⑥ ［英］哈耶克：《货币的非国家化》，第 74 页。
⑦ ［英］哈耶克：《货币的非国家化》，第 86 页。

境内，并在其境内自由地流通。[1]一直到 19 世纪，几乎没有任何国家享有完全的货币主权。在这一时期，货币不需要考虑民族国家的疆界，可以四处流动。

在历史上，列支敦士登使用瑞士法郎；圣马力诺和梵蒂冈使用意大利的里拉；摩洛哥使用法国的法郎。在现代，巴拿马使用美元；在亚洲，群山环绕的不丹一直使用着印度的货币；一直到 1998 年，白俄罗斯和塔吉克斯坦还没有发行本国货币来替代俄罗斯的卢布。[2]美国的经验也很具代表性。美国独立后的很长一段时间里，墨西哥、英国、法国、葡萄牙、巴西等国家的货币仍在美国广泛流通。1793 年，美国联邦政府甚至通过立法，保护这些外国货币在美国境内顺畅流通的权利。直到 1830 年，墨西哥的比索仍占美国境内流通硬币价值的 22%。[3]19 世纪以前，货币的确经历过一个非国家化的时代。

19 世纪早期，英国成为缔造国家货币的先驱。美国、日本等国家纷纷效仿，开始缔造自身的国家货币。[4]19 世纪 60 年代，美国内战爆发，出于为战争融资的考虑，林肯政府发行了绿背美钞（Greenback），也称美国银行券（United States Notes），美国政府由此统一了美国的国家货币。那么，历史上货币为何从"非国家化"的状态走向了"国家化"呢？要检验哈耶克的建议是否可行，我们需要考察这段历史。

---

① Carlo Cipolla, *Money*, *Prices and Civilization in the Mediterranean World: Fifth to Seventeenth Century*, New York: Gordian Press, 1967, p.14.

② Benjamin Cohen, *The Geography of Money*, Ithaca: Cornell University Press, 1998, pp.48–49.

③ Benjamin Cohen, *The Geography of Money*, p.31, p.34.

④ Emily Gilbert and Eric Helleiner, "Introduction: Nation-States and Money: Historical Contexts, Interdisciplinary Perspectives" in Emily Gilbert and Eric Helleiner, eds., *Nation-States and Money: The Past*, *Present and Future of National Currencies*, p.4.

三　国家货币为何逐步占据了主导地位？

从历史上看，无论是国家货币，还是国际货币，都有走向垄断的趋势。当前，大部分国家都用国家货币来统一国内的货币市场。在国际上，美元这一国家货币则成为国际关键货币，并且在很长时期内维持了货币霸权。这一趋势和哈耶克的倡议背道而驰。为何国家货币与国际货币没有实现哈耶克所希望的"货币竞争"，却恰恰走向了垄断呢？

研究国际货币的政治经济学家埃里克·赫莱纳（Eric Helleiner）在其著作《缔造国家货币：历史视角下的领土货币》中指出：国家货币的崛起需要两个前提与四个动机。这两个前提是：民族国家和工业革命；而四个动机是：减少交易费用、进行宏观经济管理、财政需求以及加强民族认同。[1] 这里分析其中的两个动机。

创造国家货币的一个重要动机是降低经济运行的交易费用。内战前的美国，有7000多种银行券被当作货币使用。[2] 当时，在美国境内不仅可以使用外国货币，美国各州也可以发行自己的银行券，部分银行券还是由私人银行发行的。美国南部和西部发行的银行券在美国东部信誉度较差，因而没那么值钱。在它们被当作货币使用时，需要以低于其票面价值的面额来使用。[3] 在不少情况下，不同的州发行的银行券在其他州难以流通，商人们需要鉴别哪些货币是真，哪些是假，哪些的票面价值需要打折扣。这样的货币乱局给经济交往带来了很大的困难。为了整合全国市场，降低经济运行的交易费用，民族国家开始缔造国家货币。

创造国家货币的另一个重要动机是加强民族认同。国家货币带来了政

---

① Eric Helleiner, *The Making of National Money: Territorial Currencies in Historical Perspective*, Ithaca: Cornell University Press, 2003, pp. 42-120.

② Kathleen McNamara, "The Lessons of History: The American Single Currency and Prospects for Economic governance in the EU," *Proceedings of the Conference on Economic Governance*, London, 2003.

③ Fariborz Moshirian, "Elements of Global Financial Stability," *Journal of Multinational Financial Management*, Vol.14, 2004, p.307.

治上的象征意义（political symbolism）。从 15 世纪开始，欧洲货币上的图像就在不断地变化，这些图像常常迎合当时流行的价值观。民众对游行示威未必有兴趣，但无论哪国民众都对货币感兴趣。这让货币具有了重要的教育功能。政府不仅用货币上的图像向民众灌输其重视的价值观，还通过货币上的图像展示政府是时代精神的接受者，以增强其合法性。[①] 由于使用国家货币，使用者会感到他们生活在一个"想象的共同体"内，从而产生共同体意识。国家货币上印制了具有国家象征意义的人物头像、自然景观、历史事件，可以传递给众多民众，包括这个国家的穷人以及文盲。国家货币在时刻提醒着国内民众：你是属于哪个国家的公民。使用共同的货币会让大家觉得：这一群人就像一个人。由于纸币本身没有价值，需要国家的存续才能维系其价值，当个人持有国家货币时，他就和这个国家的命运绑定到一起。一个持有 1000 美元的个人和持有 100 盎司黄金的个人是不一样的，货币属于国家，而不是世界。[②]

　　因此，在赢得独立后，尽管非洲法郎区的政府每年接受的法国援助占其国内生产总值的 2.6%，但在民族主义的驱使下，马里、马达加斯加等国家拒绝继续使用法郎，而坚持发行国家货币。在强烈的民族主义驱使下，这些国家的领导人宁可牺牲经济利益，也不愿留在法郎区。[③] 苏联解体后，俄罗斯对卖给前苏联国家的能源和原材料价格给予了很大幅度的折扣（约低于世界市场价格的 60%—70%），俄罗斯政府希望通过这样的经济补贴让前苏联成员国留在卢布区。但是，独立后的爱沙尼亚产生了反苏联与反俄罗斯的民族主义情绪，他们形成了对欧洲的身份认同，要求重返欧洲。国际货币基金组织等鼓励爱沙尼亚留在俄罗斯主导的卢布区，并告知解体后的各成员国政府：如果他们发行本国的货币，将不会获得国际货币基金组

---

① Jacques Hymans, "The Changing Color of Money: European Currency Iconography and Collective Identity," *European Journal of International Relations*, Vol.10, No.1, 2004, pp.5-31.

② Eric Helleiner, *The Making of National Money: Territorial Currencies in Historical Perspective*, Ithaca: Cornell University Press, 2003, p.114.

③ David Stasavage, "When do States Abandon Monetary Discretion: Lessons from the Evolution of the CFA Franc Zone," in Jonathan Kirshner, ed., *Monetary Orders: Ambiguous Economics, Ubiquitous Politics*, Ithaca and London: Cornell University Press, 2003, pp.90-91.

织的贷款。可以这么说，爱沙尼亚离开卢布区就等于在经济上自杀。面对欧盟以及国际货币基金组织的警告，爱沙尼亚人毅然发行了自己的国家货币，并欢庆他们国家新货币的诞生。爱沙尼亚人宣称，如果这是独立的代价，他们宁可用土豆皮维持生计。为了庆祝国家独立后新发行的货币爱沙尼亚克朗，不少人还买了新的钱包。爱沙尼亚总统伦纳特·梅里（Lennart Meri）说，爱沙尼亚克朗有很大的象征意义，它不仅是一张纸，还是一面旗帜，是国家政治与经济独立的旗帜。如果继续待在卢布区，我们获得了经济利益，却牺牲了我们子孙后代的利益，代价不菲。爱沙尼亚的学者也宣称，他们的货币上印着爱沙尼亚的民族英雄，这同他们拥有自己的护照一样重要。[①] 理念，尤其是民族主义的理念会让一国的领导人和民众宁愿遭受经济上的损失，也要拥有自己的国家货币。

无独有偶，1997 年，当印度尼西亚卢比面临危机的时候，印尼政府的反应是打出公益广告，上面印着一个货币商人戴着用 1000 亿美元制造的恐怖分子面具在进攻卢比，公益广告号召印尼民众"保卫卢比""保卫印尼"。[②]

从领土货币演进的历史来看，实施哈耶克货币方案的最大障碍在于：缺乏将它付诸实施的政治前提。因为，我们需要回答几个问题：解决与领土货币相伴随的民族认同问题是否能像解决技术问题那样容易？获得实际利益的政府是否会放弃垄断货币发行的权力？有什么样的力量可以迫使各国政府放弃这项权力？这些都是未知的，或者是不乐观的。不仅国内的货币如此，国际货币也存在类似的问题。

美元是当前的国际关键货币（key international currency），不少学者称之为"美元霸权"。2009 年初，时任中国人民银行行长周小川指出，导致国际金融动荡的原因是缺乏一种真正的国际货币。[③] 事实上，在

---

① Rawi Abdelal, "National Strategy and National Money: Politics and the End of the Ruble Zone, 1991-1994," in Jonathan Kirshner, ed., *Monetary Orders: Ambiguous Economics, Ubiquitous Politics*, Ithaca and London: Cornell University Press, 2003, pp.98-119.

② Benjamin J. Cohen, *The Geography of Money*, Ithaca: Cornell University Press, 1998, p.121.

③ Benn Steil, *The Battle of Bretton Woods: John Maynard Keynes, Harry Dexter White, and the Making of a New World Order*, Princeton: Princeton University Press, 2013, p.1.

第二次世界大战结束前夕的布雷顿森林会议上，英国代表团成员约翰·梅纳德·凯恩斯（John Maynard Keynes）就提出了创建国际货币的设想，并将其命名为班科（Bancor）。活跃的经济学者马丁·沃尔夫（Martin Wolf）也在《金融时报》呼吁，我们需要全球货币。[①]但是，凯恩斯和沃尔夫创建全球货币的倡议并没有实现。相反，是美元这一国家货币成了国际关键货币。

哈耶克指出：不仅国内货币需要权力制约，国际货币也是如此。"一个单一的国际性货币，如果管理不当，在很多方面，不是比一种民族国家货币更好，而是更糟。"[②]作为国际关键货币的美元，尽管不具备完全垄断的优势，但是当前却缺乏任何一种国际货币来挑战其地位。2008年，全球债务有45%是以美元定价，只有32%是以欧元定价。2008年，有66个国家将美元作为货币锚，而只有27个将欧元作为货币锚。2007年，全球86%的交易使用美元。[③]世界各国的外汇储备中，有近60%的外汇储备是美元。当索马里海盗索要被扣船只赎金的时候，他们要求所有的赎金都要以美元支付。

充当国际货币有利有弊。[④]美元在国际货币金字塔中的独特地位让它获得了很大的利益。有两项好处尤其明显：获得铸币税与延迟支付。

美元作为国际关键货币，使美国获得了额外的收益——铸币税（seigniorage）。美国铸币局生产的一张100美元纸币的成本只有十美分左右，而其他国家为获得一张百元美钞，必须提供价值相当于100美元的实实在在的商品或者服务。有报道形象地刻画了美元利用其优势地位获得铸币税："美国享受其他国家没有的优势：它印制绿色的纸张，上面印着华盛顿、富兰克林、杰斐逊等人的头像。而这些绿色的纸张就叫作'美元'。美国人把这些绿纸印发给世界各国的民众，他们再把汽车、面条、立体声音响等各

---

① Martin Wolf, "We Need a Global Currency," *Financial Times*, 2004-8-3（D1）.

② ［英］哈耶克:《货币的非国家化》，第21页。

③ Daniel Drezner, "Will Currency Follow the Flag?" *International Relations of the Asia-Pacific*, Vol. 10, No.3, 2010, p.392.

④ Hyoung-kyu Chey, "Theories of International Currencies and the Future of the World Monetary Order," *International Studies Review*, Vol.14, No.1, 2012, pp.51-77.

种商品卖给美国人，为美国人提供出租车服务、宾馆服务等各式各样的服务。只要这些人仍旧持有这些绿纸——无论是放到他们的床垫下，还是存在他们的银行里，抑或在他们之间流通，美国人就能用这些绿纸换回实实在在的商品。"[1]同时，当外国人持有美元时，相当于他们给美国提供了免息或者低息的贷款。据保守估计，1995 年，境外流通的美元达到 2500 亿美元，仅利息就有 110 亿—150 亿美元，相当于美国年消费总量的一个百分点。[2]此后，这一数额不断增加，根据国际货币政治经济学家巴里·艾肯格林（Barry Eichengreen）的估算：在 2010 年左右，大约有 5000 亿美元在美国境外流通。为此，外国人必须为美国提供价值 5000 亿美元的实际商品与服务。[3]也有研究估计，美元获得的铸币税并不是十分明显，一年的收益大约为 400 亿—700 亿美元，占美国 GDP 的 0.3%—0.5%。[4]

　　其次，作为国际关键货币，美元可以为国际收支的赤字融资，这在政治上增强了美国的自主性。20 世纪 60 年代以后，美国国库拥有 175 亿美元的黄金，而此时美国的外债已经超过 210 亿美元。[5]1971 年，美国的进口大于出口，这是美国 80 多年来第一次出现贸易赤字。此后，美国贸易赤字日益扩大。原则上，一个国家不能无限期地维持国际收支赤字；同时，一个国家的债务也不能过度积累。但是，美国的国际收支长期处于赤字状态，且其国际债务也一直在积累。长期的国际收支赤字与不断积累的国际债务对世界上其他国家而言都是巨大的问题，这会影响该国的清偿能力与国际竞争力。每个国家在面临国际收支失衡的时候，都面临巨大的压力。但是，由于美元享有国际关键货币地位，美国可通过增加美元发行量来减缓国际

---

① Thomas Friedman, "Never Mind Yen: Greenbacks are the New Gold Standard," *New York Times*, July 3rd, 1994, p.E5.

② Benjamin J. Cohen, *The Geography of Money*, Ithaca: Cornell University Press, 1998, p.124.

③ Barry Eichengreen, *Exorbitant Privilege: The Rise and Fall of the Dollar*, New York, Oxford University Press, p.4.

④ Richard Dobbs, David Skilling, Wayne Hu, Susan Lund, James Manyika, and Charles Roxburgh, "An Exorbitant Privilege? Implications of Reserve Currencies for Competitiveness," *McKinsey Global Institute Discussion Paper*, 2009, p.8.

⑤ Jonathan Kirshner, *Currency and Coercion: The Political Economy of International Monetary Power*, Princeton: Princeton University Press, 1997, pp.192-193.

收支失衡压力，延缓国际债务支付，加大其在国际经济中的自主性。[①]

那么，在国际货币领域是否有望实现哈耶克所倡导的货币竞争，是否可以靠多种货币去制约美元霸权呢？不管答案是什么，我们都要明确国际货币领域的政治影响一点也不亚于国内。

冷战时期，面对苏联的军事威胁，富裕的资本主义国家严重依赖美国军事力量的保护。因此，尽管美国出现国际收支赤字，尽管美元遭遇危机，只要冷战和两极格局得以持续，美国的那些富庶盟国就不会允许美元破产，因为那将会削弱美国地缘政治的作用。[②]联邦德国与美国有着紧密的安全联系，所以它需要在 20 世纪 60 年代支持美元在国际货币体系中的地位。[③]尼克松在 1971 年宣布单方面对美元实施贬值的时候，联邦德国是继加拿大之后同意不用自己不断增加的美元储备来兑换黄金的国家。[④]布雷顿森林体系解体后，美元的国际地位依然稳固，美国的军事盟友发挥了积极的作用。1973 年，美国通过和沙特阿拉伯结盟，通过石油美元的循环，来巩固美元的地位。[⑤]

2003 年，美国发动第二次伊拉克战争。有研究者就指出：这是因为伊拉克总统萨达姆·侯赛因（Saddam Hussein）决定伊拉克出口的石油不再以美元，而是换作以欧元计价。美国出兵的动机是希望维持美元在该地区

---

① Benjamin J. Cohen, "The International Monetary System: Diffusion and Ambiguity," *International Affairs*, Vol. 84, No.3, 2008, p.457.

② David Calleo, "Twenty-First Century Geopolitics and the Erosion of the Dollar Order," in Eric Helleiner and Jonathan Kirshner, eds., *The Future of the Dollar*, Ithaca: Cornell University Press, 2009, pp.164–190.

③ Francis Gavin, *Gold, Dollars, and Power: The Politics of International Monetary Relations, 1958-1971*, Chapel Hill: University of North Carolina Press, 2004.

④ ［英］苏珊·斯特兰奇著，杨雪冬译：《疯狂的金钱：当市场超过了政府的控制》，中国社会科学出版社 2000 年版，第 78 页。

⑤ David E. Spiro, *The Hidden Hand of American Hegemony: Petrodollar Recycling and International Markets*, Ithaca: Cornell University Press, 1999.

的作用。[①]2007 年，伊朗和委内瑞拉对美元提出了直言不讳的批评和挑战，它们呼吁欧佩克成员国把石油的计价货币从美元转变成一揽子货币，伊朗总统内贾德称美元是毫无用处的一张纸；委内瑞拉总统查韦斯预测美元帝国行将坍塌。但美国军事上的盟友沙特阿拉伯仍然效忠美元，抵制了这两个国家的呼吁，提议未被采纳。[②]

综上，无论是国内的货币竞争还是国际的货币竞争，背后都有政治逻辑在运作，而不是仅仅靠设计一个最优的经济方案就能解决。

四 为何西方的援助收效甚微？

威廉·伊斯特利（William Easterly）的著作《白人的负担：为什么西方的援助收效甚微》，与杰弗里·萨克斯（Jeffery Sachs）的《贫穷的终结》形成了论战之势。萨克斯在各种场合都倡导对贫穷的国家和个人展开援助，让他们摆脱贫困陷阱。伊斯特利指出："萨克斯教授充满激情且能言善辩，每一次听他演讲，我无不深受感动。可非常遗憾，他的解决方案并不让人信服。"[③]与萨克斯倡导向全球贫困人口实施大规模援助不同，伊斯特利指出西方的大规模援助大都收效甚微："在过去的 50 年中，西方将 2.3 万亿美元用于国际援助，却无法为孩子们买到 12 美分的药品，以减少全球一半的疟疾死亡率；这 2.3 万亿美元也无法给贫困的家庭提供每顶 4 美元的

---

① Musa Essayyad and Ibrahim Algahtani, "Policy Issues Related to the Substitution of the U.S. Dollar in Oil Pricing," *International Journal of Global Energy Issues*, Vol.23, No. 1, 2005; Bessma Momani, "Gulf Cooperation Council Oil Exporters and the Future of the Dollar," *New Political Economy*, Vol.3, No. 3, 2008.

② Eric Helleiner, "Enduring Top Currency, Fragile Negotiated Currency: Politics and the Dollar's International Role," in Eric Helleiner and Jonathan Kirshner, eds., *The Future of the Dollar*, Ithaca: Cornell University Press, 2009, pp. 69–87.

③ ［美］威廉·伊斯特利：《白人的负担：为什么西方的援助收效甚微》，第 5 页。

蚊帐；这 2.3 万亿美元同样无法为新生儿母亲提供 3 美元的补助，来预防 500 万婴幼儿的死亡。"① 伊斯特利的一个重要结论是：采用大计划，永远也实现不了美好的愿望。他认为西方援助做的事情错就错在用宏大计划来规划世界发展。

哈耶克的名篇《知识在社会中的运用》指出了对经济进行宏大计划的危险。他认为，建立一个合理的经济秩序关键在于利用各式各样的信息与知识，但这些信息并不是以一种集中或完整的形式存在，而是以不全面的、有时甚至是相互矛盾的形式，被独立的个人所掌握。② 我们在参与经济活动的过程中，比如在实施援助的过程中，如何才能有效地收集和利用这些分散的信息？有两种截然对立的方式。第一种方式是中央计划：由一个权威机构为整个经济体系集中地制订计划。第二是自由竞争：由许多个人分散地制订计划。哪一种方式的效率更高，取决于在哪一种制度下能更充分地利用现有的知识。

从中央计划出发，需要一个由专家组成的权威机构，这个机构虽然掌握着最好的知识，但我们可以肯定这样一个机构无法收集到全部的信息，因为市场上还存在一些非常重要但未被组织起来的知识，即有关特定时空之情势的那种知识（the knowledge of the particular time and place），这样的知识不是科学知识。每个人都掌握着一些独一无二的知识与信息，而基于这种信息的决策只能由每个个人来做出，或由他积极参与做出。只有分散的个人参与其中，这种信息才能被利用。③ 所以，哈耶克认为，从长远来看，靠中央计划来管理经济是不可行的、低效的。好的计划依赖人们对社会中分散知识的利用，而利用这些知识最好的方法就是由掌握这些信息的个人来制订计划。那么，个人又是根据什么来制订计划呢？

哈耶克认为这个机制就是价格体系（price system），它是交流信息与沟通信息的重要机制，每个人都能够依据自己在某一领域所掌握的信息，

---

① ［美］威廉·伊斯特利：《白人的负担：为什么西方的援助收效甚微》，第 3 页。

② ［英］哈耶克：《知识在社会中的运用》，载《个人主义与经济秩序》，生活·读书·新知三联书店 2003 年版，第 117 页。

③ ［英］哈耶克：《知识在社会中的运用》，载《个人主义与经济秩序》，第 121 页。

协调他们彼此独立的行动。^①"要完成这种调节，不是通过'有意识的控制'，而只有通过具体安排，向每个企业单位传播它必须获悉的消息，以便使它能够有效地调整自己的决定以适应其他人的决定。"^②哈耶克总结了利用价格机制的优点，即快捷和经济。利用价格来做决策可以省略很多不必要的环节。决策者不需要收集面面俱到的、各式各样的信息，只需要通过市场上的价格信号，就能了解经济运行的状况。也正因为如此，利用价格信号来做经济决策不仅迅速，而且代价很低。参与这一体系的每个人只需要掌握很少信息便能采取正确的行动。^③哈耶克为价格机制所取得的成就而发出惊叹：如果这种机制是人类精心设计的结果，如果人们在价格变化的引导下懂得他们的决策之意义远远超出其直接目的的范围，则这种机制早已会被誉为人类智慧的一个最伟大的成就了。^④

通过价格体系的作用，人们就能使资源得到有效利用。不过，在经济发展的不同阶段，哈耶克论述的有效性也存在差异。经济发展早期所需要收集的分散性知识少，计划还可能取得成效。但当经济发展程度更高，中央计划机构难以整合分散的知识时，与市场经济相比，计划经济的效率就显著降低了。有研究者发现，当后进国家处于追赶阶段时，可以通过技术模仿推动经济发展，此时政府介入是比较有效的，计划的作用可能优于自由市场；当后进国家步入领先阶段时，它们开始需要引领技术创新来驱动经济发展，此时政府介入便逐渐失去往日的效果。在领先阶段，自由市场的优越性尤其显著。^⑤

哈耶克在《通往奴役之路》一书中，表达了同样的主张。该书在美国出版后，一再加印，几度脱销。哈耶克自己也没有料到他的著作会在美国如此受欢迎。其中一个重要原因是美国的《读者文摘》刊登了该书的缩编版，而且这一转载伴随着再创造。编辑将哈耶克的立场简单化、极端化，

---

① ［英］哈耶克：《知识在社会中的运用》，载《个人主义与经济秩序》，第128—129页。

② ［英］哈耶克著，王明毅等译：《通往奴役之路》，中国社会科学出版社1997年版，第52页。

③ ［英］哈耶克：《知识在社会中的运用》，载《个人主义与经济秩序》，第129页。

④ ［英］哈耶克：《知识在社会中的运用》，载《个人主义与经济秩序》，第131页。

⑤ 陈玮、耿曙：《发展型国家的兴与衰：国家能力、产业政策与发展阶段》，《经济社会体制比较》2017年第2期。

以至于哈耶克在原书中强调的诸多限制都不见了。① 不过，哈耶克的主张是一以贯之的。他担心，现代人过于自信，相信自己可以在一个理性设计的基础上构建一个全新的社会秩序。

随着经济的演进，经济系统更为复杂，有人就建议用计划经济来管理复杂的经济系统。但哈耶克在《通往奴役之路》中强调，恰恰相反，"整体越复杂，我们就越得凭借在个人之间的分散的知识"。② 他认为，依靠自由市场释放的价格信号才是管理复杂经济的最有效办法。"如果我们曾经必须凭借有意识的集中计划发展我们的工业体系的话，我们就绝不会达到它现在所达到的这样高度的多样性、复杂性和灵活性。和分权加上调节这种解决经济问题的方法相比，集中管理这种方法便更显得是令人难以置信的笨拙、原始和范围狭小的方法。"③ 哈耶克越来越频繁地把自己称为研究"无知"的理论家。他认为每个人只能拥有整个世界全部可得知识中的极少部分。④

1974 年，哈耶克在斯德哥尔摩发表诺贝尔经济学奖获奖演说，题目是《知识的僭妄》。他指出：市场是一种十分复杂的现象，几乎永远不可能了解和计算。市场的每个参与者都拥有特殊的信息，会影响价格与工资。这些信息与知识分散在无数的个人中间，但是，这却是科学的观察者或者任何一个独立的头脑无法全部掌握的。"把科学方法无法做到的事情委托给科学，或按照科学原则去进行人为的控制，有可能招致令人悲哀的后果。"哈耶克希望人们记住：市场在整理分散的信息方面，比任何人类精心设计的方法都更为有效。⑤

20 世纪 70 年代，罗马尼亚的总理马尼亚·曼内斯库（Manea Manescu）身上有着经济学家、统计学家、大学教授、科学院院士等诸多光环。

① ［美］安格斯·伯金：《伟大的说服——哈耶克、弗里德曼与重塑大萧条之后的自由市场》，第102—106 页。

② ［英］哈耶克：《通往奴役之路》，第 52 页。

③ ［英］哈耶克：《通往奴役之路》，第 53 页。

④ ［美］安格斯·伯金：《伟大的说服——哈耶克、弗里德曼与重塑大萧条之后的自由市场》，第132 页。

⑤ ［英］哈耶克：《知识的僭妄》，载哈耶克著，冯克利译《哈耶克文选》，江苏人民出版社2007年版，第406—415 页。

他的著作《经济控制论》出版以后，风靡一时。可惜，即便是有着"科学"光环的计划，也难以获得良好的经济绩效。曼内斯库治理下的罗马尼亚，经济更加集中、日益僵化。根据"经济控制论"实施的经济政策不仅没能完成计划指标，还让罗马尼亚经济陷入恶性循环。据此，哈耶克为理性设定了限度，"我们的经济制度从来就不是我们设计的，因为我们的智力还不足以承担此项任务……需要指出的是，如果我们无视我们理性的限度，这种雄心和抱负便有可能促使我们把我们的制度引向毁灭"。①

个人不要自负地以为自己的理性可以为社会进步做宏大规划。社会进步常常不靠规划，而依赖演化，乃至技术进步也如此。技术进步具有不确定性，技术的作用可能长期不能被认识和利用。比如贝尔实验室发明了激光，但却没有想到激光会有多大价值。集成电路发明以后，《时代周刊》并没有将这则新闻放在显著位置，而以为集成电路的发明仅仅有用于助听器。直到 20 世纪 90 年代，阿司匹林才被发现可以用于治疗心脏病。②技术进步过程中伴随着各种各样的不确定性，因此很难用计划来规划。用价格信号来协调经济运行可能存在短期成本，但价格信号不仅具有灵活性，还释放了人的活力，促进了创新。"虽然在短时期内我们为多样化和选择的自由所必须付出的代价有时可能是很高的，但在长期内即使是物质福利的进展也将有赖于这种多样性，因为我们不能预见从那些可以提供商品或劳务的许多形态中，究竟哪一种可能发展出更好的东西来。"③在经济生活中、科学研发中以及其他方方面面，不确定总是伴随人们的生活，因此，需要允许人们大胆地尝试，而不是自上而下的严格计划。依赖计划会削弱人们的创新精神。"如果把政治行动范围搞得过大，以至于几乎只有官僚机构才能掌握有关这一政治行动的必要知识，那么个人的首创性一定会减弱。"④

---

① ［英］哈耶克著，邓正来等译：《法律、立法与自由》，中国大百科全书出版社2000年版，第513—514 页。

② Nathan Rosenberg, "Uncertainty and Technological Change," in Landau, Ralph, Timothy Taylor, and Gavin Wright, eds., *The Mosaic of Economic Growth*, Stanford: Stanford University Press, 1996, pp. 334—353.

③ ［英］哈耶克：《通往奴役之路》，第 54—55 页。

④ ［英］哈耶克：《通往奴役之路》，第 223 页。

哈耶克指出，尽管经济计划在短期内可能获得巨大的成功，而且能具有"集中力量办大事"的优势，但是这样的成效往往伴随巨大的浪费。"孤立地看，许多事情中的每一件，都可能在一个有计划的社会中完成，这个事实使许多人热衷于计划……德国和意大利的那些壮丽的公路是常常被引用的例子。"① 但是，在哈耶克看来，这些吸引眼球的政绩工程恰恰是资源被浪费的例证。1957 年，苏联成功发射了世界上第一颗人造卫星史普尼克（Sputnik），这使得不少美国民众表现出歇斯底里的情绪，他们埋怨美国政府绩效不佳、脆弱得不堪一击。此后，苏联进行了世界上首次太空载人飞行，尤里·加加林（Yuri Gagarin）成为人类历史上第一个进入太空的宇航员。当时，苏联在核、电子、空间等前沿的科学技术领域都走在了世界的前列。哈耶克指出，这些显赫成绩的背后，苏联的资源被扭曲配置了："引用这种某一方面技术上的高超的事例来证实计划的普遍优越性也同样是不明智的。这样说也许更正确：这种和一般条件不相适应的非凡的技术的卓越成就，是资源被误用的证明。"② 这些资源原本可以按市场的需求投向民众更为需要的地方。价格就可以提供足够的信息让资源流向最需要的地方。如果资源持续被错误地配置，会影响长远的经济绩效。

1928 年到 1937 年，苏联的经济实现了长时段的、快速的增长，年均增长率为 11.9%。③ 苏联的官方统计显示，1945 年到 1950 年，苏联的国民收入几乎翻番，工业产值，包括重工业产值，接近 1945 年的两倍。④ 有研究者指出，苏联当时身处经合组织国家以外，却几乎是唯一一个实现了与经合组织国家经济业绩趋同的国家。苏联成为当时经济发展最成功的案例。⑤然而好景不长，从 20 世纪 50 年代末开始，苏联的各项经济指标的增长便

---

① ［英］哈耶克：《通往奴役之路》，第 56 页。

② ［英］哈耶克：《通往奴役之路》，第 56 页。

③ Earl Brubaker, "Embodied Technology, the Asymptotic Behavior of Capital's Age, and Soviet Growth," *The Review of Economics and Statistics*, Vol. 50, No. 3, 1968, pp. 304.

④ Philip Hanson, *The Rise and Fall of the Soviet Economy: An Economic History of the USSR from 1945*, London: Longman, 2003, p.25.

⑤ Robert Allen, "The Rise and Decline of the Soviet Economy", *The Canadian Journal of Economics*, Vol. 34, No. 4, 2001, p.861.

开始放缓。60年代伊始，苏联的社会总产值和国民收入的增长率都出现下降。此后，苏联的发展便处于停滞与衰退状态，到1982年，苏联的人均GDP位列全球第70位，科技落后发达国家10—15年。[1] 在经济变得日益复杂的同时，由于经济计划缺乏效率，苏联的计划模式的弊端日益显现。

大规模援助绩效不佳的原因和苏联计划模式的弊端都根源于经济计划。大规模援助往往是援助机构自上而下地实施计划，他们无法获得有效信息，无法了解被援助者的需求，无法有效利用资源。从某种程度上讲，苏联的计划经济模式仍用于全球的援助规划中，这是导致西方的援助大都效果不佳的重要原因。

五　为何斯大林的经济模式会倒向其政治模式？

斯大林执政时期，苏联的经济模式背离了列宁的新经济政策，走向更为严格的计划模式。如表2-1所示，苏联的计划指标包括了生产的方方面面：产出数量、产品价格、工人的分工、原材料和燃料的使用、总投资、生产成本、企业利润以及技术进步等。

政府对生产目标制定了清晰而具体的指标，对生产过程进行明确的控制。在一段时期，尤其在迅速工业化以及抗击德国法西斯入侵时期，这样的经济模式卓有成效，取得了较大的经济成就。但问题也接踵而至，其中一个就是苏联的政治生活开始呈现集权化趋势。经济计划和政治集权是如影随形的吗？或者如《科学》杂志提出的诸多问题之一：经济自由和政治自由二者是相伴相生吗？哈耶克的回答是肯定的。

---

[1]　Richard Sakwa, *Soviet Politics: An introduction*, London and New York: Routledge, 1989, p. 251.

表 2-1　1953 年之前苏联政府下达给企业的主要计划指标

（一）生产计划	2. 原材料储备定额
1. 主要产品品种数量	3. 原材料节约额
2. 总产值	（七）生产费用和成本计划
其中：主要产品总产值、主要协作产品产值、新产品产值	1. 生产费用总额
	其中：直接费用、间接费用
3. 商品产值	2. 主要产品工厂成本
其中：主要产品商品产值	3. 主要产品商业成本
（二）生产技术发展计划	4. 可比产品成本的降低
1. 新技术增产	（八）财务计划
2. 新技术采用	1. 固定基金总值
（三）基本建设投资计划	2. 固定基金折旧
1. 基本建设投资额	3. 固定基金利用状况
2. 基本建设工作总量	其中：设备利用率
3. 生产能力和其他工程项目交付使用	4. 流动资金总额
4. 固定基金大修理	其中：生产用流动资金、流通资金
（四）物资技术供应计划	5. 流动资金周转速度
1. 上级机关分配给企业的物资	6. 自有流动资金和借入资金
2. 企业按协作等方式自行采购的物资	其中：银行信贷
（五）劳动计划	7. 利润总额
1. 劳动生产率	8. 盈利率（成本利润率）
其中：全员劳动生产率	9. 预算拨款
工人劳动生产率	其中：基本建设与固定基金大修理拨款、增补企业流动资金、弥补事业费及其他生产外支出
2. 企业人员编制数（工人、工程技术人员和职员等）	
3. 工资基金	10. 预算缴款
4. 平均工资	其中：周转税、上缴利润、上缴多余自有流动资金
5. 干部培养	
（六）原材料消耗计划	（九）其他
1. 主要产品原材料消耗定额	

资料来源：金挥、陆南泉、张康琴主编《论苏联经济：管理体制与主要政策》，辽宁人民出版社 1982 年版，第 33 页。

　　要回答为何苏联从斯大林的经济模式倒向其政治模式，就需要理解计划经济的政治后果：政府执行经济计划会导致民主与法治的衰败。哈耶克在《通往奴役之路》第二章的开篇引用了德国诗人弗里德里希·荷尔德林（Friedrich Holderlin）的诗歌："使一个国家变成人间地狱的东西，恰恰是人们试图将其变成天堂。"①像"由政府控制产业发展"这种表面上无关痛痒的原则，"会为那种歧视和压迫政策提供几乎无限的可能性"。②值得一提的是，尽管哈耶克此书是对苏联经济模式和政治模式的严厉批评，南开大学教授腾维藻等人还是在 20 世纪 60 年代将《通往奴役之路》译成中文，由商务印书馆出版。此书在当时是内部读物，但却是一个缩影。中国对西方学说的翻译和介绍一直在进行中，这和苏联有着非常大的不同。

　　哈耶克对当时流行的"计划经济可以带来更为平等的社会"的思潮发出警告："他们之所以倡导计划，不再是由于它的生产力高，而是由于它能使我们得到一个比较公正和平等的财富分配。"③但是，"为了实现某些人的公平理想，我们必须付出的代价"。这个代价就是牺牲民主、牺牲法治。哈耶克还警告：走计划经济的道路是通往奴役的道路。

　　为什么计划经济会破坏民主制度？哈耶克断言："计划导致独裁，因为独裁是强制推行各种理想的最有效工具"。④如果实施大规模的经济计划，那么民主制度固有的拖沓推诿会让大多数计划难以继续，受到挫败的民众会期望把任务交给一小撮专家，或者由个人来完成。在民主制度下，"尽管每个人可能都希望国家以某种方式采取行动，但在政府应该干些什么的问题上，几乎是有多少不同的人，就有多少种看法"。⑤民主制度下，民众有着顺畅的政治参与渠道和意见表达途径。意见纷呈也是民主制度的显著特点。这么一来，在民主制度下，事无巨细的计划难以制订，也难以执行。急切的民众就指望专家来制订并完成这些计划，把管理经济的权力交给专

①　[英]哈耶克：《通往奴役之路》，第 29 页。
②　[英]哈耶克：《通往奴役之路》，第 86 页。
③　[英]哈耶克：《通往奴役之路》，第 97 页。
④　[英]哈耶克：《通往奴役之路》，第 72 页。
⑤　[英]哈耶克：《通往奴役之路》，第 63 页。

家或个人。"希望赋予政府或某些个人权力，使他们能尽其责。如果要有所作为的话，负责的当局必须得摆脱民主程序的羁绊，这种信念变得越来越流行。"①

　　当把权力交给这些专家以后，他们会逐渐掌握专断的权力。"而且对于各种目标中哪一个应给予优先选择权，也只有他们这些专家才处于能做决定的地位。不可避免地，专家们将他们的选择尺度加之于他们为之计划的集体。"②更为危险的是，一旦这些专家掌握了强大的经济权力，民众则无法维持政治自由，因为这些专家控制了民众的所有目标，拥有了影响大众的手段。专家们对经济权力的控制会延伸到政治领域，塑造民众的偏好。"任何控制一切经济活动的人也就控制了用于我们所有的目标的手段，因而也就必定决定哪一种需要予以满足和哪一种需要不予满足。这实际上是问题的关键。经济控制不仅只是对人类生活中可以和其余部分分割开来的那一部分生活的控制，它也是对满足我们所有目标的手段的控制。任何对手段具有唯一控制权的人，也就必定决定把它用于哪些目标，哪些价值应得到较高的估价，哪些应得到较低的估价——总之，就是决定人们应当相信和应当争取的是什么。集中计划意味着经济问题由社会解决而不由个人解决，而这就必然也要由社会，或者更确切地说，由社会的代表们，来决定各种不同需要的相对重要性。"③这个时候，民众牺牲掉的就不再仅仅是经济利益。

　　当经济计划开始蔓延到经济生活方方面面的时候，民众的政治权利也会逐渐丧失。"我们不能无限地扩大公共行动领域而仍让个人在其自己的领域中自由自在。一旦国家控制所有手段的公共部分超过了整体的一定比例，国家行为的影响才会支配整个体系。尽管国家直接控制的只是对大部分可取资源的使用，但它的决策对经济体系其余部分所产生的影响是如此重大，以致它几乎间接地控制了一切。"④弗里德曼也指出："自由是一个整体，在

---

① ［英］哈耶克：《通往奴役之路》，第68页。
② ［英］哈耶克：《通往奴役之路》，第66—67页。
③ ［英］哈耶克：《通往奴役之路》，第90页。
④ ［英］哈耶克：《通往奴役之路》，第63页。

我们生活中，减少某一方面的自由，很可能会影响到其他方面的自由。"① 经济自由没有了，政治自由也就危在旦夕了。

这样的社会和竞争性社会的不同在于，它由一个垄断者决定我们的偏好。我们无从选择，只有唯命是从。"在一个竞争性的社会中，我们的选择自由是基于这一事实：如果某一个人拒绝满足我们的希望，我们可以转向另一个人。但如果我们面对一个垄断者时，我们将唯他之命是听。而指挥整个经济体系的当局将是一个多么强大的垄断者，是可以想象得到的。"② 这个垄断者将"决定我们应该取得什么的，并不是我们自己对何者应喜爱、何者不应喜爱的看法，而是他人对这一问题的看法"。③

这个时候，民主制度将不复存在，"即使形式上是民主的，如果它集中管理经济体系的话，可能会和任何专制政体所曾做的一样完全破坏了个人自由"。④ 哈耶克尤其强调，不要以为还保有民主的外衣就是民主的政体，在实施经济计划的过程中，民主已经被牺牲了。"没有理由相信，只要相信权力是通过民主程序授予的，它就不可能是专横的。"⑤ 即便有竞选，即便民众通过选举授权给领导人，在权力运行过程中，经济计划恰恰缺乏对政治权力的限制。因此，计划经济会破坏民主制度。不仅如此，哈耶克指出计划经济还会破坏法治。

哈耶克认为，法治需要有先定约束，需要人们可以预见。"法治的意思就是指政府在一切行动中都受到事前规定并宣布的规则的约束——这种规则使得一个人有可能十分肯定地预见到当局在某一情况中会怎样使用它的强制权力，和根据对此的了解计划它自己的个人事务。"⑥ 如果实施经济计划，这两点都无法保障，政府既无法给民众一个先定约束，中央计划机构的行为也无法预见。"法治的基本点是很清楚的：即留给执掌强制权力的执行机构

---

① ［美］米尔顿·弗里德曼、罗斯·弗里德曼：《自由选择》，第66页。
② ［英］哈耶克：《通往奴役之路》，第91—92页。
③ ［英］哈耶克：《通往奴役之路》，第92页。
④ ［英］哈耶克：《通往奴役之路》，第71页。
⑤ ［英］哈耶克：《通往奴役之路》，第72页。
⑥ ［英］哈耶克：《通往奴役之路》，第73页。

的行动自由，应当减少到最低限度。"① 计划不可能让当权者的行动自由降低到最低限度，计划恰恰在扩大当权者的自由，摆脱先定约束，让人们无法预见。

试想一下："当政府要决定饲养多少头猪，运营多少公共汽车，经营哪些煤矿或按什么价格出售鞋子时，这些决定不可能从形式原则中推论出来，或者事先做出长期的规定。"② 要计划这些事务，我们都不能事先用一般性的规则加以约束。"它们不得不取决于当时的环境，并且在做出这些决定时，常常必须对各种人和各个集团的利害逐个地予以比较权衡。最终必得由某个人的观点来决定哪些人的利益比较重要。"③ 当一个社会的运行以及利益的优先顺序由计划者权衡取舍，法治就难以维持了。因为在这样的社会，什么都由计划者看情况而定。哈耶克说，或许这样的社会在表面上还维系法治，但是这样的法治是假的法治。"如果说，在一个有计划的社会，法治不能保持，这并不是说，政府的行动将不是合法的，或者说，这样一种社会就一定是没有法律的。它只是说，政府强制权力的使用不再受事先规定的规则的限制和决定。"④

哈耶克指出，自由主义的经济秩序恰恰需要法治和规则，"自由主义的论点，是赞成尽可能地运用竞争力量作为协调人类各种努力的工具，而不是主张让事态放任自流。它是以这种信念为基础的：只要能创造出有效的竞争，这就是再好不过的指导个人努力的方法。它并不否认，甚至还强调，为了竞争能有益地运行，需要一种精心想出的法律框架……它也不否认，在不可能创造出使竞争有效的必要条件的地方，我们就必须采用其他指导经济活动的方法"。⑤ 哈耶克强调竞争不是自由放任，而需要制度框架，这和亚当·斯密形成呼应。斯密担心私人利益如果没有制度约束将会导致重大的灾难。哈耶克同样如此，"一个有效的竞争制度和其他制度一样，需要一

① ［英］哈耶克：《通往奴役之路》，第 74 页。
② ［英］哈耶克：《通往奴役之路》，第 75 页。
③ ［英］哈耶克：《通往奴役之路》，第 75 页。
④ ［英］哈耶克：《通往奴役之路》，第 82 页。
⑤ ［英］哈耶克：《通往奴役之路》，第 40—41 页。

种明智规划的并不断加以调节的法律框架"。①他指出，"自由放任"一词是对于自由主义政策所依据原则的描述。但是，这一简单描述却是模糊不清的，也是容易引起误解的。自由主义的经济政策不是无所作为，而是要政府积极促进竞争，并为竞争的市场制定出一套可以预见的规则。"每一个政府当然必须有所行动，而政府的每一行动都要干涉这样或那样的事。但这并非是问题的关键。重要的问题是个人能否预见到政府的行动，并在制订自己的计划时，利用这种了解作为依据。"②

　　因此，在哈耶克来看，苏联从"斯大林模式的经济"滑向"斯大林模式的政治"只是一步之遥。"各种经济现象之间密切的相互依存使我们不容易使计划恰好停止在我们所希望的限度内。"③实施大规模的经济计划，对哈耶克及其追随者而言，就意味着民主和法治的衰落，是一条通往奴役的道路。

　　关于经济自由与政治自由二者的关系，哈耶克及其追随者会毫无保留地认为二者如影随形。他们喜欢用苏联时期的例子来佐证这一论点。不过从被西方国家誉为"民主的橱窗"——印度的经验来看，经济自由与政治自由的关系并非如此确凿无疑。独立后的印度，实施过较长时期的计划经济。印度的首任总理贾瓦哈拉尔·尼赫鲁（Jawaharlal Nehru）及其同事都有较强的社会主义倾向。印度赢得独立以后，以尼赫鲁为代表的印度领导人大都认为国家需要对经济进行积极干预。在联邦一级，印度政府设置了计划委员会，印度领导人选拔该委员会中比较能干的、资深的官僚负责制定钢铁政策。事实上，印度的钢铁业还取得了不错的业绩。1950年到1964年，印度的钢铁产量以年均11％的速度增长。这为此后，乃至今天印度钢铁业的发展奠定了基础。在英吉拉·甘地（Indira Gandhi）担任总理期间，她甚至规定大型的纺织厂必须按计划价格向贫困的消费者出售它们的大部分产品。缺乏效率的生产者一遇到市场的不测波动，英吉拉·甘地就

①　[英]哈耶克：《通往奴役之路》，第43页。
②　[英]哈耶克：《通往奴役之路》，第81页。
③　[英]哈耶克：《通往奴役之路》，第103页。

宣布将它们国有化。① 人们对印度计划经济所取得的经济绩效或许存在争议，因为和发展起点类似的国家相比，它的经济绩效处于中间位置。但是，印度的计划经济却没有倒向集权政治，它仍旧维系了印度的民主。这或许是一个异常案例，但是它却提醒哈耶克及其追随者，经济自由和政治自由二者的关系并非如此明确。

哈耶克强调："私有制是自由的最重要的保障，这不单是对有产者，而且对无产者也是一样。只是由于生产资料掌握在许多个独立行动的人的手里，才没有人有控制我们的全权，我们才能够以个人的身份来决定我们要做的事情。如果所有生产资料都落到一个人手里，不管它在名义上是属于整个'社会'的，还是属于独裁者的，谁行使这个管理权，谁就有全权控制我们。"② 他认为计划不仅没有消除不平等，反而制造了人为的不平等。"非人为的力量所造成的不平等比有计划地造成的不平等，无疑地更容易忍受些，其对个人尊严的影响也小得多。"③ "一个富人得势的世界仍比一个只有得势的人才能致富的世界要好些，试问谁会否认这一点呢？"④

因此，哈耶克告诫英国民众，不要希望通过计划来实现社会保障，计划也不能带来经济平等，因为这样做不仅得不偿失，反而会让自己身陷囹圄，使自己生活在一个计划的牢笼里。"如果人们在过于绝对的意义上理解保障的话，普遍追求保障，不但不能增加自由的机会，反而构成了对自由的最严重的威胁。"⑤

哈耶克指出，不要试图去设计一个宏大的改造社会工程。我们不能像驾驭自然力量那样驾驭社会力量。如果有人说，"我们必须像学会如何驾驭自然力量那样学会如何驾驭社会力量"，那他们就错了。如果你试图驾驭社会力量，"这不仅是一条通向极权主义的道路，而且是一条通向我们文明的

---

① ［美］阿图尔·科利著，朱天飚、黄琪轩、刘骥译：《国家引导的发展——全球边缘地区的政治权力与工业化》，吉林出版集团有限责任公司 2007 年版，第 308、319 页。

② ［英］哈耶克：《通往奴役之路》，第 101 页。

③ ［英］哈耶克：《通往奴役之路》，第 103—104 页。

④ ［英］哈耶克：《通往奴役之路》，第 102 页。

⑤ ［英］哈耶克：《通往奴役之路》，第 116 页。

毁灭的道路,一条必然阻碍未来进步的道路"。①中国有句古话叫:"圣人不死,大盗不止",哈耶克用自己的话重复了这句名言:"从纯粹的并且真心真意的理想家到狂热者往往只不过一步之遥。……如果让世界上每一方面最著名的专家毫无阻碍地去实现他们的理想的话,那将再没有比这个更难忍受和更不合理的世界了。"②

因此,要实现人类的进步,不能依赖经济计划。"要创造有利于进步的条件,而不是去'计划进步'";"维护个人自由的政策是唯一真正进步的政策"。③

米尔顿·弗里德曼在《资本主义与自由》以及《自由选择》这两部书中呼应了哈耶克的论述。弗里德曼指出,不要以为经济上实行苏联式的计划,通过恰当的政治安排,就可以保障人们的自由。经济自由是达到政治自由必不可少的手段。如果经济上是自由的,经济力量可以牵制专横的政治力量,而不是加强这一力量,因为经济力量往往是分散的,难以集中;而政治力量却容易集中到一起。一个国家可能有很多百万富翁,却往往只有一个政治领袖。在资本主义社会,财富的不平等让富人有足够的经费出资赞助改变社会的运动;资本家为了迎合市场需求,会出资发行受民众欢迎的、持有异见的报章杂志。而当经济资源掌握在政府手中,人们则无法获得这些资助来制衡专断的权力。④"凡是那些国家对其公民的经济活动事无巨细地加以控制,详细的中央经济计划占统治地位的地方,我们发现其公民深受政治束缚,生活水平较低,而且几乎没有力量来掌控自己的命运。"⑤弗里德曼列举的一些例子尽管荒诞不经,但却是一以贯之的逻辑,竞争的自由市场不仅会带来经济价值,即更高的经济绩效,还有政治价值,可以保障人的自由。

---

① 〔英〕哈耶克:《通往奴役之路》,第195页。
② 〔英〕哈耶克:《通往奴役之路》,第57页。
③ 〔英〕哈耶克:《通往奴役之路》,第226—227页。
④ 〔美〕米尔顿·弗里德曼著,张瑞玉译:《资本主义与自由》,商务印书馆2004年版,第9—23页。
⑤ 〔美〕米尔顿·弗里德曼、罗丝·弗里德曼:《自由选择》,第53页。

六　政府是否应该强制收取养老金？

　　付达信是湖南省衡阳市的一位农民。由于年岁变老，又无人养老。2008 年 9 月，时年 69 岁的付达信持刀在北京站广场抢劫。他这么做就是为了入狱以后能有地方养老。2008 年 11 月，法院判处付达信两年有期徒刑，他还抱怨法院判得太轻。进了看守所的付达信与众不同的是，别人愁眉苦脸，他却喜上眉梢。因为他不必再为吃饱饭而四处奔波了。一年半后，付达信提前出狱。那么，为了让付达信这样的人到了老年仍有生活保障，政府是否应该强制收取养老保险，防止人们到了老年陷入困境呢？

　　"经济自由中很重要的一部分便是支配自己收入的自由：我们给自己花多少钱，花在哪些方面；存多少钱，以何种形式存钱；给别人花多少钱，给谁花等等。当前，我们的收入的 40% 以上被政府花掉了。"[1] 米尔顿·弗里德曼和哈耶克一样是新自由主义潮流的旗手。他反对政府强制民众购买政府提供的养老金，反对政府替民众花钱，尤其反对政府介入再分配——无论是对个人在不同时期的分配还是人际间的分配。政府强制购买养老金是政府介入个人在不同时期的收入分配。弗里德曼认为，民众既可以选择不购买养老保险，也可以选择到私人机构那里购买养老保险。如果政府提供的养老保险比较有效率，那么其售价会更低，民众自然愿意购买。否则，政府强制民众购买养老金，不仅形成垄断，还导致政府雇用大量的专家和雇员，制造了庞大的官僚机构，这是家长主义的作风。特殊利益集团中最主要的构成就是实施计划的大批官僚，他们正是靠这些计划过活的。"大部分福利没有用在穷人身上，其中有些被行政开支挪用，以优厚的薪酬维持一个庞大的官僚机构。"[2] 即便政府强制民众购买养老保险这样的做法是出于善良的意愿，但弗里德曼指出："我们这些相信自由的人必然会相信自己有犯错误的自由。假如有人喜欢活在当下，喜欢眼前享乐，故意选择一个更

---

①　［美］米尔顿·弗里德曼、罗丝·弗里德曼：《自由选择》，第 62 页。
②　［美］米尔顿·弗里德曼、罗丝·弗里德曼：《自由选择》，第 103 页。

为拮据的老年生活。那么，我们有什么权力来阻止他这样做呢？我们是否有权强制他，让他不能做自己想做的事情？可能他是对的，我们是错的。"有人或许会说这些人会成为社会的负担。但是弗里德曼问：假如90%的人都不购买保险，到了老年成为社会的负担，这一论点才有说服力。但是如果只有1%的人会成为负担，为什么为了避免这1%的人成为负担，而限制99%的人的自由呢？因此，政府强制购买养老保险获得很少的好处，却花费了很大的代价，这样的政府干预是得不偿失的。①

　　那么，即便对养老问题不管不顾，政府是否也应该对贫富分化无动于衷呢？政府是否需要积极作为，以促进一个社会更为"平等"呢？每年，《福布斯》杂志都会公布一份全美最富有的400人名单。曾经连续十多年，微软创始人比尔·盖茨都位居榜首。2017年，《福布斯》杂志估计他的净资产为860亿美元。跻身财富排行榜的还有投资家沃伦·巴菲特、沃尔玛的所有者、脸书、谷歌和亚马逊的创始人、石油大亨等。实际上，美国最富有的人拥有全国三分之一的财富，超过了底层90%的家庭所拥有的财富之和。篮球巨星迈克尔·乔丹也是美国富人中的一员。为了实现一个更加公平的社会，我们是否应该对乔丹征税呢？桑德尔在其《公正》一书中展示了自由至上主义（Libertarianism）者的论证：当然不应该。让我们设想一下，乔丹退役以后，芝加哥市政厅或者美国国会为了安抚不满的芝加哥公牛队球迷，通过投票要求乔丹再打三分之一赛季的比赛。如果这样的事情发生了，大家会觉得这样的法律是不公正的，因为它侵犯了乔丹的自由。可是，如果国会不能强迫乔丹重返篮球场，哪怕只是强迫乔丹去打三分之一赛季的篮球，那么，它又有什么权力强迫乔丹放弃他靠打篮球所得的三分之一赛季的收入呢？②因此，征税就是奴役，就像强迫劳动。

　　弗里德曼在与妻子合著的《自由选择》一书的第五章中，谈到了他对"公平"问题的看法，这代表了自由主义政治经济学者对"平等"这一问题的看法。弗里德曼反对政府采用经济政策提供社会福利，促进"平等"。

---

　　① ［美］米尔顿·弗里德曼：《资本主义与自由》，第196—205页。
　　② ［美］迈克尔·桑德尔著，朱慧玲译：《公正：该如何做是好？》，中信出版社2011年版，第75页。

"道义的责任是个人而不是社会的事情，孩子照顾自己的父母是出于爱或责任感。现在，他们为他人的父母解囊是由于受到政府的强制和出于恐惧。"①事实上，政府靠征税来提供养老与福利也没有帮助到穷人，因为，"福利津贴的发放确实是偏于照顾工资较低的人。这种照顾被另外一种情况大大地抵消了。穷人家的子弟开始工作的时间较早，因而开始纳税的年龄都比较早；而富人家的子弟则晚得多。另一方面，就生命周期而言，低收入者的平均寿命比高收入者的平均寿命短。结果，穷人纳税的年头比富人长，领取福利津贴的年头比富人短"。②

因此，弗里德曼反对政府积极去建设一个结果公平的社会，他强调"机会平等"，指出机会平等的真正含义是："前途向人才开放。"③那些促进机会平等的政策措施是促进我们自由的，而那些强调结果平等的措施则是损害自由的。"只要有自由，今日之穷困潦倒者就有机会成为飞黄腾达者；在此过程中，几乎上上下下每个人都能受益，过上更加健全、更加富裕的生活。"④相反，政府促进结果公平的政策措施，却会导致一些严重的后果。

首先，追求结果平等的政策会滋生特权阶层。弗里德曼对特权阶层与既得利益集团心存忌惮。他认为："用强制力量来追求平等，只能摧毁自由；而且，强制力量，即便最初是为了实现良好的意图才使用的，最终也会被一小撮人所攫取，他们以之来牟取私利。"⑤"很多人不遗余力地鼓吹平等理念，通过立法手段将其理念转化为各种法律法规，并在各种场合大肆宣扬，这些都是他们获得收入的有效手段。"⑥强调社会平等的苏联，那里的国民可以分为两类："一边是一小撮上层特权阶级，各级政府官员以及科技人员；另一边是广大的人民群众，他们的生活水平比先辈们强不了多少。上层阶级可以到专门的商店里购物，可以到专门的学校里上学，可以享受各式各样的奢侈品；广大群众却只能消费最基本的生活必需品。我们在莫

---

① ［美］米尔顿·弗里德曼、罗丝·弗里德曼：《自由选择》，第101页。
② ［美］米尔顿·弗里德曼、罗丝·弗里德曼：《自由选择》，第101页。
③ ［美］米尔顿·弗里德曼、罗丝·弗里德曼：《自由选择》，第127页。
④ ［美］米尔顿·弗里德曼、罗丝·弗里德曼：《自由选择》，第143页。
⑤ ［美］米尔顿·弗里德曼、罗丝·弗里德曼：《自由选择》，第143页。
⑥ ［美］米尔顿·弗里德曼、罗丝·弗里德曼：《自由选择》，第137页。

斯科旅行时，看到一辆大型轿车，于是就问当地的导游买这辆车要多少钱，导游答道：哦，这个不卖，这是政治局委员专用的。"[1]

其次，追求结果平等的政策会使能力强、受过良好训练的并且充满活力的人远走异国他乡。因为追求结果平等的社会妨碍了他们这些人的价值实现，他们只好另觅他途。"谁都不愿意把自己辛辛苦苦创造出来的成果，拱手让给素不相识的人。"[2]弗里德曼列举了以色列农庄的例子，指出加入集体农庄的人从来没有超过以色列人口总数的5%。因此，这部分重视平等的人在人口中的比重，可能至多就是5%。不能因为一小部分民众的平等诉求，而赶走大多数人。

此外，和大部分自由主义政治经济学家一样，弗里德曼认为追求平等会影响生产效率。那么，促进平等的举措是否会影响效率呢？事实上，如表2-2所示，提供福利较多的第一类经济体经济的增长率并不比第二类强调自由市场的经济体表现要差，至少差距不显著。第一类国家提供福利较多，经济增长率为2.4%，只比第二类国家低0.3个百分点。而且提供福利的国家失业率明显更低，第一类国家比第二类国家的失业率低了近3个百分点。那么，是什么原因弥补了这些福利国家经济增长的不足呢？

其中一个方面的原因是福利开支。教育开支和医疗开支，让人们接受到更好的教育，生活得更健康，这属于人力资本。当福利提高了一个国家的人力资本时，国家的经济发展会受益，从而抵消了福利带来的损害。另一个方面的原因是，失业保险等福利措施为工人提供保护，提高了工人的流动性，也减缓了产业调整的阻力。当一些产业要升级的时候，需要淘汰原有技术与设备，失业保险"赎买"了工人，他们也就不会动员起来维护旧式技术。在这样的经济体中，流动的工人与灵活的产业让经济更有活力。再次，福利所提供的补偿政策，让经济更容易开放，更容易引进竞争政策。全球经济的不测波动让各类人群的脆弱性都在增强，需要得到补偿的不仅仅是工人，受到全球化负面影响的群体往往会组织起来反对开放。此时政

---

① ［美］米尔顿·弗里德曼、罗丝·弗里德曼：《自由选择》，第142页。

② ［美］米尔顿·弗里德曼、罗丝·弗里德曼：《自由选择》，第140页。

府提供福利，补偿受损者，可以为经济开放提供支撑。最后，经济发展需要安定的环境。投资者也愿意投向政治上更为稳定的地方。提供福利缓和了劳资矛盾，劳工运动会更为消停，节约下来的时间可以更多地投入生产，而且更为安定的环境也让外资更愿意涌入。

表2-2　1980—1990年两类国家的经济指标比较（%）

指标　国家	经济增长率	失业率	通货膨胀率
社会民主统合主义国家均值	2.4	4.3	6.7
奥地利	2.4	3.2	3.8
芬兰	1.5	8.3	6.5
挪威	3.3	4.8	7.2
丹麦	2.7	3.0	8.0
瑞典	1.9	2.2	8.2
市场自由主义国家均值	2.7	7.5	5.8
加拿大	2.6	9.2	6.4
法国	1.9	9.0	7.0
日本	4.2	2.5	2.5
英国	2.0	9.5	7.6
美国	2.6	7.1	5.5

资料来源：Geoffrey Garrett，*Partisan Politics in the Global Economy*，New York：Cambridge University Press，1998，p.17，Table.1.3。

事实上，如果再加入其他一些指标，美国的"社会发展指数"就会系统地低于福利国家。美国人的平均预期寿命是发达国家中最低的，婴儿死亡率是发达国家中最高的（美国婴儿在出生第一年的死亡率是日本的两倍）。[1]弗里德曼为了推行其政策理念会将新自由主义的前景涂上玫瑰色。但如果将弗里德曼的药方照单全收，无论在政治还是经济层面，有所得也就

———————

　　① ［英］理查德·威尔金森、凯特·皮克特著，安鹏译：《不平等的痛苦：收入差距如何导致社会问题》，新华出版社2010年版，第80—81页

会有所失。

　　弗里德曼认为福利可能增加了犯罪，"在英国，各种粗暴的违法犯罪行为，近几十年来日益增多，而这可能正是追求结果平等的后果"。[①] 这样的猜想证据不足。美国的枪支泛滥引发了大量的社会问题，在美国几乎三分之二的凶杀案中都涉及枪支。而在福利国家瑞士，政府向所有成年人发放一支来复枪，并允许他们自行保留。如果按人均枪支计算，瑞士的人均枪支持有量几乎高于世界上任何国家，但它却是世界上最安全的国家。[②] 瑞士是平等社会享有更好的安全的典型案例。理查德·威尔森（Richard Wilkinson）及其合作者的研究显示：随着不平等的增长，暴力犯罪也在增长。在不平等的国家中凶杀案也显然更多，美国则居于发达国家凶杀案案发率榜首。此外，就美国内部的情况来看，不平等的州内部凶杀案案发率也更高。[③] 经济的分化给美国带来了更严重的社会问题。1972 年时，美国被关押的犯人是 30 余万人，而到 2008 年，美国在押犯人数量跻身世界之最，约有 230 多万人。在德国，每 10 万人中有 93 人被关押；而在美国，则有750 人被关押。[④]

　　弗里德曼新自由主义的政策主张真的是"前途向所有人开放"吗？如今，美国的年轻人是否能拥有光明的前途基本要仰仗两个因素：父母的收入和父母的受教育程度。美国成了发达国家中最缺乏社会流动的国家之一。在美国有一半以上的父亲赚钱的优势与劣势会"遗传"给下一代，而在加拿大只有五分之一。[⑤] 美国已经存在比加拿大、瑞典、芬兰、挪威，以及德

---

　　① ［美］米尔顿·弗里德曼、罗丝·弗里德曼著：《自由选择》，第 141 页。

　　② ［美］史蒂芬·列维特、史蒂芬·都伯纳著，刘祥亚译：《魔鬼经济学》，广东经济出版社2007年版，第 150—151 页。

　　③ ［英］理查德·威尔金森、凯特·皮克特：《不平等的痛苦：收入差距如何导致社会问题》，第131 页。

　　④ Michelle Alexander, *The New Jim Crow: Mass Incarceration in the Age of Colorblindness*, New York and London: The New Press, 2010, p.6, 8, 59, 92.

　　⑤ ［美］雅各布·哈克、保罗·皮尔森著，陈方仁译：《赢者通吃的政治》，上海人民出版社2015年版，第 17 页。

国低得多的代际流动。[①] 因此可以戏谑地说："美国梦"需要去瑞典、挪威等国家实现。这意味着美国的经济分化开始固化，开始影响下一代美国人。值得一提的是，尽管弗里德曼强烈攻击罗斯福新政和政府干预，事实上，得益于新政提供的就业岗位，弗里德曼才有机会找到一份研究工作。他在美国国家经济研究局、美国财政部等机构开始了其经济学研究生涯。尽管那时候他的研究还没有任何明显的意识形态倾向，而更像一个统计专家。[②]

七 政府是否应该颁布行医资格执照？

胡万林原名叫胡震杰，他行走江湖，成为不少人敬仰的"神医"。1999年1月，胡万林以涉嫌非法行医罪被河南商丘警方逮捕。2000年9月，商丘市中级人民法院以"非法行医罪"判处胡万林有期徒刑15年。胡万林刑满出狱后，重操旧业，再次卷入一起"非法行医"命案。一名22岁大学生在饮用胡万林开出的芒硝类"药物"后死亡。那么，政府是否应该颁布行医资格执照，避免悲剧的重演？

在弗里德曼看来，政府不应该管制人们的择业自由。"推翻中世纪的行会制度是西方世界兴起不可缺少的一步"，在19世纪中期的美国与欧洲，人们无须获得政府颁发的执照就能做买卖或从事某一职业。有人或许会宣称颁发从业资格执照是为公众利益，但弗里德曼认为事实并非如此。现实情况往往是，该行业的成员给政府施压，颁发执照，进而建立行业进入壁垒，保障自身的垄断收益。在弗里德曼看来，这样做就让现代经济倒退回

---

① Emily Beller and Michael Hout，"Intergenerational Social Mobility：The United States in Comparative Perspective，"*Future of Children*，2006，Vo.16，No.2，pp.19-36.

② ［美］安格斯·伯金：《伟大的说服——哈耶克、弗里德曼与重塑大萧条之后的自由市场》，第211—212页。

了中世纪的行会制度。在很多时候，颁发执照规定的条款和申请人的专业资质无关。比如在 20 世纪 50 年代的美国，获得药剂师的从业资格执照要求他不能是一名共产党员。因此，弗里德曼认为，颁发职业执照是国家干预的体现，侵犯了个人自主选择职业的自由。就医生而言，美国医学学会是美国一个大的利益集团。这一利益集团限制这一领域的从业人数，继而限制了提供医疗服务的数量，抬高了价格。美国医学学会把医疗业务局限在一小部分人手中，也限制了医学实验的数量，从而使得这个领域的知识增长速度更为缓慢。此外，这一规定还增大了患者在遭遇医疗事故时，向医生索取赔偿的困难程度，也使医疗质量下降，因为鉴定医疗事故的证词往往来自医学学会的成员，要让一个医生提供不利于他同行的证词是非常不容易的。因此，弗里德曼认为每个人都可以自由行医，不受任何限制。

有人或许会问，没有职业执照，如果消费者受到欺骗该怎么办？弗里德曼的回答也是基于人是理性的假定。人是理性的，他们可以做出有效的选择。如果有人患了感冒，他可以自由选择医生为他诊治，既可以选择要价比较便宜的医生，也可以选择费用更高的医生。无论这位医生是否有职业执照来从事这份工作。病人可以通过私人的评级服务，如好管家（Good Housekeeping）等来查看他们需要的医生信息。① 正如弗里德曼《自由选择》的书名一样，他坚持人有选择的自由。

2004 年夏，飓风"查理"在美国佛罗里达州过境，夺走了 22 人的生命，造成 110 亿美元的经济损失。在奥兰多的一家加油站，原本两美元的冰袋卖到了 10 美元。时值盛夏，由于飓风造成大面积停电，当地居民不能使用冰箱与空调。人们别无选择，只好高价去购买冰块。在平时，商店里的小型家用发电机的价格为 250 美元，停电期间却涨到了 2000 美元。一位 77 岁的老妇人在飓风中幸免于难，她和她的丈夫以及女儿住进了一家汽车旅馆。这家人被要求每晚支付 160 美元的房价。正常情况下，这家汽车旅馆的房价只需要 40 美元。飓风过后，一家旅馆因索价过高，被处以 7 万美元的罚款和赔偿。佛罗里达州总检察长查理·克里斯特（Charlie

① ［美］米尔顿·弗里德曼：《资本主义与自由》，第 148—172 页。

Christ）指出：在紧急关头，当人们忙于逃命，当人们在飓风过后寻找基本日用品而被索要高价时，政府不能袖手旁观。那么，政府是否应该对价格加以规范呢？如果让弗里德曼及其追随者来回答这一问题，他们的回答肯定是否定的。

自由主义者假定人是理性的，他们认为：不需要政府颁布行医资格证，不需要政府强制征收养老保险金。遵循同样的逻辑，即便企业趁飓风来临索要高价，政府也不需要对价格进行管制。

经济学家托马斯·索维尔（Thomas Sowell）撰文指出，"价格欺诈"是在感情上强有力但在经济上是毫无意义的表达。当价格明显高于往常的时候，人们指责这是价格欺诈，但这是市场（在飓风来袭的情况下）产生的"特殊"或者说是"公平"的价格。杰夫·雅各比（Jeff Jacoby）也指出：价格暴涨尽管让人恼怒，但是，让市场自主运行，带来的好处远远超过了它的危害，因为价格上涨为供应商提供了刺激，促使他们生产更多的产品以应对危机。谴责商贩并不能加快佛罗里达州重建的步伐。[1]事实上，弗里德曼及其芝加哥大学的同事乔治·斯蒂格勒对此类问题展开过讨论。他们对比分析了 1906 年和 1946 年两次发生在美国旧金山的大地震，研究显示：1906 年地震后，旧金山房租的上涨不仅使得住房资源得到了有效配置，还为建造新房屋提供了极大的刺激。旧金山住房短缺现象很快就恢复正常。而 1946 年以后，由于政府规定提高租金是非法的，结果房东宁愿自己居住也不愿意将房屋出租。租金上限的规定导致住房供给不足，住房短缺问题迟迟得不到解决。[2]

弗里德曼等人代表的新自由主义政治经济学秉承古典自由主义的传统，强调个人在市场上的选择权，反对政府对个人选择与市场机制的干预。从以下几个案例可以看出，他们的理念是一以贯之的。

---

① 关于飓风"查理"后的价格争议这一则案例及其辩论，参见迈克尔·桑德尔《公正：该如何做是好？》，第 3—5 页。

② ［美］米尔顿·弗里德曼、乔治·斯蒂格勒：《是屋顶还是天花板——当前的住房问题》，载詹姆斯·多蒂、德威特·李编著，林季红等译《市场经济大师们的思考》，江苏人民出版社 2000 年版，第 203—218 页。

1636—1637 年，荷兰的郁金香泡沫逐渐破灭。[1]在郁金香泡沫期间，有人为购买一株郁金香而一掷千金。当时甚至还出现过一个高级品种的郁金香球根换来一座宅邸的纪录。但是，当郁金香泡沫破灭的时候，不少人变得身无分文、债务累累、倾家荡产。荷兰各大城市陷入混乱。那么，我们是否应该禁止这样的经济泡沫，尤其要禁止人们非理性地买卖？

1919 年 1 月，美国内布拉斯加州的参议员投票表决，以 31 票赞成，1 票反对，通过了美国宪法第 18 号修正案——禁酒法案。内布拉斯加的投票使得支持该法案的州超过了三分之二的多数，该宪法修正案得以通过。根据这项法律规定，1920 年 1 月 16 日午夜开始，凡是制造、售卖乃至于运输酒精饮料皆属违法。[2]那么，成年人是否可以自由地饮酒，并可以制造、售卖酒精饮料呢？

2002 年，印度将商业代孕合法化，期望借此吸引外国顾客。位于印度西部的城市亚兰德很快就成为有偿代孕中心。这座城市有超过 50 名妇女，为那些来自英美及其他地方的夫妇代孕。那里还有诊所，为代孕母亲提供集体住房，并配备了仆人、厨师和医生以看护这些代孕母亲。苏曼·多蒂雅（Suman Dodia）以前是一名女仆，她每个月的收入是 25 美元，通过给一对英国夫妇做代孕妈妈，多蒂雅可以赚 4500 美元到 7500 美元，超过她 15 年的收入。而那些去亚兰德的顾客，大约需要支付 2.5 万美元的开销，大概是在美国代孕费用总开销的三分之一。[3]那么，多蒂雅的父母或者政府是否应该禁止多蒂雅去涉足代孕行业呢？

2014 年，美国科罗拉多州成为允许买卖大麻的州，购买大麻的民众排起了长队。大麻、鸦片等毒品是否可以自由买卖呢？有人会立场鲜明地反对毒品自由买卖。他们认为毒品有害健康，会让人上瘾，让人在吸食之后产生精神依赖。100 多年前，在《论自由》第五章里，密尔提及了鸦片贸

①　David Sarna, *History of Greed: Financial Fraud from Tulip Mania to Bernie Madoff*, Hoboken: John Wiley & Sons, 2010, p.23.

②　Thomas Pinney, *A History of Wine in America: From Prohibition to the Present*, Berkeley: University of California Press, p.1.

③　［美］迈克尔·桑德尔:《公正:该如何做是好?》，第 116 页。

易。密尔反对禁运鸦片，理由是政府干涉贸易就是干涉自由，"有一些干涉贸易的问题在本质上就是自由问题"，"这类干涉可以反对之处，不在它们侵犯了生产者或销售者的自由，而在它们侵犯了购买者的自由"。①在这些问题上，新自由主义政治经济学的立场和古典自由主义者保持一致。

自由主义政治经济学会宣称：上述案例，政府都不应该管制。这是因为自由主义政治经济学强调人做政治经济决策的时候，是"理性的"，他们有能力寻找最能满足他们需要与欲望的最有效途径。理性的人可以自己做决定，也有自主性，可以自己管理好自己。由于人是理性的，他知道什么时候去投资房产，什么时候去投资稀有花卉。那么，如果有人不幸在1637年，也就是郁金香泡沫破灭的前夜斥巨资购入大量的郁金香，自由主义政治经济学者会宣称：个人也需要自己承担自身行为的后果。自由市场会将不理性的投资者逐出市场，保持市场效率。"自由企业制度本来就是一种有赚有赔的制度。"②自由主义政治经济学家也会支持多蒂雅做出自己的选择，成为代孕妈妈，从而获得一笔不菲的代孕费用。比起做女佣赚取微薄的收入，多蒂雅有自由做出自己的选择，她自己清楚地知道她在做什么。什么是自己喜欢的事情，什么是自己厌恶的事情。自由主义政治经济学家也会反对禁酒令，甚至反对禁止大麻自由买卖，因为，基于个人是理性的这一假定，自由主义者认为个人会求乐避苦，如果消费酒精与大麻让他们感到愉悦，又不妨害他人，他们就有权利自己做选择。

弗里德曼指出有四种花钱办事的模式：一是花自己的钱给自己办事；二是花自己的钱给别人办事；三是花别人的钱给自己办事；四是花别人的钱给别人办事。③自由主义者会认为第一种模式是最有效率的，因为花自己的钱给自己办事，自己最清楚自己想要什么，自己也愿意寻找最经济的办法来把这件事办好。如果政府过多地卷入经济活动，不仅干涉了个人自由，而且常常导致经济效率的损失。我们常常抱怨"三拍"干部，即拍脑袋决策，拍胸脯保证，然后拍屁股走人。在自由主义者看来，由于政府干预经

---

① ［英］约翰·密尔著，许宝骙译：《论自由》，商务印书馆1999年版，第114页。
② ［美］米尔顿·弗里德曼、罗丝·弗里德曼：《自由选择》，第45页。
③ ［美］米尔顿·弗里德曼、罗丝·弗里德曼：《自由选择》，第109—110页。

济是花纳税人的钱，因此，他们缺乏动力去寻找经济有效的办法。一般而言，政府干预的项目有不少是领导人的拍脑袋决策，缺乏事前严格的论证；同时，他们还拍胸脯保证该项目不仅可行，还可以盈利；但是如果项目上马后一旦陷入亏损，他们就拍屁股走人。与此形成鲜明对照的是，如果项目由个人投资，个人不仅会获得投资的收益，也要承担风险和损失。在这种情况下，就没有哪个投资者能像政府决策者这样逍遥自在了。自由主义政治经济学者认为，政府和市场属于相对独立的两个领域，政府只需要为私人提供安全保障，剩下的事情由个人来完成。管得最少的政府是最好的政府。同样的逻辑，弗里德曼等人也反对政府实施最低工资，反对政府对农产品实施补贴，乃至反对政府改造贫民窟。弗里德曼的很多政策建议都成为美国共和党政策的核心内容。里根总统的经济顾问回忆：每次和弗里德曼交谈时，总统的眼里总是闪烁着快乐的光芒。[①]此外，弗里德曼在其工作中彻底贯彻了冷战的二元思维。如果说纯粹的共产主义就是政府全面取代市场，那么它完美的对立面就是自由市场完全不受干扰。[②]

　　无论是以斯密等人为代表的古典自由主义政治经济学，还是以哈耶克、弗里德曼等人为代表的新自由主义政治经济学，他们都有一些基本的假定，包括人是自利的、理性的（尽管哈耶克认为个人不要无视自身理性的局限，妄图去设计一个全新的社会秩序）；个人是第一位的，社会不过是个人的加总。当被问及"经济是如何运行的？""为何要发展经济？""政府和经济是什么关系？"这三个问题时，他们的回答往往异曲同工。

　　关于第一个问题，经济是如何运行的？自由主义政治经济学的普遍回答是：在自由市场上，自利的个人靠价格信号行事。在这里，经济运行的主体是自利的个人；经济运行的环境是自由市场；经济运行的关键信息是价格信号。关于第二个问题，为何要发展经济？自由主义政治经济学的普遍回答是：提高个人的经济福利。在这里，自由主义政治经济学没有宏大

---

　　① ［美］安格斯·伯金：《伟大的说服——哈耶克、弗里德曼与重塑大萧条之后的自由市场》，第243、269页。

　　② ［美］安格斯·伯金：《伟大的说服——哈耶克、弗里德曼与重塑大萧条之后的自由市场》，第196页。

的"富国强兵"这样的目标，而是将个人的利益放在首位。而且他们大都认为，个人利益实现了，更宏大的利益也能实现，且能更为和谐地实现。

关于第三个问题，政府和经济是什么关系？自由主义政治经济学的普遍回答是：政府与市场二者均是相对独立的领域。在这里，依靠市场的运行往往比政府决策要有效。政府制定好市场规则，保持市场竞争，而不能干预市场运行。管得最少的政府是最好的政府。

第三章　理性选择的政治经济
——奥尔森、布坎南等人的贡献

　　自由主义政治经济学假定人是理性的，他们将这一假定贯穿始终来分析经济问题。不少经济学家和政治学家把这一假定扩展到政治领域，认为选民、政治家、官僚等人的行为都是理性的。这一范式仍是以个人为中心的政治经济学分析范式。在理性选择学者看来，个人做政治经济决策时要进行理性的计算。尽管有的时候人不是在刻意地、悉心地算计自身的利益，但是就像鸟儿不懂空气动力学，它们却能自由飞翔。理性选择的分析模式从经济学领域扩展到政治学领域后，产生了持续的、深远的影响。1996年出版的《政治科学新手册》（*A New Handbook of Political Science*）中，援引频率最高的两本书就是理性选择的代表作：安东尼·唐斯（Anthony Downs）的《民主的经济理论》（*An Economic Theory of Democracy*）以及曼瑟尔·奥尔森（Mancur Olson）的《集体行动的逻辑》（*The Logic of Collective Action*）。[1] 在理性选择看来，竞选、投票乃至革命等政治行为，都是个人理性的选择。但有不少政治学家觉得理性选择的政治经济学不是"正经"的政治经济学，是"经济学帝国主义"的表现，是经济学家运用经济学的分析方法对政治学的"入侵"。接下来我们就来看看，经济学的分析方法如何入侵了政治学。

---

　　① Robert Goodin and Hans-Dieter Klingemann, eds., *A New Handbook of Political Science*, New York: Oxford University Press, 1996, p.32, Appendix 1D.

一 为何美国总统选举投票率呈下降趋势？

　　发达国家的投票率整体上呈下降趋势。就美国总统选举而言，19 世纪 50 年代，美国内战前，总统选举的投票率为 80% 左右；到了 19 世纪末，仍有 70% 左右的选民参加总统选举投票。到 20 世纪末，参与总统选举投票的人数已接近 50%。进入 21 世纪，美国总统选举的投票率又有所上升。但是，长期来看，整体投票率却呈现下降趋势。不仅总统选举如此，美国的中期选举也是如此。美国中期选举的投票率在 19 世纪末 20 世纪初的时候大约为 60%，随后这一数字一路下滑，到 20 世纪八九十年代，已经跌到不足 40%。图 3-1 展示了美国总统选举与中期选举投票率的长期趋势。

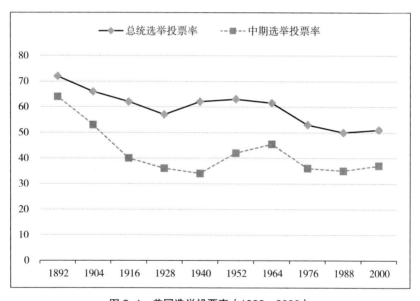

图 3-1　美国选举投票率（1892—2000）

　　数据来源：Benjamin Ginsberg and Theodore Lowi, Margaret Weir and Robert Spitzer, *We the People: An Introduction to American Politics*, New York and London: W. W. Norton & Company, 2011, p.218, Figure. 7.6。

要知道，这一问题并非美国民主政治的特例。在英国、德国、日本以及印度等国家，投票率呈下降趋势这一问题同样存在。简单讲，就是各国的选民不愿意去投票了。为什么会出现这样的状况？安东尼·唐斯的《民主的经济理论》运用理性选择的视角进行了分析：人们的投票行为和去超市购物一样，都是一项消费活动。因为无论去购物还是去投票，都要花费时间，"既然时间是稀缺的资源，投票自然需要成本"。[①] 此时，选民就会开始理性计算，如果投票的收益比去投票的成本低，那么他们将不会去投票。

选民有哪些成本呢？如果去投票，选民需要去投票站，这需要花费时间，需要支付交通费用。此外，选民还需要了解候选人的相关信息，这同样需要花费时间和精力。面对诸多的候选人，选民对他们的情况，包括政治倾向不够了解，常常不知道把票投给哪位候选人好。要知道，仅凭候选人向公众与媒体提供的信息，选民所了解到的情况是有偏差的。如果理性地进行一番计算，要去投票的选民就会发现：要了解候选人的信息，他要付出很高的代价，而获得的收益却很少。

选民需要评估参与投票所获得的收益。第一种情况就是，如果存在两个候选人，选民需要鉴别两位候选人是否存在差异。如果二者相差无几，选民可能不会去投票，因为哪位候选人当选都一样。事实上，理性的政治家为了赢得选举，可能会将自己的政治主张进行非常类似的包装，最后，选民会发现：候选人之间的政策纲领相差无几。如图3-2所示，横轴的左端表明政策主张偏左，右端表明政策主张偏右。在多数决的选举下，极左或者极右的政策难以吸引中间选民，而中间选民对候选人而言意义非凡，因为争取到他们就能赢得选举。在（a）的情况下，如果民主党的候选人的政策纲领比较激进（D1），而共和党候选人的政策主张比较温和（R1），那么民主党的候选人会丧失大量的中间选票，导致其在选举中落败。

---

① ［美］安东尼·唐斯著，姚洋等译：《民主的经济理论》，上海人民出版社2005年版，第241页。

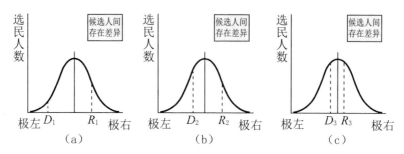

图 3-2 中间选民与两党政策纲领调整

在（b）的情况下，民主党候选人会修订自己激进的政策主张，将它向中间选民靠拢（D2），这样的政策主张更为温和，比共和党的政策主张（R2）更能吸引中间选民的选票。在这样的情形下，民主党的候选人有望赢得选举。两党候选人为了争夺中间选民，纷纷修订自身的激进主张，尽量向中间选民靠拢。这样一来，会导致两党的竞选纲领越来越接近，政策主张千人一面，从而出现了（c）情况。这就是中间选民定理（median voter theorem）：在多数决的情况下，政治家为了赢得选举，会调整自身的政策纲领，以接近中间选民的偏好。如此，候选人之间的差异变得越来越小。选民会觉得他们相差无几，选谁都一样，选不选都一样，因此很多选民不会去投票。

当然，现实情况可能远远不像"中间选民定理"描述得那样简单。理性选择理论会忽略选民对候选人形象的关注，对候选人兑现其竞选承诺能力的评估等因素。而且，这一模型假定候选人之间的政策竞争只有一个维度。事实上，政策竞争往往有多个维度。[①] 竞选议题既包括收入分配，也包括就业、教育、移民、对外政策等。候选人可能通过一系列的政策组合，在某些问题上偏左，在另一些问题上偏右；在有些问题上采取激进立场，而在另一些问题上采取保守态度来吸引不同层次的选民，而不是走中间路线。

---

① ［美］唐纳德·格林、伊恩·夏皮罗著，徐湘林、袁瑞军译：《理性选择理论的病变：政治学应用批判》，广西师范大学出版社 2004 年版，第 209—215 页。

　　此外，选民偏好可能不像"中间选民定理"这样呈现"正态分布"。尤其是当一个国家的收入分配状况恶化，社会分化严重时，选民偏好的分布可能呈现"哑铃形"而非"橄榄形"。

　　由于严重的贫富分化，二战后的巴西被分成了两个泾渭分明的群体。有学者把巴西称为 Bel-India，这个构造出来的英文词汇展示出巴西是一个综合体，它既有比利时的富裕，也存在印度那样的极端贫困。[①] 因此，人们才说有"两个巴西"。一个是富人的巴西，它是由百万富翁、专业人士、农场主、公务员以及熟练工人组成的。这些人生活无忧，对巴西的前途充满信心，他们紧跟巴西现代化的步伐前进。另一个则是穷人的巴西，三分之二的巴西人属于这个群体，这些人目不识丁。在农村的巴西贫民过着自给自足的生活，仅能维持生计；在城市的巴西贫民则被失业、犯罪等问题所困扰。[②] 巴西社会严重的贫富分化将巴西的政治简化成了"贫富的政治"。20 世纪 60 年代巴西军政府上台以前，巴西左翼势力和右翼势力斗争不断，陷入白热化。城市贫民、农村无地农民、大学生和知识分子、天主教会中的自由派构成了巴西的左翼势力。这些人群严厉批评政府，他们认为政府优待商人，罔顾大多数人的贫困；他们也批评政府与美国关系太紧密，对跨国公司太友善。[③] 他们强烈要求重新分配社会财富，建立一个更加平等的社会。

　　各个国家对贫富分化处理方式的不同，政治议题的分化程度也会有所差别。在巴西，穷人与富人之间的敌对和仇视状况十分明显。巴西严重的贫富分化导致政治议题极端化。穷人希望撼动现有产权、重新分配财富；而富人希望维系现有产权，保护既得利益。贫富分化越大，双方的争夺也就越激烈，政治竞争中出现极端议题的可能性也就越大。这种贫富分化的经济社会结构给政治家提供了不同的机会。理性的政治家需要争取政治支

---

　　① Tobias Hecht, *At Home in the Street: Street Children of Northeast Brazil*, New York: Cambridge University Press, 1998, p.215.

　　② Gary Wynia, *The Politics of Latin American Development*, New York: Cambridge University Press, 1990, p.217.

　　③ Teresa Meade, *A Brief History of Brazil*, New York: Facts on File, 2010, p.156.

持以获得并维系权力。但在分化的社会，寻求支持的行动往往只能走一个极端，而难以找到中间路线。政治家要么寻求穷人的支持，要么寻求富人的支持，而不能像"中间选民定理"那样寻求中间路线。在这种情况下，选民是否有必要去投票呢？

在理性选择的模型里，选民还要评估他所中意的候选人是否注定会赢或者注定会输。如果他所中意的候选人注定会赢，那么他的投票是没有意义的，是浪费时间和金钱的，选民就不会去投票。如果他所中意的候选人注定会输，也是同样道理，他不会浪费时间和精力去为注定会失败的候选人投票。因此，无论自己喜欢的候选人注定会赢或者注定会输，选民都不会去投票。

投票人会评估自己的一票对选举结果的影响。那么，他这一票的重要性究竟有多大呢？这取决于两个因素。第一是选举的人数，人数越少，他这一票就越重要。在 5 个人的委员会投票和在 5000 人乃至 5 万人的群体里投票，个人投票的重要性大相径庭。当选民预计其他人都会去投票的时候，"他自己投票的价值就很小，一个很低的投票成本也不会超过它。这样想的人越多，总的投票数也就越少"。① 第二个因素是候选人预计得票差异的大小。两个候选人越是相持不下，选民的那一票可能就越重要。因此，有些时候，选民会是起"决定性"作用的投票者，他那一票对选举胜负有着重要影响。如果选民觉得自己是"决定性"投票者，他就更可能去投票。不过，唐斯的批评者指出：在全国性的大选中，成为决定性投票者的概率非常小，可能比在去投票路上发生车祸的概率都小。②

许多选民认为付出很大的代价去了解候选人是不划算的，耗费了成本却没有相应的收益。他们也就不去了解候选人，他们会选择漠视自己的民主权利，不去参与投票。如果说这是"无知"，那么理性选择会称这样的行为是理性的无知（rational ignorance）。美国选民"理性的无知"达到了令人惊讶的地步：只有 39% 的美国人能说出他所在州两位参议员的名

---

① ［美］安东尼·唐斯：《民主的经济理论》，第 243 页。
② ［美］唐纳德·格林、伊恩·夏皮罗：《理性选择理论的病变：政治学应用批判》，第 85 页。

字；只有 34% 的美国人能说出美国国务卿是谁；只有 8% 的美国人能说出美国最高法院首席大法官的名字。[1] 大多数美国人根本不知道，没有一个共和党参议员给医疗改革投赞成票。[2] 如果他们知道，如果他们还去投票，那些参议员还能指望连选连任吗？《脱离中心：共和党革命以及腐蚀的美国民主》指出：1980 年，有 38% 的民众认为苏联是北约的成员国。2000 年，只有 55% 的美国民众知道共和党占据美国众议院的多数。有超过一半的美国人认为美国的对外援助排在美国联邦预算支出的前两位。而实际上，对外援助还不到预算支出的 1%。如果这样的无知是无关紧要的，那么，在 2001 年通过的巨额减税方案实施两年后，仍有一半以上的美国人竟想不起税收曾经有任何减少。[3] 因此，理性的选民对投票并不积极。"民主选举中有权投票的选民经常放弃这一权利。事实上，一些选民从不参加投票，在某些选举中，弃权者在数量上甚至超过了投票者。"[4]

唐斯还指出，一个理性的选民甚至会投票给一个并非自己最拥护的政党。这也是理性的行为，因为这是两害相权取其轻。如果选民最中意的政党完全没有获胜的希望，为了避免最坏的情况出现——他最不喜欢的政党上台，那么他会投票给其他的、他比较喜欢且有获胜希望的政党，以避免他最不喜欢的政党上台。[5]

在现实政治生活中，唐斯常常面临质疑。2012 年日本大选，其投票率为 59.3%，创二战结束以来新低。尽管投票率很低，但是我们需要回答为什么还有近六成的人在投票。2000 年，美国的投票率跌破了 50%，只有 49% 的选民去投票？如果选民是如此理性的，为什么还有 49% 的选民选择去投票。如果人人都如此理性，大家应该都不去投票才对。唐斯的理论有助于我们去解释为何有一半的选民没有去投票？但却无助于我们去理解为何

---

① 　Robert Erikson and Kent Tedin, *American Public Opinion*, New York：Longman，2001，p. 55.

② 　[美] 雅各布·哈克、保罗·皮尔森：《赢者通吃的政治》，第 100、133 页。

③ 　Jacob Hacker and Paul Pierson, *Off Center：The Republican Revolution and the Erosion of American Democracy*, New Haven and London：Yale University Press，2005，p. 164.

④ 　[美] 安东尼·唐斯：《民主的经济理论》，第 237 页。

⑤ 　[美] 安东尼·唐斯：《民主的经济理论》，第 43 页。

还有一半的选民去投票了。[①]

为了挽救他的理论，唐斯指出："在一个民主制度中，参加选举是游戏规则之一，没有它民主制度就无法运转。"[②] 如果大家都不去投票，民主制度就会崩溃，选民为了避免民主崩溃，就会去投票。[③] 即便对这些选民而言，候选人没有差异；即便投票人数太多，他们的一票改变不了选举的结果；即便投票有成本，他们还是要去投票，因为他们从中获得了虚拟的收益，"投票的收益之一，来自每个选民的下述认识：除非许多人参加投票，否则民主制度不可能运转"。[④] 但是，问题在于，如果选民都是理性的，他们会清楚地知道，仅凭他自己的一票是避免不了民主崩溃的。唐斯对其模型的修正与理性选择的基本假定相抵牾，因为如果维护民主制度是公共品，对任何一个投票者而言，其贡献都是微乎其微的。为何一个理性的选民自己不待在家中，让其他人去挽救民主制度？[⑤] 如果把选民对民主的责任感加入唐斯的模型，那么，选民就不是自始至终按理性的行为行事，理性选择模型的基石就坍塌了。

二　为什么美国的债务居高不下？

2013年6月，在希腊首都雅典，人们聚集在国家广播电视公司总部大楼前，抗议政府以应对债务危机为由关闭该公司的决定。2014年3月，希腊当局宣布将部分地标建筑纳入私有化项目，以此来缓解巨大的债务压力。希腊政府此举招致希腊民众的强烈不满，市民在雅典市中心游行示威，批

---

① ［美］唐纳德·格林、伊恩·夏皮罗：《理性选择理论的病变：政治学应用批判》，第100页。
② ［美］安东尼·唐斯：《民主的经济理论》，第245页。
③ ［美］安东尼·唐斯：《民主的经济理论》，第238页。
④ ［美］安东尼·唐斯：《民主的经济理论》，第249页。
⑤ ［美］唐纳德·格林、伊恩·夏皮罗：《理性选择理论的病变：政治学应用批判》，第69页。

评政府卖掉这些关键地标是希腊的国耻。

不仅希腊，世界第一经济大国美国也遭遇了严重的债务危机。19 世纪时，美国的国家债务占 GDP 的比重，最低时不到 10%，最高时也不到 40%。根据全球经济指标网站（www. tradingeconomics.com）公布的数据，美国联邦净债务（Gross Federal Debt）占 GDP 的比重在 2010 年时已达到美国 GDP 的 100%；到了 2017 年，这一数字增至 105.4%。[①]

美国的债务问题并不是特例，其他发达国家同样遭遇了严重的国家债务膨胀。如表 3-1 所示，主要资本主义国家债务占 GDP 的比重也呈逐年上升趋势。除了英国的情况有所缓解，其他国家债务问题都在恶化，其中意大利与日本的状况尤其严重。日本政府的债务，1966 年时占 GDP 的比重仅为 0.2%，到 1994 年上升至 74.8%，2004 年又猛增至 153.4%。[②]

表 3-1　主要资本主义国家债务占 GDP 比重（%）

年份 \ 国家	加拿大	德国	法国	英国	意大利	日本	美国
1977	45.0	26.7	29.1	68.2	61.2	34.9	46.9
1980	45.5	31.1	30.1	56.0	63.2	55.0	45.3
1985	66.9	40.8	38.0	50.1	88.9	72.1	58.9
1990	74.5	41.5	39.4	33.0	112.5	68.6	66.6
1995	100.8	57.1	63.9	57.2	133.5	87.1	74.2
2000	81.8	60.9	66.2	45.9	124.5	134.1	58.2
2006	64.8	69.1	77.4	46.5	119.3	175.4	66.8

资料来源：R. Glenn Hubbard and Takatoshi Ito, "Overview of the Japanese Deficit Question," in Keimei Kaizuka and Anne O. Krueger, eds., *Tackling Japan' Fiscal Challenges: Strategies to Cope with High Public Debt and Population Aging*, New York: Palgrave Macmillan, 2006, p.3, Table.1.1。

如此严重的国家债务是如何产生的？公共选择学派重要代表人物詹姆

---

① 参见：https://tradingeconomics.com/united-states/government-debt-to-gdp。

② Naoyuki Yoshino, "Comments by Naoyuki Yoshino," in Keimei Kaizuka and Anne O. Krueger, eds., *Tackling Japan' Fiscal Challenge: Strategies to Cope with High Public Debt and Population Aging*, New York: Palgrave Macmillan, 2006, p.28, table.2.1.

斯·布坎南（James Buchanan）的回答，正如其著作的名字《赤字中的民主》（*Democracy in Deficit*）——居高不下的财政赤字是政治家在民主制度下的理性选择。在民主制度下，如果你是一位面临巨额债务负担的政治家，你应该做怎样的选择呢？传统智慧是政治家需要"开源节流"。一种办法是增加税收来弥补财政赤字，偿还债务，这是"开源"；另一种办法就是减少开支，管好政府的钱袋，这是"节流"。政府花钱少了，政府的赤字就会相应减少，进而缓解政府债务上升的压力。但是这两种办法对理性的政治家而言都是不可取的。

道理很简单，我们先来看"开源"可能给政治家带来的损害。如果政治家选择增加税收，那么他会损害部分选民的利益。选民无论是穷人还是富人，都不喜欢增税。如果增加对穷人的税收，而穷人又是选民的多数，下次选举，这位向穷人征税的政治家就难以获得多数人的支持。政治家选择对富人增税，同样面临政治风险，因为竞选活动需要资金，政治家往往需要向富人，也就是他的"金主"们筹集资金。如果增加对富人的税收，那他从富人那里筹款的可能性会大大降低。1988 年老布什在竞选演说中信誓旦旦地宣称：如果他入主白宫，就绝不加税。他的名言是：听好了，我绝不加税。（Read my lips, no new taxes!）但在他当选美国总统以后，庞大的政府预算赤字迫使老布什不得不食言，同意增税改革方案。老布什绝不加税的诺言落空了。"我绝不加税"成了被美国选民和老布什对手不断重复的名言。在 1992 年的大选中，民主党利用这一点来抨击老布什，这是导致他谋求连任失败的重要原因之一。

我们再来看"节流"。为了遏制居高不下的政府债务，有一部分政治家选择减少政府开支。问题是，当政府减少支出时，会有不少人受损。如果政治家削减对大学的补贴，大学生将要缴纳更高的学费；如果政治家减少养老金，那么老年人退休后的生活状况会变得更为凄凉；如果政治家削减医疗支出，那么病人将支付更高的诊疗费用。因此，作为选民，没人愿意看到自己的蛋糕被切割。2013 年，巴西政府为控制政府债务，调整了公交车票价格，尽管只提高了不到 0.6 元人民币，但却引发了超过 20 万人上街游行，抗议政府为了"节流"，损害民众利益。这是巴西民主化以后最大规模的游行抗议活动。

在民主制度下，增加税收，会有人受损，不利于政治家连选连任，这一方案被否定了；减少支出，也会有人受损，不利于政治家的政治生存，这一方案也被否定了。相反，即便在政府高债务的情况下，增加支出也是受欢迎的。道理很简单，如果你和你的竞争对手一同竞选，他许诺每个月给每位选民增发 500 元的补贴，你许诺给选民 1000 元。在其他条件相同的情况下，你当选的概率更高。那么，在高额债务的情况下，你从哪里去找资源来兑现你的承诺呢？兑现承诺的一个可靠办法就是继续借债。用借来的新债来还旧债，用借来的债务来收买选民。民主制度有竞选压力，理性的政治家会注意满足民众的短期利益，乐意提供慷慨的津贴、良好的医疗等。所有民主政府的政治家都乐意借钱，因为借钱可以自己花，还钱则是下一任政府的事。而且就算他们自己不借钱，他们的竞争者当选以后也会选择借钱。这样一来，对理性的政治家而言，还不如自己借了钱，让政府负债，反而让竞争者不好接手。理性的政治家借来钱，通过各种途径让选民获益，收买选票，增加当选的可能性。因此，即便在有财政盈余的年份，政治家也未必想着去解决债务问题。在民主制度下，理性的政治家没有政治动力去解决赤字问题、债务问题。这就是布坎南指出"赤字中的民主"的逻辑。民主国家竞选的压力会让他们的财政赤字问题越来越严重，相应的问题就是公共债务积累得越来越多。

三　为何赤道几内亚的居民喝不上洁净的饮用水？

洪都拉斯是一个相当穷的国家，年人均收入只有 4100 美元。然而，90% 的洪都拉斯民众都能喝到清洁的饮用水。赤道几内亚的人均收入高达 37000 美元，是洪都拉斯的 9 倍多。然而只有 44% 的赤道几内亚人能喝上干净的饮用水。^① 这两个国家都属于热带气候，都曾是西班牙的殖民地，而且都是天主教占主导地位的社会。两个国家为何会形成如此巨大的反差呢？

布鲁斯·布鲁诺·德·梅斯奎塔（Bruce Bueno de Mesquita）及其合作者阿拉斯泰尔·史密斯（Alastair Smith）在其合著的《独裁者手册》（*The Dictator's Handbook*）里向人们展示了理性的政治家（统治者）是如何获得权力并保住权力的。洪都拉斯和赤道几内亚的领导人都是理性的，但是他们制定的公共政策及其结果却迥然不同。两位作者认为原因在于赤道几内亚是非民主制度，在这样的制度约束下，领导人的理性选择并非用良好的公共政策去收买政治支持。为什么呢？

所谓"一个好汉三个帮"，所有的领导人都不能仅仅依靠自己一个人就能掌握权力并维持权力。"我们必须停止认为领袖们能独立领导。没有哪个领导人是单枪匹马的。"^② 对领导人而言，有三类人对其维持统治至关重要。第一类是名义选择人集团（nominal selectorate），第二类是实际选择人集团（real selectorate），第三类是致胜联盟（winning coalition）。

"名义选择人集团"是指在选择领导人的时候，有法定发言权的人。在美国总统选举中，所有有资格投票的人都是"名义选择人"。他们是领导人的潜在支持者，同时是可以被替换的。"实际选择人集团"是那些拥有真正发言权、能决定领导人的人。在沙特阿拉伯，实际选择人集团就是那些高级皇室成员，这群人可以选择他们的国王，他们是领导人的重要支持者。国际奥委会总共只有115个委员席位，都有投票权，他们代表世界各地的运动员投票决定未来的奥运会在哪里举办，他们是具有实际决定权的"实际选择人"。同理，国际足联的24个执行委员决定世界杯的举办地，他们也是"实际选择人"。"致胜联盟"是实际选择人集团的一个子集，他们的支持对领导人的政治生存至关重要，他们是领导人不可或缺的支持者。国际奥委会总共只有115个委员席位，重大决定只需要获得58票就可以通过。

---

① ［美］布鲁斯·布鲁诺·德·梅斯奎塔、阿拉斯泰尔·史密斯著，骆伟阳译：《独裁者手册》，江苏文艺出版社2015年版，第173—174页。

② ［美］梅斯奎塔、史密斯：《独裁者手册》，第26页。

也就是说，当一个城市获得其中 58 个委员的支持，就能举办奥运会。这 58 个委员就是竞逐奥运会举办权的致胜联盟。在国际足联的 24 票中，某个城市获得 13 票就能赢得世界杯的举办权，13 个委员就可以形成致胜联盟。如果致胜联盟的人数很多，那这个国家就是我们通常所说的民主国家。洪都拉斯的现任总统胡安·奥兰多·埃尔南德斯（Juan Orlando Hernández）获得了 36.8% 的选民支持，于 2013 年当选总统。反过来如果致胜联盟的人数非常少，那么不管这个国家有没有选举制度，它都是事实上的非民主国家。在赤道几内亚，想要当选，只需照顾好小的核心集团的利益就行。不同国家的制度差异导致理性的领导人会采用不同的政策。

《独裁者手册》的作者提出了 5 项通用的权力规则。[①] 第一，致胜联盟越小越好。联盟人数越少，意味着统治者只需要少数人就能保持权位，少数人构成的致胜联盟使得领导人拥有更多的控制权。因此，洪都拉斯的总统需要讨好更多的人才能当选总统；而沙特阿拉伯的国王只需要笼络几位重要的王室成员就能当选国王。对独裁者而言，当然是致胜联盟越小越好。

第二，"名义选择人"的数量越多越好。名义选择人越多，一旦联盟中有人对统治者不满，统治者就可以轻易替换他。有了被替换的危险，联盟的成员才会对统治者保持忠诚，规规矩矩。从这个意义上看，"朝为田舍郎，暮登天子堂"的意义不仅在于纳贤，还在于皇帝可以通过科举考试替换不忠诚的联盟成员。路易十四在传统贵族集团——"佩剑贵族"之外开辟了新的渠道，允许"穿袍贵族"这样一群新贵进入核心集团。[②] 路易十四这样做，是让"致胜联盟"的人明白，如果不能保持对国王的忠诚，那么他们将会被替换。作者还指出，专制国家也搞选举，就是通过这样的办法，替换有二心的联盟成员。

第三，控制收入。统治者需要通过分配收入来让其支持者发财。利比里亚的塞缪尔·卡尼翁·多伊（Samuel Kanyon Doe）于 1980 年发动军事政变胜利后，成了利比里亚的统治者。他上台后就将其核心支持者军队

---

① ［美］梅斯奎塔、史密斯：《独裁者手册》，第 45 页。
② ［美］梅斯奎塔、史密斯：《独裁者手册》，第 28 页。

的月工资从 85 美元提高到 250 美元。从 1959 年到 1990 年，李光耀一直担任新加坡总理。新加坡的人民行动党控制着新加坡的公屋分配，每到选举的时候，不投票支持人民行动党的街区会被削减公屋的分配数额和维修费用。[①]

第四，回报致胜联盟对你的支持。统治者对致胜联盟的回报一定要给够，但也不要过多给予，因为致胜联盟的成员往往希望成为统治者而不是仅仅希望仰仗统治者。

第五，绝对不要从致胜联盟口袋里往外拿钱给人民。作者指出，理性的独裁者取悦的对象不应该是全体人民，而必须是致胜联盟。饥饿的人民不可能有精力推翻统治者，而致胜联盟如果利益受损，则往往会变节，成为统治者的大麻烦。事实上，1946 年到 2008 年间，威权国家垮台的原因主要来自内部。据统计，统治集团内部发动政变占威权政府垮台总数的 68%，而大众反叛只占到了 11%。[②] 因此，独裁者更应该担心统治集团同盟的成员。在考虑收买谁的时候，普通大众不在路易十四的考虑范围之列，因为他们没有对国王构成直接的威胁。"萨达姆·侯赛因（Saddam Hussein）在人民因经济制裁饱受苦难之时还大建奢华宫殿。联合国为了减轻孩子们受到的影响，为伊拉克提供婴幼儿配方奶粉——然而，萨达姆默许他的党羽进行窃取。这些奶粉被拿到中东各地的市场上出售，为萨达姆带来收入，即便奶粉短缺造成伊拉克婴儿死亡率翻番。"[③] 按作者的逻辑，道理很简单，因为贫穷的民众无法挑战萨达姆的统治，而致胜联盟能。无独有偶，20 世纪 70 年代，埃塞俄比亚遭遇干旱和饥荒，当其他国家试图援助埃塞俄比亚的时候，他们的皇帝海尔·塞拉西一世（Haile Selassie I）却向援助者索要钱财。作者认为，这位皇帝之所以能长期执政，因为他懂得"首先喂饱他的支持者，再喂饱自己；饱受饥荒之苦的人民只能翘首

---

①　［美］梅斯奎塔、史密斯：《独裁者手册》，第 117—118 页。

②　Milan Svolik，*The Politics of Authoritarian Rule*，New York：Cambridge University Press，2012，p.5，Figure.1.1.

③　［美］梅斯奎塔、史密斯：《独裁者手册》，第 169 页。

以盼"。[1]

在作者看来，这些都是成功的独裁者，但是也有不成功的，比如古罗马的恺撒。恺撒是一位改革家，他将土地分给退伍的士兵，取消保税制，并将穷人的债务减免了 25%。这些措施受到了民众的欢迎，但却损害了显贵的利益。保税制和放债是罗马显贵搜刮钱财的重要来源，恺撒的改革切断了其核心支持者的财路。因此，恺撒的核心支持者才要谋划除掉他。作者认为恺撒的错误在于他损害了"致胜联盟"的利益去改善民众的生活，因而丧失了其核心支持者的忠诚。[2] 从这一逻辑出发，作者回答了人们的疑问：为何一些一心为民的领导人会倒台，而那些腐败透顶的独裁者却常常可以安安稳稳地统治几十年。

现在，我们就不难理解为何洪都拉斯的居民能喝上洁净的饮用水而赤道几内亚的居民则不能。洪都拉斯是民主国家，其统治者要保持权力，就必须满足一个较大的致胜联盟；而赤道几内亚是非民主国家，统治者只需要满足较小致胜联盟的利益就能获得权力并维持统治。小型的致胜联盟助长了稳定、腐败、以私人物品为导向的体制。[3] 不仅国家如此，公司、社会团体也如此。

由于国际奥委会总共只有 115 个委员席位，重大决定只需要获得 58 票就能通过，这意味着只要收买少数委员就能左右投票结果。新闻媒体不断曝光，奥委会委员在决定奥运会举办城市前的确有收受贿赂的行为。国际奥委会委员每一票的价码大概在 10 万至 20 万美元。国际足联更糟糕，人们很难理解卡塔尔为何能击败澳大利亚、日本、韩国和美国获得 2022 年世界杯的主办权。作者认为，因为国际足联委员收受了大笔贿赂，世界杯的主办权才交给了卡塔尔。其中一位叫阿莫斯·阿达姆（Amos Adamu）的委员索贿 80 万美元，被媒体曝光。[4] 事实上，国际足联的腐败丑闻不断涌现。2015 年 6 月 3 日，国际足联主席约瑟夫·布拉特（Joseph Blatter）

---

[1] ［美］梅斯奎塔、史密斯：《独裁者手册》，第 235 页。

[2] ［美］梅斯奎塔、史密斯：《独裁者手册》，第 220—221 页。

[3] ［美］梅斯奎塔、史密斯：《独裁者手册》，第 39 页。

[4] ［美］梅斯奎塔、史密斯：《独裁者手册》，第 211—214 页。

宣布辞职，讽刺的是，他刚于 2015 年 5 月 29 日连任国际足联主席。布拉特于 1998 年当选国际足联主席，并于 2002 年、2007 年、2011 年以及 2015 年连任，其新一任的任期原本应该在 2019 年结束。同时，深陷腐败丑闻的国际足联多名官员因涉嫌贪腐而被捕。

　　不仅专制国家、社会团体遵循这一逻辑，民主国家也同样符合这一逻辑。美国加州贝尔市人口不足 4 万，年人均收入在 1 万到 2.5 万美元。1993 年，其市政经理罗伯特·里佐（Robert Rizzo）上台的时候，他的年薪是 7 万多美元；当 2010 年他被迫下台的时候，他的年薪竟高达 80 万美元。要知道，美国总统的年薪才 40 万美元，加州州长的年薪只有 20 多万美元；与贝尔市邻近的洛杉矶市长的年薪也是 20 万美元。贝尔市 5 名议员中的 4 位，除了拿正常的年薪，每年会额外拿到 10 万美元，这是里佐回报其核心支持者的办法。里佐在台上总共待了 17 年。梅斯奎塔等人认为民主国家领导人与非民主国家领导人并无本质区别：只要是领导人，就必须优先保证自己铁杆支持者的利益。因为致胜联盟人数太多，民主国家领导人往往难以直接用钱收买联盟，他们通行的做法是给政策。民主党针对富人征税，改善穷人福利；共和党减少对富人征税，削减穷人福利，二者都是在讨好自己的核心支持者。共和党人对癌症、阿尔兹海默症（Alzheimer's disease）等老年病的医学研究提供支持，因为共和党的核心支持者是更为富有的群体，活得更久，更容易患上这些老年病。[1]非民主体制收买少数人，民主体制收买多数人，其本质都是理性的政治家在"收买"支持者。

　　从这一逻辑出发，《独裁者手册》的作者也解释了为何作为民主国家的美国要去推翻另一些民主的国家。1965 年，美国进攻民主的多米尼加共和国，推翻其领导人；20 世纪 70 年代，美国政府支持推翻智利民选总统萨尔瓦多·阿连德（Salvador Allende）。在作者看来，美国政府的逻辑是，"向民主国家收买政策的代价太高，因为很多不喜欢这项政策的人需要获得补偿"。[2]在民主国家，美国要转变其政策，需要收买的致胜联盟人数太多，

――――――――――――――――――――

①　［美］梅斯奎塔、史密斯：《独裁者手册》，第 200 页。
②　［美］梅斯奎塔、史密斯：《独裁者手册》，第 244 页。

成本太高。把民主国家领导人替换成独裁者，比如把阿连德替换为奥古斯托·皮诺切特（Augusto Pinochet），事情就好办了很多。在独裁国家，美国政府只需要收买较小的致胜联盟就能达成目的。这是理性选择的政治，"统治者自私的算计和行为是所有政治的推动力"。[①]

　　值得注意的是，《独裁者手册》中的独裁者，都按照书中的建议如此"理性"地行事，在短期内获得了权力与利益，但是大都结局悲凉。1974年，埃塞俄比亚发生政变，国王海尔·塞拉西一世在宫中被军队逮捕，随即宣布退位。一年后，他在拘禁中去世。利比里亚的塞缪尔·多伊的统治激起了内战，1990年在和反对派武装的交火中被捕，遭受酷刑后被处决，时年39岁。伊拉克的萨达姆·侯赛因政权于2003年被美国推翻，他的两个儿子被美军击毙。同年，萨达姆被美军抓获，3年后，69岁的萨达姆在巴格达被处以绞刑。2014年，美国洛杉矶法院裁定，贝尔市前市政经理罗伯特·里佐在管理城市期间非法敛财，判处其12年监禁并责令偿还880万美元。

　　1712年，清军入关多年，在奠定其统治基础后，康熙帝宣布将丁银税额固定，不再增收，将现行钱粮册内有名丁数作为定额，不再增减。这就是著名的"永不加赋"。如果统治者相信自己会长远统治，他会做长远的打算，不仅照顾"致胜联盟"这样的核心集团，也会照顾普通民众的利益，因为民众得益，进而实现经济发展是其持久收入的来源。照顾民众的利益，统治者不仅在经济上得益，在政治上也是如此。因为除了核心集团中会出现反对者，普通民众里面也会出现。统治者不仅被政变所侵扰，也会被起义所困扰。民众中出现反抗领袖，能组织起集体行动的时候，对统治者的挑战更为直接和严重。那么，什么时候会出现集体行动呢？我们将在本章第六小节来讨论。

---

① ［美］梅斯奎塔、史密斯：《独裁者手册》，第21页。

四 为何官僚机构越来越臃肿？

世界各地的官僚机构变得越来越臃肿。尽管难以准确测量日益膨胀的官僚机构，但是，我们仍有一些间接的测量办法。比如，公共支出占 GDP 的比重。威廉姆·尼斯坎南（William Niskanen）写道，与许多其他发达国家一样，大约有 1/6 的国民收入花费在美国官僚机构上。[①] 现在看来，在不少国家还不止 1/6。如表 3-2，我们可以看到：1960 年，美国公共支出占 GDP 的比重为 27.5%，1998 年上升到 34%。在 1960 年的英国，公共支出占 GDP 的比重为 33.1%；1998 年，这一比重上升到 43.4%。1960 年，瑞典公共支出占 GDP 的比重为 28.7%，1998 年上升到 49.9%。尼斯坎南还提供了另一些指标，如政府提供的产品和服务、官僚机构的工资等，这些指标无一例外都呈现上升趋势。[②] 那么，为何官僚结构会不断膨胀呢？

我们先从官僚机构的几个特性谈起。第一，官僚机构提供的服务往往有难以计量的特点。在私人市场，我们提供多少吨牛奶、生产多少辆汽车是可以测量的，但官僚机构为我们提供了多少国防却是难以测量的，因为大部分官僚机构提供的服务不是计件工作。即便是计件工作，我们也无法判定一位处理了 20 份文件的官员比处理了 10 份文件的官员更为卖力地工作，因为处理的事件往往不是标准化的。

第二，官僚群体提供服务但无法盈利，也无法从节约中获得好处。官僚这一群体获得的收益和私人部门不同，私人部门如果提高效率，会赚取更多的利润，企业家最终会获得收益，而官僚机构每年度的预算节余不能由该机构据为己有，盈余需要上缴国库。这一规定对官僚机构而言，意味着降低行政成本的努力得不到回报。因此，他们没有任何动力去降低行政成本。官僚机构每年从立法机构那里获得相应的预算，一般情况下，立法

---

① ［美］威廉姆·尼斯坎南著，王浦劬等译：《官僚制与公共经济学》，中国青年出版社 2004 年版，第 4 页。

② ［美］威廉姆·尼斯坎南：《官僚制与公共经济学》，第 16—17 页。

机构会根据它今年的花销来决定该机构明年的预算。如果这个官僚机构今年厉行节约，为纳税人省下一笔钱，那么，在可以预见到来年，它获得的预算金额会相应地减少。在这种条件下，理性的官僚不仅不会主动节约供应公共品的成本，反而会铺张浪费，最大限度地用尽预算甚至超支。

表 3-2　1960—1998 年部分国家公共支出占 GDP 的比重（％）

年份 国家	1960	1970	1980	1985	1990	1998
美国	27.5	30.3	33.4	33.2	34.1	34.0
英国	33.1	33.2	42.2	42.8	41.9	43.4
瑞典	28.7	37.1	57.2	51.9	48.8	49.9
新加坡	11.9	12.8	23.5	39.2	31.5	33.2
哥伦比亚	8.4	16.2	14.9	17.1	16.4	18.9
肯尼亚	11.5	16.2	20.4	30.1	32.2	34.6
印度	11.4	14.1	18.0	25.2	24.0	23.6

资料来源：B. Guy Peters，*Politics of Bureaucracy*，London and New York：Routledge，2001，p.4，Table.1.1。

第三，大部分官僚机构提供的服务有独家垄断的性质。提供国防的只有国防部门，提供环保的只有环保机构，提供治安的只有警察系统。由于官僚机构提供的服务有垄断的特点，也就免除了各个官僚机构的竞争压力。官僚机构不像企业那样，有动力去取悦消费者。竞争的缺乏使得他们也没有动力去改善服务。

尼斯坎南认为，官僚与我们普通人一样，都是个人利益最大化者。由于官僚机构不能营利，因此，他们会找寻其他出路，追求非营利、非金钱的目标。而更大的官僚机构，往往伴随更多的好处。[①]比如，一位官僚，如果他所负责的官僚机构扩大了，会给他带来诸多好处：他会有更高的薪酬；有更大的办公室、更多的职务津贴；享有更高的声誉；拥有更大的权力；也有更多的任命权；该机构做的事情也会更多（做的事情越多，他自己的

———

① ［美］威廉姆·尼斯坎南：《官僚制与公共经济学》，第 37 页。

影响力也会增长，升迁机会也会相应地增加）。当然，庞大的机构也会带来两项负担：首先，庞大的官僚机构更不容易管理；其次，机构太庞大也难以进行组织转变。我们看到，随着官僚机构的扩大，给官僚们带来的负担少而好处多。尼斯坎南指出，官僚所追求的大部分目标都与官僚所在机构的预算规模呈正相关。这意味着该机构享有的预算越大，它获得的权力越大，机构负责人地位越高，控制的资源也就越多。因此，为了追求收入、地位、权力，一个理性的官僚必然千方百计地追求本机构预算最大化。所以，最敬业的官僚往往把他们的目标描述为使他们所负责的特定服务的预算最大化。①

那么，作为拨款方的议会为何不约束官僚的行为而任由其扩大预算呢？尼斯坎南认为：官僚机构和议会的关系具有双边垄断的特点。换句话说，作为委托人的议会和作为代理人的官僚机构都具有垄断性质。官僚机构的拨款者，比如议会，具有垄断性质，因为全国只有一个议会。同时，官僚机构也具有垄断的特点，一般只有一个外交部、一个环保部、一个国防部。作为特定公共品的唯一提供者，官僚完全了解公共品真实的生产成本。在与议会就预算进行讨价还价的过程中，官僚了解议会的偏好，而议会却缺乏手段获取有关生产成本的准确信息。议会就像监管者，官僚就像机械师。表面上看，监管者拥有更大的权力。但实际上，当机器坏了的时候，监管者需要听机械师的。议会缺乏信息优势，结果是官僚可以提出高于实际成本的预算，向议会谎称这一高成本的预算是唯一可行的选择。和议会相比，官僚机构享有专家的信息优势。不仅如此，与官僚机构相比，议会没有动力去认真审查官僚机构的预算，因为和私人部门不同，没有一个人拥有议会，也没有人可以卖掉它。即便削减了官僚机构的拨款，剩余的经费也不能被审查专家占有。

因此，具有垄断地位的议会在选择提供公共服务的官僚机构时，其实没有选择权。当议会拨款给环保部的时候，环保部只有一家。"尽管名义上官僚机构与其资助者之间的关系是双边垄断。但在大多数情况下，由于官

---

① ［美］威廉姆·尼斯坎南：《官僚制与公共经济学》，第38—39页。

僚机构有更强的动机，掌握更多信息，因此官僚机构拥有压倒性的垄断权力"。[1]处于垄断地位的官僚机构掌握了更多的信息，有更强的动力；而议会既缺乏信息又缺乏动力对官僚机构进行监督。按尼斯坎南的分析，理性的官僚都是"预算最大化者"，官僚机构的垄断权力越大，过度开支的比例就越大。在提供公共品的时候，官僚机构的运行缺乏监管与竞争，官僚获得了很大的自主性。因此，官僚机构常常提供无效率的公共品。一份问卷调查显示了民众对官僚机构低效的不满。如表 3-3 所示：在被问及谁提供更为体贴的服务时，只有 11.5% 的美国受访民众认为官僚机构比商业部门表现更好；有 37.5% 的美国民众认为商业部门比官僚机构表现更好。在被问及哪个部门更为公平时，仅有 18.8% 的美国受访者认为官僚机构做得更好；有 44.5% 的美国民众认为商业部门做得更好。有 67% 的美国民众认为官僚部门的人数太多；同时有 67% 的美国民众认为官僚机构的工作人员不如商业部门的人努力。在澳大利亚，情况也类似，有 54% 的澳大利亚民众认为官僚部门的人数太多，同时有 63% 的澳大利亚民众认为官僚机构的工作人员不如商业部门的人努力。[2]

表 3-3　美国民众对官僚机构与商业部门提供服务的评价

	服务更体贴	更公平	人数过多	工作更不努力
官僚机构	11.5%	18.8%	67.0%	67.0%
商业部门	37.5%	44.5%	—	—

资料来源：B. Guy Peters, *Politics of Bureaucracy*, London and New York：Routledge，2001，p.44，Table.2.1。

尼斯坎南试图向我们展示：官僚不是，至少不完全是受民众的普遍福祉或者国家利益驱动的人。[3]他们的理性行为可能是违背公共利益的。在实施政府项目的过程中，官僚的选择可能会违背项目的初衷。美国住房及城市发展部（Department of Housing and Urban Development）的官僚部

---

① ［美］威廉姆·尼斯坎南：《官僚制与公共经济学》，第 30 页。
② B. Guy Peters, *Politics of Bureaucracy*, London and New York：Routledge，2001，p.44，Table.2.1.
③ ［美］威廉姆·尼斯坎南：《官僚制与公共经济学》，第 35 页。

门把建设资金分配给投资风险较小的城市。这样，投资项目失败的概率更低，他们也会避免招致公众的批评。但是，该项目的初衷却是要帮助那些衰败的城市，也就是投资风险更高的城市。[①] 退伍军人管理医院的官僚罔顾医院提供的服务质量，因为服务质量难以测量。他们把精力放在可测量的目标上，比如增加医院的床位，延长医院的护理时间等。[②]

为了让官僚部门提供更好的服务，尼斯坎南提出了几个解决方案，比如让官僚机构之间展开竞争，"应当鼓励和允许现有官僚机构提供目前由其他官僚机构提供的服务"。[③] 这样做的好处在于：首先，它打破了特定官僚机构对公共品供应的垄断；其次，它能揭示公共品供应的成本。我们知道，由于官僚机构垄断信息，议会往往难以预测公共品供应的成本。那么，解决这一问题的办法就是让官僚机构之间进行竞争和竞价。我们看一个例子，为了保护环境，环保署要求企业安装硫净化器。企业纷纷游说，说这样做成本太高。环保署自己估计，要减少一吨二氧化硫的排放，成本在 250—700 美元，还可能高达 1500 美元。1993 年，美国环保署对二氧化硫的排放权进行拍卖，这使得环保署发现企业夸大了它们的成本。每吨二氧化硫的排放成本降至 70 美元，甚至在这一价位时，很多企业仍愿意安装硫净化器，也不愿意购买排放权。[④] 由于竞争，环保署迫使企业说了真话。这一逻辑对官僚机构也同样适用，如果允许不同官僚机构以竞价的方式提供同样的公共品，就能揭示真实成本。此外，尼斯坎南还建议，应允许官僚们将一部分预算结余作为自己的收入。如果能分到节省的盈余，官僚机构才愿意节省预算。

尼斯坎南看到官僚机构问题的同时，也有意无意地忽视了这样的事实。西方发达国家往往有着强大的官僚队伍。从表 3-4 的数据可以看出，发展中国家的政府雇员数量远远低于发达国家，而且越是落后的国家或地

[①] John Gist and R. Carter Hill, "The Economics of Choice in the Allocation of Federal Grants: An Empirical Test," *Public Choice*, Vol. 36, No.1, 1981, pp.63–73.

[②] Cotton Lindsay, "A Theory of Government Enterprise," *Journal of Political Economy*, Vol. 84, No.5, 1976, pp.1061–1077.

[③] ［美］尼斯坎南：《官僚制与公共经济学》，第 193 页。

[④] ［英］蒂姆·哈佛德著，赵恒译：《卧底经济学》，中信出版社 2006 年版，第 82 页。

区，政府雇员占总人口的比重越低。发达国家政府雇员总数占总人口数的
7.7%，处于世界最高水平；而非洲国家政府雇员人数仅占总人口的 2%，居
世界末位。就中央或联邦雇员占总人口的比重而言，发达国家也是最高的，
为 1.8%；而非洲仍名列末位，为 0.9%。就地方政府雇员占总人口的比重来
看，发达国家为 2.5%，非洲国家为 0.3%。由此不难看出，发达国家并非
所谓的"小政府、大社会"。即便到了今天，发达国家政府雇员占总人口的
比重也远远高于发展中国家。正是由于发达国家有着庞大的官僚系统，其
经济社会职能才能得到有效的履行。发展中国家由于政府雇员不足，很多
基本的国家职能都无法履行，经济发展也无从谈起。[1]

表 3-4　20 世纪 90 年代早期政府雇员占总人口比重（%）

	所有政府雇员	中央（联邦）政府雇员	地方政府雇员	教育与卫生事业的政府雇员
非洲	2.0	0.9	0.3	0.8
亚洲	2.6	0.9	0.7	1.0
前苏东国家	6.9	1.0	0.8	5.1
拉美及加勒比地区	3.0	1.2	0.7	1.1
中东和北非	3.9	1.4	0.9	1.6
经合组织国家	7.7	1.8	2.5	3.4
全球平均	4.7	1.2	1.1	2.4

资料来源：Salvatore Schiavo-Campo, Giulio de Tommaso, Amitabha Mukherjee, "An International Statistical Survey of Government Employment and Wages," *World Bank Policy Research Working Paper*, 1997, No.1806。

---

[1]　黄琪轩：《另一个世界是可能的：后危机时代的中国与世界发展》，《世界经济与政治》2011年第 1 期。

五 为什么美国食糖价格是其他国家的两倍？

在美国，食糖的价格至少是世界市场价格的两倍。美国政府通过贸易壁垒，保护本国的食糖产业，但却让美国的消费者和纳税人每年至少承担30亿美元的费用。显而易见，美国政府的行为损害了美国消费者的利益。其实，这样的限制不仅出现在美国，在世界各地都广泛存在。由于政府征收纺织品关税，英国消费者每年需要为购买衣物多支付5亿英镑；加拿大的消费者每年要多支付7.8亿加元；澳大利亚的每个家庭每年要多支付300澳元。因为欧盟的农业保护政策，一个居住在欧洲的四口之家每年需要为购买食品多支付1500美元。据统计，全球用于农业保护的成本每年高达3500亿美元，这些补贴足够让全球的4100万头奶牛坐上飞机，而且是头等舱，绕地球飞行一圈半。[①] 为什么会出现这样的贸易壁垒呢？

寻租理论的创始人是戈登·图洛克（Gordon Tullock）。而安妮·克鲁格（Anne Krueger）是最早使用"寻租"（rent-seeking）这一术语的学者。经济租是支付给商品或要素的特殊价格，这个价格要比该要素最低供给的价格高，高出的部分就是经济租。例如，一位大学毕业生通常能获得10万元的年薪，这是劳动力最低的供给价格。一位出类拔萃的毕业生，他要么是研发的好手，要么善于和客户沟通，能获得50万元的年薪。那他获得的高出的40万年薪就是经济租。再如，在市区租一套房子的均价是每月2万元，但有一套房子恰好临近地铁，交通便利，还可以俯瞰人民公园的景色，这套房子每月的租金可以达到5万元。这多出来的3万元就是经济租。美国的食糖价格比世界市场高一倍，消费者向生产者支付的高出一倍的价格就是经济租。之所以存在"经济租"，往往是由于某种要素或商品比较稀缺。当人们对该要素或商品的需求增加时，这些要素与商品的供给却没有太大变化，即供给对需求的变化缺乏弹性。因此，这些要素或商品的供给者往往可以索要高价。得益于这样的稀缺性，要素与商品所有者获

---

① 参见 WTO：10 Benefits of the WTO Trading System。

得的超额经济收益就是经济租。有些稀缺是由自然原因造成的，比如有人聪明过人，有的地方交通便利。但是，有的稀缺是由政府造成的。

寻租指的是，"利用资源通过政治过程获得特权，从而构成对他人利益的损害大于租金获得者收益的行为"。理性的人有两种基本的方式获得财富：从事生产或者进行掠夺。当人们靠从事生产来致富的时候，他不仅自己获得了收益，他人和社会也能获得好处；而当人们靠掠夺来致富的时候，他自己获得了收益，社会却遭受了损失。在美国食糖产业的案例中，食糖生产商通过美国政府实施的贸易保护政策达成了自己的经济目的，这个目的就是获得和保持租金。他们通过游说政府，限制海外食糖进口，控制了国内食糖供给，并让美国的食糖价格比世界食糖价格高出一倍。在这一过程中，政府官员并非扮演被动的角色。美国民主党参议员约翰·布鲁（John Breaux）坦言：他在参议院的选票不能购买，但是可以被租用。[1]政府官员不但接受食糖厂商的寻租，而且还会主动与他们联系，通过为其创造租金（即创租）来满足自己的利益需求。在国际贸易中，寻租者是进出口商，特权拥有者是政府，寻租过程是厂商通过向政府官员行贿、游说等手段实现调整关税、贸易限制等活动。

在寻租的过程中，厂商或者利益集团需要投入一部分资源对政府官员进行游说，以达到自己的目的。在华盛顿设立公共关系办事处的公司，1968年时约为100家，到1978年，已经超过了500家。1971年，只有175家公司在华盛顿有注册的游说者，到了1982年，这一数字增加到近2500家。1976年，公司的政治行动委员会数量还不到300个，到20世纪80年代中期，已经超过了1200个。[2]在美国华盛顿特区，有超过3000个行业协会在此设立了办公室，雇用了近10万人进行游说。通用汽车公司（General Motors）以及美亚保险（AIG）每年投入数百万美元对政府进

---

① Jacob Hacker and Paul Pierson, *Off Center: The Republican Revolution and the Erosion of American Democracy*, p.216.

② David Vogel, *Fluctuating Fortunes: The Political Power of Business in America*, New York: Basic Books, 1989, Chapter.8.

行游说。[1] 利益集团花了很大的代价，耗费了大量的资源去游说政府，这部分资源没有被用于生产过程，实际是被浪费了。每逢选举季，美国蔗糖游说集团会向美国参、众两院提供 170 万美元的政治献金，同时给掌控美国食糖立法的农业委员会每位委员 9000 美元的资助。有研究显示，制糖游说集团对美国参、众两院议员每增加 1000 美元的捐款，这些议员投票支持制糖产业政策的概率就提高 4—7 个百分点。[2] 这些商业集团是理性的，既然政府的干预能让它们获得租金，为什么不去寻租呢？

对政府官员而言，创租同样是理性的。1974 年贸易法案表决时，工会强烈反对该议案通过。议员收到工会提供的政治献金越多，他越有可能反对该议案。1985 年，美国国会试图通过保护主义的纺织品贸易法案。纺织品与服装业公司的工会给的政治献金越多，美国议员则越有可能投票支持该保护主义法案。[3] 有研究者指出，劳工组织每花费 35.2 万美元，就能增加一张议员对北美自由贸易区这一议题的反对票。为了让议员在乌拉圭回合的谈判中增加一张反对票，劳工组织需要花费 31.3 万美元。[4] 这些议员通过投票活动影响政府政策，也让自己获得更多的政治献金。

寻租理论试图展示：政府官员与新古典经济学里的生产者和消费者一样，都是理性的、自利的和效用最大化的。不要被他们诉诸"公众利益"的表象所迷惑。1833 年到 1850 年，英国熟练男性工人积极支持立法以保护童工和妇女，大家都认为这是人道主义的法律。事实上，这一系列的法律却遭到了妇女组织的强烈反对，因为它们排斥儿童和妇女就业。通过减少童工和妇女等竞争者，英国熟练男性工人可以获得经济租，他们积极支

---

① James Gwartney, Richard Stroup, Russell Sobel and David Macpherson, *Microeconomics: Private and Public Choice*, Mason: South-Western Cengage Learning, 2008, p.137.

② Jonathan Brooks, Colin Cameron and Colin Carter, "Political Action Committee Contributions and U.S. Congressional Voting on Sugar Legislation," *American Journal of Agricultural Economics*, 1998, Vol. 80, No.3, pp.441-454.

③ Gene Grossman and Elhanan Helpman, "Trade Wars and Trade Talks," *Journal of Political Economy*, V. 103, No.4, 1995, p.704.

④ Robert Baldwin and Christopher Magee, "Is Trade Policy for Sale? Congressional Voting on Recent Trade Bills," *Public Choice*, Vol. 105, No. 1/2, 2000, p.99.

持"人道主义"立法其实是在寻租。[①]100多年后，美国工会关心童工问题是为了阻止欠发达国家对美国的出口，进而获得贸易限制带来的经济租。他们的目的并不是帮助欠发达国家的工人。2000年初，美国同意增加柬埔寨出口到美国的纺织品数额，而柬埔寨则同意提高其劳工标准，包括大幅度提高劳工工资。执行该协定以后，柬埔寨纺织工人每月可以获得40美元，相比之下，柬埔寨的大学教授每月收入只有20美元。然而，这个协定因遭到美国工会的阻挠而未能通过。[②]

寻租者自己获得了好处，却给社会带来了负担。据估计，20世纪60年代，寻租占了印度7%的国民收入和土耳其15%的国民收入。[③]寻租在哪些方面给社会带来了负担呢？首先，寻租的限制减少了产量，使得产品价格更高。就美国食糖产业的案例来看，外国的蔗糖产品被限制在外，消费者只能消费更少的产品，却需要支付更高的价格。其次，寻租引发的保护限制了竞争，保护了落后的技术，阻碍了技术的进步。社会只能长期使用陈旧的技术，而享受不到新技术带来的好处。最后，这么多厂商在华盛顿设立办公室，雇用大量的人员进行游说，这些资源原本可以用于生产，现在却用于非生产活动，造成了社会产出的损失。

因此，在不少人看来，寻租是厂商或利益集团为了寻求政府特殊政策关照而造成的资源浪费活动。当政府增加了其在市场中的角色，用公共政策分配资源时，寻租就会有空间。因为，政府官员在分配资源时并不是一心为公的，他们常常为自己身边的利益团体分配更多的资金、提供优惠的政策。在美国，政府的转移支付只有六分之一到了穷人手中，剩下的六分之五到了各种利益集团那里。[④]它们要么有着更好的组织，比如行业协会与

---

① ［英］加利·安德森、罗伯特·托利森：《对英国工厂法的一种寻租解释》，载［美］大卫·柯兰德主编，马春文等译《新古典政治经济学——寻租和DUP行为分析》，长春出版社2005年版，第187—204页。

② Robert Gilpin, *Global Political Economy: Understanding the International Economic Order*, Princeton: Princeton University Press, 2001, p.228.

③ Anne Kruger, "The Political Economy of the Rent-Seeking Society," *American Economic Review*, Vol. 64, No.3, 1974, p.294.

④ James Gwartney, Richard Stroup, Russell Sobel and David Macpherson, *Microeconomics: Private and Public Choice*, p.138.

工会；要么可能更容易鉴别，是竞选的票源，如老年人与农场主。政府干预经济的权力越大，可能带给企业的租金也就越多。这样会诱使企业从生产性的活动转向寻租这样的非生产性活动。

六　为何政府要为食糖厂商损害广大选民的利益？

20 世纪 80 年代中期，美国制造商发现他们难以在国际市场立足，因此强烈反对高估美元币值，积极推动美元贬值。要知道，几乎所有的政策都有获益者，也有受损者，推动美元贬值会损害消费者的利益。消费者比生产商的人数更多，为什么他们不联合起来反抗呢？ 1931 年，英国宣布放弃金本位制并允许英镑贬值，这让前往曼哈顿的英国游客震惊不已。与以前相比，他们所持有的英镑只能兑换更少的美元。一名游客气恼地说："在英国，一英镑还是一英镑。我要把身上的英镑带回家去花。尽管这么说有些过火，这难道不是在打劫吗？"[①]美国货币贬值的案例和前文提到的美国蔗糖厂商的案例类似。作为民主国家的美国，为何要为一小部分人的利益去损害更广大选民的利益？既然美国的蔗糖厂商损害了广大消费者的利益，消费者为什么不团结起来游说政府放弃对蔗糖产业的保护呢？

曼瑟尔·奥尔森的著作对政治学影响很大，其中"集体行动的逻辑"一词被政治学者广泛使用。在《集体行动的逻辑》一书中，奥尔森指出，有共同利益的个人组成的集团会增进那些共同利益，这种流行观点看来没有什么价值。[②] 下面的例子将会展示：消费者往往出于理性的算计，为了维护自己的利益，而不去争取自己的利益。澳大利亚政府提高关税保护本国

[①]　Barry Eichengreen, *Exorbitant Privilege: The Rise and Fall of the Dollar*, New York: Oxford University Press, 2011, p.35.

[②]　［美］曼瑟尔·奥尔森著，陈郁等译：《集体行动的逻辑》，上海人民出版社 1995 年版，第 3 页。

的制衣业，澳大利亚的每个家庭每年要多支付 300 澳元。那么，一个普通的消费者会面临两个选择：去政府门前抗议；或者无动于衷，待在家里。理性的人会做出成本和收益的分析。

如表 3-5 所示，你作为一名普通消费者，遇到上述情况，将面临四种选择。第一种是象限 I 展示的情形。如果你和所有澳大利亚的消费者都去抗议，那么，政府可能会对广大选民的不满有所忌惮，取消对小集团的保护。如此一来，你所获得的好处是生活成本少了 300 澳元，但是，你却要承担一些成本，包括交通费用，还有时间成本。第二种是象限 II 展示的情形。如果所有人都待在家里，就你一个人去抗议，可想而知，政府根本不会理睬你的诉求。你得不到任何好处，却要支付相应的交通费用等成本。而且，"不能带来明显效应的无私行为有时候甚至被认为是不值得称赞的"。一个想用一只铅桶来挡住洪水的人甚至会被认为是一个怪人而不是一个圣人。"无疑，用一只铅桶可能无限小地降低河水的高度，就像独个农民限制自己的产量可以无限小地提高价格一样，但是在两例中效应都是可以忽略不计的，而且那些为了获得微不足道的改善而牺牲自己的人甚至得不到无私行为应得的赞扬。"[①] 因此，如果你做出第二种选择，不仅支付了成本无法获得收益，你特立独行的行为还可能被嘲弄。

表 3-5　集体行动的逻辑分析

你的选择＼别人的选择	去抗议	待在家
去抗议	I 好处：生活成本少了 300 澳元 成本：交通费用、耗费时间等	II 好处：无 成本：交通费用、耗费时间等
待在家	III 好处：生活成本少了 300 澳元 成本：无	IV 好处：无 成本：无

我们来看象限 III 展示的第三种选择，如果大家都去抗议，就你没去，

---

① ［美］曼瑟尔·奥尔森：《集体行动的逻辑》，第 73 页。

那么，政府同样担心如此大范围的不满会影响他们连选连任，迫于民众压力，政府会取消贸易保护。你没有任何损失，却得到了好处，每年减少了300澳元的生活成本。最后，我们看第四种选择，如象限Ⅳ所示，包括你在内，大家对保护主义政策不满，但是大家只是在心里犯嘀咕，却没有人去抗议。结果就是，政府几乎不知道你不满，保护主义政策也不会变。如此一来，你没有付出，也没有收获。

那么，一个理性的人应该如何选择呢？如果大家都去抗议，你的理性选择应该是不去（Ⅲ），因为待在家里，不需要支付任何成本，却可以享有同样的收益。如果大家选择不去抗议，你的理性选择还是不去（Ⅳ），因为，即便你一个人去了，仍然改变不了结果。所以，无论大家去还是不去，你的理性选择都是不去。如果大家都这么想，都想"搭便车"，那就不会有人去抗议。这就是集体行动的困境。基于自己的利益考虑（成本收益分析），人们的行动常常罔顾自己的利益（减少300澳元的生活成本）。

作为一个理性个人，在集体行动中使自己利益最大化的选择是坐享其成，自己贡献得越少越好，获得的收益则越多越好。有研究者发现，尽管环保主义者对他们的事业抱着强烈的认同感，但他们却不愿意为环保事业慷慨解囊。他们每年给环保事业捐的钱，还抵不上25000位每天吸两包烟的烟民的花销。[1]如果每个成员都是理性个人，集体行动就难以实现。奥尔森认为集体行动的逻辑在政治生活中的很多方面都是适用的。他发现，出席工会会议的人数常常不足5%。当每个工人都希望别人出席会议而自己不出席的时候，他们的行为和态度是理性的。如果一个强大的工会符合成员利益的话，出席率高对大家更有利。但是，单个个体工人没有任何激励，因为无论是否出席会议，他都能获得工会带来的收益。[2]奥尔森还指出，没有出现马克思预言的那种世界范围内的阶级斗争，部分原因也是由于集体行动的困境造成的。"资产阶级的一员的理性行为就是不顾其阶级利益，而只把精力放在他的个人利益上。同样，一个认为无产阶级政府能给他带来

---

① Russell Hardin, *Collective Action*, Baltimore: The Johns Hopkins University Press, 1982, p.11.
② ［美］曼瑟尔·奥尔森：《集体行动的逻辑》，第97页。

好处的工人，会觉得不顾自己的生命和资源起来革命推翻资产阶级政府是非理性的。"①

在一项有关集体行动的实验中，有研究人员把 100 美元分给实验的参与者，参与者之间不能进行信息交流。如果参与者都愿意把这 100 美元用来投资，那么这 100 美元将变成 200 美元。但是，只要有一位参与者拒绝投资，则投资失败。拒绝投资者仍可以保留自己的 100 美元，而那些愿意投资的成员将会损失 50 美元。这项合作对所有人而言都有好处：如果每个人都愿意合作的话，他们将会得到更多。但是，实验的结果却并非总是指向合作。他们往往难以达成集体行动。

怎样才能解决这一问题呢？除了对集团成员实施强制来达成集体行动，还有其他一些办法。奥尔森指出，一个办法是减少参与行动的人数。奥尔森引用了社会学家约翰·詹姆斯（John James）的研究成果：采取行动的团体往往比不采取行动的团体人数要少。采取行动的团体的平均成员人数是 6.5 人，而不采取行动的成员人数为 14 人。美国参议院委员会小组的平均人数是 5.4 人，众议院委员会小组的平均人数是 7.8 人。这些团体都相当小，并不是人多好办事。②"除非一个团体中的人数很少，或者除非存在强制或其他某些特殊手段以使个人按照他们的共同利益行事，有理性的、寻求自我利益的个人不会采取行动以实现他们共同的或集团的利益。"③ 较小集团战胜较大集团是很普遍的。"因为前者一般是有组织的、积极的，而后者通常是无组织的、消极的。"④ 因此，缩小集团的规模，达成集体行动的可能性就更高。换句话说，小团体常常更有力量。奥尔森认为集团越大，就越不可能去增进它的共同利益。为什么会这样呢？

游说是有成本的。前面指出，每个选举季，美国制糖游说集团给美国参、众两院 170 万美元的政治献金，同时给掌控美国食糖立法的农业委员会的每位委员 9000 美元的资助。我们把数字变得简单一些，假定你是制糖

① ［美］曼瑟尔·奥尔森：《集体行动的逻辑》，第 129 页。
② ［美］曼瑟尔·奥尔森：《集体行动的逻辑》，第 65 页。
③ ［美］曼瑟尔·奥尔森：《集体行动的逻辑》，第 2 页。
④ ［美］曼瑟尔·奥尔森：《集体行动的逻辑》，第 152 页。

业的老板，如果要成功游说政府，你得有 20 万美元的开销。游说成功后，政府会为制糖业提供贸易保护，或者提供 1000 万美元的补贴。当这个产业有 10 家企业的时候，每家企业可以获得 100 万美元的好处，而当这个产业有 100 家企业的时候，每家企业只有 10 万美元的好处。那么，情况显而易见：第一，集团成员越多，单个成员就分的就越少。第二，集团人数越多，协调成本越高。大家都期待他人行动，而自己搭便车。如果集团变得更小，个人分得的份额就更多，这样的小集团也更容易让大家协调一致。"在一个很小的集团中，由于成员数目很小，每个成员都可以得到总收益的相当大的一部分。这样，集体物品就常常可以通过集团成员自发、自利的行为提供。"[1] 第三，小的集团更容易达成集体行动是因为小的集团更容易实施"选择性激励"（selective incentives），也就是要论功行赏、区别对待、赏罚分明。美国退休者协会为广大的退休人员服务，如果它游说政府扩大医疗保健的范围，那么超过 65% 的公民会从中受益。但是，退休者协会的领导人却深谙"选择性激励"的道理：所有会员每年只要缴纳 16 美元的会费，他们将为会员提供保险折扣、邮购药品折扣、旅行折扣等好处。如果没有这些区别对待的激励措施，谁会加入这一协会？谁又会缴纳会费呢？集团越小，就越容易清晰地界定各个成员对集体的贡献，也越容易展开内部监督。这样，集团的领导人也更容易将得来的好处区别对待，使各个成员的贡献与报酬相匹配。第四，小的集团更容易通过声望激励个体行动。奥尔森指出，即便不依靠经济激励，小集团也更容易达成集体行动。"经济激励并不是唯一的激励，还有声望、尊敬等社会和心理目标。不过，社会压力和社会声望也只有在较小的团体中才会有作用。"[2]

　　奥尔森认为列宁比较成功地运用了这一原则。列宁在《怎么办》中叙述了共产党要依靠忠诚守纪、富有牺牲精神的少数人，而不能仅仅将希望寄托在无产阶级的共同利益。[3] 靠大多数解决不了问题，只能依靠革命人的小团体，才能积极行动起来，实现革命目标。

---

① ［美］曼瑟尔·奥尔森：《集体行动的逻辑》，第 28 页。
② ［美］曼瑟尔·奥尔森：《集体行动的逻辑》，第 70—72 页。
③ ［美］曼瑟尔·奥尔森：《集体行动的逻辑》，第 129 页。

用奥尔森的逻辑，我们就能回答为何美国制造商能成功推动美元贬值；美国的制糖厂商为何能主导政策制定，而广大消费者则不能。事实上，在全世界都广泛存在这种小集团对多数人的掠夺。日本的保护主义政策让日本的消费者每年承受 1050 亿美元的损失，相当于 1989 年日本 GNP 的 3.6%。[1] 1990 年，实施关税保护以及进口数量限制让美国的消费者承受了 700 亿美元的经济损失。同时，保护政策的受益者非常集中。受到高度保护的 21 个产业给美国消费者造成的经济损失占据了损失总量的一半。就纺织与服装加工业而言，政府对这一产业的保护就给美国消费者造成了 240 亿美元的损失。尽管服装产业获得了巨大的收益，分摊到每位消费者身上的损失还不到 100 美金。[2]

制造商是与政策利益攸关，而且是利益比较集中的利益集团。美元贬值让他们获得了具体的、显著的好处，因此制造商更容易联合。美国消费者是比较分散的群体。与生产商推动美元贬值所获得的巨大收益相比，美元贬值只对消费者的购买力产生了并不显著的影响。因此，尽管消费者众多，他们却很难联合起来反对美元贬值。几轮美元贬值的过程中，美国国内几乎听不到反对的声音。[3] 生产者组成的利益集团一般都比消费者集团有更大的政治影响力。生产者一般根据产业组成利益集团，利益很集中，规模相对小。而消费者则是由来自不同职业、不同阶层、不同地区的人组成，背景各异，人数众多，各自的行为也不易监督，所以很难达成有效的集体行动。

---

[1]　Yoko Sazanami and Shujiro Urata and Hiroki Kawai, *Measuring the Costs of Protection in Japan*, Washington D. C.: Institute for International Economics, 1995, p.1.

[2]　Gary Hufbauer and Kimberly Elliot, *Measuring the Costs of Protection in United States*, Washington D. C.: Institute for International Economics, 1994, p. 11.

[3]　Barry Eichengreen, *Globalizing Capital: A History of the International Monetary System*, Princeton: Princeton University Press, 1996, p.152.

七　为何人们要花钱实施报复？

　　理性选择政治经济学面临很多挑战和批评。有研究者指出，理性选择政治经济学重视逻辑推演，但是却罕有系统性的经验证据支撑。[①] 此外，以阶级、国家以及文化为中心的政治经济学也对其构成了挑战。我们在接下来的几章会详细展示这些挑战。另一类挑战来自以个体的为中心的政治经济学内部。这样的挑战不是演绎式的以个体为中心的分析，而是通过对个体的实验，展示"理性人"假定的不足。[②]

　　《怪诞行为学》的作者丹·艾瑞里（Dan Ariely）是行为经济学家。他在《怪诞行为学》（2）第五章中讲述了一个信任与报复的实验。假定你和一位匿名参与者 A 共同参加一个实验，你和 A 都各自获得了 10 美元。此时，你有两种选择：（1）保有这 10 美元；（2）将 10 美元交给 A。如果你选择相信 A，交出 10 美元，实验组织者会奖励 A40 美元。此时，A 手里就有了 50 美元。而这时的 A 同样面临两种选择：（1）给你 25 美元的回报；（2）自己独吞这 50 美元。作者发现，实验中很多人选择相信匿名的合作伙伴，交出 10 美元；他们的匿名伙伴也会投桃报李，将其中的 25 美元返还给第一位实验参与者。这和理性选择的预测并不一致。但更有意思的是，当匿名参与者决定独吞 50 美元的时候，实验组织者告诉你：你可以自己掏腰包来惩罚这位匿名参与者。如果你支付 1 美元，他将损失 2 美元；如果你支付 25 美元，他将损失 50 美元。此时，理性选择会告诉你不能自掏腰包实施报复，因为这样不理性，这样做损人不利己。但是，实验结果表明，当第一名实验参与者有机会报复欺骗他的伙伴时，他往往会实施报复，并且实施严厉的报复。事实上，惩罚和报复并不会给实验参与者带来任何经济收益，为何他们要做损人不利己的事呢？这是实验研究对理性选择的挑战——人们往往并不按理性选择给出的逻辑做事。

---

① ［美］唐纳德·格林、伊恩·夏皮罗：《理性选择理论的病变：政治学应用批判》，第 1 页。
② 下面的资料参见黄琪轩《比较政治经济学与实验研究》，《国家行政学院学报》，2011 年第 2 期。

来自经济学内部的实验常常显示，人们在获得利益的时候比较保守，而在避免损失的时候更愿意采取冒险行动。实验经济学做过这样的实验，结果如下：

问题一　假定你比现在多 300 美元，你面临下列的选择：

A．确定地增加 100 美元的收益。（ 72% ）

B．有 50% 的概率获得 200 美元，而有 50% 的概率获得 0 美元。（ 28% ）

问题二　假定你比现在多 500 美元，你面临下列的选择：

A．确定地损失 100 美元。（ 36% ）

B．有 50% 的概率损失 200 美元，而有 50% 的概率损失 0 美元。（ 64% ）

实验结果表明：当面临损失的时候，有 64% 的实验参与者愿意采取冒险行动来挽回损失。在政治实验中，人们也是对失去更敏感。[1] 因此，有国际关系研究者将此实验用于解释战争的起源。而在政治经济学领域，学者用它来解释拉丁美洲国家经济改革的时间和步伐。在政治经济决策中，个体对所得与所失的敏感程度是不一样的，大家往往对失去更敏感。

有政治学实验对歧视进行了研究。[2] 研究人员随心所欲地对一群人进行分组。（比如让实验参与者报数，然后按奇数与偶数把实验参与者分成两组。）然后，研究人员给每个参与者一笔钱。他可以按任意的比例将这笔钱分给两组成员。但是，分钱者自己却不能获得这笔钱，这样可以避免分钱者成为利益相关者。实验结果显示：大部分情况下，各组成员在分钱的时候，往往分给本组成员更大的份额。这说明：因为人都需要有所归属，需要寻找认同，所以只要将人一分组，他就会毫无理由地相互歧视。既然这么武断的划分标准（报数）都能带来歧视行为，那么按其他标准进行的"分组"，如按疆界、肤色、语言等产生的歧视可能更为显著。认同与歧视的影响是广泛的，它们不仅影响国际政治经济决策，也会影响各国国内的政治经济决策。在某些情况下，个人与群体对认同的诉求会让群体做出匪

---

① George Quattrone and Amos Tversky, "Contrasting Rational and Psychological Analyses of Political Choice," *American Political Science Review*, Vol. 82, No.3, 1988, pp.719–736.

② Jonathan Mercer, "Anarchy and Identity," *International Organization*, Vol. 49, No.2, 1995, pp.229–252.

夷所思的政治经济决策。这些实验把"认同"引入个人决策是对理性选择的质疑。

理性选择告诉我们，理性的个人对经济物品的需求是多多益善，但实验结果却显示，个人常常出于公平的考虑而拒绝"帕累托改进"。在分钱的实验中，研究人员将 100 美元分配到各组，每组有两个参与者，第一个参与者负责资金分配，第二个参与者可以接受或者拒绝这项分配提议。如果分配方案被第二个参与者接受，那么双方按提议分得这笔钱；如果分配方案被第二个参与者拒绝，那么双方一无所获。经济学的分析会推断：既然有一美元比没有一美元要好，第二个参与者会接受任何大于零的分配提案。实验结果却显示：分钱双方极少出现 99∶1 的分配结果，而更多是接近 50∶50 的分配。分配提案越靠近 99∶1，提案被拒绝的概率就越高。在一次试验中，76% 的实验参与者将资金平均分配。[①] 实验结果表明，尽管人们喜欢在收入上有所改善，但却厌恶不公平。有实验发现，为了获得"友善"的对待，或者为了惩罚那些"不友善"的行为，人们也可以牺牲自己的物质利益。[②] 这些实验试图展示：从理性选择出发推断人们在现实生活中的行为，结论往往是有误导性的。政府部门在制定分配政策时，如果仅仅考虑改善民众的收入，而忽略了分配状况的改善，政策遭到抵制的概率就会增大。政治经济学的研究需要考虑人们的公平感、正义感，需要我们检验"荣誉""激情""爱国主义"等因素对人们政治经济行为的影响。

不过，这类挑战对理性选择构成的威胁与它们自身面临的问题一样多。理性选择的"理性人"是"平均人"。无论从演绎出发，还是从实验的归纳开始，他们分析的都是普通人与"平均人"。那么，"平均人"是否可以分析关键的政治经济行为？分析普通选民或许可以，因为他们大部分是普通人，样本足够大的时候，极端个体就被掩盖了。分析官僚或许也合适，他们也接近普通人，且人数众多。但是，分析一些政治家的行为，无论是理

---

① Richard Thaler, "Anomalies: The Ultimatum Game," *Journal of Economic Perspectives*, Vol. 2, No.4, 1988, p.198.

② Matthew Rabin, "Incorporating Fairness into Game Theory and Economics," *The American Economic Review*, Vol. 83, No.5, 1993, pp.1281–1302.

性选择还是实验研究就未必这么合适了。前面提到，弗里德曼列举了以色列农庄的例子，他指出加入集体农庄的人从来没有超过以色列人口的 5%。因此，这部分重视平等的人在总人口中的比重，可能至多就是 5%。生物学也常常展示人口中总有一部分人有强烈的利他主义倾向。社会学常常去研究一部分举止怪异的人。如果不是平均人，而是人口中一部分"反常人"进入了政治经济活动的中心，那结果会怎样？

以往有研究试图指出，个人的生理状况不同，会导致对战争与和平的选择不同。不少人认为：女性比男性更具和平主义的倾向。[1] 因此，他们认为，女性掌权的社会，战争爆发的概率更低。有问卷调查显示，妇女更不愿意支持使用武力；妇女对人员伤亡也更为敏感；一旦有人员伤亡，妇女对战争的支持会大大降低。[2] 但是，也有研究发现：女性决策者不同于普通女性的认知。一旦女性决策者面临战争决策，她做出的选择可能与男性决策者并无二致。换句话说，女性领导人选择和平的概率并不比男性领导人高。女性领导人要在男性主导的政治环境中崛起，可能需要比男性领导人更具进攻性。[3] 那么，男性领导人会和普通男性具有一样的特质吗？理性选择用领导人的"理性"去分析革命，和实验研究对普通人进行实验问题一样，他们都把目光聚焦到了"平均人"而不是"异常人"。但是，重大的政治经济变迁，常常就是那一小撮人推动的。

---

① Benjamin Page and Robert Shapiro, *The Rational Public: Fifty Years of Trends in Americans' Policy Preferences*, Chicago: University of Chicago Press, 1992, p.295.

② Richard Eichenberg, "Gender Differences in Public Attitudes toward the Use of Force by the United States, 1990–2003," *International Security*, Vol.28, No.1, 2003, pp.110–141.

③ Mary Caprioli and Mark Boyer, "Gender, Violence, and International Crisis," *Journal of Conflict Resolution*, Vol.45, No.4, 2001, pp.503–518.

第四章　马克思与政治经济学中的新视角

　　罗伯特·海尔布隆纳（Robert Heilbroner）如此评价马克思：马克思是资本主义体系所曾遭受过的最严肃、最敏锐的检视……不管你是否同意他的发现，人们都要尊重这位人类的先驱，他将其足迹不可磨灭地留了下来。[①]尽管马克思的名字和社会主义经济体制联系在一起，但是他关于社会主义的论著却很少。相反，他透彻地研究了资本主义体系的经济运作，以及资本主义制度所产生的问题。[②]马克思的巨著《资本论》经历了漫长的创作过程，历时18年。1851年，马克思说，他将在5个星期内完成该著作；到了1859年，马克思说，他将在6个星期内完成写作；到了1865年，马克思说他已经完成了《资本论》的写作。实际上，此时马克思完成的是一大堆字迹模糊的手稿，还要用两年时间才能整理成《资本论》第一卷出版。1883年马克思逝世后，还有3卷内容有待整理。1885年，恩格斯整理出版了《资本论》第二卷；1894年，恩格斯整理出版了第三卷。《资本论》的第四卷，也就是我们所说的《剩余价值理论》由卡尔·考茨基（Karl Kautsky）整理，于1905年到1910年陆续出版。考茨基在出版此书时，没有把它作为《资本论》的第四卷，而是把它分成三卷独立出版。[③]

　　仅凭一部《资本论》，就可以奠定马克思对资本主义政治经济研究与批

---

　　① ［美］罗伯特·海尔布隆纳：《经济学统治世界》，第141页。

　　② ［美］史蒂文·普雷斯曼著，陈海燕等译：《思想者的足迹：五十位重要的西方经济学家》，江苏人民出版社2001年版，第99页。

　　③ ［美］史蒂文·普雷斯曼：《思想者的足迹：五十位重要的西方经济学家》，第130页。

判的卓著声誉。近代以来研究资本主义有三位大家：卡尔·马克思、马克斯·韦伯（Max Weber）以及约瑟夫·熊彼特（Joseph Schumpeter），[①]或许我们还可以加上维尔纳·桑巴特（Werner Sombart）。为了研究资本主义，并批判资本主义，马克思几乎读遍了以往的政治经济学理论。翻开马克思的著作，看一看其著作的脚注，你就能发现他的阅读有多么广泛，引证有多么翔实。马克思有着毫无保留的批判精神，他的大量著作都包含"批判"一词，《资本论》的副标题就是：政治经济学批判。

　　事实上，马克思的研究远不止是对传统政治经济学的批判，他不仅有破，还有立。他在批判以"个人"为中心的政治经济学视角的同时，引领了政治经济学中以"阶级"为中心的视角。

一　为何人类社会的财富水平显著提升？

　　一提到马克思，大家就会想到他对资本主义与资产阶级无情的批判。如果我们阅读《共产党宣言》，就会发现，这部文献中最吸引人的是马克思对资产阶级成就的承认。[②]在人类的经济史上，近代以来，社会的经济增长率实现了巨大的提升。从公元元年到公元 1400 年，全世界经济的年均增长率仅为 0.05%，换言之，经济总量翻番需要 1400 年。17 世纪，荷兰经济走向商业资本主义，它的年均经济增长率达到了 0.5%，这样，荷兰的经济总量用 140 年就能翻番；而英国工业革命期间，年均经济增长率为 2%，如此，35 年就能翻番。[③]面对人类社会经济增长率的进步以及财富水平的提升，斯密等自由主义政治经济学家会归功于理性的个人、分工、自由选择、

---

① Tom Bottomore，*Theories of Modern Capitalism*，New York：Routledge，2010，pp.1–14.
② ［美］亨利·威廉·斯皮格尔：《经济思想的成长》（上），第 396 页。
③ 萧国亮：《序言》，载 ［英］ 罗伯特·艾伦 《全球经济史》，译林出版社 2015 年版，第 2 页。

竞争性市场等。而马克思会坦言，资产阶级对经济增长起到了极大的推动作用。除此之外，马克思还发现资产阶级做了哪些贡献呢？

第一，资产阶级推翻了封建统治。尽管马克思对资产阶级进行了无情的批判，但是，他并不怀念"田园诗"般的封建时代。马克思高度肯定了资产阶级推动了一个新时代的诞生。"资产阶级在它已经取得了统治的地方把一切封建的、宗法的和田园诗般的关系都破坏了。它无情地斩断了把人们束缚于天然首长的形形色色的封建羁绊，它使人和人之间除了赤裸裸的利害关系，除了冷酷无情的'现金交易'，就再也没有任何别的联系了。它把宗教虔诚、骑士热忱、小市民伤感这些情感的神圣激发，淹没在利己主义打算的冰水之中。它把人的尊严变成了交换价值，用一种没有良心的贸易自由代替了无数特许的和自力挣得的自由。总而言之，它用公开的、无耻的、直接的、露骨的剥削代替了由宗教幻想和政治幻想掩盖着的剥削。"①在批评资产阶级"公开的、无耻的、直接的、露骨的剥削"的同时，马克思肯定了资产阶级的进步性，即与束缚人的封建社会相比，资本主义是历史的进步。如果没有资产阶级打破封建社会对人的禁锢，社会经济难以实现质的飞跃。

亨利·梅因（Henry Maine）的名著《古代法》第五章结尾，有一句脍炙人口、广为传诵的名句："所有进步社会的运动，到此处为止，是一个'从身份到契约'的运动。"②"从身份到契约"是前现代社会向现代社会的转变。而资产阶级推动了"从身份到契约"，从封建制度到资本主义制度的转变。生产力的发展，让封建制度不能适应生产力发展的要求。马克思在《哲学的贫困》中有这样一句名言："手推磨产生的是封建主的社会，蒸汽磨产生的是工业资本家的社会。"③这正是马克思强调的"生产力决定生产关系"。

第二，资产阶级推动了世界经济与文化联系。凯恩斯在《和约的经济后果》一书中展示了20世纪初世界经济联系所达到的高度。"伦敦居民早

---

① 《马克思恩格斯选集》第一卷，人民出版社1975年版，第253页。
② ［英］亨利·梅因著，沈景一译：《古代法》，商务印书馆1959年版，第112页。
③ 《马克思恩格斯选集》第一卷，人民出版社1975年版，第142页。

上可以一边在床上喝早茶，一边用电话订购世界各地的商品，这些产品质量优异，并且会一大早就被送到顾客的家门口；同时，他们也可以用同样的方法来投资于世界各地的自然资源和新企业，不用费力甚至不用承担什么风险就可以获得预期的成果和收益；或者他一时高兴，或得到什么信息，就可以把他的财产托付给那个洲大都会的市民。如果他愿意，他可以立刻乘坐舒适又廉价的交通工具去任何国家或地区，并且不需要护照或是其他手续。他可以派仆人去附近银行的办公场所非常方便地获得珍贵的金属，然后就可以带着这些贵金属出国，即使不了解该国的宗教、语言和习俗也没有关系，并且稍被干预就会大惊小怪地认为自己受到了严重侵犯。最重要的是，他们认为这种情形是正常的、自然而然的、永恒的。"[1]凯恩斯不是马克思主义者，但是他所描述的现象就是我们后来冠名的"经济全球化"。事实上，他应该参考马克思对此的描述。为什么会出现经济全球化？在马克思看来，资产阶级起着重要的推动作用。"不断扩大产品销路的需要，驱使资产阶级奔走于全球各地。它必须到处落户，到处开发，到处建立联系。"[2]在资产阶级的推动下，全球经济联系逐步增强，不仅促进了全球经济的融合，也促使了全球文化的融合。

资产阶级在推动世界文化的传播和融合。"物质的生产是如此，精神的生产也是如此。各民族的精神产品成了公共的财产。民族的片面性和局限性日益成为不可能，于是由许多种民族的和地方的文学形成了一种世界的文学。"[3]

第三，资产阶级无意中推动了落后国家与民族的进步。马克思曾指出："工业较发达的国家向工业较不发达的国家所显示的，只是后者未来的景象。"[4]由于资产阶级遍布世界各地，他们在摧毁旧有体系的同时，给新事物的成长带来了机会。"古老的民族工业被消灭了，并且每天都还在被消灭。

---

① ［英］约翰·梅纳德·凯恩斯著，张军等译：《和约的经济后果》，华夏出版社2008年版，第9—10页。

② 《马克思恩格斯选集》第一卷，第254页。

③ 《马克思恩格斯选集》第一卷，第254—255页。

④ 《资本论》第一卷，人民出版社1995年版，第8页。

它们被新的工业排挤掉了，新的工业的建立已经成为一切文明民族的生命攸关的问题；这些工业所加工的，已经不是本地的原料，而是来自极其遥远的地区的原料；它们的产品不仅供本国消费，而且同时供世界各地消费。旧的、靠本国产品来满足的需要，被新的、要靠极其遥远的国家和地带的产品来满足的需要所代替了。过去那种地方的和民族的自给自足和闭关自守状态，被各民族的各方面的互相往来和各方面的互相依赖所代替了。"

资产阶级在创造一个全新的世界，"资产阶级，由于一切生产工具的迅速改进，由于交通的极其便利，把一切民族甚至最野蛮的民族都卷到文明中来了。它的商品的低廉价格，是它用来摧毁一切万里长城、征服野蛮人最顽强的仇外心理的重炮。它迫使一切民族——如果它们不想灭亡的话——采用资产阶级的生产方式；它迫使它们在自己那里推行所谓文明，即变成资产者。一句话，它按照自己的面貌为自己创造出一个世界。"[1]马克思看到了资产阶级摧枯拉朽的力量。

第四，资产阶级在积极推动世界呈现城市化趋势。在马克思看来，农村生活是愚昧状态，而迈向城市化则让农村居民摆脱了这样的愚昧。"资产阶级使农村屈服于城市的统治。它创立了巨大的城市，使城市人口比农村人口大大增加起来，因而使很大一部分居民脱离了农村生活的愚昧状态。正像它使农村从属于城市一样，它使未开化和半开化的国家从属于文明的国家，使农民的民族从属于资产阶级的民族，使东方从属于西方。"[2]城市生活开始变成世界主要地区的主导生活。马克思对"东方从属于西方"的论述，也为后来的依附论等理论提供了启示。

第五，资产阶级在极大地促进经济发展，这也是资产阶级最为关键的贡献。马克思对资产阶级这一方面的赞誉无以复加，"资产阶级在它的不到一百年的阶级统治中所创造的生产力，比过去一切世代创造的全部生产力还要多，还要大"。[3]这句话简短而有力，资产阶级的出现让人类的经济发展水平有了质的飞跃。

---

① 《马克思恩格斯选集》第一卷，第254—255页。
② 《马克思恩格斯选集》第一卷，第255页。
③ 《马克思恩格斯选集》第一卷，第256页。

第六，资产阶级推动了政治统一。这是资产阶级对政治的贡献。"资产阶级日甚一日地消灭生产资料、财产和人口的分散状态。它使人口密集起来，使生产资料集中起来，使财产聚集在少数人的手里。由此必然产生的结果就是政治的集中。"① 以往分散的市场阻碍了资产阶级的发展，他们需要统一市场，才能获得更多的利润。因此，他们和统治者联合，积极推动国家与民族的政治统一。"各自独立的、几乎只有同盟关系的、各有不同利益、不同法律、不同政府、不同关税的各个地区，现在已经结合为一个拥有统一的政府、统一的法律、统一的民族阶级利益和统一的关税的统一的民族。"②

资产阶级的发展需要建立强大的民族国家，这也符合马克思指出的"经济基础决定上层建筑"的观点。经济基础是指一个社会中占统治地位的生产关系各个方面的总和，即生产资料所有制形式、各种不同的社会集团在生产中的地位及相互关系、产品分配方式三个方面的总和。马克思的经济基础和生产关系是两个术语，但内容相同。相对于生产力而言，叫生产关系；相对于上层建筑而言，占统治地位的生产关系叫经济基础。资本主义的经济基础推动了统一的国家、统一的民族，当然相应推动了"民族国家"这样的理念与意识形态的出现。

资产阶级在做出重要贡献的同时，马克思也看到了资本主义社会的问题。他研究资本主义时有一个基本的分析单位，就是阶级。马克思指出：至今一切社会的历史都是阶级斗争的历史。③ "阶级"在马克思的著作中反复出现。《资本论》第三卷最后一章的题目就是"阶级"，但马克思只写了一个片段（一页半）就中断了。④ 他指出："地租、利润、工资这三大收入形式相适应的发达资本主义社会的三大阶级，即土地所有者、资本家、雇佣工人。"⑤ 在《路易·波拿巴的雾月十八日》中，马克思认为阶级是"数百万

---

① 《马克思恩格斯选集》第一卷，第 255 页。
② 《马克思恩格斯选集》第一卷，第 255—256 页。
③ 《马克思恩格斯选集》第一卷，第 250 页。
④ ［英］亨利·威廉·斯皮格尔：《经济思想的成长》（上），第 401 页。
⑤ 《资本论》第三卷，第 1001 页。

家庭的经济条件使他们的生活方式、利益和教育程度与其他阶级的生活方式、利益和教育程度各不相同并互相敌对，就这一点而言，他们是一个阶级"。①更多时候，马克思将资本主义社会的阶级结构简化为资产阶级与无产阶级，两个阶级始终处于对立与斗争状态。为什么这两个阶级会如此对立，而不能合作呢？

马克思的政治经济学揭示了资本主义制度下工人与资本家不平等的权力关系。在这种权力关系下，"原来的货币占有者作为资本家，昂首前行；劳动力占有者作为他的工人，尾随于后。一个笑容满面，雄心勃勃；一个战战兢兢，畏缩不前，像在市场上出卖了自己的皮一样，只有一个前途——让人家来鞣。"②在资本主义社会，资本家的优势不仅体现在经济上，也在政治上有显著的体现。我们来看历史上美国大选的例子。

二 为何 19 世纪末的麦金利能赢得选举？

1896 年的美国总统选举，资本集团的影响达到了高潮。民主党推出了候选人威廉·布莱恩（William Bryan），他在施政纲领中对美国大公司进行了猛烈的攻击，这让美国东部的银行家和工业家感到极为震惊。为阻止布莱恩当选，资本集团把大量的美元投到共和党候选人威廉·麦金利（William McKinley）的钱箱。最终，麦金利的选举团队筹集到了 1000 万美元的竞选经费，布莱恩只筹到 30 万美元。③当布莱恩在全国巡回演讲时，麦金利待在家中就赢得了总统选举。100 年后的俄罗斯也出现了类似的一幕。在 1996 年大选前的 4 个月，叶利钦的支持率只有 5%，俄罗斯的资本

①《路易·波拿巴的雾月十八日》，人民出版社 2001 年版，第 105 页。

②《资本论》第一卷，第 205 页。

③ ［美］埃里克·方纳：《给我自由！——一部美国的历史》（下），第 820 页。

集团纷纷动员起来，他们利用手里拥有的雄厚资金和覆盖全国的媒体，给予叶利钦全面的支持。叶利钦在其回忆录中写道：金融巨头们一个个来到我们的竞选班子。他们投身其中，分别从组织上、精神上或财力上给予支持。[①] 在这样强大的支持下，叶利钦最终赢得大选。

强大的资本集团深度地介入政府的日常事务。在19世纪后半期的美国，铁路部门贿赂政府官员变得极为普遍。大多数铁路公司给政府官员发放免费的乘车通行证。联合太平洋铁路公司将自己的股票打折卖给政府官员。经济权力和政治权力的融合使得不少资本家非常欢迎各式各样的政府干预。他们希望获得政府的土地赠予，也希望提高保护性关税，他们还希望政府帮他们镇压罢工。20世纪末俄罗斯的情况也如出一辙。叶利钦指出：俄罗斯"金融巨头试图操纵国事的方式各不相同。一些银行家们将莫斯科的官员、市政府玩于股掌之中；还有一些银行家，例如别列佐夫斯基和古辛斯基，投入所有资金创建强大的电视集团公司、印刷股份公司，就其实质而言，也就是试图垄断大众传播媒介"。[②] 这些资本集团公然地、直接地对政府日常工作施加影响，在政治家背后操纵国家。

20世纪60年代中期，不到三分之一的美国人认为：政府并非关照所有选民的利益，而是照顾大集团的利益。到了2008年，超过70%的选民持这一看法，最近几十年，持这一看法的美国民众超过三分之二。[③] 从20世纪60年代中期到90年代中期，美国的民意开始出现转变：认为政府被少数大型利益集团所左右的美国民众人数翻番，比重高达76%；认为政府官员对民众的想法不管不顾的占总人口的比重，从36%上升到66%。[④] 普林斯顿大学教授拉里·巴特尔斯（Larry Bartels）的研究显示：20世纪80年代末90年代初，美国参议院对不同收入群体的回应存在巨大差异。如果把美国选民划为三等，就收入为前三分之一的选民而言，参议员的立场与之

---

① ［俄］鲍里斯·叶利钦著，曹缦西等译：《午夜日记——叶利钦自传》，译林出版社2001年，第33页。

② ［俄］鲍里斯·叶利钦：《午夜日记——叶利钦自传》，第105页。

③ ［美］雅各布·哈克、保罗·皮尔森：《赢者通吃的政治》，第101页。

④ *American Political Science Association Task Force*，"American Democracy in an Age of Rising Inequality," *Perspectives on Politics*，2004，Vol. 2，No.4，p. 655.

高度一致；而对收入处于中间位置三分之一的选民而言，参议员的态度与其诉求的关联程度则弱得多；对收入最底层的三分之一的选民而言，参议员对其诉求的回应乃至呈现负相关。①巴特尔斯的研究得到了其同事的响应。《富裕与影响：美国的经济不平等与政治权力》的作者，普林斯顿大学政治学者马丁·吉伦斯（Martin Gilens）展示了美国的财富如何造成了政治影响。他发现：在美国，大多数人支持的政策并不会自动变成法律。当政策得到美国顶层人群支持的时候，才有可能变成法律。同时，在没有大选的年份，美国政府不仅不回应美国穷人的诉求，甚至回应呈现负值。这意味着收入最低的 10% 的美国底层民众想要美国政府做什么，往往适得其反。②这和马克思对资本主义国家的看法相吻合。

马克思的国家观体现了他的社会观。在自由主义者看来，社会是多元的；而在马克思看来，资本主义社会是两极分化的，"现代的国家政权不过是管理整个资产阶级的共同事务的委员会罢了"。③这被后来的学者称为"工具主义国家观"（instrumentalist theory of the state），即国家是统治阶级镇压被统治阶级，维系其统治的工具。与自由主义的政治经济学不同，马克思把精力集中在资本主义内部的权力分配问题上，这是古典经济学所忽视的。传统的古典经济学对不受约束的自由企业带来的显著的不公正性未置一词。④自由主义的政治经济学强调产权保护，而马克思则看到了产权保护背后的阶级性。在马克思的早期作品中，他指出木材盗窃成了德国各州法院被起诉最多的犯罪行为。柴火是当时穷人的主要燃料，而且他们世代以来都靠从树林里捡来的柴火作为燃料。但是，地主拥有了对树林的财产权。为了保护地主的产权，相关法律就规定：捡柴火是盗窃行为。马克思认为有产者在德国的州议会中占了统治地位，这样的议会不会顾及数量

① ［美］拉里·巴特尔斯著，方卿译：《不平等的民主：新镀金时代的政治经济学分析》，上海人民出版社 2012 年版，第 268 页。

② Martin Gilens, *Affluence and Influence: Economic Inequality and Political Power in America*, New York: Princeton University Press, 2012, p.172, Figure.6.1; p.216, Figure.7.12.

③ 《马克思恩格斯选集》第一卷，第 253 页。

④ ［英］约翰·米尔斯著，高湘泽译：《一种批判的经济学史》，商务印书馆 2005 年版，第 160 页。

越来越多、处境越来越糟的穷人的利益。①在马克思看来，资本主义的法院、政府、警察机构等国家机器，都不是全民利益，而是资产阶级利益的代表。

1969年，美国有502起骗税案件，犯法的大都是富人，平均每起骗税案件的涉案金额为19万美元。但是在这些骗税案中，只有20%的涉案者被判入狱，平均量刑期为7个月。同年，美国偷盗汽车以及入室行窃的犯罪，有60%会被判入狱。就偷车案而言，平均每起涉案金额为992美元，平均量刑期为18个月；入室盗窃的平均涉案金额为321美元，平均量刑期为33个月，要知道，偷车和入室行窃的涉案者大都是穷人。②

国家不是中立的，它代表有产者的利益。法律也不会是中立的，相反，法院会以维护自由的名义，维护有产者的利益。马克思指出："资产阶级用来束缚无产阶级的奴隶制的锁链，无论在哪里也不像在工厂制度上这样原形毕露。在这里，法律上和事实上的一切自由都不见了。……在这里，工厂主是绝对的立法者。他随心所欲地颁布工厂的规则；……即使他在这个法规中加上最荒谬的东西，法院还是会对工人说：你们既然自愿地订了这个契约，那你们现在就得履行它。"③在资本主义国家，国家机器会维护资产阶级的利益，国家成为资本家对抗工人的一种工具。那么，资本家和工人的分化是如何产生的呢？

马克思指出，资产阶级和无产阶级的分化并非如古典经济学家认为的那样，是勤劳者与懒惰者分化导致的。传统的认识是："在很久很久以前有两种人，一种是勤劳的、聪明的，而且首先是节俭的精英，另一种是懒惰的，耗尽了自己的一切，甚至耗费过了头的无赖汉。"④马克思指出，这样的虚拟历史毫无依据。在资本主义制度建立的早期，国家需要帮助资本家完成"原始积累"（primitive accumulation）。"大家知道，在真正的历史上，征服、奴役、劫掠、杀戮，总之，暴力起着巨大的作用。"⑤资本的原始积累

---

① ［美］杰瑞·穆勒著，余晓成等译：《市场与大师：西方思想如何看待资本主义》，社会科学文献出版社2016年版，第220—221页。
② ［美］霍华德·津恩著，许光春等译：《美国人民史》，上海人民出版社2013年版，第416页。
③ 《资本论》第一卷，第489页。
④ 《资本论》第一卷，第820页。
⑤ 《资本论》第一卷，第821页。

并非传统政治经济学所描述的那样是田园诗般的历程。资本的原始积累伴随着对边缘群体的"剥夺","对他们的这种剥夺的历史是用血和火的文字载入人类编年史的"。①

资本的原始积累有几个途径：首先，国家帮助资产阶级在世界范围内展开殖民活动，掠夺落后地区的财富。"美洲金银产地的发现，土著居民的被剿灭、被奴役和被埋葬于矿井，对东印度开始进行的征服和掠夺，非洲变成商业性的猎获黑人的场所：这一切都标志着资本主义生产时代的曙光。"② 殖民的历史就是资本原始积累的历史，这一过程离不开国家的帮助。

其次，国家剥夺传统自耕农的土地，让他们变成一无所有的雇佣工人。英国的"圈地运动"，即"15 世纪以来的血腥立法"，这一历程持续了几百年。在马克思看来，正是英国政府颁布了一系列圈地法令，残暴地摧毁了传统村庄，把自耕农从自己的土地上赶走，才把传统的耕地变为牧场。"被暴力剥夺了土地、被驱逐出来而变成了流浪者的农村居民，由于这些古怪的恐怖的法律，通过鞭打、烙印、酷刑，被迫习惯于雇佣劳动制度所必需的纪律。"③ 在国家的帮助下，大量的不受法律保护的无产者被抛向了市场。国家帮助资本家获得了"自由劳动者"。而马克思指出："这里所说的自由，具有双重意义：一方面，工人是自由人，能够把自己的劳动力当作自己的商品来支配；另一方面，他没有别的商品可以出卖，自由得一无所有，没有任何实现自己的劳动力所必需的东西。"④

马克思的政治经济既有政治，又有经济。资本的原始积累离不开政治和权力。"资本在它的萌芽时期，由于刚刚出世，不能单纯依靠经济关系的力量，还要依靠国家政权的帮助才能确保自己榨取足够的剩余劳动的权利，资本获得所谓的'剩余索取权'只是由于强权！"⑤

资产阶级的产生并不是有些人"勤劳""聪明""节俭"。殖民以及"圈

---

① 《资本论》第一卷，第 822 页。
② 《资本论》第一卷，第 860 页。
③ 《资本论》第一卷，第 846 页。
④ 《资本论》第一卷，第 197 页。
⑤ 《资本论》第一卷，第 312 页。

地运动"等资本原始积累的过程，都是以暴力为基础的。马克思指出："所有这些方法都利用国家权力，也就是利用集中的、有组织的社会暴力，来大力促进从封建生产方式向资本主义生产方式的转化过程，缩短过渡时间。"[1] 这一过程伴随着权力介入和暴力掠夺，而"暴力本身就是一种经济力"。[2] 马克思对资本原始积累的这句总结成为《资本论》中的名言，被后人不断引用："资本来到世间，从头到脚，每个毛孔都滴着血和肮脏的东西。"[3] 当原始积累阶段结束以后，资本家再积累的来源就是剩余价值。

三 为何巴西工人没有从"经济奇迹"中获益？

二战结束以后，巴西经济表现不俗，经济增长速度、工业化水平、国际直接投资总量、基础设施建设等都取得了长足的进步。尤其是在 20 世纪六七十年代，巴西创造了举世瞩目的"经济奇迹"，国际地位也迅速提升。此时的巴西，被视为国家引导的工业化的成功典范。[4]

1967 年到 1973 年，巴西的国内生产总值以年均 11.5% 的速度增长，与此同时，巴西的工业化也取得了巨大的成绩，巴西制造业以年均 12.9% 的速度增长。其中，钢铁产量从 1964 年的 280 万吨增加到 1976 年的 920 万吨；轿车产量从 1964 年的 18.4 万辆增加至 1976 年的 98.6 万辆，而且巴西生产的轿车有着较强的国际竞争力，大部分轿车出口到海外市场。[5] 这一时期，巴西的出口保持了强劲的增长势头，1968 年巴西的出口总额为 19

---

① 《资本论》第一卷，第 861 页。

② 《资本论》第一卷，第 861 页。

③ 《资本论》第一卷，第 871 页。

④ Gabriel Ondetti, *Land, Protest, and Politics: The Landless Movement and the Struggle for Agrarian Reform in Brazil*, Pennsylvania: The Pennsylvania State University Press, 2008, p.57.

⑤ Teresa Meade, *A Brief History of Brazil*, New York: Facts on File, 2010, pp.167-168.

亿美元，到 1973 年达到 62 亿美元。[1]尤其值得注意的是，巴西制成品的出口不断攀升，年均增长 38%。1968 年，巴西制成品的出口金额为 4 亿美元；到 1973 年，增长至 20 亿美元；制成品占出口总额的比重也从 20.3% 增长至 32.4%。[2] 随着制成品的出口越来越多，巴西出口也呈现多样化的趋势，这让巴西摆脱了长期依靠咖啡出口的局面，展现了巴西产业升级与国际竞争力的提升。

这一时期，国际投资者对巴西经济充满了信心，大量外资纷纷涌入。1964 年，巴西的国际直接投资额为 4740 万美元；到 1980 年，巴西吸引的国际直接投资额达到了 14.61 亿美元，增长了近 31 倍。[3]不仅如此，巴西还大力发展基础设施，修建了横跨亚马孙丛林的高速公路，动工修建了当时世界上规模最大的水电工程——伊泰普水电站，成立巴西国家航空公司，开工新建核电项目。1980 年，巴西的人均收入要高于当时的韩国、新加坡、香港地区以及中国台湾地区。[4]而人均收入的增长常常掩盖了巴西收入与分配不平等的现实。巴西的工人没有从巴西的"经济奇迹"中获益。

巴西军政府上台以后，竭力压低工人工资，使得工资涨幅低于通货膨胀率。同时，军政府还撤销了工人的一项重要权利——拥有 10 年以上工龄的工人享有职业稳定的权利。[5]这让劳工群体更加无权。巴西所实施的最低工资的实际购买力在不断下降，军政府统治期间，巴西的最低工资实际购买力至少降低了 25%。[6]如果把 1959 年 1 月的最低工资指数定为 100，到 1973 年 1 月，这项指数降至 39。1972 年，52.5% 的巴西民众的生活水平还达不到当时的最低工资水平。[7]1985 年，巴西实施的最低工资的购买力还

[1]　Riordan Roett, *Brazil: Politics in a Patrimonial Society*, Westport: Praeger, 1999, pp.149–150.

[2]　Riordan Roett, *Brazil: Politics in a Patrimonial Society*, pp.149–150.

[3]　Jorg Meyer-Stamer, *Technology, Competitiveness and Radical Policy Change: The Case of Brazil*, London: Frank Cass & Co. Ltd., 1997, p. 40, Table 2.

[4]　Eul-Soo Pang, *The International Political Economy of Transformation in Argentina, Brazil, and Chile since 1960*, New York: Palgrave Macmillan, 2002, p.124.

[5]　[巴西] 博勒斯·福斯托:《巴西简明史》，第 261 页。

[6]　Thomas Skidmore, *The Politics of Military Rule in Brazil: 1964-1985*, New York: Oxford University Press, 1988, pp. 222–223.

[7]　[巴西] 博勒斯·福斯托:《巴西简明史》，第 270—271 页。

不到 1940 年的 50%。根据一项调查，1985 年，77.7% 的圣保罗工人的收入比 1940 年时的最低工资还要少。[①]

巴西的情况和不少马克思主义政治经济学家的预测相一致，在资本主义社会，经济增长的好处往往被资本家所攫取，工人难以分到好处。资本家与工人的经济利益是冲突的。工人创造了价值，得到的却很少。因此，马克思主义者认为资本主义制度是"剥削"（exploitation）的。

马克思认为资本家与工人二者在自由市场上的权力是不对等的。亚当·斯密在《国富论》中也强调了这一点：雇主人数较少，能更加容易地联合起来。这也符合奥尔森"集体行动的逻辑"，小的集团更容易联合。斯密也看到了法律对资本家的偏袒，资本家持有资本，在劳资冲突中能维持更久。马克思在《资本论》中将这几点放大、强化，并从中看到了资本主义的"剥削"性。即便在自由市场，工人与资本家讨价还价的地位也不平等。

首先，资本家拥有生产资料，而工人不具备。作为少数人的资本家垄断了生产资料，而人数众多的劳动者却没有生产资料。当劳动者不能独立生产时，资本家与工人之间的权力关系就产生了。劳动者可以自由做出两种选择：出卖劳动力或者饿死。"工资决定于资本家和工人之间的敌对的斗争。胜利必定属于资本家。资本家没有工人能比工人没有资本家活得更长久。"[②]

其次，资本家与工人二者还存在一个差异，即资本家手中的资本能储备，而劳动者拥有的劳动力则不能。资本家拥有资本，而工人拥有劳动力。在面临罢工的时候，资本家可以将资本储备起来；而工人却不能将劳动力储备起来，留作将来使用。可以储备的资本与不能储备的劳动力竞争，工人与资本家讨价还价的余地就大打折扣。

再次，资本主义的国家是资本家对抗工人的工具。如我们在上一节展

---

① Ignacy Sachs, "Growth and Poverty: Some Lessons From Brazil," in Jean Dreze and Amartya Sen, eds., *The Political Economy of Hunger*, *Volume 3: Endemic Hunger*, New York: Oxford University Press, 1991, p.107.

② 《马克思恩格斯全集》第三卷，人民出版社 2002 年版，第 223 页。

示的那样，在马克思眼中，国家权力并不是中立的。资本主义的国家权力服务于资本主义的经济运行。在劳资冲突的过程中，"资本家的联合是常见的和有效的，工人的联合则遭到禁止并会给他们招来恶果"。[①]《谢尔曼反托拉斯法》原本是用来阻止大企业的垄断行为，但法官却用它来发布禁止罢工的禁令。为反对美国铁路工人罢工，时任司法部长奥尼尔找到两条理由：罢工阻碍了邮件传递，也违反了《谢尔曼反托拉斯法》。他说服史蒂芬·格罗弗·克利夫兰总统（Stephen Grover Cleveland）调遣上千名军警保护火车。值得一提的是，此时的奥尼尔是好几家铁路公司的董事会成员。因此，路易斯·布兰戴斯（Louis D. Brandeis）大法官在 1922 年的一封信里写道："不要过于相信立法。国家的干预很容易落到别有用心的人手里，并成为他们压迫大众的工具。"[②]

最后，庞大的"产业后备军"（industrial reserve army）让资本家能赢得劳资冲突。马克思指出："过剩的工人人口形成一支可供支配的产业后备军，它绝对地隶属于资本，就好像它是由资本出钱养大的一样。"[③]在职工人容易被这支"产业后备军"所替换。因此，职业的不安全感削弱了工人对抗资本家的能力。由于这种不平等的关系，资本家可以随心所欲地占有工人的剩余价值。那么，资本家与工人之间的关系为什么是"剥削"与"被剥削"，而不是"自由""平等"的交换呢？这和马克思提出的劳动价值论（labor theory of value）相关。

亚当·斯密相信在人类社会的早期阶段，土地被私人占有之前，劳动是唯一的价值源泉；李嘉图则将土地排除在考虑之外，认为土地只是价值的索取者而不是创造者。至于资本，李嘉图认为它创造了"百分之六七"的价值，即斯蒂格勒后来所宣称的"93% 的劳动价值论"。[④]马克思的"劳动价值论"比斯密和李嘉图彻底，他认为只有劳动才能创造价值，资本家

① 《马克思恩格斯全集》第三卷，第 223 页。

② ［美］拉古迈拉·拉詹、路易吉·津加莱斯著，余江译：《从资本家手中拯救资本主义》，中信出版社 2004 年版，第 44 页。

③ 《资本论》第一卷，第 728—729 页。

④ ［美］罗伯特·海尔布隆纳著，陈小白译：《改变世界的经济学家》，华夏出版社 2016 年版，第 131 页。

只是占有了工人创造的价值。

马克思指出，资本主义生产过程中，资本家会去购买原材料、厂房以及劳动力。这些可以简单划分为两部分：不变资本与可变资本（constant capital and variable capital）。厂房、机器、原材料都属于不变资本，它们不会产生新的价值。它们在生产过程中被耗费，其价值会转化进入新的产品。有人会说，现代机器生产本身也创造价值，而马克思说，这些机器就是过去的劳动，是以金属形式储藏的过去的劳动。"机器不在劳动过程中服务就没有用。不仅如此，它还会由于自然界物质变换的破坏作用而解体，铁会生锈，木会腐朽。"① 单单靠这些不变资本，资本家没法发财致富，他需要找到一种特殊的商品。资本家找到了，他"在市场上发现这样一种商品，它的使用价值本身具有成为价值源泉的独特属性……这样一种独特的商品，这就是劳动能力或劳动力"。②

可变资本就是用来购买劳动力的那部分资本，这是能给资本家带来价值增殖的部分。马克思指出，"劳动力的价值和劳动力在劳动过程中的价值增殖，是两个不同的量。资本家购买劳动力时，正是看中了这个价值差额"。③ 商品的价值是由生产这种商品的社会必要劳动时间决定的。而社会必要劳动时间是：在现有的社会正常的生产条件下，在社会平均的劳动熟练程度和劳动强度下制造某种使用价值所需要的劳动时间。④ 劳动力有价值，而且"同任何其他商品的价值一样，劳动力的价值也是由生产从而再生产这种独特物品所必要的劳动时间决定的"。⑤

第一，工人要维持自己的生存。马克思指出，"生产劳动力所必要的劳动时间，可以归结为生产这些生活资料所必要的劳动时间，或者说，劳动力的价值，就是维持劳动力占有者所必要的生活资料的价值"⑥。第二，工人需要维持家庭生存。要保证资本主义制度能继续下去，工人不仅要自己

---

① 《资本论》第一卷，第 214 页。
② 《资本论》第一卷，第 194—195 页。
③ 《资本论》第一卷，第 225 页。
④ 《资本论》第一卷，第 52 页。
⑤ 《资本论》第一卷，第 198 页。
⑥ 《资本论》第一卷，第 199 页。

谋生，而且要结婚生子，为资本家提供未来的工人。"因此，生产劳动力所必需的生活资料的总和，要包括工人的补充者即工人子女的生活资料，只有这样，这种特殊商品所有者的种族才能在商品市场上永远延续下去。"① 马克思指出：一个工人的劳动力价值和任何别的商品的价值一样，就是用它的生产成本所耗费的劳动时间衡量。比如说，如果生产一个工人及其家庭一天生存所需的物品，需要花费 6 小时劳动时间，那么他一天的劳动力价值就是 6 小时。此时，资本家和工人进行"等价交换"，资本家付给工人 6 个小时的工资，在这一天内，"劳动力就像出租一天的任何其他商品（例如一匹马）一样，归资本家使用"。② 所以，马克思指出，资产阶级的政治经济学把工人当作马，"工人完全像每一匹马一样，只应得到维持劳动所必需的东西"。③

那么，如果资本家只让工人每天工作 6 个小时，他能赚钱吗？当然不能。所以，资本家会延长工人的劳动时间。工人的全部劳动时间分为两个部分：必要劳动时间和剩余劳动时间。前面 6 个小时就是工人的必要劳动时间，而资本家延长的部分，就成了剩余劳动时间，这是剩余价值（surplus value）的来源。"剩余价值都只是来源于劳动在量上的剩余，来源于同一个劳动过程的持续时间的延长。"④ 马克思指出：价值增殖过程不外是超过一定点而延长了的价值形成过程。⑤

资本家付给工人 6 小时的工资，却让他工作一整天，比如 12 小时，"劳动力维持一天只费半个工作日，而劳动力却能劳动一整天。因此，劳动力使用一天所创造的价值比劳动力自身一天的价值大一倍"。⑥ 所以，马克思强调，资本主义的自由、平等只局限在流通流域。在流通领域，工人和资本家等价交换。工人卖给了资本家劳动力的使用权，"劳动力的买和卖是在流通领域或商品交换领域的界限以内进行的，这个领域确实是天赋人权的真

---

① 《资本论》第一卷，第 199—200 页。
② 《资本论》第一卷，第 216 页。
③ 《马克思恩格斯全集》第三卷，第 232 页。
④ 《资本论》第一卷，第 230 页。
⑤ 《资本论》第一卷，第 227 页。
⑥ 《资本论》第一卷，第 226 页。

正乐园"。① 说它是自由的，是因为劳动力的买者和卖者，根据自身的自由意志进行买卖。说它是平等的，是因为它们的交换遵循了等价交换的原则。资本家根据劳动力的价值，支付给工人工资。但是，一旦进入生产领域，资本主义就没有了自由和平等，在工人的必要劳动时间以外，资本家会延长工人的剩余劳动时间，来获得剩余价值。因此，"资本主义生产不仅是商品的生产，它实质上是剩余价值的生产。工人不是为自己生产，而是为资本生产"。②

马克思指出："资本主义生产——实质上就是剩余价值的生产，就是剩余劳动的吸取——通过延长工作日，不仅使人的劳动力由于被夺去了道德上和身体上的正常发展和活动的条件而处于萎缩状态，而且使劳动力本身未老先衰和过早死亡。"③ 在马克思早年的作品《1844年经济学哲学手稿》中，马克思做了详细的摘录笔记：有些工人每天紧张劳动16小时，才勉强买到不致饿死的权利。④ 为了获得更多剩余价值，资本家会不断延长工人的剩余劳动时间。在马克思写作的年代，资本家大都依靠延长工人的劳动时间赚取利润。马克思描写当时的铁路工人：在10—12年以前，他们每天只劳动8小时。但是在最近5—6年的时间里，铁路工人的劳动时间延长到了14、18甚至20小时。⑤ 这样的情况在马克思的著作中反复出现。马克思在《资本论》第十章《工作日》中引用了恩格斯《英国工人阶级状况》中的素材以及当时的政府报告与新闻，这些材料栩栩如生。大量工人因为过度劳动而残疾、死亡。由于过度劳动，面包工人很少活到42岁；锅炉工人连续工作超过29小时；铁路工人由于疲惫不堪，事故频发；10岁的小女孩从小就当了童工，由于得不到教育，把上帝（God）念成狗（Dog）。为了获取更多的剩余价值，资本家罔顾工人的幸福、健康与安全。马克思揭示出资本主义生产的残酷性，"如果但丁还在，他一定会发现，他所想象的最

---

① 《资本论》第一卷，第204页。
② 《资本论》第一卷，第582页。
③ 《资本论》第一卷，第307页。
④ 《马克思恩格斯全集》第三卷，第237页。
⑤ 《资本论》第一卷，第293页。

残酷的地狱也赶不上这种制造业中的情景"。[①]

马克思把资本比作吸血鬼，比作狼。资本需要靠吸取劳动者的鲜血才能存活。"作为资本家，他只是人格化的资本。他的灵魂就是资本的灵魂。而资本只有一种生活本能，这就是增殖自身，获取剩余价值，用自己的不变部分即生产资料吮吸尽可能多的剩余劳动。资本是死劳动，它像吸血鬼一样，只有吮吸活劳动才有生命，吮吸的活劳动越多，它的生命就越旺盛。"[②] 这种剥削和榨取给工人造成了极大的伤害。"资本由于无限度地盲目追逐剩余劳动，像狼一般地贪求剩余劳动，不仅突破了工作日的道德极限，而且突破了工作日的纯粹身体的极限。它侵占人体成长、发育和维持健康所需要的时间。它掠夺工人呼吸新鲜空气和接触阳光所需要的时间"。[③] 要知道，靠单个资本家的好心，是改变不了资本主义的残酷性的。这"不取决于个别资本家的善意或恶意。自由竞争使资本主义生产的内在规律作为外在的强制规律对每个资本家起作用"。[④]

资本家要尽最大限度剥削工人，造成工人难以分享经济增长带来的好处。不仅巴西如此，在其他资本主义国家也同样如此。在二战后的韩国，企业长期实行的是最大限度地降低劳工工资，最大限度地延长劳动时间。20世纪50年代到80年代中期，韩国工人的工资一直被压得很低。尽管1981年韩国的劳动生产率提高了16%，但韩国工人的实际工资却下降了5%。[⑤] 战败后的日本，为了恢复资本主义体制的秩序，无视社会保障制度与公共服务，国民福利被压缩到相当低的水平。这个时期的日本是"被遗忘的都市"。[⑥] 事实上，美国工人的状况也好不到哪里去。自20世纪70年

---

① 《资本论》第一卷，第286页。

② 《资本论》第一卷，第269页。

③ 《资本论》第一卷，第306页。

④ 《资本论》第一卷，第312页。

⑤ Bruce Cumings, "The Origins and Development of the Northeast Asian Political Economy: Industrial Sectors, Product Cycles, and Political Consequences," in Frederic Deyo, ed., *The Political Economy of the New Asian Industrialism*, Ithaca and London: Cornell University Press, 1987, p.80.

⑥ ［日］井村喜代子著，季爱琴等译：《现代日本经济论》，首都师范大学出版社1996年版，第136—137页

代以来，美国联邦政府和国会让最低工资降幅超过了 40%。[1] 1968 年，经通货膨胀调整后的联邦最低工资时薪为 9.54 美元；到 2014 年，降至 7.25 美元。[2]20 世纪五六十年代，拿最低工资的工人可以挣到全行业平均工资的 45%；但到了 2006 年，最低工资已经不到平均工资的 21%。[3]

资本家之所以如此渴求钱财，不仅仅是出于贪念。在资本主义社会，资本家面临与同行无休止的竞赛，他必须努力积累资本。他不是积累，就是被别人积累。[4]

四 资本主义企业的利润率为何呈下降趋势？

当代资本主义的产业不断升级，技术不断进步。但让人感到奇怪的是，二战后资本主义的企业却面临利润率下降的压力。托马斯·魏斯科普夫（Thomas Weisskopf）估计：1949 年到 1975 年，美国企业的平均利润率从 13% 下降到了 8%。[5]而弗雷德·莫斯利（Fred Moseley）的研究显示，在同一时期，美国企业的平均利润率下降了 18%。[6]爱德华·沃尔夫（Edward Wolff）则估计美国企业的平均利润率从 1947 年的 14.5% 下降到 1976 年的 12.2%。[7]如图 4-1 所示，大卫·科兹（David Kotz）展示了从

① ［美］拉里·巴特尔斯：《不平等的民主：新镀金时代的政治经济学分析》，第 25 页。

② ［美］约瑟夫·斯蒂格利茨著，张昕海译：《重构美国经济规则》，机械工业出版社 2017 年版，第 79—80 页。

③ ［美］拉里·巴特尔斯：《不平等的民主：新镀金时代的政治经济学分析》，第 229—230 页。

④ ［美］罗伯特·海尔布隆纳：《经济学统治世界》，第 131 页。

⑤ Thomas Weisskopf, "Marxian Crisis Theory and the Rate of Profit in the Postwar U.S. Economy," *Cambridge Journal of Economics*, Vol.3, No.4, 1979, pp.341–378.

⑥ Fred Moseley, *The Falling Rate of Profit in the Postwar United States Economy*, New York: Saint Martin's Press, 1991, p.87.

⑦ Edward Wolff, "The Productivity Slowdown and the Fall in the U.S. Rate of Profit, 1947–76," *Review of Radical Political Economics*, Vol.18, No.1–2, 1986, p.95, Table.2.

20世纪60年代至2008年，美国非金融部门利润率的下降趋势。除美国外，魏斯科普夫发现，1955年到1985年，其他资本主义国家，如英国、法国、瑞典、联邦德国、意大利、日本、加拿大等国都出现了平均利润率在波动中呈整体下降的趋势。[①]

　　事实上，不少马克思主义者都在努力寻找资本主义国家平均利润率下降的证据，值得我们注意的是，采用不同的测量方式、不同时间段的数据会有偏差，或得出完全不同的结论。那么，就上述初步的数据来看，资本主义国家的企业为什么遭遇平均利润率的下降呢？

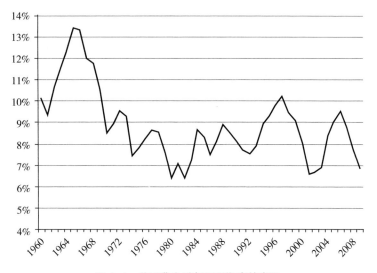

图4-1　美国非金融部门利润率的变迁

资料来源：David Kotz, "Social Structures of Accumulation, the Rate of Profit, and Economic Crises," in Jeannette Wicks-Lim and Robert Pollin, eds., *Capitalism On Trial: Explorations in the Tradition of Thomas E. Weisskopf*, Northampton: Edward Elgar, 2013, p.339, Figure 23.1。

　　马克思主义者会认为：这与马克思的预测是吻合的。资本主义经济会出现技术进步与平均利润率下降并存的情况。资本主义社会到处是竞争，

[①]　Thomas Weisskopf, "An Analysis of Profitability Changes in Eight Capitalist Economies," *Review of Radical Political Economics*, Vol. 20, No.2-3, 1988, pp.68-79.

资本家需要扩大企业规模，推动技术进步，让自己在竞争中获胜。"资本主义生产的发展，使投入企业的资本有不断增长的必要，而竞争使资本主义生产的内在规律作为外在的强制规律支配着每一个资本家。"[1] 在马克思与恩格斯那里，竞争就是敌对的同义词，市场竞争就是另外一种形式的战争。资本家如果不能在竞争中获胜，就面临破产的危险。如果要扩大生产规模，资本家需要雇用更多的工人，对工人的需求增加，会推动工人工资的上涨。但工人工资的上涨则会侵蚀资本家的利润。因此，大部分资本家在竞争压力下会采用另一种办法：推动技术进步，采用新的机器设备。先进机器的使用将提高这个资本家工厂生产效率。

对单个资本家而言，"像其他一切发展劳动生产力的方法一样，机器是要使商品便宜，是要缩短工人为自己花费的工作日部分，以便延长他无偿地给予资本家的工作日部分。机器是生产剩余价值的手段"。[2] 如果一个资本家率先采用新技术，他就会因为生产效率提高而赚取更多的利润。"采用改良的生产方式的资本家比同行业的其余资本家，可以在一个工作日中占有更大的部分作为剩余劳动。"[3] 而对其他资本家而言，他们也得纷纷采用新技术，否则就会因为效率滞后而被更有效率的资本家吞并。"作为竞争的强制规律，迫使他的竞争者也采用新的生产方式。"[4] 他不是积累，就是被别人积累；资本家不采用新技术，也会被别人积累。因此，资本家竞相采用新技术是与其他资本家进行竞争的需要。

由于资本家的剥削，劳工常常组织起来反抗，资本家也面临工人的竞争。引入机器可以减少工人罢工对生产过程带来的损失。"由于工厂的全部运动不是从工人出发，而是从机器出发，因此不断更换人员也不会使劳动过程中断。"[5] 而推动技术进步，用机器代替工人可以让资本家获得更大的讨价还价能力。为什么呢？首先，大部分技术进步都是资本密集型的技术进

---

① 《资本论》第一卷，第 683 页。

② 《资本论》第一卷，第 427 页。

③ 《资本论》第一卷，第 370 页。

④ 《资本论》第一卷，第 370—371 页。

⑤ 《资本论》第一卷，第 485 页。

步，或者说是节约劳动型的技术进步。由于技术替代了劳动，失业工人增多，"产业后备军"增加，资本家的议价能力得到了增强。其次，机器使得资本家对工人的技术依赖减少。以往的车间生产对技术工人的要求高，技术工人对生产过程有着较大的主导权。但机器的使用让生产过程变得简单，生产过程不再依赖工人的技术，资本家夺回了对生产过程的控制权。最后，由于机器的使用，生产过程变得更简单，妇女和儿童都可以进入生产过程，替代了男性工人。资本家使用机器的目的是"力图把有反抗性但又有伸缩性的人的自然界限的反抗压到最低限度。而且，由于在机器上劳动看来很容易，由于妇女和儿童比较温顺驯服，这种反抗无疑减小了"。[1]机器的使用，使得"这种活十分简单，从事这种苦役的人员可以迅速地经常地更换"，[2]"工人终于毫无办法，只有依赖整个工厂，从而依赖资本家"。[3]

技术学的研究者认为技术进步有自身的规律，在马克思看来，资本主义社会的技术进步背后有着重要的阶级推手，即资本家。资本家推动技术进步，采用新机器，是出于两个竞争的需要：与其他资本家竞争，与工人竞争。他们会始终不渝地推动技术进步，因为技术进步与机械化是劳动节约装置。那么，问题就出来了。

当单个资本家采用新技术的时候，他会获得超额的利润。马克思指出：在机器生产还被垄断的这个过渡时期，利润特别高，这是资本家与新机器的"初恋时期"。[4]但是，当其他资本家在竞争压力下纷纷采用新技术，"初恋"带来的利润就会消失。"当新的生产方式被普遍采用，因而比较便宜地生产出来的商品的个别价值和它的社会价值之间的差额消失的时候，这个超额剩余价值也就消失。"[5]事实上，不仅是超额利润会消失，资本家连最初的利润率都无法获得。因为既然剩余价值是工人创造的，而资本家使用新的机器替代了工人，那么也就减少了剩余价值的来源。所有资本家都在积

---

① 《资本论》第一卷，第 464 页。
② 《资本论》第一卷，第 485 页。
③ 《资本论》第一卷，第 486 页。
④ 《资本论》第一卷，第 468 页。
⑤ 《资本论》第一卷，第 370 页。

极推动技术进步，用机器替代工人，就会出现马克思指出的：资本有机构成（organic composition of capital）提高，它可以用不变资本与可变资本的比率来衡量。资本有机构成是每个劳动者占有生产资料的数量。在资本主义制度下，每个劳动者占有的生产资料越多，就意味着资本有机构成越高。1841 年，英国的纺纱工人总共只有 448 人，但他们所照管的纱锭却比 1829 年的 1088 个工人所照管的还要多 53353 个。[①]每个劳动者在生产过程中占有越来越多的生产资料，也就是说，单位资本雇佣的劳动者减少了。

　　马克思指出，尽管随着社会资本总量的增长，雇佣的劳动力也会增加。但是，等量资本雇佣的劳动力会越来越少。"诚然，随着总资本的增长，总资本的可变组成部分即并入总资本的劳动力也会增加，但是增加的比例越来越小。"[②]资本主义的剥削会变成无源之水。这么看来，机器的使用会削弱资本主义的生存基础。为什么资本家会做出如此不理性的选择呢？

　　我们又可以回到奥尔森"集体行动的逻辑"。个体理性与集体理性常常是相悖的。从资本主义的整体理性而言，应该更多地雇佣劳动力到生产线上，以获得更多的剩余价值。但是从资本家的个体理性来看，却要更多地使用资本密集型的技术革新，以率先获得更多的利润。即使他不这么做，他的同行也会这么做。因此，单个资本家的个体理性是需要用机器替代工人。这些资本家"不管是否愿意，人人都走向他们的结局，而且他们是在不知不觉的情况下合力走向灭亡"。[③]因此，这样的个体理性导致了集体的不理性。由于资本有机构成提高，资本主义社会总资本剥削的劳动力份额在变少，剩余价值率在减少，而剩余价值是平均利润率的基础，因而资本主义国家在经历技术进步的同时，会出现平均利润率下降的趋势。

　　马克思发现，资本主义不仅会出现资本有机构成提高、平均利润率下降的趋势，还会出现资本集中的趋势。在英国的制造业城市伯明翰，亚当·斯密所津津乐道的制针业，1900 年时还有 50 家制针工厂；到 1939 年，整个英国的制针企业缩减至 12 家；而到了 1980 年，整个英国只剩下一家

---

①《马克思恩格斯选集》第一卷，第 203 页。

②《资本论》第一卷，第 726 页。

③［美］罗伯特·海尔布隆纳：《经济学统治世界》，第 134 页。

制针厂。① 由于激烈的竞争，资本主义的企业变得越来越集中，马克思预言大企业会成为资本主义经济的主体。《资本论》问世的时候，世界上的大企业还很少，仍然是以小企业为主，在 1867 年宣称大企业将支配世界跟当前我们宣布 50 年后美国的小业主会取代大公司一样惊人。②

在资本主义社会，不仅工人没有安全感，资本家同样也没有安全感。由于竞争，资本有机构成在逐步提高，跟不上这一步伐的资本家会破产，沦为无产者。这一过程是 "一个资本家打倒许多资本家"③ 或者少数资本家打倒多数资本家的过程。"随着这种集中或少数资本家对多数资本家的剥夺"，④ 大多数资本家也会沦落成无产者。同时，中间阶级也会逐渐消失。马克思和恩格斯在《共产党宣言》里预言："以前的中间等级的下层，即小工业家、小商人和小食利者，手工业者和农民——所有这些阶级都降落到无产阶级的队伍里来了，有的是因为他们的小资本不足以经营大工业，经不起较大的资本家的竞争；有的是因为他们的手艺已经被新的生产方法弄得不值钱了。无产阶级就是这样从居民的所有阶级中得到补充的。"⑤ 美国的经济变迁从一个侧面印证了马克思的预言。1800 年到 1825 年，大约有四分之三的美国人在自己的农场或小店铺工作；但二战以后，自我雇用的人数却只占美国总人口的十分之一。⑥ 自我雇用的人群正在减少，越来越多的人要么受雇于资本家，要么失业。资本主义的阶级关系将会非常简单，大量资本家破产，中间阶级将会消失，而剩下的只有资产者和无产者。"我们的时代，资产阶级时代，却有一个特点：它使阶级对立简单化了。整个社会日益分裂为两大敌对的阵营，分裂为两大相互直接对立的阶级：资产阶级和无产阶级。"⑦ 事实上，马克思中间阶级消失的预言在当今的世界各地也引发了担忧。

---

① Clifford Pratten，"The Manufacture of Pins，" *Journal of Economic Literature*，Vol.18，No.1，1980，pp.93–96.

② ［美］罗伯特·海尔布隆纳：《经济学统治世界》，第 138 页。

③ 《资本论》第一卷，第 874 页。

④ 《资本论》第一卷，第 874 页。

⑤ 《马克思恩格斯选集》第一卷，第 259 页。

⑥ ［美］罗伯特·海尔布隆纳：《经济学统治世界》，第 139 页。

⑦ 《马克思恩格斯选集》第一卷，第 251 页。

五　为何美国贫富差距扩大了？

　　近几十年来的美国，财富越来越多地流向了富人。20 世纪 50 年代末，美国总收入流向最富有的 0.1% 的经济名人的比重为 0.2%，到了 2005 年，这一数字变成了 10.9%。与此同时，收入流向最富有的 1% 的居民的比重，则在同一时段翻了一番多，从 10.2% 增长到 21.8%。[1]1981 年到 2005 年，最富有的 1% 的美国人的实际收入翻番，最富有的 0.1% 的美国人的实际收入增加了近 2 倍，最富有的 0.01% 的美国人（由约 1.3 万名美国人构成的超级富人群体）的实际收入则增加了 4 倍。[2]1985 年到 2005 年，美国最富有的 400 人，平均净财产从 6 亿美元增加到了 28.1 亿美元，20 多年间增加了 3 倍多。2005 年，这群人的财富总值超过了加拿大的国内生产总值。[3]美国富人群体收入的高速增长，显著扩大了他们在美国经济中的份额。美国最富有的 1% 的居民的收入，2007 年时为美国总收入的 18%；而 1974 年时只有 8%。最富有的 1% 的居民的收入占总收入的比重，和 1928 年美国大萧条来临前接近。（1928 年，最富有的 1% 的居民的收入占美国总收入的 24%。）[4]

　　在 20 世纪 90 年代的经济扩张中，有将近一半的收入增量进入了最富有的 1% 的人的腰包；在 21 世纪前 10 年的经济增长中，有接近三分之二的收入增量进入了这些人的腰包。[5]从 2002 年到 2007 年，最富有的 1% 的美国人的收入上涨了 62%；相比之下，底层 90% 家庭的收入只增长了 4%。[6]2004 年，美国底层 40% 的家庭的平均资产只有微不足道的 2200 美

---

① ［美］拉里·巴特尔斯：《不平等的民主：新镀金时代的政治经济学分析》，第 1 页。
② ［美］拉里·巴特尔斯：《不平等的民主：新镀金时代的政治经济学分析》，第 9 页。
③ ［美］拉里·巴特尔斯：《不平等的民主：新镀金时代的政治经济学分析》，第 10 页。
④ ［美］雅各布·哈克、保罗·皮尔森：《赢者通吃的政治》，第 6 页。
⑤ ［美］雅各布·哈克、保罗·皮尔森：《赢者通吃的政治》，第 190 页。
⑥ ［美］唐纳德·巴利特、詹姆斯·斯蒂尔著，陈方仁译：《被出卖的美国梦》，上海人民出版社 2013 年版，第 16 页。

元，比 1983 年时这一群体的平均家庭资产 5400 美元少了一半左右。① 大多数美国人，不仅仅是穷人，都为基本的生存问题而备感忧虑：让孩子得到体面的教育，赚到一份可以应付家庭开销的薪水，或者退休后能有足够的存款。② 2007 年的一项调查显示，有 72% 的受访者认为美国的收入差距过大；有 68% 的受访者认为现有的收入分配是不公平的。③ 对普通美国人而言，他们发现未来越来越没有保障；他们觉得美国的经济越来越偏离"包容性增长"。

沃尔玛的首席执行官告诉公司的主管和董事：美国的最低工资已经落后于时代，我们亲眼见证了我们很多顾客，正为生活而挣扎。每个月 1 号到 15 号，我们的顾客开支增加；在月底，他们的开支减少。这让我们明白了一个简单的道理：我们的顾客在每个月领取薪酬前的一段日子，没钱购买基本生活物品。④

法国经济学家托马斯·皮凯蒂（Thomas Piketty）的《21 世纪资本论》问世后立刻成为畅销书。他的著作用长时段的经济数据呼应了马克思的观点。他试图展示，从 18 世纪以来的经济史数据看，资本的平均收益一直高于经济增长率，这意味着靠资本获得收入和靠工资获得收入的两个群体之间的分化不断加大，其结果就是财富集中。皮凯蒂从以往的数据推断，如果没有相应的政治干预，财富集中的趋势将继续下去：资本的平均收益会在 4%—5%，而经济增长率在 1%—1.5%。⑤ 这样，靠资本获益的群体会分到更多的份额，而靠出卖劳动力谋生的群体则分到较小的份额。资本主义有重新回到世袭资本主义（patrimonial capitalism）的危险。在经济发展的过程中，资本所获得的份额较高，劳动者所获得的份额就较少，二者的差距将越拉越大，这就是马克思所预言的工人阶级的贫困化

---

① ［美］雅各布·哈克、保罗·皮尔森：《赢者通吃的政治》，第 20 页。

② ［美］约瑟夫·斯蒂格利茨著，张昕海译：《重构美国经济规则》，机械工业出版社 2017 年版，第 3 页。

③ Benjamin Page and Lawrence Jacob, *Class War: What Americans Really Think about Economic Inequality*, London: The University of Chicago Press, 2009, pp.40—41.

④ ［美］拉里·巴特尔斯：《不平等的民主：新镀金时代的政治经济学分析》，第 251 页。

⑤ ［法］托马斯·皮凯蒂著，巴曙松等译：《21 世纪资本论》，中信出版社 2014 年版，第 590 页。

（immiseration of the working class）。而且，在资本主义制度下，这一问题并不会随着技术进步而得到有效遏制。

不少学者预言技术进步会改善民众的生活，因为技术进步减轻了工人的工作负担，创造了更多的物质财富。而马克思则认为：在资本主义条件下，不要指望技术进步能改善工人阶级的处境。为什么技术进步难以改善工人阶级的处境呢？马克思引用了密尔的一句话："值得怀疑的是，一切已有的机械发明，是否减轻了任何人每天的辛劳。"[1]他指出：不用怀疑，机器的发明无法改善工人的处境。

首先，由于机器的使用，可供资本家剥削的人群扩大了。以往资本家主要剥削男性工人，随着机器的使用，原本由熟练男性工人做的工作，现在妇女和小孩都可以做了。机器瓦解了传统的家庭分工，资本家剥削的对象扩大到了妇女和小孩。"这种代替劳动和工人的有力手段，就立即变成了这样一种手段，它使工人家庭全体成员不分男女老少都受资本的直接统治，从而使雇用工人人数增加。为资本家进行的强制劳动，不仅夺去了儿童游戏的时间，而且夺去了家庭本身通常需要的、在家庭范围内从事的自由劳动的时间。"[2]"机器把工人家庭的全体成员都抛到劳动市场上，就把男劳动力的价值分到他全家人身上了。因此，机器使男劳动力贬值了。"[3]同时，以往靠男性劳动者工作就能养活整个家庭，现在，随着技术进步，男性劳动力贬值，他挣得的工资已经难以养活整个家庭。其子女和妻子也不得不为资本家工作以养家糊口。"大多数工人之所以能供养家庭，是因为他们的妻子和孩子也在拼命工作。"[4]机器在使男性劳动力贬值的同时，让资本家可以剥削更多的人群，包括妇女和小孩。机器原本是"缩短劳动时间的最有力的手段，竟成为把工人及其家属的全部生活时间变成受资本支配的增殖资本价值的劳动时间的最可靠的手段"。[5]技术进步使得以往靠一个人能养活

---

① 《资本论》第一卷，第 427 页。

② 《资本论》第一卷，第 454 页。

③ 《资本论》第一卷，第 454 页。

④ ［美］杰瑞·穆勒：《市场与大师》，第 216 页。

⑤ 《资本论》第一卷，第 469 页。

的家庭，现在要全家人一起去工厂挣工资，才能勉强维持生计。

其次，机器的使用，造成了工人技术的贬值。在引入机器之前，资本家主要依靠熟练工人的技术，熟练工人对生产过程有着相当大的主导权。机器的使用，让资本家重新夺回了对生产过程的控制。"分工的进一步发展使工人的手艺化为乌有，从前需要用手艺的地方，现在任何人都能做得到，从而工人之间的竞争也就加剧了。"[1]

最后，机器的使用，造成了"相对过剩人口"。马克思预言资本主义会持续被失业问题困扰，工人阶级会出现贫困化趋势，"贫困比人口和财富增长得还要快"。[2] 在资本主义的条件下，"大工业的本性决定了劳动的变换、职能的更动和工人的全面流动性"。[3]资本家推动的技术进步往往是资本密集型的技术进步，它替代了劳动，使得工人的工作失去了稳定性。因而，机器的使用带来了失业问题，它"破坏着工人生活的一切安宁、稳定和保障，使工人面临这样的威胁：在劳动资料被夺走的同时，生活资料也不断被夺走，在他的局部职能变成过剩的同时，他本身也变成过剩的东西"。[4]

面临大规模的失业，有资本家会指责是由于工人生育了过多的小孩，导致劳动力供给过剩，"原来你们的婚姻比你们的手艺还要多产"。[5]但是，马克思则认为，失业问题是资本家的阴谋。因为资本家需要维持一支庞大的"产业后备军"以增强对工人的控制。"过剩的工人人口是积累或资本主义基础上的财富发展的必然产物，但是这种过剩人口反过来又成为资本主义积累的杠杆，甚至成为资本主义生产方式存在的一个条件。过剩的工人人口形成一支可供支配的产业后备军，它绝对地隶属于资本，就好像它是由资本出钱养大的一样。"[6]这些相对过剩人口，"为不断变化的资本增殖需要创造出随时可供剥削的人身材料"。[7]因此，资本主义的失业问题会一直困

① 《马克思恩格斯选集》第一卷，第 202—203 页。

② 《马克思恩格斯选集》第一卷，第 263 页。

③ 《资本论》第一卷，第 560 页。

④ 《资本论》第一卷，第 560 页。

⑤ 《马克思恩格斯选集》第一卷，第 196 页。

⑥ 《资本论》第一卷，第 728—729 页。

⑦ 《资本论》第一卷，第 729 页。

扰工人阶级。如表 4-1 所示，二战后，主要资本主义国家的失业率呈不断上升趋势。

表 4-1 1960—1999 年主要资本主义国家失业率统计（%）

	法国	德国	意大利	英国	美国
1960—1974	2.06	0.62	3.95	2.00	4.99
1975—1984	6.40	3.30	6.04	7.09	7.67
1985—1999	10.28	6.09	9.73	9.14	6.41

资料来源：Engelbert Stockhammer, *The Rise of Unemployment in Europe：A Keynesian Approach*, Northampton：Edward Elgar, 2004, p.7, table.1.3。

马克思认为，出现大规模的失业并不是没有足够的工作机会。由于资本家的竞争压力，需要推动技术进步，用资本密集型技术代替劳动者。"劳动生产力越是增长，资本造成的劳动供给比资本对工人的需求越是增加得快。工人阶级中就业部分的过度劳动，扩大了它的后备军的队伍，而后者通过竞争加在就业工人身上的增大的压力，又反过来迫使就业工人不得不从事过度劳动和听从资本的摆布。工人阶级的一部分从事过度劳动迫使它的另一部分无事可做，反过来，它的一部分无事可做迫使它的另一部分从事过度劳动，这成了各个资本家致富的手段。"[1]

资本家以及资本主义国家的政府对大规模失业带来的"产业后备军"乐观其成。因为产业后备军加强了资本家的权力。"部分地由于使资本过去无法染指的那些工人阶层受资本的支配，部分地由于使那些被机器排挤的工人游离出来，制造了过剩的劳动人口，这些人不得不听命于资本强加给他们的规律。"[2] 对整个工人阶级而言，无论是在经济繁荣时期还是在危机时期，他们都无法向资本家索要更高的工资，改善工作条件。"产业后备军在停滞和中等繁荣时期加压力于现役劳动军，在生产过剩和亢进时期又抑制现役劳动军的要求。"[3] 产业后备军在削弱工人权力的同时，赋予了资本家更

---

① 《资本论》第一卷，第 733 页。

② 《资本论》第一卷，第 469 页。

③ 《资本论》第一卷，第 736 页。

大的权力，"失业工人的压力又迫使就业工人付出更多的劳动。劳动供求规律在这个基础上的运动成全了资本的专制"。[1]

马克思提醒人们注意，技术进步不是中性的，而是有阶级性的。因为技术进步加剧了工人的脆弱性，提高了资本家的议价能力。"劳动生产力越高，工人对他们自己就业手段的压力就越大，因而他们的生存条件，即为增加别人财富或为资本自行增殖而出卖自己的力气，也就越没有保障。"[2] 马克思看到机械化使得劳动者本身过剩，这点是斯密没有察觉到的。[3]

托马斯·弗里德曼（Thomas Freedman）的畅销书《世界是平的：21世纪简史》展示了让世界变得越来越平坦的几大动力，尤其是计算机与互联网的发展，让美国的工作不断外包到劳动力更为廉价的国家和地区。[4] 弗里德曼认为技术进步带来了美国工人的失业，需要更重视教育才能让普通美国民众避免技术进步的冲击。但是，技术进步也无法解释在过去几十年里，高技能的人越来越多从事低技能的工作；也无法解释技术工人的日子同样不好过。[5] 在过去30年中，美国大学毕业生的实际收入年均增长不到1%；1989年至1997年，美国的数学家和计算机科学家的收入增加不过4.8%，工程师的收入则减少了1.4%。与此形成鲜明对照的是，美国公司的首席执行官的收入增长了100%。[6]2002年，美国电脑程序员的人数已不足50万人，与1990年相比下滑了12%。到2006年，美国的电脑程序员的就业人数又进一步下滑到43万余人。[7]马克思主义者认为要消除技术进步的玫瑰色，因为技术进步有阶级性，不会让所有阶级受益。

不仅技术进步难以改善工人阶级的状况，对马克思以及恩格斯而言，自由贸易也难以改善工人阶级的处境。为什么呢？因为既然工资是由生产

---

① 《资本论》第一卷，第737页。

② 《资本论》第一卷，第743页。

③ ［美］罗伯特·海尔布罗纳：《改变世界的经济学家》，第146页。

④ ［美］托马斯·弗里德曼著，何帆等译：《世界是平的：21世纪简史》，湖南科学技术出版社2009年版，第42—154页。

⑤ ［美］约瑟夫·斯蒂格利茨：《重构美国经济规则》，第11页。

⑥ ［美］拉里·巴特尔斯：《不平等的民主：新镀金时代的政治经济学分析》，第15页。

⑦ ［美］唐纳德·巴利特、詹姆斯·斯蒂尔：《被出卖的美国梦》，第89页。

工人所需的生活资料的社会必要劳动时间决定的，自由贸易降低了工人的生活成本，工资会随之下降。资本家推动自由贸易只是对自己有利，而对工人不会有什么好处。"他们很了解，厂主希望降低粮食价格就是为了降低工资，同时也知道，地租下降多少，资本的利润也就上升多少。"① 当粮食价格降低以后，工资也随之降低了。"仍然继续相信那些经济学家的论据的劳动者将发现自己口袋里的法郎已经融化。"② 马克思指出，自由贸易也是有阶级性的，自由贸易是资本的自由，就是要"排除一些仍然阻碍着资本前进的民族障碍"，让资本能"充分地自由活动"。③ 在资本主义社会，工人只能得到生存工资（subsistence wage），也叫最低工资。那什么是最低工资呢？要让工人能勉强养活自己并在某种程度上延续自己的子嗣，就需要一些物品，生产这些工人生活必需品的最低限度的支出就是最低工资。④

资本主义在进步，而工人却无法分享其进步的好处，工人阶级会陷入贫困化。资本主义社会会被持续的两极分化所困扰。因此，在一极是财富的积累，在另一极，是贫困、劳动折磨、受奴役、无知、粗野和道德堕落的积累。⑤ 马克思在早年的著作中指出了工人阶级将陷入绝对贫困，但是在《资本论》的写作过程中，他放弃了这一想法，"实际工资从来不会和劳动生产率按同一比例增加"。⑥ 此时，他意识到工人阶级会陷入相对贫困，工人阶级所得的份额不如资本所得的份额增长快。也就是说，无产阶级的收入会有所提高，但其相对状况会下降。这也正是皮凯蒂在《21世纪资本论》中所展示的，资本的收入会比劳动力的收益要高，资本主义社会会持续分化。另外，值得注意的是，马克思指出工人的贫困化不仅出现在物质层面，在精神层面仍是如此。

---

① 《马克思恩格斯选集》第一卷，第200页。
② 《马克思恩格斯选集》第一卷，第202页。
③ 《马克思恩格斯选集》第一卷，第207页。
④ 《马克思恩格斯选集》第一卷，第206页。
⑤ 《资本论》第一卷，第743页。
⑥ 《资本论》第一卷，第698页。

六　为什么日本人的幸福感下降了？

　　1958 年到 2004 年，日本的人均收入几乎提高了 7 倍，但日本人的幸福程度却轻微地下降了。[①]物质生活的进步并没有带来快乐的增加，在不少地方甚至伴随着痛苦的增长。众所周知，亨利·福特（Henry Ford）很早开始用流水线生产汽车，同时将工人工资翻番——从每天 2.5 美元上涨到 5 美元，但我们却很少注意到汽车的流水线作业给工人带来的伤害。1914 年，一位工人的妻子给亨利·福特写信："你们所使用的生产线是一种奴隶驱赶装置，我的上帝。福特先生，我的丈夫回家以后一头卧倒，他太累了，难道不能进行改进？"有人指责福特，把工资提高了 61%，把劳动生产率提高了 362%。[②]物质生活提高的同时，民众的幸福感却在降低，这样的状况在当今资本主义社会并不少见。

　　2013 年，盖洛普咨询公司公布了一项调查结果，这项调查涵盖了全球 142 个国家的 22 万职员。调查结果显示：2011—2012 年，只有 13% 的人真心喜欢自己的工作，并愿意为他们的公司做出积极的贡献。[③]2013 年，一项对英国工人的调查显示，37% 的英国工人认为他们的工作毫无意义。[④]为什么伴随着物质财富的增加，人们却变得不喜欢自己的工作，甚至不喜欢自己所过的生活呢？

　　马克思主义者会认为，在资本主义制度下，工人阶级的贫困化也会体现在精神层面。在马克思后期的著作中，他没有再坚持工人的工资会持续下降，他指出，"在工人自己所生产的日益增加的并且越来越多地转化为追加资本的剩余产品中，会有较大的部分以支付手段的形式流回到工人手中，

---

　　①　Gregory Clark，*A Farewell to Alms：A Brief Economic History of the World*，Princeton：Princeton University Press，2007，p.375.

　　②　李剑鸣主编：《世界现代化的历程》（北美卷），江苏人民出版社 2012 年版，第 128 页。

　　③　参见盖洛普网站（http://www.gallup.com）2013 年 10 月发布的报告 "Worldwide，13% of Employees Are Engaged at Work"。

　　④　参见 YouGov 网站（https://yougov.co.uk）2013 年发布的报告 "37% of British workers think their jobs are meaningless"。

使他们能够扩大自己的享受范围，有较多的衣服、家具等消费基金，并且积蓄一小笔货币准备金"。① 马克思在早年作品《1844年经济学哲学手稿》中提出了"异化"（alienation）一词，该词出自拉丁语（alius），是其他、他人、他者的意思。在《资本论》中，马克思用"拜物教"来描述同类现象。异化在资本主义的经济中表现为四个方面。

首先，劳动者与劳动产品相异化。工人生产出劳动产品，他亲手创造出来的劳动产品却变成了异己的力量，甚至变成反对他的力量。"劳动所生产的对象，及劳动的产品，作为一种异己的存在物，作为不依赖于生产者的力量，同劳动相对立。"② 为什么呢？因为工人生产的劳动产品归资本家所有，无论他生产多少，他都不能占有这些劳动产品。他生产得越多，资本家越强大，工人就越依附于资本家。"对象的占有竟如此表现为异化，以致工人生产的对象越多，他能够占有的对象就越少，而且越受他的产品即资本的统治。"③ 马克思指出："劳动为富人生产了奇迹般的东西，但是为工人生产了赤贫。劳动创造了宫殿，但是给工人创造了贫民窟。劳动创造了美，但是使工人变成畸形。劳动用机器代替了手工劳动，但是使一部分人回到野蛮的劳动，并使一部分工人变成机器。劳动生产了智慧，但是给工人生产了愚钝和痴呆。"④ 马克思还说："工人生产得越多，他能够消费的就越少；他创造价值越多，他自己越没有价值，越低贱；工人的产品越完美，工人自己越畸形；工人创造的对象越文明，工人自己越野蛮；劳动越有力量，工人越无力；劳动越机巧，工人越愚钝，越成为自然界的奴隶。"⑤ 因此，"工人在劳动中耗费的力量越多，他亲手创造出来反对自身的，异己的对象世界的力量就越大，他本身，他的内部世界就越贫乏，归他所有的东西就越少"。⑥ 这意味着他给予对象的生命作为敌对的和异己的东西同他相对

---

① 《资本论》第一卷，第713—714页。
② 《马克思恩格斯全集》第三卷，第267页。
③ 《马克思恩格斯全集》第三卷，第268页。
④ 《马克思恩格斯全集》第三卷，第269页。
⑤ 《马克思恩格斯全集》第三卷，第269页。
⑥ 《马克思恩格斯全集》第三卷，第268页。

立。[①] 工人创造的产品越多，他就变成廉价的商品。物的世界的增值同人的世界的贬值成正比。[②] 工人亲手创造的劳动产品成了外在于他、反对他的物品。这是工人同自己生产的产品异化。

其次，劳动者同劳动过程异化。在马克思看来，劳动应该成为人生活的第一需要。在劳动过程中，工人实现自我价值，能够得到自我肯定。因此，真正的劳动要实现人的自由而全面的发展。马克思在《德意志意识形态》中描述了理想的劳动状态："我有可能随自己的兴趣今天干这事，明天干那事，上午打猎，下午捕鱼，傍晚从事畜牧，晚饭后从事批判，这样就不会使我老是一个猎人、渔夫、牧人或批判者。"[③] 但是，在资本主义条件下，劳动过程有两个特性：工人的劳动过程是被强制的，而不是自愿的；工人的劳动过程是单调的，而不是有创造性的。

工人的劳动受到外在的强制约束。"他们不仅仅是资产阶级的、资产阶级国家的奴隶，他们每日每时都受机器、受监工，首先是受各个经营工厂的资产者本人的奴役。这种专制制度越是公开地把营利宣布为自己的最终目的，它就越是可鄙、可恨和可恶。"[④] 表面上自由的工人，却是事实上资本主义国家和资产阶级的奴隶。马克思看到自由工厂的运行背后并不自由，工人的劳动受到约束与强制。"资产阶级平时十分喜欢分权制，特别是喜欢代议制，但资本在工厂法典中却通过私人立法独断地确立了对工人的专制。"[⑤] 强制劳动令人憎恶，因此，工人不喜欢自己的工作。

工人的劳动过程不仅受到强制，并且单调乏味。"由于推广机器和分工，无产者的劳动已经失去了任何独立的性质，因而对工人也失去了任何吸引力。工人变成了机器的单纯的附属品，要求他做的只是极其简单、极其单调和极容易学会的操作。"[⑥] 查理·卓别林主演的《摩登时代》就是工人工作的写照。这样单调乏味的工作，对工人没有任何吸引力，只是机械地、

---

① 《马克思恩格斯全集》第三卷，第 268 页。
② 《马克思恩格斯全集》第三卷，第 267 页。
③ 《马克思恩格斯全集》第一卷，第 85 页。
④ 《马克思恩格斯全集》第一卷，第 258 页。
⑤ 《资本论》（第一卷）第 488 页。
⑥ 《马克思恩格斯选集》第一卷，第 258 页。

重复地做同样的工作。马克思指出："在 18 世纪中叶，某些手工工场宁愿使用半白痴来从事某些简单的、然而构成工厂秘密的操作。"①"工场手工业把工人变成畸形物，它压抑工人的多种多样的生产志趣和生产才能，人为地培植工人片面的技巧。"②马克思引用恩格斯《英国工人阶级状况》中的论述："在这种永无止境的苦役中，反复不断地完成同一个机械过程；这种苦役单调得令人丧气，就像息息法斯的苦刑一样；劳动的重压，像巨石般一次又一次地落在疲惫不堪的工人身上。"③

　　这样的劳动过程对工人造成了损害。马克思指出："不断从事单调的劳动，会妨碍精力的集中和焕发，因为精力是在活动本身的变换中得到恢复和刺激的。"④不断重复的工作让工人疲惫不堪，同时"机器劳动极度地损害了神经系统，同时它又压抑肌肉的多方面运动，侵吞身体和精神上的一切自由活动。甚至减轻劳动也成了折磨人的手段，因为机器不是使工人摆脱劳动，而是使工人的劳动毫无内容"。⑤马克思引用了英国印刷业工人的例子，"过去在英国的印刷业中，同旧的工场手工业和手工业制度相适应，学徒工是从比较简单的活过渡到比较复杂的活。他们经过一段学习时期，最终会成为熟练的印刷工人。凡从事这门手工业的人，都必须能读会写。随着印刷机的出现，一切都变了。印刷机使用两种工人：一种是成年工人，他们看管机器；另一种是少年，大多从 11 岁到 17 岁，他们的工作只是把纸铺开送到机器上，或者从机器上把印好的纸取下来。他们（特别是在伦敦）在一星期中有好几天要连续不断地从事这种苦工达 14、15、16 小时，甚至往往一连劳动 36 小时，而中间只有两小时吃饭和睡觉的休息时间！他们当中大部分人不识字，他们通常都是非常粗野的、反常的人"。⑥以往的印刷工作让工人能学习技术，从学徒工成长为熟练工，学会读写，提升自己；而现在的工作则将他们变成了粗野的人、目不识丁的人。由于没有技能，

---

① 《资本论》第一卷，第 419 页。
② 《资本论》第一卷，第 417 页。
③ 《资本论》第一卷，第 486 页。
④ 《资本论》第一卷，第 395 页。
⑤ 《资本论》第一卷，第 486—487 页。
⑥ 《资本论》第一卷，第 558 页。

他们遭到解雇后难以找到工作。"当他们长大到不适于从事儿童劳动时，也就是最迟到 17 岁时，就被印刷厂解雇。他们成为罪犯的补充队。企图在别的地方为他们找到职业的某些尝试，也都由于他们的无知、粗野、体力衰退和精神堕落而遭到了失败。"①有学者认为工人的失业是自愿失业。按马克思的理解，其实根本不是什么"自愿的失业"。因为在资本主义工厂工作，这些工人的身心都受到损害，却没有从中学习到任何技能。一旦失业，这些工人根本找不到工作。

这样，生产过程成为外在于工人的存在。强制的、单调的工作过程导致的结果就是工人憎恶劳动，逃避劳动，"他在自己的劳动中不是肯定自己，而是否定自己，不是感到幸福，而是感到不幸，不是自由地发挥自己的体力和智力，而是使自己的肉体受折磨，精神遭摧残。因此，工人只有在劳动之外才感到自在，而在劳动中则感到不自在，他在不劳动时觉得舒畅，而在劳动时就觉得不舒畅。"②劳动原本是人的内在需求，而现在，有哪个工人会喜欢强制的、单调的工作？ "劳动的异化性质明显地表现在，只要肉体的强制或其他强制一停止，人们就会像逃避鼠疫那样逃避劳动。外在的劳动，人在其中使自己外化的劳动，是一种自我牺牲、自我折磨的劳动。"③

机械大生产的劳动是分工的劳动。斯密和马克思都看到了分工的利弊，斯密更多强调的是积极的一面，而马克思则更多看到消极的方面。马克思看到分工使得资本主义的劳动过程单调、有害，靠使各个工人畸形化来发展社会劳动生产力。④"一切发展生产的手段（包括种种管理方法）都变成统治和剥削生产者的手段，都使工人畸形发展，成为局部的人，把工人贬低为机器的附属品，使工人受劳动的折磨，从而使劳动失去内容。"⑤比起分工的形式，马克思更关注分工在资本主义条件下的强制性。从《德意志意

---

① 《资本论》第一卷，第 558 页。
② 《马克思恩格斯全集》第三卷，第 270 页。
③ 《马克思恩格斯全集》第三卷，第 270 页。
④ 《资本论》第一卷，第 422 页。
⑤ 《资本论》第一卷，第 743 页。

识形态》到《哥达纲领批判》，马克思更关注不是分工的消失，而是取代强制劳动的可能性。

再次，劳动者同自己作为人的属性相异化。马克思指出：人作为一个"类存在物"，是因为人的劳动是有意识的生命活动。劳动，即自由自觉的活动，是人的能动的生活，也是人区别于动物的本质。正是在改造对象世界中，人才真正地证明自己是类存在物。"蜘蛛的活动与织工的活动相似，蜜蜂建筑蜂房的本领使人间的许多建筑师感到惭愧。但是，最蹩脚的建筑师从一开始就比最灵巧的蜜蜂高明的地方，是他在用蜂蜡建筑蜂房以前，已经在自己的头脑中把它建成了。"[①]人通过有意识的劳动，去改造世界。"有意识的生命活动把人同动物的生命活动直接区别开来。正是由于这一点，人才是类存在物。"[②]

动物劳动是为了生存，人的劳动需要有自我实现。但是在资本主义经济中，人的劳动被贬低得跟动物劳动一样，失去了创造性，失去了自我实现。"对马克思而言，这本身就是违背人性的。动物耗尽自身仅仅是为了生存需要，而人类与动物的区别就在于自由创造的能力。马克思认为劳动是人类的一种自我表达行为，一个改变世界的创造过程，也是一个打上创造者个性烙印的创造过程。因此，只有劳动在表达了个人独特的内在和自我的时候，才是最为人性的。"[③]

资本主义的劳动让人失去人性。人越来越不像人，而像动物。动物只是按照自身需要进行片面的生产，而人却可以有意识、有目的、全面地改造世界，并且通过改造自然界的自由自觉的活动，表达自己，提高自己。异化劳动却把自主活动、自由活动贬低为维持人的肉体生存的手段，跟动物别无二致。在资本主义条件下，劳动从人的自由自觉的活动变成仅仅维持肉体生存的手段，使人脱离了自己的本质。劳动者和自己的"类存在"相异化了。

最后，劳动者与他的同胞异化。在资本主义社会，劳动产品不归工人

① 《资本论》第一卷，第 208 页。
② 《马克思恩格斯全集》第三卷，第 273 页。
③ ［美］杰瑞·穆勒：《市场与大师：西方思想如何看待资本主义》，第 237—238 页。

所有，而归资本家。"如果劳动产品不属于工人，并作为一种异己的力量同工人相对立，那么这只能是由于产品属于工人之外的另一个人。如果工人的活动对他本身来说只是一种痛苦，那么这种活动就必然给另一个人带来享受和欢乐。不是神也不是自然界，只有人本身才能成为统治人的异己力量。"① 这样，原本应该有的同胞之情，现在变成了敌对关系。在劳动过程中，劳动者受到资本家的强制。"如果人把自身的活动看作一种不自由的活动，那么他是把这种活动看作替他人服务的，受他人支配的，处于他人的强迫和压制之下的活动。"② 这样的资本主义社会扭曲了劳动者与同胞之间的关系。因此，即便工人阶级在物质上得到改善，在精神上，却会持续贫困，会疏远自己的同胞。"吃穿好一些，待遇高一些，持有财产多一些，不会消除奴隶的从属关系和对他们的剥削，同样，也不会消除雇佣工人的从属关系和对他们的剥削。"③ 这样的社会关系是无情的、敌对的、金钱化的。

　　20 世纪 80 年代和 90 年代，由于艾滋病开始在美国流行，出现了一个新的市场。这个市场的主要成员由艾滋病人群和其他被诊断患有不治之症的人构成。它的运作方式如下：假设某个拥有 10 万美元人寿保险的人被医生告知：他最多再能活一年，而这位患者需要钱来治疗。于是，一位投资者提出以折扣价的方式，比如 5 万美元，从这位患者手中买下这份保单，并且替他缴纳年度保险费。在这位保单原始持有人去世后，该投资者便可以得到 10 万美元。1998 年，《纽约时报》报道了这样一则故事：一位艾滋病患者肯德尔·莫里森（Kendall Morrison）和一名投资者达成了这样的保险单交易。当时莫里森已经病入膏肓，但艾滋病新药的发明，延长了他的寿命。这让投资者大失所望。莫里森说："以前，我从来没有觉得有人希望我死掉。现在，他们不停地给我寄联邦快递并给我打电话，好像在问我，你还活着吗。"④

---

　　① 《马克思恩格斯全集》第三卷，第 276 页。
　　② 《马克思恩格斯全集》第三卷，第 276 页。
　　③ 《资本论》第一卷，713—714 页。
　　④ ［美］迈克尔·桑德尔著，邓正来译：《金钱不能买什么：金钱与公正的正面交锋》，中信出版社 2012 年版，第 154—156 页。

我们怎么能期待这样被分割的人能有完整的生活和美满的人生？因而，即便物质生活得到改善，日本民众的幸福感仍呈现轻微下降趋势。民众的幸福感不会随着经济增长而增长。有研究显示，在不平等的国家，人与人之间更缺乏信任，更容易患精神疾病，更多吸食毒品。一项调查显示，从1952年到1993年，美国学生也变得越来越焦虑。[1]这是资本主义生产方式造成的后果，民众会在精神上出现贫困化。因此，布劳格才会指出，马克思所言工人阶级的贫困化，不是关于物质的贫困，而是工人阶级的贫困化、增长的不幸和精神堕落。[2]

七 为何资本主义国家不断受经济危机困扰？

约翰·肯尼斯·加尔布雷思（John Kenneth Galbraith）的著作《1929年大崩盘》是对那一时期美国经济危机的绝妙记录。在这次危机爆发之前与爆发之后，资本主义不断被经济危机所困扰。1825年危机被马克思确认为周期性的经济危机的开始。1825年以后，资本主义经济危机间歇性地爆发。例如，1836年、1847年、1857年、1866年、1873年、1882年、1890年、1900年、1907年、1914年、1921年、1929—1933年、1937—1938年等年份都爆发了经济危机。第二次世界大战后，经历了战后初期的快速增长，资本主义国家在20世纪70年代以后又再度陷入危机，经济停滞的同时伴随严重的通货膨胀，因此当时的危机亦被称为"滞涨"。80年代初，拉美国家经历了严重的债务危机；80年代末，美国经历了储贷危机（S&L Crisis），全美3000多家储贷机构中，有上千家无法兑付储

---

① ［英］理查德·威尔金森、凯特·皮克特：《不平等的痛苦：收入差距如何导致社会问题》，第3—149页。

② ［英］马克·布劳格：《经济理论的回顾》，第198页。

户存款；1987 年，以美国纽约股市暴跌为开端，美国的金融地震引发了全球股灾。进入 90 年代，日本也经历了股票市场的萧条与经济停滞；1992年，欧洲货币体系出现问题，爆发货币危机；1994 年，墨西哥比索汇率狂跌，股票价格大幅度下跌，墨西哥和土耳其爆发危机；1997 年，亚洲经济危机从泰国开始，波及印度尼西亚、韩国，1998 年，危机扩散到俄罗斯等国家。2000 年，由于互联网泡沫破裂，美国与欧洲股市大跌，遭遇危机；2001 年，土耳其以及阿根廷又爆发危机，阿根廷危机期间，两周之内五易总统。从 2007 年开始，次贷危机席卷美国，2008 年，美国的危机引发了世界范围内的危机，这次危机波及了欧盟、日本等世界主要金融市场，也引发了全球企业破产浪潮。全球主要经济体的经济指标急剧下降，全球经济经历了一次严重的冲击。以上危机的原因和形式各不相同，但却证明了马克思的预言——危机将始终和资本主义相伴随。

斯皮格尔认为马克思从未提出一个独立的、内容充实的经济波动理论。[1] 有学者认为这是因为在马克思看来，危机受到无穷多因素的影响，所以不可能在任何一个抽象的层面得到一个完整的解释。[2] 马克思关于危机的论述散见在《资本论》及《剩余价值理论》中的多个章节。马克思对危机的论述有重要价值，海尔布隆纳指出，马克思的预言被不断验证，尤其是当时的政治经济学者都没有认识到资本主义内在的危机倾向。[3]

马克思对危机的关注点有好几个，包括生产部门的比例失调导致危机等，这里无法一一展开。萨伊等人认为，供给自动创造需求，一种产品，生产得越多，对要素需求就越大。买的过程就是卖的过程，供给与需求相联系、相适应。因此，资本主义不会出现普遍性的危机。在前资本主义时代，马克思认为不会有经济危机。"在人们为自己而生产的状态下，确实没有危机，但是也没有资本主义生产。我们从来没有听说过，古代人在他们的奴隶生产中知道有危机这一回事，虽然在古代人中，曾经有个别的生

---

① ［美］亨利·威廉·斯皮格尔：《经济思想的成长》（上），第 408 页。
② 邱海平：《经济危机理论》，载《当代马克思主义政治经济学十五讲》，中国人民大学出版社 2016 年版，第 155 页。
③ ［美］罗伯特·海尔布隆纳：《经济学统治世界》，第 138 页。

产者破产。"① 资本主义之所以会有危机，是因为人们不再为自己生产产品，"没有一个资本家是为了消费自己的产品而进行生产的"。② 马克思注意到，如果为他人生产产品，就可能存在买和卖的脱节："危机的可能性在于卖和买的彼此分离。"③ 因为出卖商品的人会遇到困难。"已经卖掉了商品而现在持有货币形式的商品的人并不是非要立刻重新买进、重新把货币转化为个人劳动的特殊产品不可。"④

如果持有货币的人并不着急买进产品，而是把货币储存起来，延缓使用，这就为下一步支付带来了压力。"卖者——假定他的商品具有使用价值——的困难仅仅来自于买者可以轻易地推迟货币再转化为商品的时间。"⑤ 一旦他推迟了消费的时间，就可能引发连锁效应，"不仅是因为商品卖不出去，而且是因为商品不能在一定期限内卖出去，在这里危机所以发生，危机所以具有这样的性质，不仅由于商品卖不出去，而且由于以这一定商品在这一定期限内卖出为基础的一系列支付都不能实现"。⑥ 一系列支付不能实现，债务链条被干扰，就会引发信用危机，进而出现经济危机。因此，以货币为媒介的商品流通包含了经济危机的可能性——买和卖的分离以及支付连锁关系的破坏。

马克思还提到资本主义企业平均利润率的下降也会导致危机。企业获得的利润率呈下降趋势，这会给资本家带来负面影响。利润的减少抑制了资本积累，进而导致投资不足。投资的不足会引发经济低迷，最后导致危机。

跟投资相关的是产业后备军的变动，当资本主义在经济活跃时期，企业规模扩大，对劳动力需求增长。资本家吸纳了产业后备军，失业者减少，这会带来工资的提高。而工资的提高会减少资本家的利润，进而抑制积累，并导致投资不足，这也会导致危机。马克思指出："现代工业特有的生活过

① 《剩余价值理论》第二卷，人民出版社 1975 年版，第 573 页。
② 《剩余价值理论》第二卷，第 573 页。
③ 《剩余价值理论》第二卷，第 580 页。
④ 《剩余价值理论》第二卷，第 581 页。
⑤ 《剩余价值理论》第二卷，第 581 页。
⑥ 《剩余价值理论》第二卷，第 587 页。

程，由中等活跃、生产高度繁忙、危机和停滞这几个时期构成的、穿插着较小波动的十年一次的周期形式，就是建立在产业后备军或过剩人口的不断形成、或多或少地被吸收、然后再形成这样的基础之上的。"[1]

马克思还关注到资本主义危机的一个结构性原因，这个原因被后来的学者所不断地、反复地强调，就是"生产相对过剩"。在经济危机期间，某些企业家会将卖不出去的产品销毁，似乎出现了"生产过剩"。"在商业危机期间，总是不仅有很大一部分制成的产品被毁灭掉，而且有很大一部分已经造成的生产力被毁灭掉。在危机期间，发生一种在过去一切时代看来都好像是荒唐现象的社会瘟疫，即生产过剩的瘟疫。"[2]

而马克思则认为："生产过剩"这个词有误解。"只要社会上相当大一部分人的最迫切的需要，或者哪怕只是他们最直接的需要还没有得到满足，自然绝对谈不上产品的生产过剩。"[3]马克思强调，看似过剩其实是工人买不起这些产品。"生产能力的过剩同支付能力的需要有关。这里涉及的不是绝对生产过剩。"[4]支付能力在这里指的是占人口绝大多数的无产者，他们缺乏消费能力。由于资本家尽最大限度地榨取工人的剩余价值，工人所得的经济份额太低，难以形成有效的购买力。马克思指出："发生生产过剩的时候尤其令人奇怪的是，正是充斥市场的那些商品的真正生产者——工人——缺乏这些商品。"[5]而获得利润、有消费能力的资本家会大肆消费吗？不会！"只有在越来越多地占有抽象财富成为他的活动的唯一动机时，他才作为资本家或作为人格化的、有意志和意识的资本执行职能。因此，绝不能把使用价值看作资本家的直接目的，他的目的也不是取得一次利润，而只是谋取利润的无休止的运动。"[6]在这场谋取利润的无休止的运动中，资本家不是好的消费者。按马克思的理解，在资本主义社会，资本家不仅最大限度地榨取工人剩余价值，他自己也会尽最大可能积累资本，扩大生产规模，以

---

① 《资本论》第一卷，第 729 页。
② 《马克思恩格斯选集》第一卷，第 257 页。
③ 《剩余价值理论》第二卷，第 602 页。
④ 《剩余价值理论》第二卷，第 578 页。
⑤ 《剩余价值理论》第二卷，第 578 页。
⑥ 《资本论》第一卷，第 179 页。

期在竞争中获胜。因此，资本家是为他人生产，自己却不怎么消费。资本家会不断扩大生产，"按照生产力的发展程度（也就是按照用一定量资本剥削最大量劳动的可能性）进行生产，而不考虑市场的现有界限或有支付能力的需要的现有界限"。[①] 这里就出现了"生产相对过剩"。"它们的生产过剩之所以成为生产过剩，仅仅因为会出现相对的，或者说，被动的生产过剩的那些物品存在着生产过剩。"[②] 资本家不断扩大生产规模，而工人的购买力在缩减，资本家自身又不是好的消费者。在这种情况下，"生产资本愈增殖，它就必然更加盲目地为市场生产，生产愈益超过了消费，供应愈益力图扩大需求，由于这一切，危机的发生也就愈益频繁而且愈益猛烈"。[③]

危机的根源在于资本主义制度本身，在于资本主义的基本矛盾，即生产的社会化与生产资料私人占有制之间的矛盾。资本主义制度下，资本家不顾民众的支付能力，无限扩大生产；单个企业管理得井井有条，而整个社会的生产则陷入无政府状态。

按马克思的说法，资本主义的生产关系已经不适应资本主义的生产力，经济危机就是资本主义生产力与生产关系之间矛盾的体现。"几十年来的工业和商业的历史，只不过是现代生产力反抗现代生产关系、反抗作为资产阶级及其统治的存在条件的所有制关系的历史。只要指出在周期性的重复中越来越危及整个资产阶级社会生存的商业危机就够了。"[④] 资本主义不仅是剥削的、异化的，还是自我毁灭的。资本主义周期性的危机将触发革命。

在危机中，无产者深受苦难，他们会组织起来反抗资本家，反对资本主义制度。不仅如此，不少资本家破产，沦为无产者，憎恶资本主义的人会越来越多。资本主义的掘墓人——无产者会日益壮大。"随着那些掠夺和垄断这一转化过程的全部利益的资本巨头不断减少，贫困、压迫、奴役、退化和剥削程度不断加深，而日益壮大的、由资本主义生产过程本身所训

---

① 《剩余价值理论》第二卷，第 610 页。
② 《剩余价值理论》第二卷，第 605 页。
③ 《马克思恩格斯选集》第一卷，第 203 页。
④ 《马克思恩格斯选集》第一卷，第 257 页。

练、联合和组织起来的工人阶级的反抗也不断增长。"[1]

最终，人类社会会拾级而上，走向共产主义。在19世纪中期的欧洲，马克思与恩格斯写作《共产党宣言》的时候就指出：一个幽灵，共产主义的幽灵，在欧洲游荡。[2]"生产资料的集中和劳动的社会化，达到了同它们的资本主义外壳不能相容的地步，这个外壳就要炸毁了。资本主义私有制的丧钟就要响了，剥夺者就要被剥夺了。"[3]马克思和恩格斯号召全世界无产者联合起来，推翻资本主义制度，建立共产主义社会。

事实上，马克思预言的革命在俄国、中国等国家爆发了，而在他寄予厚望的发达资本主义国家，无产阶级革命要么迟迟没有爆发，要么没有取得足够的成功。如果要解答这一现象，需要看看当代资本主义有哪些变化，延缓了其革命的爆发。

我们知道，当代资本主义的经济已经和马克思所处的时代有了较大的差别。当代资本主义的技术工人增多，工人的主体已不再是蓝领工人。技术工人获得的工资更高，工作更有保障。"经理革命"的出现，让那些不是资本家，而有卓越管理才能的经理人在掌控公司，领到高薪。资本主义的社会阶层或许不是单单的无产者与有产者，社会阶层在变得多元化。此外，有两个方面的政治变化也值得我们注意：资本主义国家"国家自主性"的变化和工会作为政治力量开始发挥重要作用。

首先，国家是否能调节资本主义的矛盾？马克思的唯物史观告诉我们，要让政府来纠正资本主义体系的错误，是根本不可能的。国家是经济上占统治地位的阶级的代理人，不可能成为社会不同成员之间冲突利益的仲裁者。因此，资本主义根本无可救药。[4]而有的学者注意到，资本主义国家在发展过程中，获得了"相对自主性"，他们不仅仅是资产阶级短期利益的代理人，也成为长期与全局利益的代理人。为了维护资产阶级的长远统治，资本主义国家需要调和矛盾。西奥多·罗斯福（Theodore Roosevelt）在

---

① 《资本论》第一卷，第874页。
② 《马克思恩格斯选集》第一卷，第250页。
③ 《资本论》第一卷，第871页。
④ ［美］罗伯特·海尔布隆纳：《经济学统治世界》，第136页。

麦金利遇刺后意外地就任美国总统，他运用国家力量，积极限制资本集团影响政治的权力。1902 年，宾夕法尼亚煤矿工人举行罢工。罗斯福任命了一个委员会调解劳资矛盾。强大的煤矿主坚持动用军队来对付矿工。罗斯福的做法与以往总统大相径庭。他考虑派遣军队从矿主那里夺取矿山，重新开矿。此前，没有任何一位总统威胁使用军队来反对这些大公司。而西奥多·罗斯福有效运用国家权力，遏制了资本集团的强大力量。在不少时候，资本主义国家具有"相对自主性"，不再被资本家俘获，起码不是完全俘获。马克思主义在某种意义上改造了资本主义，因为——资本主义国家在面临挑战的时候开始积极行动，推动建立社会福利制度，缓和阶级矛盾。资本主义国家也纷纷采用凯恩斯主义管理宏观经济政策，尝试解决"有效需求不足"这一问题，也就是马克思揭示的"生产相对过剩"。北欧国家的"统合主义"（corporatism）资本主义模式，更是将国家居中，把资本家与工人的利益进行统合，实现经济的长远发展，促成阶级矛盾的缓和。资本主义国家在调和阶级矛盾上，开始发挥重要的作用。

其次，工会等工人组织开始积极发挥政治作用。马克思在早年即指出工人阶级会走向贫困化。作为无产阶级贫困化的一个后果，就是工人平均身高下降。从 1830 年到 1860 年，英国工人的平均身高的确下降了，这是当时工人生活水平下降的一个体现。但随后，英国工人的身高却开始增高。这是因为 1850 年到 1865 年，英国工人阶级的实际薪酬涨了 17%，全职工人每周平均工作时间也逐渐减少，1856 年为 65 小时，1873 年缩减为 56 小时。在马克思撰写《资本论》期间，1865 年到 1895 年，英国工人的生活水平提高了 50%。[①] 因此可以说，马克思选择英国作为其研究资本主义的对象是选取了典型案例，但是在选取工资变动的产业时，却可能选取了非典型案例。那一时期，英国典型产业的工资在缓慢上升，而不是下降。马克思指出："资本是根本不关心工人的健康和寿命的，除非社会迫使它去关心。"[②] 而工会作为有组织的政治力量，在日益崛起。因为工会的出现，工人

---

① ［美］杰瑞·穆勒：《市场与大师：西方思想如何看待资本主义》，第 252、256、257 页。
② 《资本论》第一卷，第 311 页。

的工资开始上升，工人的健康水平和寿命得到提高。的确，工人阶级所得
到的相对份额减少，资本主义社会的贫富差距扩大。但是工人获得的绝对
份额在逐步增加。相对份额是否如此重要？贫富差距的扩大在资本主义社
会产生"相对剥夺感"，但是正如西达·斯考切波（Theda Skocpol）在
她的著作中展示的，这样的"相对剥夺感"却未必带来革命。

　　不过，就美国而言，工会的作用在近几十年又有了变化。第二次世界
大战结束的时候，有三分之一的美国工人加入了工会，而现在的工会会员
只占工人总数的九分之一。在美国私营部门，20世纪70年代，工会会员
占工人总数的四分之一，到2010年，这一数字变为7%。[1]美国劳动者加入
工会的比重在1960年的时候为30%；到1984年，变为20%；到2014年，
降至11.1%。[2]由于缺乏工会的制约，美国近几十年的贫富差距进一步扩大，
社会矛盾加剧。

　　资本有机构成提高、平均利润率下降、资本集中、无产阶级的贫困
化、周期性的经济危机，马克思所展示的这些资本主义的发展趋势是否存
在，在多大程度存在本身就存在争议。马克思主义学者和其他阵营的学者
都可以找到支持与反对的证据。即便使用"科学"手段，在研究社会问题
时，不同的视角也常常会找出不同的证据，得出不同的答案。以往的政治
经济学是以"个体"为中心，而马克思打开了政治经济学的一个新视角，
以"阶级"为中心的政治经济学。

---

① ［美］雅各布·哈克、保罗·皮尔森：《赢者通吃的政治》，第45页。
② ［美］约瑟夫·斯蒂格利茨：《重构美国经济规则》，第73页。

第五章　政治经济学中马克思的跟随者
——希法亭、列宁等人的贡献

　　马克思开创了政治经济学的一个新传统，这个传统的重要特征是以阶级为中心的分析视角。这一分析视角吸引了不少跟随者。随着资本主义的发展，马克思的跟随者沿着马克思开创的事业继续推进，他们对世界资本主义发展过程中出现的新现象、新问题展开讨论。由于资本主义的影响遍及世界各地，这些跟随者也遍及世界各地。在这些跟随者当中，既有来自英、美、德等发达国家的理论家，也有来自拉美、埃及等发展中国家的学者。他们中大部分人的分析主题主要集中在"帝国主义的政治经济学"，同时涉及诸多相关领域。在经典马克思主义中，"帝国主义"一词主要指发达国家之间的竞争，这种竞争体现在政治、军事以及经济等方面。发达国家之间的竞争可能导致冲突升级，甚至会引发世界战争。在经典马克思主义中，发达国家与落后国家之间的关系是次要的。而随着马克思主义政治经济学的发展，"帝国主义"一词有了新变化。马克思的跟随者将帝国主义用来描述发达国家对不发达国家的控制和剥削，其代表理论就是"依附论"。[①]从希法亭所著《垄断资本》到依附论，马克思主义的政治经济学家继续用不同的视角讲述不同的故事，对资本主义展开批判。

---

① ［英］布鲁厄著，陆俊译：《马克思主义的帝国主义理论》，重庆出版社2003年版，第91页。

一　为何金融集团"大而不倒"？

2008 年金融危机后，《大而不倒》（*Too Big to Fall*）成了畅销书，而纪录片《监守自盗》（*Inside Job*）也受到追捧。金融自由化带来的好处由金融资本家获得。但是，当世界遭遇金融危机的时候，金融资本家却没有为此付出代价。因为他们"大而不倒"，政府用纳税人的钱为金融资本埋单。

2008 年金融危机的成本约为美国全年 GDP 总量的 40%—90%，相当于 16 万亿美元。美国金融部门在将收益归于己有的同时，把金融风险带来的损失留给了美国民众。2007 年到 2013 年，有 400 万人失去了自己的住房，薪资的中位数下降了近 8%。[1] 事实上，金融资本已经成为美国最重要的利益集团之一。格蕾塔·克瑞普纳（Greta Krippner）在其著作《危机的资本化：金融崛起的政治起源》（*Capitalizing on Crisis：The Political Origins of the Rise of Finance*）中展示了 20 世纪 60 年代末 70 年代初以来美国经济出现的金融化（financialization）趋势。她看到美国的金融部门已然变成了主导美国经济的力量。2001 年时，股票市场的盈利已经占美国经济整体利润来源的 40%。福特汽车公司原本是以制造业起家，而现在这家公司的主要收入来源却是靠给买车者提供贷款来获得利润。和福特一样，通用汽车和通用电气等制造商也纷纷拓展了金融业务，使得来自金融业务的利润变成了其公司的主要收入来源。"公司的美国"（Corporate America）已经变成了"银行的美国"（Bank America）。[2] 如图 5-1 所示，在美国经济中，金融、保险以及房地产行业所占的利润份额已远远超过制造业以及其他服务行业。

"20 世纪 50 年代，美国经济处于快速发展阶段，金融服务业占 GDP 的比重为 2.8%。20 世纪 80 年代末，金融部门的利润增至企业利润总额

---

[1]　［美］约瑟夫·斯蒂格利茨：《重构美国经济规则》，第 44、13 页。

[2]　Greta Krippner, *Capitalizing on Crisis：The Political Origins of the Rise of Finance*, Cambridge：Harvard University Press，2011，p.4.

的 26%。而到 2001 年，金融部门的利润更是达到企业总利润的 46%。
2000 年后直至危机之前，美国金融业的利润平均值占企业总利润的份额的
32%。"1979 年到 2005 年，金融业为美国最为富裕的 0.1% 的人群贡献了
70% 的收入增长，而美国金融业的从业人员的薪酬随着管制的解除，呈现
大幅上升趋势。2006 年，金融业的薪酬比非金融业要高出 72%，其高薪中
30%—50% 的收益来自政府赋予其垄断地位而获得的垄断收益。①

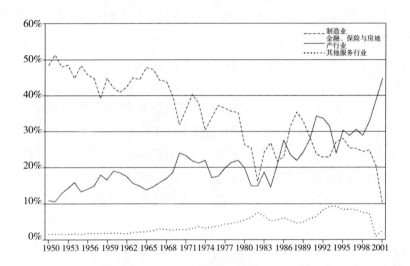

图 5-1　美国经济中各产业的利润对比（1950—2001）

资料来源：Greta Krippner，*Capitalizing on Crisis：The Political Origins of the Rise of Finance*，Cambridge：Harvard University Press，2011，p.31. Figure.1。

　　庞大的金融资本形成了强大的政治势力。金融资本家冒着巨大风险去
赚取超额收益，引发了金融危机。他们获得了收益，却没有承担风险。因
为他们将自己和整个行业乃至国民经济绑定到了一起，美国政府不得不动
用巨额纳税人的钱去救助这些金融寡头。这就是金融集团"大而不倒"的
逻辑。鲁道夫·希法亭（Rudolf Hilferding）于 1910 年出版了他的马克

---

① ［美］约瑟夫·斯蒂格利茨：《重构美国经济规则》，第 46—47 页。

思主义政治经济学著作《金融资本：资本主义最新发展研究》。该书被认为是除《资本论》之外，马克思主义政治经济学史上最具影响力的著作之一。[①]按希法亭的理解，当时的资本主义已经和马克思生活时代的资本主义有所不同了。资本主义的发展已经进入了一个新阶段，而这个阶段的特点是金融资本的统治。什么是金融资本呢？希法亭指出："金融资本意味着资本的统一化。以前被分开的产业资本、商业资本和银行资本等，现在被置于产业和银行的支配者通过紧密的个人联络而结成的金融贵族的共同领导之下。这种联合是以大垄断联合从而消除个别资本家自由竞争为基础的。"[②]希法亭判断，马克思看到的资本集聚和资本集中在当前已经到了一个新阶段。日益崛起的、以金融资本为代表的大资本排挤小资本，使得资本主义的垄断趋势日益明显。

如果说马克思分析的资本主义是以英国为典型案例，以自由竞争的资本主义为代表；那么，希法亭分析的资本主义则是以德国为典型案例，以垄断资本主义为代表。希法亭指出：一旦以资本集中和集聚的程度达到卡特尔化和托拉斯化的程度以及银行支配产业的程度——简言之，以所有资本向金融资本转化的程度为标准，那么，不是自由贸易国家的英国，而是保护关税的国家德国和美国，变成了资本主义发展的典型国家。[③]资本主义步入垄断阶段，这样的观察被俄国的列宁、美国的保罗·巴兰以及保罗·斯威齐等人所继承和发展。

希法亭认为，在德国和美国，银行的作用与英国有着显著的不同。银行开始变成资本主义政治经济生活的主角。如果说马克思时代，资本是分散的，可以划分为商业资本、产业资本以及银行资本，那么在希法亭著作中，金融资本（finance capital）意味着资本的统一。因此，资本主义国家的"金融化"并非新的现象。受益于希法亭的《金融资本》，列宁在其

---

① ［加］M.C.霍华德、［澳］J.E.金著，赵吉伟等译：《马克思主义经济学史（1883—1929）》，中央编译出版社2014年版，第99页。

② ［德］鲁道夫·希法亭著，福民等译，王辅民校：《金融资本》，商务印书馆1994年版，第343页。

③ ［德］鲁道夫·希法亭：《金融资本》，第347页。

1916 年出版的著作《帝国主义是资本主义的最高阶段》一书中分析了资本主义国家的"金融化"趋势。

列宁指出，现在的政治经济变迁和马克思时代已经不同了，"在半个世纪以前马克思写《资本论》的时候，绝大多数经济学家都认为自由竞争是一种'自然规律'"。[①] 而现在，经济生活的重大方面通常不受自由竞争的支配。因为现在，"资本主义转化为帝国主义"。[②] 和早期资本主义不同，当资本主义到了帝国主义阶段，此时的资本主义依靠的不再是工业资本。"帝国主义的特点，恰好不是工业资本而是金融资本。"[③] 这样庞大的经济力量可以转化成强大的政治力量，支配世界政治经济。"金融资本是一种存在于一切经济关系和一切国际关系中的巨大力量，可以说是起决定作用的力量，它甚至能够支配而且实际上已经支配着一些政治上完全独立的国家。"[④]

沿袭希法亭的著作，列宁也看到了银行角色的变化。银行基本的和原来的业务是在支付中起中介作用。但是，新的情势发展导致了银行开始扮演更加重要的政治经济角色。"随着银行业的发展及其集中于少数机构，银行就由中介人的普通角色发展成为势力极大的垄断者，它们支配着所有资本家和小业主几乎全部的货币资本，以及本国和许多国家的大部分生产资料和原料产地。为数众多的普通中介人成为极少数垄断者的这种转变，是资本主义发展成为资本帝国主义的基本过程之一。"[⑤] 在资本主义国家，银行已经实现了从"中介者"到"垄断者"的转变。垄断已代替自由竞争，成为资本主义政治经济的基本特征。"自由竞争是资本主义和一般商品生产的基本特性；垄断是自由竞争的直接对立面，但是我们眼看着自由竞争开始转化为垄断：自由竞争造成大生产，排挤小生产，又用更大的生产来代替大生产，使生产和资本的集中达到这样的程度，以致从中产生了并且还在

---

① ［苏联］列宁著，中共中央编译局译：《帝国主义是资本主义的最高阶段》，人民出版社 2001 年版，第 13—14 页。

② 《帝国主义是资本主义的最高阶段》，第 15 页。

③ 《帝国主义是资本主义的最高阶段》，第 80 页。

④ 《帝国主义是资本主义的最高阶段》，第 71 页。

⑤ 《帝国主义是资本主义的最高阶段》，第 23 页。

产生着垄断。"① 资本主义已经步入了垄断阶段。

在资本主义走向垄断的过程中，银行充当着重要角色。银行变成了庞大的资本家团体，它们通过形形色色的活动，增强自身的垄断力量。首先，大银行兼并小银行。列宁列举了德国银行的例子，"小银行被大银行排挤，大银行当中仅仅九家银行就差不多集中了所有存款的一半"。②

其次，大银行通过发展网点，建立更广阔的网络，从而形成更强大的影响力。"我们看到，银行渠道的密网扩展得多么迅速，它布满全国，集中所有的资本和货币收入，把成千上万分散的经济变成一个统一的全国性的资本主义经济，并进而变成世界性的资本主义经济。"③ 银行形成了强大的政治经济实力，不断扩张自己的地盘，同时不断扩大自身的势力。银行通过兼并收购以及拓展网点，使得资本主义国家经济力量更加集中，进而形成新的政治力量。"随着资本的集中和银行周转额的增加，银行的作用根本改变了。分散的资本家合成了一个集体的资本家。"④ 这样的"集体的资本家"开始介入资本主义国家政治经济生活的方方面面。列宁指出："其实，这是集权，是垄断巨头的作用、意义和实力的加强。"⑤

最后，银行开始影响大企业。随着"集体的资本家"的出现，大企业，尤其是大银行，开始主导经济生活，"大企业，尤其是大银行，不仅直接吞并小企业，而且通过'参与'它们的资本、购买或交换股票，通过债务关系体系等等来'联合'它们，征服它们，吸收它们加入'自己的'集团。"⑥ 这样，"银行资本和工业资本日益融合……银行发展成为具有真正'包罗一切的性质'的机构"。⑦ 此时的银行高度卷入工业经济，"在工业高涨时期，金融资本获得巨额利润，而在衰落时期，小企业和不稳固的企业纷纷倒闭，大银行就'参与'贱价收买这些企业，或者'参与'有利可图的

① 《帝国主义是资本主义的最高阶段》，第77页。
② 《帝国主义是资本主义的最高阶段》，第24页。
③ 《帝国主义是资本主义的最高阶段》，第26页。
④ 《帝国主义是资本主义的最高阶段》，第27页。
⑤ 《帝国主义是资本主义的最高阶段》，第26页。
⑥ 《帝国主义是资本主义的最高阶段》，第24—25页。
⑦ 《帝国主义是资本主义的最高阶段》，第36页。

'整理'和'改组'"。①

　　股份公司的出现进一步为银行资本和产业资本的结合创造了条件。希法亭发现股份制的发展并没有牵制大企业与大银行，因为小股东所持有的些许股票是毫无影响的，小股东的增长只不过增强了大资本家的力量。因为大资本家只要持有很少一部分股票，就足以控制整个企业。希法亭指出："在实践中，足以控制股份公司的资本额通常还要小，只是资本的三分之一或四分之一，甚至比这个数目还小。而股份公司的控制者却支配别人的资本，就像他支配自己的资本一样。"②列宁也同希法亭相呼应，"只要占有40%的股票就能操纵一个股份公司的业务，因为总有一部分分散的小股东实际上根本没有可能参加股东大会"。因此，股权的分散只不过是"加强金融寡头实力的一种手段而已"。③在股份制下，金融寡头有了更好的杠杆来剥夺公众。"集中在少数人手里并且享有实际垄断权的金融资本，由于创办企业、发行有价证券、办理公债等等而获得大量的、愈来愈多的利润，巩固了金融寡头的统治，替垄断者向整个社会征收贡赋。"④

　　希法亭和列宁都看到资本主义进入了一个新阶段，这个阶段是帝国主义，而帝国主义的重要特点就是垄断。这个时候，"一个工业部门的生产总量，往往有十分之七八集中在卡特尔和托拉斯手中"。⑤这些金融寡头有着强大的"市场力量"和政治力量。

　　首先，就市场力量而言，金融寡头拥有的市场力量在于它们可以左右市场价格。"货币资本和银行使极少数最大企业的这种优势变成更强大的而且是名副其实的压倒优势，就是说，几百万中小'业主'，甚至一部分大'业主'，实际上完全受几百个金融富豪的奴役。"⑥竞争性的小企业会逐渐退出历史舞台，"现在已经是垄断者在扼杀那些不屈服于垄断、不屈服于垄断

---

① 《帝国主义是资本主义的最高阶段》，第47页。
② ［德］鲁道夫·希法亭：《金融资本》，第120页
③ 《帝国主义是资本主义的最高阶段》，第41页。
④ 《帝国主义是资本主义的最高阶段》，第45页。
⑤ 《帝国主义是资本主义的最高阶段》，第16页。
⑥ 《帝国主义是资本主义的最高阶段》，第11页。

的压迫和摆布的企业了"。[1]

其次，就其政治力量而言，金融寡头的政治力量则在于它们更有能力俘获政府，政府更直接地充当金融寡头剥削大众的工具。新的垄断力量会带来新的强制关系，"统治关系和由此产生的强制，正是'资本主义发展的最新阶段'的典型现象，正是势力极大的经济垄断组织的形成所必然引起而且已经引起的结果"。[2]强大的政治力量深刻影响着社会生活与政治生活。现有的法律无法约束这些金融寡头做大，"在任何情况下，在一切资本主义国家，不管有什么样不同的银行法，银行总是大大地加强并加速资本集中和垄断组织形成的过程"。[3]随着金融寡头在经济上日益强大，它们会日益渗透到政治生活中。"垄断既然已经形成，而且操纵着几十亿资本，它就绝对不可避免地要渗透到社会生活的各个方面去，而不管政治制度或其他任何'细节'如何。"[4]列宁引用相关资料指出："法兰西共和国是金融君主国"，在这样的国家，"金融寡头统治一切，既控制着报刊，又控制着政府"。[5]列宁还引用德国作家的话，由于金融寡头势力太强大，"德国宪法所保证的经济自由，在经济生活的许多方面，已经成了失去内容的空话"，在现有的财阀统治下，"即使有最广泛的政治自由，也不能使我们免于变成非自由民的民族"。[6]马克思早就断言资本主义的国家是资产阶级的工具；金融资本崛起后，国家成为金融资本操纵的工具。

从金融资本对美国政治的影响来看，无处不见金融资本的强大影响力。美国共和党的参议院银行委员会主席菲尔·格拉姆（Phil Gramm）在1999年主导废除了新政时代的《格拉斯—斯蒂格尔法案》（*Glass-Steagall Act*），这一法案在投资与商业银行之间划定界限，确保吸收存款的银行不会使用联邦担保的资金从事高风险的投机，以防止系统金融风险的出现。格拉姆在会议上用手指着证券交易委员会主席阿瑟·莱维特（Arthur

---

① 《帝国主义是资本主义的最高阶段》，第 19 页。
② 《帝国主义是资本主义的最高阶段》，第 20—21 页。
③ 《帝国主义是资本主义的最高阶段》，第 29 页。
④ 《帝国主义是资本主义的最高阶段》，第 49 页。
⑤ 《帝国主义是资本主义的最高阶段》，第 46 页。
⑥ 《帝国主义是资本主义的最高阶段》，第 50 页。

Levitt）说：除非投资者的鲜血把水染成了深红色，否则我不会让你实施任何异想天开的监管。[①]从 1989 年到 2002 年，格拉姆从美国的商业银行那里获得了大量政治献金，他也是从华尔街获得资金最多的五名美国政客之一。[②]2003 年退休后，他接受了瑞士联合银行集团的职务，为其效力，游说美国国会和财政部。格拉姆的妻子，美国商品期货交易委员会主席温迪·格雷姆（Wendy Graham）在 1993 年离任前夕，批准了安然公司金融衍生工具可免予监管，而她在几个星期后得到了安然公司董事会的一个席位。随后几年中，她在安然获得的工资和股票收入在 91.5 万美元到 180 万美元之间。由于不受监管，美国金融行业的风险日益累积。当安然公司突然崩塌的时候，数千名员工的退休账户也被洗劫一空。不仅格拉姆夫妇如此，罗伯特·鲁宾（Robert Rubin）在担任美国的财政部长期间，也多次拒绝加强对金融衍生工具的监管。离任后，鲁宾担任了美国花旗银行的高级顾问。尽管花旗银行面临亏损，但他却获得了 1.26 亿美元的现金和股票。[③]在一些马克思主义者看来，金融资本渗透到了资本主义政治生活的方方面面。

列宁对"金融资本"所持有的态度从下文就可以看出："资本主义已经发展到这样的程度，商品生产虽然依旧'占统治地位'，依旧被看作全部经济的基础，但实际上已经被破坏了，大部分利润被那些干金融勾当的'天才'拿去了。这种金融勾当和欺骗行为的基础是生产的社会化，人类历尽艰辛所达到的生产社会化这一巨大进步，却造福于……投机者。"[④]著名的金融评论家马丁·沃尔夫（Martin Wolf）指出：没有哪个行业能与金融业相比，它是收益私人化、损失社会化的天才。[⑤]资本主义进入帝国主义阶段后，列宁看到了一个食利者阶层的崛起，他们攫取了社会发展经济成果的大部分。这样的食利者充斥的资本主义是腐朽的、没落的。"帝国主义，或

---

① Arthur Levitt, *Take on the Street: What Wall Street and Corporate America Don't Want You to Know*, New York: Pantheon Books, 2002, p.205.

② ［美］雅各布·哈克、保罗·皮尔森：《赢者通吃的政治》，第 193 页。

③ ［美］雅各布·哈克、保罗·皮尔森：《赢者通吃的政治》，第 194、243 页。

④ 《帝国主义是资本主义的最高阶段》，第 20 页。

⑤ ［美］雅各布·哈克、保罗·皮尔森：《赢者通吃的政治》，第 5 页。

者说金融资本的统治，是资本主义的最高阶段……金融资本对其他一切形式的资本的优势，意味着食利者和金融寡头占统治地位。"[1] 他们依靠国家政府，推动经济的金融化，同时，享受着食利阶层不劳而获的、寄生的生活。

二　发达国家为何再度实施贸易保护？

19 世纪是世界资本主义自由贸易的黄金时期。不过，好景不长，19 世纪后期，世界主要资本主义国家开始了新一轮的贸易保护主义。1879 年，时任德国宰相奥托·冯·俾斯麦（Otto von Bismarck）开始对农业与工业进行贸易保护。其他欧洲国家都纷纷效仿德国的保护性经济政策，通过提高关税来刺激本国工业化发展。法国在 19 世纪 80 年代以及 1892 年两次上调关税。瑞典在 1892 年加强了工业保护。意大利在 1878 年征收了适度的关税，又在 1887 年大幅上调关税。俄罗斯在 1877 年、1885 年与 1891 年大幅上调了工业关税。奥地利、匈牙利和西班牙也分别在 19 世纪 70 年代与 80 年代转向贸易保护。巴尔干半岛国家则进一步转向了更高程度的贸易保护。[2]

二战以后，发达国家的保护主义又有了新的形式。美日双方展开了激烈的贸易谈判，美国利用其对国际市场的主导权，不断迫使日本接受"自愿"的出口限制。1972 年，美国迫使日本接受对纺织品的自愿出口限制，而且这样的限制一直持续不断：1969 年和 1978 年针对日本的钢铁；1977 年针对彩电；1981 年到 1993 年针对汽车。1988 年，美国国会通过了"超

---

① 《帝国主义是资本主义的最高阶段》，第 51 页。

② Paul Bairoch, "European Trade Policy, 1815–1914," in Peter Mathias and Sidney Pollard, eds., *The Cambridge Economic History of Europe, Vol. VIII: The Industrial Economies: The Development of Economic and Social Policies*, New York: Cambridge University Press, 1989, pp.51–69.

级 301 条款",并利用该条款,让美国的超级计算机、卫星以及木材等产品进入了日本市场。[1]

如何解释这一轮又一轮发生在发达国家的贸易保护主义潮流? 发达国家选择保护主义是应对经济危机的权宜之计吗? 20 世纪初,鲁道夫·希法亭的著作《金融资本》试图指出:这些发达国家纷纷选择保护主义是未来的世界潮流,而不是权宜之计。霍华德等人在《马克思主义经济学史》中认为《金融资本》的第 22 章有关"争夺经济区的斗争"是希法亭比较具有原创性的部分。[2] 而这部分正是要回答发达国家为何纷纷选择保护主义。

希法亭指出:随着金融资本逐步壮大,成为主导资本主义世界的力量,自由贸易的时代就要结束了。金融资本所希望的不是自由,而是统治。它们呼唤强大的国家对内实施保护主义,对外推行扩张政策并吞并殖民地。通过关税和税收政策可以保证国内的金融资本能拥有一个比较稳定的国内市场;而对外扩张能帮助金融资本将利益延伸到国外。国家代表金融资本在世界各地进行干预,把世界转变成为金融资本的投资场所。[3] 在金融资本时代,金融资本需要的不是自由主义,而是寡头统治与帝国主义的经济政策。

在金融资本看来,自由贸易是有害的。各国的资产阶级都在纷纷寻找和扩大本国的经济区(economic territory),这样才能获得垄断利润。为什么对金融资本而言,自由贸易是有害的呢? 希法亭认为自由贸易剥夺了那些具有卡特尔化能力的产业在国内市场的垄断。尽管没有这样的卡特尔关税,国内的卡特尔也会发展起来,但是,第一,国内卡特尔化的速度会变慢;第二,卡特尔的稳定性会变得更小;第三,国内的卡特尔会担心国际卡特尔的对抗。[4] 因此,金融资本的政策有三个目的:第一是建立尽可能大的经济区;第二是通过保护性的关税排除外国竞争;第三是把这一经济

---

① Andrew Gordon, *A Modern History of Japan: From Tokugawa Times to the Present*, New York: Oxford University Press, 2003, p.293

② [加] M.C. 霍华德、[澳] J.E. 金:《马克思主义经济学史 (1883—1929)》,第 98 页。

③ [德] 鲁道夫·希法亭:《金融资本》,第 385 页。

④ [德] 鲁道夫·希法亭:《金融资本》,第 358 页。

区变成民族垄断联盟的开发区。[①] 希法亭的"国家经济区"实际上比国家更大，因为它不仅包括了发达国家自身的领土，还包括了它们所拥有的殖民地以及势力范围等。[②] 希法亭注意到各个资本主义国家现在实施保护主义，建立经济区的目的是服务于民族资本家的利益，它们要建立和维系国内垄断性的卡特尔，获得垄断利润，以便让"民族的资本家"打败其他国家的资本家。

我们可以归纳出希法亭的"卡特尔关税"与以往的关税有几个方面的不同：首先，以往的关税是保护幼稚产业，而现在的关税则是为强大的垄断资本提供垄断利润。"古老的保护性关税的使命，除了弥补既有的不利自然条件外，就是促进在被保护范围内产业的建立。它应保护处于发展中的国内产业，防止被已发展起来的外国产业的强大竞争所阻碍或者消灭。"[③] 这样的关税就是李斯特所倡导的关税，是为弱者建立的关税。在垄断时代，"卡特尔关税"所发挥的作用就显著不同了。那些最具有出口竞争力的产业也需要高额关税的保护。希法亭将这样的关税称为"卡特尔关税"，是保护强者的关税，是可以促进卡特尔化的关税。因此，现在发达国家关税服务的对象已经从弱者变成了强者，为国内强大的垄断者服务。

其次，以往的关税是临时性的，而现在的关税则是永久性的。按希法亭的理解，既然以往的关税是出于保护幼稚产业的需要，那么它们就是培育性的关税，是短暂的而不是长期性的。实施"培育关税"是为了帮助被保护产业度过幼稚产业的成长时期。这也是李斯特所倡导的，"任何国家，借助于保护政策，据有了工商优势，达到了这个地位以后，就能够有利地恢复自由贸易政策"。[④] 但是，按照希法亭的看法，李斯特的想法是难以实现的。因为在垄断资本主义阶段，关税变成了卡特尔关税，这样的关税将长久存在。因为，卡特尔关税可以提高国内的价格，让金融资本获得超额利润，让他们可以间接向国内征税。在卡特尔关税的保护下，金融资本的积

---

① ［德］鲁道夫·希法亭：《金融资本》，第 375 页。
② ［英］布鲁厄：《马克思主义的帝国主义理论》，第 102 页。
③ ［德］鲁道夫·希法亭：《金融资本》，第 350 页。
④ ［德］弗里德里希·李斯特：《政治经济学的国民体系》，第 16 页。

累会得到强有力的促进。既然金融资本追求垄断利润的欲求没有止境，而国家又是金融资本的代言人，那么"卡特尔关税"的实施则会是长期的、永久性的。

最后，以往的关税是防御性的，而现在的关税则是进攻性的。希法亭指出："保护性关税的职能发生了彻底的变化，实际上走到了自己的反面。从抑制外国产业占领国内市场的手段变成了国内企业占领外国市场的手段，由弱者手中的防御武器变成了强者的进攻武器。"[1]这种做法的特点是"国内高价，国际低价"。为什么低价卖给海外消费者会让卡特尔有利可图呢？在世界市场上，卡特尔必须按照世界市场的价格来销售，甚至以低于其生产价格来出售。由于卡特尔在国内获得了超额利润，所以才能在国际市场以低于竞争者的价格出售其产品。如果这样可以获得国外市场，它们就可以扩大生产，实现规模经济，进而降低成本。这种做法类似于"倾销"，厂商通过低价在国际市场销售，以便打败对手，占领世界市场。概括起来，"国内高价，国际低价"的目的有两个：一是实现规模经济，销售得越多，单位成本越低；二是通过低价打垮竞争对手。如果其他国家的资本家不能像在"卡特尔关税"保护下的资本家这样实现低价销售，那他们就难以赢得竞争。

如果大家都保护自己的国内市场，到哪里去寻找世界市场呢？希法亭没有提供明确的答案，他似乎假定有国家没有能力保护，从而留下了大块没有保护的世界。[2]这就是各个发达国家需要努力扩大自己经济区的原因所在。希法亭认为，垄断组织剥削经济区内的所有消费者，无论是宗主国的消费者还是殖民地的消费者都包括在内。

资本主义的新的发展阶段，对国内而言是垄断过度，在国际上可能是集中不足。一个国家的金融资本要和其他国家的金融资本竞争，自然要借助国家的力量，通过实施保护主义，通过建立和扩大自己的经济区，来赢得竞争。保护性关税成了各国卡特尔竞争的武器。因此，国家和金融资本

---

① ［德］鲁道夫·希法亭：《金融资本》，第354页。
② ［英］布鲁厄：《马克思主义的帝国主义理论》，第101页。

更加紧密地结合，参与到世界资本主义竞争中。"卡特尔试图通过国家的权力和外交干预来加强自己在竞争中的地位。"[1] 对后发的资本主义国家而言，资产阶级的力量相比于先发国家较为弱小，因此，后发国家的金融资本更迫切地希望得到国家保护。希法亭预言，德国的资产阶级最终会和英国的资产阶级展开争夺。因为德国一直缺乏殖民地，"这种情况必然大大加剧德国同英国及其卫星国之间的对立，最后诉诸暴力解决"。[2] 这一点被列宁进一步深化。

国家之间争夺经济区的竞争会日益加剧，金融资本需要更加紧密地与国家政权结合。"一切在外国有利益关系的资本家，呼吁建立一个强大的国家政权，凭借它的权威保护自己即便是在世界最遥远的角落的利益；呼吁举起必然到处可见的战争旗帜，从而能够到处竖起商业的旗帜。"[3] 在争夺经济区的斗争中，国家力量对资本家的意义尤其重要。"政治力量成为经济竞争中的决定性因素；对金融资本来说，国家的权力地位成为直接的利润利益。现在，外交把代表金融资本当作自己最重要的职能。"[4]

希法亭做出这样概括的意义在于：在资本主义新的发展阶段，资本主义国家的主流意识形态，国家的角色都与此前有很大的不同。希法亭指出了自由主义在英国与在欧洲大陆不同，经济自由主义在英国比在欧洲大陆的任何地方都得到了更强的贯彻。[5] 这是因为英国是先发展国家，这里的资本家可以用自由主义的意识形态来对抗国家。因为在自由竞争时代，国家常常对资本家进行武断干预。如此一来，自由主义就是英国资本家对抗强大国家的思想武器。而对德国这样的后发展国家而言，他们不是要驱逐国家干预，而是要邀请国家介入。对先发展国家而言，国家可能是资本家的对手；而对后发展国家而言，国家却是资本家参与全球资本主义竞争的有力推手。以德国资本家为代表，他们不再相信自由主义，而是强化民族主

---

① ［德］鲁道夫·希法亭：《金融资本》，第 358 页。
② ［德］鲁道夫·希法亭：《金融资本》，第 381 页。
③ ［德］鲁道夫·希法亭：《金融资本》，第 370 页。
④ ［德］鲁道夫·希法亭：《金融资本》，第 380 页。
⑤ ［德］鲁道夫·希法亭：《金融资本》，第 344 页。

义来服务于其金融资本的全球扩张。希法亭看到，金融资本裹挟着"民族主义"，"现在是把国家从一种障碍物转化为自己发展的工具"。[①]

事实上，不仅 19 世纪末兴起了保护主义的浪潮，20 世纪以来，发达资本主义国家一次又一次兴起保护主义的浪潮。用希法亭的视角看，20 世纪，老牌资本主义国家英国实施了"帝国特惠制"，即建立自己的经济区，为自己的金融资本服务。二战后美国实施的诸多"非关税壁垒"，也是服务于同样的目的。布鲁厄指出："因为垄断集团仍不能控制世界市场，它们需要关税的保护，并且因而试图尽可能远地扩展它们受保护的市场，和寻求金融资本对扩张主义政策的支持。因为开始了这些论证，希法亭成为经典马克思主义的帝国主义理论的真正创始人。"[②]

三　19 世纪末的英国为何大量输出资本？

英国的对外投资从 19 世纪五六十年代开始增长，1870 年至 1914 年，每年向海外的净投资额占该时期英国年储蓄的 30%。[③]英国在 19 世纪末 20 世纪初对外输出了数额庞大的资本。从 1875 年到 1914 年，英国的海外投资达到了 20 亿—30 亿英镑。当英国年人均国民收入还不到 40 英镑的时候，英国金融家对外国政府与企业的证券投资相当于每个英国人每年在国外购买了 4.5 英镑的证券。[④]

希法亭的《金融资本》指出：发达国家资产阶级出于竞争的需要，不

---

① ［德］鲁道夫·希法亭：《金融资本》，第 383 页。

② ［英］布鲁厄：《马克思主义的帝国主义理论》，第 110 页。

③ Roderick Floud and Paul Johnson, eds., *The Cambridge Economic History of Modern Britain*, Vol. 2: *Economic Maturity, 1860-1939*, Cambridge：Cambridge University Press, p. 191.

④ Lance Davis and Robert Huttenback, *Mammon and the Pursuit of Empire*, New York：Cambridge University Press, 1988, p. 36.

得不纷纷向海外投资。"资本输出在不同形式上受到本国保护关税的有力促进，也同样受到外国保护关税的鼓励，它同时也为资本在世界范围的渗透和资本的国际化作出贡献。"①这是"资本试图补偿由经济区的缩小造成的对生产力发展的阻碍，但不是通过向自由贸易的过渡，而是通过扩大本国的经济区和加速进行资本输出。"②列宁也非常重视发达国家的资本输出，他指出：资本输出是资本主义发展到新阶段的典型特征。"对自由竞争占完全统治地位的旧资本主义来说，典型的是商品输出。对垄断占统治地位的最新资本主义来说，典型的则是资本输出。"③

　　帝国主义为何要从商品输出转向资本输出呢？这是因为，在这一时期，出现了所谓的"过剩资本"。"临近20世纪时，我们看到已经形成了另一种垄断：第一，所有发达的资本主义国家都有了资本家的垄断同盟；第二，少数积累了巨额资本的最富的国家处于垄断地位。在先进的国家里出现了大量的'过剩资本'。"④列宁强调，这样的"过剩"是相对过剩。这是因为，资产阶级不愿将资金用于改善工人的生活，更乐意将相对过剩的资本输出到其他国家，换来更高的利润。列宁指出："只要资本主义还是资本主义，过剩的资本就不会用来提高本国民众的生活水平（因为这样会降低资本家的利润），而会输出国外，输出到落后的国家去，以提高利润。在这些落后国家里，利润通常都是很高的，因为那里资本少，地价比较贱，工资低，原料也便宜。其所以有输出资本的可能，是因为许多落后的国家已经卷入世界资本主义的流转，主要的铁路线已经建成或已经开始兴建，发展工业的起码条件已有保证等等。其所以有输出资本的必要，是因为在少数国家中资本主义'已经过度成熟'，'有利可图的'投资场所已经不够了。"⑤因此，发达国家的资本家纷纷行动起来，热衷于资本输出。只是，各国资本家的资本输出方式存在各自的特点。英国资本家主要是输出生产资本，

　　① ［德］鲁道夫·希法亭：《金融资本》，第360页。
　　② ［德］鲁道夫·希法亭：《金融资本》，第360页。
　　③ 《帝国主义是资本主义的最高阶段》，第53页。
　　④ 《帝国主义是资本主义的最高阶段》，第53页。
　　⑤ 《帝国主义是资本主义的最高阶段》，第53—54页。

也就是到海外开矿设厂；法国的资本家则是"靠放高利贷发财"，"法国帝国主义与英国殖民帝国主义不同，可以叫作高利贷帝国主义"。[1]

英国的投资者认识到国内工业的投资回报率正在减少，而新兴市场基础设施的投资回报率则相对较高。[2] 表5–1展示了1870年到1913年，英国海外的投资获得了更高的回报率。在此期间，英国海外投资的年均回报率为5.72%，而国内投资的年均回报率是4.60%。[3] 在法国和意大利的投资回报率要比英国高出50%，在加拿大和美国投资的回报率则要高出60%。[4] 因此，一个理性的英国资本家会选择投资海外。

表5–1　英国各类投资的回报率（%）

投资类型＼年份	1870—1913	1870—1876	1877—1886	1887—1896	1897—1909	1910—1913
国内投资	4.60	7.62	5.37	6.42	1.35	3.60
国外投资	5.72	6.60	8.06	5.23	5.20	1.79
国外投资减去国内投资	1.12	–1.02	2.69	–1.19	3.85	–1.81

资料来源：Michael Edelstein, "Overseas investment in the age of high imperialism: the United Kingdom, 1850–1914," in Roderick Floud and Paul Johnson, eds., *The Cambridge Economic History of Modern Britain*, *Volume 2: Economic Maturity*, *1860-1939*, p.198。

对民族国家而言，大量的资本输出可能有害，但对资本家而言，他们却可以获益，对全球资本主义的发展而言也可能有利。"因此，如果说资本输出会在某种程度上引起输出国发展上的一些停滞，那也一定会有扩大和加深资本主义在全世界的进一步发展作为补偿的。"[5] 19世纪中后期到20世

---

① 《帝国主义是资本主义的最高阶段》，第55页。

② Roderick Floud and Paul Johnson, eds., *The Cambridge Economic History of Modern Britain*, *Vol. 2: Economic Maturity*, *1860-1939*, p.191.

③ Michael Edelstein, "Overseas investment in the age of high imperialism: the United Kingdom, 1850–1914," in Roderick Floud and Paul Johnson, eds., *The Cambridge Economic History of Modern Britain*, *Vol. 2: Economic Maturity*, *1860-1939*, p.198.

④ Michael Dintenfass, *The Decline of Industrial Britain: 1870-1980*, London and New York: Routledge, 1992, p.49.

⑤ 《帝国主义是资本主义的最高阶段》，第55—56页。

纪初，伦敦金融从业者的人数翻了一番，从 1871 年的 17 万人增加到 1911 年的 36.4 万人。[1] 在德国与美国的国外贷款还不到其国民总收入的 2% 的时候，英国的海外资产占国民收入的比例已经从 1850 年的 7% 上升到 1870 年的 14%；到 1913 年，这一比例已高达 32%。[2] 伦敦作为英国的金融中心更多面向外部世界，而非英国北部的制造业城市。"伦敦通常更加关心墨西哥发生的事情而不是英国内部的事情，更加关心发生在加拿大的罢工而不是威尔士的罢工。"[3]

更让人扼腕的是，伦敦作为国际金融中心与昔日的阿姆斯特丹类似，在输出资本的同时为自身的潜在竞争者提供了大量资金。美国的独立战争和购买路易斯安那州的资金主要是从法国和荷兰借来的。仅仅在几年内，这些借款的票据就跨过英吉利海峡转移到了英国投资人的手中。英国投资人又将这些资金投向美国。1883 年，一位美国国会议员曾有一个形象的比喻："美国货币市场的晴雨表挂在伦敦证券交易所里。"[4] 到 19 世纪 50 年代，随着欧洲资本再一次开始大量流入美国，英国人又一次发挥了领导作用。如表 5-2 所示，18 世纪 60 年代初，英国人在美国投资额占到了外国在美国投资总额的 9/10，甚至到了一战爆发前的 1913 年，这一比例仍然高达 2/3 左右。

19 世纪中后期，美国的铁路建设是最受伦敦金融家们青睐的投资项目之一。19 世纪 50 年代，为偿付英国卖给美国的铁轨，数不清的美国铁路公司在英国发行了债券。美国南北战争末期，伦敦城的所有主要银行都加入了对美国铁路的投资热潮，包括巴林银行、罗斯柴尔德银行等老牌银行。19 世纪 70 年代早期，为美国铁路发行的债券达到了伦敦发行铁路债券的

[1] Ronald Michie, *The City of London. Continuity and Change*, *1850–1990*, Basingstoke: Palgrave Macmillan, 1992, p.14.

[2] Michael Edelstein, "Foreign Investment, Accumulation and Empire, 1860–1914," in Roderick Floud and Paul Johnson, eds., *The Cambridge Economic History of Modern Britain*, *Vol. 2: Economic Maturity*, *1860-1939*, p.191.

[3] Youssef Cassis, *Capitals of Capital: The Rise and Fall of International Financial Centres*, *1780-2009*, New York: Cambridge University Press, p.84.

[4] Robert Sobel, *Panic on Wall Street: A History of America's Financial Disasters*. Washington D. C.: Beard Books, 1999, p.42.

70%，占据了私人企业债券的 45%。[①]值得一提的是，后来闻名遐迩的美国金融联合机构摩根财团也是在这一背景下创立的。祖上来自英国的富商朱尼厄斯·摩根（Junius Spencer Morgan）经人介绍成为美国债券经手人乔治·皮博迪（George Peabody）的合伙人。他后来成为皮博迪公司的实际运作者与继承人，在伦敦市场为美国的内战与战后的铁路等基础设施建设融资。皮博迪逝世后，朱尼厄斯·摩根遵照皮博迪的遗愿将公司重新命名为 J.S. 摩根公司。[②]而朱尼厄斯·摩根之子正是后来家喻户晓的 J.P. 摩根（John Pierpont Morgan）。这正是列宁看到的：遍布全球的银行，"金融资本的密网可以说确实是布满了全世界。在这方面起了很大作用的，是设在殖民地的银行及其分行"。[③]事实上，英国金融资本家是在资助英国未来的竞争对手，英国的做法在损害英国工业的同时，也为英国资本家赢得了大量的利润。

表 5-2　1861—1913 年英国投资占美国境内所有外国投资的比重（%）

年份	比重
1861	90.0
1865	88.0
1870	85.5
1875	83.0
1880	80.5
1885	79.5
1890	77.0
1895	74.5
1900	66.0

数据来源：John Dunning, *Studies in International Investment*（Vol. 6）, London：Routledge, 2001, pp. 178–181。

---

① Youssef Cassis, *Capitals of Capital：The Rise and Fall of International Financial Centres 1780-2009*, p.57.

② ［美］罗恩·彻诺著，金立群校译：《摩根财团：美国一代银行王朝和现代金融业的崛起》，中国财政经济出版社 1996 年版，第 1—17 页。

③ 《帝国主义是资本主义的最高阶段》，第 57 页。

　　值得注意的是，资本输出并非像列宁预言的那样流向了最落后的地区。事实上，1914 年之前，资本没有输往最贫困的地方，而是流向了美洲、大洋洲等生活水平较高的地区；第二次世界大战结束后，美国的资本输出流向发达国家的也比流向第三世界的多。

　　列宁不断强调，这样的资本输出具有寄生性。"在世界上'贸易'最发达的国家，食利者的收入竟比对外贸易的收入高 4 倍！这就是帝国主义和帝国主义寄生性的实质。"①这样丰厚的回报，是建立在这些发达国家的资本家剥削落后国家的基础上的。"这就是帝国主义压迫和剥削世界上大多数民族和国家的坚实基础，这就是极少数最富国家的资本主义寄生性的坚实基础！"②既然英国是典型的资本输出国家，那么，资本家的寄生性在英国也就特别明显。"英国资本的大量输出，同大量的殖民地有最密切的联系。"③这样，资本输出导致了一个寄生的资产阶级出现。"以'剪息票'为生，根本不参与任何企业经营、终日游手好闲的食利者阶级，确切些说，食利者阶层，就大大地增长起来。帝国主义最重要的经济基础之一——资本输出，更加使食利者阶层完全全全脱离了生产，给那种靠剥削几个海外国家和殖民地的劳动为生的整个国家打上了寄生性的烙印。"④大量食利者阶层的兴起，标志着进入帝国主义的资本主义国家日趋腐朽没落。

　　除了获得比国内更高的利润，列宁还看到：对资本家而言，资本输出还有其他方面的积极意义。那就是发达国家的资本家可以用获得的超额利润来收买一部分工人阶级，进而分化工人阶级队伍。"帝国主义有一种趋势，就是在工人中间也分化出一些特权阶层，并且使他们脱离广大的无产阶级群众。"⑤这样的特权阶级也从帝国主义的全球扩张，获得超额利润的过程中分到了好处，"帝国主义意味着瓜分世界而不只是剥削中国一个国家，

① 《帝国主义是资本主义的最高阶段》，第 89 页。
② 《帝国主义是资本主义的最高阶段》，第 55 页。
③ 《帝国主义是资本主义的最高阶段》，第 55 页。
④ 《帝国主义是资本主义的最高阶段》，第 88 页。
⑤ 《帝国主义是资本主义的最高阶段》，第 94 页。

意味着极少数最富的国家享有垄断高额利润，所以，它们在经济上就有可能去收买无产阶级的上层，从而培植、形成和巩固机会主义"。[①]这样，列宁看到了发达国家的海外投资对资产阶级而言有着双重意义。短期而言，资本输出对资产阶级有着积极的意义，既提高了利润，又可以分化工人。但是，发达国家的海外扩张也蕴含着危险——各国资产阶级都积极推动本国政府实施海外扩张，争夺殖民地。如此，这些国家之间的关系会剑拔弩张，最终导致战争。

四　第一次世界大战为何爆发？

第一次世界大战爆发前，英国和德国的关系日趋恶化。1885年，英国"贸易工业萧条调查委员会"的调查报告指出：在世界各地，来自德国的竞争已构成了对英国日益严重的冲击。在商品生产方面，英国的领先优势已不再显著。德国人比英国人更了解世界市场，比英国人更能迎合当地民众的消费需求和偏好，而且德国人有着更大的决心在一切可能的地方立足并经营下去。[②]

这一时期，随着德国商品出口带来的冲击加剧，英国对德国的抱怨不断增强。在英国的官方文件以及报刊文章中，充斥着对德国的负面报道。据说德国人频频使用不正当的竞争手段：他们销售假冒伪劣产品，而且这些产品上面还常常打着英国的商标；他们派人到英国商行做学徒，以便获取商业机密；他们毫无原则地迎合当地人的需要，为了迎合消费者的需要，他们甚至向无知让步，将销售目录翻译成当地的语言。19世纪末，英国人

---

① 《帝国主义是资本主义的最高阶段》，第92页。

② ［英］F.H.欣斯利编，中国社会科学院世界历史研究所组译：《新编剑桥世界近代史：物质进步与世界范围的问题（1870—1898）》（第11卷），中国社会科学出版社1999年版，第81页。

的抱怨达到了顶点。他们抨击英国政府购买德国巴伐利亚地区生产的铅笔，或者埋怨英国政府进口德国囚犯制造的刷子；英国报刊还强烈谴责英国人购买德国生产的廉价服装，说这些服装是用回收的英国羊毛制成的。即使是英国人使用德国制造的纸牌、乐器、马鞭这样的小玩意儿，也足以让英国人感到火冒三丈。当时，英国进行的几乎每一次官方调查，每一次访问团的调查报告都会反复涉及一个主题：英国失去了领先地位，错过了应有的机会，放弃了不该放弃的市场。[①]

英国人对德国的抱怨与日俱增的同时，德国也出现了对英国的严重不满。在德国崛起以前，英国人的每一个构想都受到了德国人的赞扬。但德国经济的迅速成长使得他们把英国人视为欧洲木偶剧院的恶魔导演，这个恶魔导演在 16 世纪与 17 世纪就一直控制着世界。"仇视"一词在绝大多数经济学的著作中很难找到，但在德国却频繁出现。[②]英国与德国的矛盾与日俱增。

在列宁看来，英国和德国这样的敌对情绪不过是两国资本家争夺海外市场的结果。作为马克思主义重要代表人物的列宁，对第一次世界大战的爆发给出了完全不同的解释。由于资本输出势在必行，各大国纷纷为金融寡头寻找资本输出国和势力范围，这样势必导致英德两国对世界的争夺与冲突。"在金融资本时代，私人垄断组织和国家垄断组织是交织在一起的，实际上这两种垄断组织都不过是最大的垄断者之间为瓜分世界而进行的帝国主义斗争中的一些环节而已。"[③]随着资本主义的国家步入了资本主义的垄断阶段，也就是帝国主义阶段，金融寡头争夺世界市场的斗争日益尖锐化，而国家作为各国资本家的代理人，其斗争也日益尖锐。既然国家是资产阶级的工具，那么，第一次世界大战就源于资产阶级的全球扩张，推动了国际关系走向剑拔弩张之势，进而推动了战争的爆发。

资本主义进入了帝国主义阶段，各国资产阶级都要忙着瓜分世界，"帝

---

① ［英］大卫·兰德斯：《解除束缚的普罗米修斯》，第 326—329 页。

② ［美］查尔斯·金德尔伯格著，高祖贵译：《世界经济霸权（1500—1990）》，商务印书馆 2003 年版，第 245、259 页。

③ 《帝国主义是资本主义的最高阶段》，第 63 页。

国主义是资本主义的垄断阶段。这样的定义能包括最主要之点，因为一方面，金融资本就是和工业家垄断同盟的资本融合起来的少数垄断性的最大银行的银行资本；另一方面，瓜分世界，就是由无阻碍地向未被任何一个资本主义大国占据的地区推行的殖民政策，过渡到垄断地占有已经瓜分完了的世界领土的殖民政策"。[①]在国内层面，国家需要积极推进国家垄断，直接干预国民经济，实现资本主义的再生产，以保障金融寡头获得超额利润。在国际层面，资本主义国家也积极参与海外市场开拓，以为金融资本谋求更大的利益。国家垄断的直接后果就是国家作为金融寡头的代言人，成为金融寡头的工具，纷纷卷入争取世界殖民地的斗争，掀起瓜分世界的狂潮。

资本家需要瓜分世界，"并不是因为他们的心肠特别狠毒，而是因为集中已经达到这样的阶段，使他们不得不走上这条获取利润的道路"。[②]金融资本跟其他资本一样，都要追逐剩余价值。而在垄断资本主义时期，追逐剩余价值的方法就是要获得原料产地和产品销售市场。如果世界各地的金融资本都要这么做，他们之间就会存在激烈的竞争。"金融资本也估计到可能获得的原料产地，唯恐在争夺世界上尚未瓜分的最后几块土地或重新瓜分已经瓜分了的一些土地的疯狂斗争中落后于他人，总想尽量夺取更多的土地，不管这是一些什么样的土地，不管这些土地在什么地方，也不管采取什么手段。"[③]

发达国家的资本家之间也存在激烈的竞争，"资本主义愈发达，原料愈感缺乏，竞争和追逐全世界原料产地的斗争愈尖锐，抢占殖民地的斗争也就愈激烈"。[④]为什么资本主义国家要通过暴力的方式而不是和平的手段来瓜分世界呢？列宁指出，因为在当时，殖民地已经被瓜分完毕。"我们所考察的这个时期的特点是世界瓜分完毕。所谓完毕，并不是说不可能重新瓜分了——相反，重新瓜分是可能的，并且是不可避免的，而是说在资本主义

① 《帝国主义是资本主义的最高阶段》，第77页。
② 《帝国主义是资本主义的最高阶段》，第65页。
③ 《帝国主义是资本主义的最高阶段》，第73—74页。
④ 《帝国主义是资本主义的最高阶段》，第72页。

各国的殖民政策之下，我们这个行星上无主的土地都被霸占完了。"①列宁看到，"在金融资本时代，当世界上其他地方已经瓜分完毕的时候，争夺这些半附属国的斗争也就必然特别尖锐起来"。②"当非洲十分之九的面积已经被占领（到 1900 年时）、全世界已经瓜分完毕的时候，一个垄断地占有殖民地、因而使瓜分世界和重新瓜分世界的斗争特别尖锐起来的时代就不可避免地到来了。"③

让情况更糟的是，以往的殖民地被瓜分得并不平衡，而且帝国主义之间的发展也不平衡。随着新兴帝国主义的崛起，他们国内的资产阶级要求根据其国家实力，重新瓜分殖民地。"资本主义在殖民地和海外国家发展得最快。在这些国家中出现了新的帝国主义大国（如日本）。全世界帝国主义之间的斗争尖锐起来了。金融资本从特别盈利的殖民地企业和海外企业得到的贡款日益增加。"④

列宁批评考茨基，因为考茨基认为资本主义国家会以国际卡特尔的形式和平地分割世界。列宁指出：不幸的是，世界已经被瓜分完毕，帝国主义国家的发展又不平衡，新兴国家的资产阶级做出任何新的尝试都意味着不得不重新瓜分世界，那必然意味着冲突。他援引相关著作指出，"所以近来全欧洲和美国都充满了殖民扩张和'帝国主义'的狂热，'帝国主义'成了 19 世纪末最突出的特点"。⑤列宁问道："在资本主义基础上，要消除生产力发展和资本积累同金融资本对殖民地和'势力范围'的瓜分这两者之间不相适应的状况，除了用战争以外，还能有什么其他办法呢？"⑥和平只是战争的间歇，战争才是时代的主题。"不管形式如何，不管是一个帝国主义联盟去反对另一个帝国主义联盟，还是所有帝国主义大国结成一个总联盟，都不可避免地只会是两次战争之间的'喘息'。"⑦

---

① 《帝国主义是资本主义的最高阶段》，第 66 页。
② 《帝国主义是资本主义的最高阶段》，第 72 页。
③ 《帝国主义是资本主义的最高阶段》，第 111 页。
④ 《帝国主义是资本主义的最高阶段》，第 86 页。
⑤ 《帝国主义是资本主义的最高阶段》，第 76 页。
⑥ 《帝国主义是资本主义的最高阶段》，第 87 页。
⑦ 《帝国主义是资本主义的最高阶段》，第 107 页。

　　因此，当资本主义走向帝国主义（imperialism）阶段，这一时期的资本主义就被战争的阴云笼罩。列宁指出："给帝国主义下这样一个定义，其中要包括帝国主义的如下五个基本特征：（1）生产和资本的集中发展到这样高的程度，以致造成了在经济生活中起决定作用的垄断组织；（2）银行资本和工业资本已经融合起来，在这个'金融资本'的基础上形成了金融寡头；（3）和商品输出不同的资本输出具有特别重要的意义；（4）瓜分世界的资本家国际垄断同盟已经形成；（5）最大资本主义大国已把世界上的领土瓜分完毕。帝国主义是发展到垄断组织和金融资本的统治已经确立、资本输出具有突出意义、国际托拉斯开始瓜分世界、一些最大的资本主义国家已把世界全部领土瓜分完毕这一阶段的资本主义。"[1] 在这一时期，权力集中在大的金融资本手中，财富流向寄生的食利者阶级。资本主义从自由竞争的、前进的资本主义变成了垄断的、垂死的、腐朽的资本主义。

　　布鲁厄指出：列宁的《帝国主义是资本主义的最高阶段》是一部通俗论著，在马克思主义文献中具有值得尊敬的重要地位。列宁在总结前人理论的同时，考察当时的实际情况，为决策提供依据。[2] 列宁对帝国主义的分析是其革命观的关键。帝国主义将资本主义带到了最后阶段，并为世界范围内的社会主义革命准备了先决条件。[3] 由于帝国主义会导致世界战争，因此，共产党人就可以借此机会，变帝国主义战争为国内战争，他们需要武装工人，以革命的战争反对反革命的战争，夺取政权。

---

①《帝国主义是资本主义的最高阶段》，第78页。

②［英］布鲁厄：《马克思主义的帝国主义理论》，第118页。

③［英］戴维·麦克莱伦著，李智译：《马克思以后的马克思主义》，中国人民大学出版社2004年版，第105页。

五　为何美国军费开支如此巨大？

1950 年初，美国的总预算约为 400 亿美元，其中军事开支 120 亿美元。到了 1955 年，美国的总预算为 620 亿美元，而军事开支则增加到 400 亿美元。1960 年，美国的军事开支预算达 458 亿美元，占财政开支的近 50%。1970 年，美国军事预算又增加到 800 亿美元，其中花在武器系统上的有 400 亿美元。这 400 亿美元中有三分之二作为政府的军事采购合同，给了 12—15 家大公司。[1]1945 年到 1970 年，美国政府在军事上的开支达到 1.1 万亿美元，这一数额超过了美国 1967 年所有产业和住宅价值的总和。同时，由于庞大的军事开支，美国工业体系中出现了庞大的国防工业体系。1945 年到 1968 年，美国国防部的工业体提供了价值高达 440 亿美元的产品和服务，它超过了通用电气公司、杜邦公司和美国钢铁公司销售额的总和。[2]

"星球大战"计划是里根政府所热衷的军事计划，为此要花费美国政府数十亿美元。尽管该计划的前三次实验都以失败告终，但美国政府还是推动了第四次实验。美国政府还为此计划的投资提供了担保。但是，第四次实验又一次失败了。美国国防部长卡斯珀·温伯格（Caspar Weinberger）批准了伪造的数据，来证明实验取得了成功。苏联解体后，美国民众认为苏联的威胁已经不复存在。1992 年的一项调查显示，有 59% 的美国民众希望在下一个五年里，美国政府将国防开支减少 50%。但是，美国政府却对民意置若罔闻。同年，美国国会投票，一致赞成投入 1200 亿美元保卫"欧洲"，尽管此时欧洲已经不再面临解体的"苏联"的威胁。[3]

如果说美国庞大的军事开支是为了应付苏联的威胁，那么，冷战结束以后，为何美国仍维持了庞大的军事开支？冷战后的很长一段时期，美国

---

① ［美］霍华德·津恩：《美国人民史》，第 352 页。

② ［美］戴维·F.诺布尔著，李风华译：《生产力：工业自动化的社会史》，中国人民大学出版社 2007，第 5 页。

③ ［美］霍华德·津恩：《美国人民史》，第 585 页。

在单极体系下的优势地位是历史上前所未有的。如表 5-3 所示，2006 年，美国军事开支位居世界第一，且遥遥领先。美国军事开支超过排名第二的国家十多倍，比中国、日本、德国、俄罗斯、法国以及英国六国的军事开支加起来还要多。

表 5-3　美国与其他国家国防开支对比（2006）

	军事开支（单位：十亿美元）	占主要大国国防开支百分比（%）	占全世界国防开支百分比（%）	国防开支占 GDP 的比重（%）
美国	528.6	65.6	46.0	4.1
中国	49.5	6.1	4.0	2.0
日本	43.9	5.4	4.0	1.0
德国	36.9	4.6	3.0	1.4
俄罗斯	34.7	4.3	3.0	4.1
法国	53.0	6.6	5.0	2.5
英国	59.2	7.3	5.0	2.7

资料来源：Stephen Brooks and William Wohlforth, *World Out of Balance: International Relations and the Challenge of American Primacy*, Princeton: Princeton University Press, 2008, p.29, Table.2.1。

事实上，不单美国如此，在《日美安保条约》以及和平宪法的约束下，日本的军费也呈现快速增长态势。1977 年，日本的军费预算达到 61 亿美元，居世界第九位；而十年以后，这个数字攀升到 254 亿美元，居世界的第六位。[1] 十年间，日本的军费增长了四倍。

沿袭希法亭等人对垄断资本的分析，美国的马克思主义政治经济学者保罗·巴兰（Paul Baran）以及保罗·斯威齐（Paul Sweezy）于 1966 年出版了《垄断资本：论美国的经济与社会秩序》(*Monopoly Capital: An Essay on the American Economic and Social Order*)。这是美国学者运用马克思主义政治经济学视角分析美国战后政治经济的主要著作。巴兰和斯威

---

[1]　Akira Iriye, "Japan's Defense Strategy," *Annals of the American Academy of Political and Social Science*, Vol. 513, No.1, 1991, pp.45–46.

齐是"消费不足论者",他们认为资本主义经济因为工人的有限购买力而经受持久的需求短缺,[1]战后,以军事开支为代表的浪费性开支刺激了总需求。垄断资本因此具有了提高浪费水平的特征。

如果说马克思把分析的主要目光聚焦于英国,希法亭将分析的注意力聚焦在德国,巴兰和斯威齐二人则聚焦于美国。因为,在第二次世界大战以后,美国才是垄断资本的典型代表。"因为马克思在分析资本主义的时候,英国是最富有和最发达的资本主义国家,因此,英国是马克思理论的典型案例,而当时,要考察垄断资本主义,则美国成为典型案例。"[2]

《垄断资本》的出发点是大公司。[3]作者指出:在今天,资本主义世界典型的经济单位,"不是为无法知道的市场生产一种统一产品的微不足道部分的小商号,而是生产一个甚至几个工业部门的大部分产品的大规模企业,它能控制自己的产品的价格、生产的数量以及投资的种类和规模。换言之,典型的经济单位具有一度认为只有垄断组织才具有的那种特征"。[4]在竞争资本主义下,单个企业家是价格的接受者,"而在垄断资本主义下,大公司则是价格的制定者"。[5]美国的大公司垄断了国家经济的方方面面,"新商品、新技术、新供应来源、新组织形式全都会被少数巨型公司所垄断"。[6]

巴兰和斯威齐认为,当市场上只有一些大公司的时候,竞争性的斗争已经消失了,这些大公司普遍采用"自己活也让别人活"的策略。公司在与对手竞争的时候,已经不再采取传统的竞争策略——降价。因为垄断者认识到这是自我拆台、自找失败的做法。取代价格战的是大公司之间的勾结和共谋。这样一来,大公司获得的利润就不断增加。怎样使增长的利润得以吸收,这是《垄断资本》的核心问题。[7]巴兰和斯威齐发现,在垄断资

---

① [英]布鲁厄:《马克思主义的帝国主义理论》,第140页。

② [美]保罗·巴兰、保罗·斯威齐著,南开大学政治经济学系译:《垄断资本:论美国的经济和社会秩序》,商务印书馆1977年版,第12页。

③ [加]M.C.霍华德、[澳]J.E.金:《马克思主义经济学史(1929—1990)》,第116页。

④ [英]保罗·巴兰、保罗·斯威齐:《垄断资本:论美国的经济和社会秩序》,第11—12页。

⑤ [英]保罗·巴兰、保罗·斯威齐:《垄断资本:论美国的经济和社会秩序》,第56页。

⑥ [英]保罗·巴兰、保罗·斯威齐:《垄断资本:论美国的经济和社会秩序》,第75页。

⑦ [加]M.C.霍华德、[澳]J.E.金:《马克思主义经济学史(1929—1990)》,第117页。

本主导的时代，马克思的"平均利润率下降"的趋势会受到挑战。由于获得了垄断地位，这些资本主义的大公司会获得越来越多的剩余。剩余必定具有强大的和持久不断的增长趋势。[1]

他们因此提出"剩余增长的规律"。经济剩余的最简短定义就是一个社会所生产的产品与生产成本的差额。[2]按作者的统计，1929 年时，美国的剩余在数量上相当于其国民生产总值的 46.9%；1963 年，这一数字上升到 56.1%。[3]伴随着剩余的不断增长，资本主义开始面临一个新问题。以往，马克思主义预设资本主义存在一个竞争性的制度，而当前，资本主义经历了一个根本的变化——从竞争资本主义过渡到了垄断资本主义。在垄断资本主义时代，人们需要用"剩余增长的规律去代替利润下降的规律"。[4]

吸收剩余变成了一个迫切的问题。巴兰和斯威齐指出：垄断资本主义是一个自相矛盾的制度。它形成了越来越多的剩余，但是却没法为这些剩余找到出路。因此，现在资本主义面临的问题和主流教科书尝试处理的问题相反。现在不是需要如何利用好稀缺的资源，而是怎样处理掉过多的剩余。现在的问题是太多了，而不是太少了。[5]只有在垄断资本主义下，"太多了"的问题才会是在所有时候影响每一个人的普遍问题。[6]在垄断资本主义下，如果剩余不能找到出路，停滞会成为资本主义经济运行的常态。在巴兰和斯威齐看来，剩余的吸收主要有三种方式：第一，剩余被消费掉；第二，剩余被用来做投资；第三，剩余被浪费掉。

凯恩斯提倡用国家的投资和消费来解决有效需求不足。在巴兰和斯威齐看来，国家为吸收剩余起着重要的作用。在垄断资本主义下，国家的职能就是为垄断资本的利益服务。[7]要为垄断资本服务，国家就需要找到吸收剩余的有效方式。"垄断资本主义的问题不是要不要刺激需求。它必须刺激

---

① ［美］保罗·巴兰、保罗·斯威齐：《垄断资本：论美国的经济和社会秩序》，第 69 页。
② ［美］保罗·巴兰、保罗·斯威齐：《垄断资本：论美国的经济和社会秩序》，第 15 页。
③ ［美］保罗·巴兰、保罗·斯威齐：《垄断资本：论美国的经济和社会秩序》，第 16 页。
④ ［美］保罗·巴兰、保罗·斯威齐：《垄断资本：论美国的经济和社会秩序》，第 74 页。
⑤ ［美］保罗·巴兰、保罗·斯威齐：《垄断资本：论美国的经济和社会秩序》，第 106 页。
⑥ ［美］保罗·巴兰、保罗·斯威齐：《垄断资本：论美国的经济和社会秩序》，第 107 页。
⑦ ［美］保罗·巴兰、保罗·斯威齐：《垄断资本：论美国的经济和社会秩序》，第 67 页。

需求，否则就只有灭亡。"[①]刺激需求和吸收剩余是联系在一起的。在巴兰和斯威齐看来，资本主义国家吸收剩余有很多办法，通过广告来促销商品以及增加军事开支是吸收剩余的重要办法，这样做能掩盖资本主义的经济停滞。在《垄断资本》一书中的第七章，作者尤其强调：维持庞大的军事开支是资本主义消化剩余的有效方式。

首先，维持庞大的军事开支有助于发达国家维持对边缘国家的剥削。巴兰和斯威齐指出：资本主义从其萌芽开始，就是一种国际制度，"如果不把这个制度的国际性放在分析的最中心，就会完全不可能懂得军队在资本主义社会中的作用"。[②]在这一国际制度下，中心国家需要剥削落后国家。因此，资本主义的国际制度是一个对抗的关系网。"其中剥削者与被剥削者对抗，相互竞争的剥削者又彼此对抗。"[③]领导的国家永远需要最强大的军队。那么，美国维系如此庞大的军事开支就不足为奇了。

巴兰和斯威齐指出：美国需要庞大的军队，并非因为面临苏联的威胁。不是因为苏联的进攻性，而是苏联的出现，对资本主义制度构成了挑战。因为社会主义本质上是一种国际主义的运动。苏联的出现使得广大落后国家纷纷效仿，危及了垄断资本对落后国家的剥削。而垄断资本家需要扩展其全球市场与利益，"资本主义没有对外贸易就不能存在，而社会主义每前进一步，就意味着资本主义贸易地区的缩小"。[④]因此，不是苏联的军事威胁，而是苏联的制度威胁了美国。同时，美国公司需要在全球建立和扩大工厂。"只有通过美国军队越来越多的直接的和大规模的干预，才能使旧秩序多维持片刻。"[⑤]

其次，或者说更重要的是，庞大的军事开支可以吸收过多的剩余。巴兰和斯威齐指出：国家的支出，尤其是军费，以不同形式的浪费的方式吸收了过剩的剩余。而且军费开支能在不伤害统治阶级任何权力的情况下来

①　［美］保罗·巴兰、保罗·斯威齐：《垄断资本：论美国的经济和社会秩序》，第 108 页。
②　［美］保罗·巴兰、保罗·斯威齐：《垄断资本：论美国的经济和社会秩序》，第 168 页。
③　［美］保罗·巴兰、保罗·斯威齐：《垄断资本：论美国的经济和社会秩序》，第 169 页。
④　［美］保罗·巴兰、保罗·斯威齐：《垄断资本：论美国的经济和社会秩序》，第 180 页。
⑤　［美］保罗·巴兰、保罗·斯威齐：《垄断资本：论美国的经济和社会秩序》，第 193 页。

吸收剩余。① 对垄断资本家而言，庞大的军事机构不会构成对这些私人企业的竞争，"军队对私人商业来说是一个理想的顾客，每年花费数以十亿计的美元，而条件则是于出售人最有利的"。② 因此在国会中，反对军事预算扩大的人如此之少，每当议员提出为军队增加几十亿美元的预算拨款时，即出现"庄严的全体一致的场面"。③ 正如兰德斯所说，政府唯一不太考虑节约的领域是兵器制造领域，人们很少在用于杀人的工具上计较价钱。④ "在军火上，更多的军火，永远是更多的军火。"⑤ 只要能操纵好军火的数量，"寡头统治集团的领袖们就可以在经济引擎中保持恰当的蒸汽源头"。⑥

刺激需求——创造和扩充市场——日益成为垄断资本主义下商业政策和政府政策的主题。⑦ 巴兰、斯威齐和凯恩斯存在一致之处，他们都相信国家需要扮演重要的经济角色。但巴兰和斯威齐却不相信国家的干预能够带来一个稳定的、无冲突的资本主义。⑧ 垄断资本主义既不能满足人类的需求，也没有使人快乐。"垄断资本主义社会的产品中有很大的和日益增长的一部分，从真正的人类需要来判断，是无用的、浪费的或者起积极破坏作用的。最明显的实例，是每年吞噬价值以百亿美元计的货物和劳务的一个军事机器。"⑨ 这样的军事开支不仅浪费了资源，还毒化了人民心灵。在巴兰和斯威齐看来，这样的社会是一个全面没落的社会。

早年马克思主义政治经济学对帝国主义的分析主要集中在发达国家，而后来的学者逐渐转向世界政治经济中的不发达国家。保罗·巴兰《增长的政治经济学》是转型的开始，"依附论"的学者承接了巴兰对欠发达国家的关注。

---

① ［英］布鲁厄：《马克思主义的帝国主义理论》，第 149 页。

② ［美］保罗·巴兰、保罗·斯威齐：《垄断资本：论美国的经济和社会秩序》，第 195 页。

③ ［美］保罗·巴兰、保罗·斯威齐：《垄断资本：论美国的经济和社会秩序》，第 198 页。

④ ［英］大卫·兰德斯：《解除束缚的普罗米修斯》，第 254 页。

⑤ ［美］保罗·巴兰、保罗·斯威齐：《垄断资本：论美国的经济和社会秩序》，第 201 页。

⑥ ［美］保罗·巴兰、保罗·斯威齐：《垄断资本：论美国的经济和社会秩序》，第 201 页。

⑦ ［美］保罗·巴兰、保罗·斯威齐：《垄断资本：论美国的经济和社会秩序》，第 107 页。

⑧ ［英］布鲁厄：《马克思主义的帝国主义理论》，第 149 页。

⑨ ［美］保罗·巴兰、保罗·斯威齐：《垄断资本：论美国的经济和社会秩序》，第 324 页。

六 为何 18 世纪的印度会出现"去工业化"趋势？

　　1750 年的时候，世界上大多数产品大都是由中国与印度制造的，其中中国制造的产品占世界总量的 33%，印度占 25%。尽管亚洲的人均产量低于西欧国家的人均产量，但差距并不显著。到 1913 年，世界格局发生了巨大变化。中国和印度占世界制造业的比重分别下降至 4% 和 1%。英国、美国和欧洲其他国家的制造业产量占到世界总产量的四分之三。此时英国制造业的人均产量是中国的 38 倍，是印度的 58 倍。[1] 表 5-4 展示了中国和印度自 18 世纪中期以来的"去工业化"趋势。为何 18 世纪中期以后，印度的制造业会逐步萎缩？依附论学者会指出，印度制造业的衰退和英国制造业的繁荣是一枚银币的两面。陷入对发达资本主义国家的依附让印度的经济出现了"去工业化"趋势。

　　依附论（dependency theory）的学者大致有两班人马，第一部分来自美国，以保罗·巴兰为代表，其代表作为《增长的政治经济学》。巴兰的著作在传统马克思主义的基础上，对落后国家资本主义的经济发展问题做出了明确的突破，对不发达理论做了系统的阐述。巴兰在马克思主义帝国主义理论研究中的地位可以和希法亭比肩。[2] 作为马克思的追随者，巴兰适应新的形势，是率先用马克思主义的观点分析第三世界问题的学者。[3] 20 世纪 50 年代，巴兰在学术上持有的政治立场让他发表文章都成问题。在巴兰公开表示对古巴革命的支持后，他在斯坦福大学的教职受到了威胁。但斯坦福大学的校长向富有的校友以及捐助人致歉，因为他不能解聘巴兰。[4]

---

① ［英］罗伯特·艾伦：《全球经济史》，第 8 页。

② ［加］M.C. 霍华德、［澳］J.E. 金：《马克思主义经济学史（1929—1990）》，第 168 页。

③ ［澳］海因茨·沃尔夫冈·阿恩特著，唐宇华等译：《经济发展思想史》，商务印书馆 1997 年版，第 121 页。

④ J. E. King, *Economic Exiles*, London：Palgrave Macmillan, 1988, p.176.

表 5-4　世界人均工业化水平（1750—1913）

（以英国 1900 年工业化水平为 100）

年份 国家	1750	1800	1860	1913
奥匈帝国	7	7	11	32
比利时	9	10	28	88
法国	9	9	20	59
德国	8	8	15	85
意大利	8	8	10	26
俄国	6	6	8	20
西班牙	7	7	11	22
瑞典	7	8	15	67
瑞士	7	10	26	87
英国	10	16	64	115
加拿大	—	—	7	46
美国	4	9	21	126
日本	7	7	7	20
中国	8	6	4	3
印度	7	6	3	2
巴西	—	—	4	7
墨西哥	—	—	5	7

资料来源：Paul Bairoch，"International Industrialization Levels from 1750 to 1980，" *The Journal of European Economic History*，Vol.11，No.2，1982，p.281。

另一部分学者是巴兰的跟随者，主要来自拉美等不发达国家。他们包括安德烈·冈德·弗兰克（Andre Gunder Frank）、特奥托尼奥·多斯桑托斯（Theotonio Dos Santos）、费尔南多·卡多佐（Fernando Cardoso）、恩佐·法勒托（Enzo Faletto）、萨米尔·阿明（Samir Amin）等人。[1]他们之间也存在差异，如弗兰克属于激进革命派的代表，多

---

[1]　Richard Peet，Elaine Hartwick，*Theories of Development：Contentions，Arguments，Alternatives*，New York：The Guilford Press，2015，p.189.

斯桑托斯属于正统中庸论的代表，而卡多佐则属于温和改良派的代表。[①] 弗兰克在《每月评论》(*Monthly Review*) 发表论文《不发达的发展》(*The Development of Underdevelopment*) 后，被美国政府视为对美国国家安全的威胁。弗兰克收到了来自美国司法部长的信件，告知他不能再进入美国国境。[②]

那么，什么是依附（dependency）呢？根据多斯桑托斯的看法："依附是这样一种状况，即一些国家的经济受制于它所依附的另一国经济的发展与扩张。两个或更多的国家经济之间以及这些国家的经济与世界贸易之间存在着互相依赖的关系，但结果是某些国家（统治国）能够扩展和加强自己，而另一些国家（依附国）的扩展和自身的加强则又是前者扩展——对后者的近期发展可以产生积极的或消极的影响——的反映，这种相互依赖关系就呈现依附的形式。"[③] 因此，"我们把依附确立为一种历史状况，它造成了一种世界经济结构，即有利于一些国家却损害另外一些国家经济发展的结构，并决定了这些国家内部经济发展的可能性，从而形成了它们的经济社会现实"。[④] 卡多佐以及法勒托也指出：资本主义通过市场把不同的经济体系联系在一起。这些经济体不仅有不同发展水平的产业体系，而且在全球资本主义体系中占据的位置也不同，存在一种支配与被支配的关系。[⑤] 世界经济划分为发达国家与不发达国家；有中心国家，也有边缘国家。处于依附状态的边缘国家在国际分工中没有自主权，生产什么？如何生存？为谁生产？它们都不能自行决定。那么，边缘国家可能通过发展工业，变成中心国家吗？

马克思对此比较乐观，他认为："英国在印度要完成双重的使命：一个

---

① 张建新：《激进国际政治经济学》，上海人民出版社 2011 年版，第 188—213 页。

② Richard Peet, Elaine Hartwick, *Theories of Development: Contentions, Arguments, Alternatives*, p.192.

③ ［巴西］特奥托尼奥·多斯桑托斯著，杨衍永等译：《帝国主义与依附》，社会科学文献出版社 1999 年版，第 302 页。

④ ［巴西］特奥托尼奥·多斯桑托斯：《帝国主义与依附》，第 305 页。

⑤ ［巴西］费尔南多·卡多佐、恩佐·法勒托著，单楚译：《拉美的依附性及发展》，世界知识出版社 2002 年版，第 22 页。

是破坏的使命，即消灭旧的亚洲式的社会；另一个是重建的使命，即在亚洲为西方式的社会奠定物质基础。"[1] 马克思还指出："我知道，英国的工业巨头们之所以愿意在印度修筑铁路，完全是为了要降低他们的工厂所需要的棉花和其他原料的价格。但是，你一旦把机器应用于一个有铁有煤的国家的交通运输，你就无法阻止这个国家自己去制造这些机器了。"[2] 这样，马克思对不发达国家在帝国主义的推动下，实现工业化和现代化持乐观态度。

对此同样持乐观态度的还有以沃尔特·罗斯托（Walt Rostow）等为代表的"现代化"理论学者。罗斯托在《经济增长的阶段》一书中指出，所有国家的经济增长会经历五个阶段——传统社会，为经济起飞做准备的阶段，起飞阶段，走向经济成熟阶段以及大众高消费时代。[3] 他们认为不发达国家最终能拾级而上，变成发达社会。什么是"发达社会"，人们熟悉的发达社会的模式就是美国、日本、英国、德国等国家。现代化理论的学者乐观地认为落后国家要实现现代化，要达到发达国家所达到的发展水平，是可能的。"发展的过程"就是完成或者是重复欧美国家社会变革的过程，而阻碍发展的障碍是传统社会的羁绊。如果落后国家经济长期停滞，这是由于所谓的"封建社会"或者"封建残余"在作祟。

但是，依附论学者却认为，对"不发达"国家而言，现存的发达国家的模式是不可复制的。[4] 拉美等国家与发达国家的差异并非时间上的差别，即一个处于"传统社会"，一个处于"现代社会"。他们认为，这些不发达国家并非处于 18 世纪或者 19 世纪发达国家的发展状态。依附论对传统马克思主义以及现代化理论提出质疑与批评。他们认为不发达国家要实现现代化，变成发达国家的希望渺茫。弗兰克指出：马克思错误地预测说英国的工业化是印度未来的镜子，那是不可能的。[5] 阿明也指出：马克思对印度

---

① 《马克思恩格斯选集》第一卷，人民出版社 2012 年版，第 857 页。

② 《马克思恩格斯选集》第一卷，第 860 页。

③ ［美］W.W.罗斯托著，郭熙保等译：《经济增长的阶段：非共产党宣言》，中国社会科学出版社 2012 年版，第 4—16 页。

④ ［巴西］特奥托尼奥·多斯桑托斯：《帝国主义与依附》，第 276—277 页。

⑤ ［德］安德烈·冈德·弗兰克著，高铦等译：《依附性积累与不发达》，译林出版社 1999 年版，第 94 页。

的预计太乐观了，垄断资本就是要阻止可能出现的当地的资本主义。[①]那么，巴兰问："为什么落后的资本主义国家没有沿着其他资本主义国家的历史所常见的资本主义发展道路前进，以及为什么它们一直没有什么进展或者进展缓慢？"[②]

弗兰克提出要区分"未发展"（undevelopment）和"不发达"（underdevelopment）。他指出："目前的发达国家过去虽然可能经历过'未发展'，但是绝对没有经历过'不发达'状态。"因为，不发达是依附的体现，是"卫星国（satellite）和现在发达的宗主国（metropolitan countries）之间过去和当前经济等关系的产物"。[③]因此，现在的不发达状态是世界资本主义全球扩张的历史形成的，而不是传统社会的遗留。世界资本主义经历了几个世纪的扩张，"已经有效和彻底地渗入了不发达世界中甚至显然最为孤立的地方"。[④]即便世界上最边远的角落，看似"传统社会"有着顽固痕迹的地方，也被统统纳入了世界资本主义体系。拉美最不发达的地区是那些曾经有过高度繁荣的出口地，因而也就是商业的地区。它们在资本主义发展的历史上曾经有过"依附性发展"，也曾经经历过繁荣。发达与不发达是资本主义同一枚银币的两面，是发达国家的发达造就了边缘国家的不发达。"不发达并不是由于孤立于世界历史主流之外的那些地区中古老体制的存在和缺乏资本造成的。恰恰相反，不论是过去还是现在，造成不发达状态的正是造成经济发达（资本主义本身的发展）的同一个历史进程。"[⑤]因此，不发达不是传统社会的遗留，而是深陷于依附地位导致的。资本主义的形成和发展从一开始就确定了资本主义中心和边缘的关系。作为边缘的拉美

---

① ［埃及］萨米尔·阿明著，高铦译：《不平等的发展：论外围资本主义的社会形态》，商务印书馆 1990 年版，第 167 页。

② ［美］保罗·巴兰著，蔡中兴、杨宇光译：《增长的政治经济学》，商务印书馆 2000 年版，第 223 页。

③ ［德］安德烈·冈德·弗兰克：《不发达的发展》，载［美］查尔斯·威尔伯编，高铦等译《发达与不发达问题的政治经济学》，商务印书馆 2015 年版，第 162 页。

④ ［德］安德烈·冈德·弗兰克：《不发达的发展》，载［美］查尔斯·威尔伯编《发达与不发达问题的政治经济学》，第 163 页。

⑤ ［德］安德烈·冈德·弗兰克：《不发达的发展》，载［美］查尔斯·威尔伯编《发达与不发达问题的政治经济学》，第 168 页。

国家，从一开始就加入了资本主义的体系。作为这一体系的一分子，它们始终作为边缘经济而存在。① 弗兰克认为："这些地区在世界资本主义发展进程中的从属性依附地位就是它们不发达的发展的原因所在。"②

离开世界资本主义的发展来讨论阿根廷等国家的落后状态是没有意义的。不发达不是一个国家内的现象，不是孤立的现象，它是世界形势发展的产物，是资本主义在世界范围内扩张的结果。③ 历史上，这些国家被殖民者和不平等条约打开国门，变成了西方资本主义"内部市场"的附属物。④ "不发达不是先于资本主义的一个落后阶段，它是资本主义的一种结果，是资本主义发展的一种特殊形式，即依附性资本主义。"⑤

亚当·斯密以乐观的情绪看待国际分工，而依附论的学者则不然。"依附的基础是国际分工。这种国际分工使某些国家的工业获得发展，同时又限制了另一些国家的工业发展。"⑥ 这样的国际分工形成了一个全球的剥削链条。如图 5-2 所示，这条剥削链由世界资本主义中心开始，它从一些国家的中心城市抽走经济盈余；这些中心城市则从各地区中心城市抽走盈余；地区中心则剥削地方中心。在地方中心活动的大庄园主和大商人则剥削小农和小业主，小农和小业主则剥削在土地上干活的劳动者。每一个环节上都是少数人侵占多数人的盈余。⑦

依附论的学者指出：巴西圣保罗这样的大城市，其工业的发展并不会带动巴西经济的发展。以圣保罗为中心城市，辐射其他地区性的中心城市，把这些地区性的城市变成殖民地的卫星城市，有助于中心国家进一步榨取资本。⑧ 这样的剥削链就是从中心通过次一级的中心，层层掠夺剩余。"把这些受害国家以前积累的和现时产生的剩余的一大部分掠走，不可能不对

---

① ［巴西］费尔南多·卡多佐、恩佐·法勒托：《拉美的依附性及发展》，第 31 页。
② ［德］安德烈·冈德·弗兰克：《依附性积累与不发达》，第 2 页。
③ ［巴西］特奥托尼奥·多斯桑托斯：《帝国主义与依附》，第 300 页。
④ ［美］保罗·巴兰：《增长的政治经济学》，第 264 页。
⑤ ［巴西］特奥托尼奥·多斯桑托斯：《帝国主义与依附》，第 302 页。
⑥ ［巴西］特奥托尼奥·多斯桑托斯：《帝国主义与依附》，第 303 页。
⑦ ［巴西］特奥托尼奥·多斯桑托斯：《帝国主义与依附》，第 355 页。
⑧ ［德］安德烈·冈德·弗兰克：《不发达的发展》，第 167 页。

这些国家的资本积累造成严重阻碍。把这些国家置于毁灭性的外来竞争中，不可能不窒息他们的幼稚工业。"①

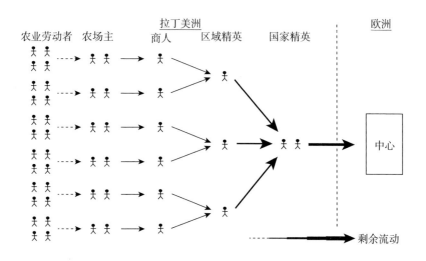

图 5-2 边缘对中心的依附及其剥削链

资料来源：Katie Willis，*Theories and Practices of Development*，New York：Routledge，2005，p.79，Figure.3.1。

中心国家掠夺殖民地边缘国家，导致了这些边缘地区的不发达。印度和日本的对照是依附论学者喜欢援引的例子，这是一种跨案例比较。历史上，印度的经济陷入不发达，正是印度对英国的依附造成的。弗兰克引用的材料指出："印度曾经是一个伟大的制造业国家，它的工业产品多少世纪以来供应着广大亚洲市场与欧洲市场的需求。"②1760 年时，英国兰开夏使用的纺织机几乎和印度使用的一样简陋。③但是，由于陷入依附，印度的制造业被摧毁了，套用马克思的话来讲，就是印度失去了一个旧世界，但并没有获得一个新世界。弗兰克引用一份报告："1815 年至 1832 年，印度棉

---

① ［美］保罗·巴兰：《增长的政治经济学》，第 231 页。
② ［德］安德烈·冈德·弗兰克：《依附性积累与不发达》，第 105 页。
③ ［美］保罗·巴兰：《增长的政治经济学》，第 234 页。

织品出口值从 130 万英镑降至 10 万英镑以下，或者说这项贸易在 16 年间损失了 12/13。在同一时期，进口到印度的英国棉织品总值从 2.6 万英镑上升至 40 万英镑，增加了 16 倍。到 1850 年，多少世纪以来一向出口棉织品到全世界的印度却进口了英国出口棉布的 1/4。"① 印度的纺织业是被英国摧毁的。而且弗兰克指出：不但印度的纺织工业垮掉了，它的钢铁工业也同样被摧毁了。巴兰认为：如果把英国从印度榨取的大量经济剩余投资于印度，那么印度的经济发展就会和现在的暗淡前景大相径庭。② 日本的命运非常不同，是什么样的力量使得日本能够走上一条与现代不发达国家完全不同的道路呢？巴兰的回答是：日本是亚洲国家中唯一能够逃脱沦为西欧以及美国资本主义殖民地以及附属国地位的国家。1866 年，西方列强强迫日本签订条约，将最高关税定为 5%，导致日本不可能用关税来保护本国工业的发展。所幸的是，和其他亚洲国家相比，日本除了在短期内关税自主权受到限制外，自身并没有陷入依附。1894 年和 1911 年，日本重新获得了关税自主权，它立即提高税率以保护本国工业。③ 巴兰认为：由于日本摆脱了依附的命运，它有机会独立发展国民经济。④ 弗兰克也认为：日本没有变成中心国家的卫星国，因此日本的发展结构没有受到卫星化了的国家那样的限制。⑤

　　弗兰克对美国北部和南部的发展道路进行了跨案例比较。他发现：在美国内部，北部与南部的不同命运也和依附的程度密切相关。美国的北部和南部与世界资本主义体系的关系有很大的不同。正是由于美国东北部地区相对贫乏且气候不佳，也没有足够的矿产，导致西班牙、英国等殖民者相对忽视美国北方的殖民地。因此，美国的东北部能相对独立地发展自身的工业，实现资本积累和资本集中，最终能参与世界资本主义体系，并从

---

① ［德］安德烈·冈德·弗兰克：《依附性积累与不发达》，第 94 页。
② ［美］保罗·巴兰：《增长的政治经济学》，第 236 页。
③ ［英］罗伯特·艾伦：《全球经济史》，第 122—125 页。
④ ［美］保罗·巴兰：《增长的政治经济学》，第 247 页。
⑤ ［德］安德烈·冈德·弗兰克：《不发达的发展》，载 ［美］查尔斯·威尔伯《发达与不发达问题的政治经济学》，第 170 页。

中分一杯羹。而美国南部则陷入了对发达国家的依附。[①] 弗兰克指出：当卫星国同它们的宗主中心的联系处于最微弱状况的时候，则是卫星国经济发展最好的时期。[②]

依附论学者认为：宗主中心总是希望遏制边缘地带的发展。美洲是英国巨大的市场。为了限制北美，防止殖民地和英国展开竞争，英国颁布了一系列法令，如《1699 年羊毛法》(*Wool Act of 1699*)、《1732 年帽子法》(*Hat Act of 1732*) 以及《1750 年铁法》(*Iron Act of 1750*) 等。这些法令旨在禁止北美殖民地制作和生产上述产品。"依附国只有当统治中心发生危机时才能相对地拥有较大的决策自主权。这时，依附的纽带遭到削弱，出现了依附国统治阶级在经济和政治上采取主动行动的可能性。"[③] 美国在 1776 年赢得独立是摆脱依附的第一步。而此后，欧洲大陆的战争为美国摆脱依附创造了新的机会。在拿破仑战争和 1812 年战争期间，战争切断了美国进口廉价制成品的渠道，美国新英格兰地区的资本开始从运输原材料转移到制造制成品。由于中断了与中心国家的联系，美国的工业化起步了。"若非如此，美洲大陆可能会变成印度一样被殖民者统治。"[④] 据此，依附论学者认为：如果能摆脱依附，这些边缘国家的经济就有望实现飞跃。"自从1949 年中国挣脱资本主义而解放以来，它真正取得了无可比拟的进步。亚洲的另一个主要地区日本从 1868 年以来设法取得了很大的工业发展；而且，这一发展之所以可能，必须归因于日本具有独立的非殖民地地位，以及它在发展中没有外国投资。"[⑤]

依附论学者远远不如马克思乐观。根据马克思的看法，资本主义是不发达国家摆脱落后状态需要经历的必要阶段；而巴兰认为，资本主义是不发达国家摆脱落后的障碍；弗兰克认为，不发达国家的落后状态是资本主

---

① ［德］安德烈·冈德·弗兰克：《依附性积累与不发达》，第 64—65 页
② ［德］安德烈·冈德·弗兰克：《不发达的发展》，载 ［美］查尔斯·威尔伯《发达与不发达问题的政治经济学》，第 169 页。
③ ［巴西］特奥托尼奥·多斯桑托斯：《帝国主义与依附》，第 409 页。
④ ［美］查尔斯·佩罗：《组织美国》，载 ［美］弗兰克·道宾主编，冯秋石、王星译《经济社会学》，上海人民出版社 2008 年版，第 30 页。
⑤ ［德］安德烈·冈德·弗兰克：《依附性积累与不发达》，第 152 页。

义引起的。[1] 由于印度陷入了对发达国家的依附，它的纺织业和冶金业被驱逐出了市场。19 世纪，亚洲各国从世界制造业的中心变成了生产并出口农产品的不发达国家。从 1750 年到 1880 年，英国占世界制造业的份额从 2% 上升至 23%。[2] 因此，按弗兰克的理解，发达和不发达是一枚银币的两面。印度的"去工业化"成就了英国的"工业化"。

七　为何现在的阿根廷远远落后于美国？

英格兰银行经济学家艾伦·比蒂（Allen Beattie）写了一部通俗的经济史《美国不是故意的》（*False Economy: A Surprising Economic History of the World*）。在该书的开篇，比蒂就用阿根廷和美国做对比："短短一个世纪以前，美国和阿根廷还是竞争对手，从差不多的地方开始起跑。两国都赶上了 20 世纪初的第一波全球化浪潮。两国都很年轻，都有着富饶的农场、信心百倍的出口商。两国都把新世界的牛肉送上了原来欧洲殖民宗主国的餐桌。20 世纪 30 年代大萧条降临之前，在全世界最富裕的 10 个经济体中，阿根廷是排得上号的。19 世纪末，数百万渴望逃离贫困家乡的意大利和爱尔兰移民都曾在两者之间犹豫不决：是去布宜诺斯艾利斯还是纽约？是去南美洲的大草原还是北美洲的大草原？"[3] 100 年后，世界各地的移民大都不用再做这样艰难的选择。阿根廷已经被美国远远地甩在了后面。依附论的学者会指出，美国与阿根廷的命运之所以大相径庭，是因为阿根廷陷入了"依附"，国际约束与国内约束一道形成的依附结构限制了阿根廷的

---

① ［澳］海因茨·沃尔夫冈·阿恩特：《经济发展思想史》，第 134 页。

② ［英］罗伯特·艾伦：《全球经济史》，第 8 页。

③ ［英］艾伦·比蒂著，间佳译：《美国不是故意的：一部经济的辛酸史》，中国人民大学出版社 2010 年版，第 3 页。

发展。

依附有多种形式，如贸易依附、金融依附、投资依附、技术依附等。这些不同形式的依附并非独立存在，它们之间相互影响也相互补充。依附论学者讨论得较多的是贸易依附。

首先，从出口的产品形式来看，不发达国家主要生产原材料以及低端产品。他们并非不愿意生产高端产品，但在国际分工中，不发达国家的贸易陷入了对发达国家的依附。生产什么，如何生产，为谁生产，都被发达资本主义国家所影响。这些不发达国家并没有自主权。

如表5-5所示，不发达国家往往生产棉花、咖啡、蔗糖等原材料。长期出口原材料，使得这些边缘国家的经济陷入了一种"主产品陷阱"或者说是"低水平陷阱"。[①] 即便到现在，有些不发达国家开始出口制成品，但是旧的国际分工和新的国际分工并无本质不同。以往，不发达国家提供原材料，发达国家提供制成品；现在，不发达国家供应初级产品和制成品，而发达国家提供设备和"软件"——技术研发、管理。[②] 因此，在国际分工中，边缘国家始终出口低附加值产品，而中心国家则垄断了高附加值产品的出口。

其次，不发达国家难以影响出口产品的价格，它们面临日益恶化的贸易条件。"贸易条件由中心经济的金融、贸易部门及其在当地的代理人决定。"[③] 例如，当今掌握全球粮食运销的是四家跨国公司，号称"四大粮商"，即美国ADM、美国邦吉（Bunge Limited）、美国嘉吉（Cargill）、法国路易达孚（Louis Dreyfus）。这四家企业是世界粮食价格的操纵者。依附论学者发现，"初级产品的价格不断下降，制成品的价格却在不断上涨"。[④] 图5-3展示了发达国家进口的初级产品与出口的工业制成品的价格对比情况。这张图表明发达国家进口的初级产品的比价不断下跌。这为依附论学者的关切提供了佐证，不发达国家面临的贸易条件不断恶化。通过

---

① ［德］安德烈·冈德·弗兰克：《依附性积累与不发达》，第119页。
② ［埃及］萨米尔·阿明：《不平等的发展》，第178页。
③ ［巴西］费尔南多·卡多佐、恩佐·法勒托：《拉美的依附性及发展》，第47页。
④ ［巴西］特奥托尼奥·多斯桑托斯：《帝国主义与依附》，第282页。

不平等的交换，不发达国家被剥削了。这就是弗兰克强调的：只要世界市场把宗主国生产的制成品定价过高，而把殖民地生产的产品定价过低，那就存在不平等的交换。[①]

表 5-5　部分国家出口依附的程度（1985）

国家	商品	所占出口收入的比重（%）
布隆迪	咖啡	85
哥伦比亚	咖啡	65
古巴	蔗糖	86
埃塞俄比亚	咖啡	77
加纳	可可	75
马拉维	烟草	57
塞舌尔	油籽	65
索马里	牲畜	87
乌干达	咖啡	86

资料来源：James Cypher and James Dietz，*Process of Economic Development*，New York：Routledge，2004，p.335，Table.11.3。

再次，由于生产结构单一，不发达国家在国际经济交换中容易受国际价格波动影响，国内经济也难以稳定。不发达国家长期从事单一作物的生产，他们都会面临一个制约，即"恩格尔定律"：随着家庭和个人收入的增加，家庭收入中用于食品方面支出的比例将逐渐减小。随着发达国家人均收入的增加，民众在食品上的花销越来越少，而出口这些产品的不发达国家分到的份额也会越来越少。同时，由于不发达国家的出口经济高度依附于世界贸易，所以发达国家的经济波动对出口经济有着更为直接的影响。巴西的经济长期依赖咖啡出口，导致历史上巴西的经济常常随着咖啡的进出口变化而大起大落。单一的经济结构使得国内的经济也难以稳定。当中心国家对边缘国家某种产品感兴趣的时候，边缘国家依靠出口该产品可以有短暂的发展。但是一旦中心国家对该产品丧失兴趣或者需求下降时，边

---

① ［德］安德烈·冈德·弗兰克：《依附性积累与不发达》，第 82 页。

缘国家的经济发展就会再度跌入低谷，出现经济停滞或者倒退。[①] 因此，依附论学者认为，在国际贸易中，生产和出口初级的、单一的经济作物是"依附性发展"，这样的发展是不稳定的、没有前途的。

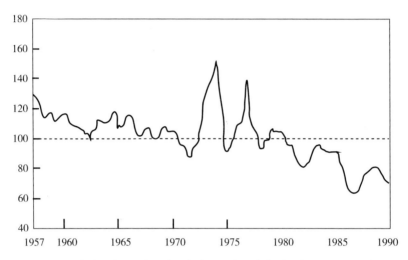

图 5-3　发达国家进口初级产品与出口制成品成本对比（1957—1990）

资料来源：Jill Steans，Lloyd Pettiford，Thomas Diez and Imad El-Anis，*An Introduction to International Relations Theory：Perspectives and Themes*，London：Pearson Education Limited，2010，p.85，Figure.3.2。

最后，在贸易的相互依存上，不发达国家更加依赖发达国家。发达国家之间的贸易，有 80% 是在发达国家之间进行的，只有 20% 的贸易是和不发达国家进行的。与此形成鲜明对比的是，不发达国家之间的贸易则很少，有约 80% 的贸易是和发达国家进行的。[②] 这样的数据显示不发达国家的出口严重依赖发达国家，二者的相互依赖是不对称的。值得注意的是，这样的数据并不能说明发达国家对不发达国家的依赖程度低，按依附论学者的意见，因为发达国家压低了不发达国家产品的价格。尽管不发达国家将自身出产的原材料大量地输送到发达国家，但是，由于发达国家的跨国公司掌

---

① ［埃及］萨米尔·阿明：《不平等的发展》，第 201 页。
② ［埃及］萨米尔·阿明：《不平等的发展》，第 133 页。

握着国际市场定价权，这些原材料的价格被压得非常低。因此，发达国家从不发达国家购买了大量且低价的原材料。要知道，离开铜、铁、铝、稀土、原油等原材料，发达国家的生产也没法进行。从 20 世纪 70 年代爆发的两次石油危机我们可以看到，发达国家对不发达国家也相当依赖。发达国家对不发达国家贸易依存度的统计数据低掩盖了发达国家严重依赖不发达国家低价原材料的假象。

　　除了贸易依附，不发达国家对发达国家还存在其他形式的依附，比如金融依附。金融依附存在几个方面的表现：首先，不发达国家常常依附于发达国家的货币。由于在贸易上依附发达国家，为了方便国际交易，美元在世界经济中扮演了货币锚的角色。2008 年，有 66 个国家将美元作为货币锚，[1] 如巴拿马等一些拉美国家直接将美元作为本国货币。这样，美国等发达国家可以获得丰厚的"铸币税"。

　　其次，不发达国家常常被迫开放资本市场。美国以及国际经济组织如世界银行、国际货币基金组织常常敦促不发达国家开放资本市场。但是，一旦遇到金融危机，美国等发达国家与不发达国家分担的成本却有很大的不同。美国拥有庞大的金融资产，华尔街的金融人才储备堪称世界之最，美国金融部门的管理技能也十分娴熟，他们在全世界享有的绝对优势是其他国家难以企及的。金融自由化不仅为美国金融资本的投机行为带来丰厚的利益，还能为美国金融资本左右他国的政治经济打开方便之门。即使金融自由化存在风险，美国作为世界上最强大的金融帝国，其抗风险的能力也远远强于不发达国家。[2] 金融危机爆发时，风险与成本常常是由不发达国家的民众承担，收益却主要由发达国家的金融资本获取。

　　最后，不发达国家常常在债务问题上被发达国家左右。由于经济波动较大，加之实施"进口替代战略"，包括阿根廷在内的不少不发达国家常常被债务负担所困扰。第二次石油危机期间，出于吸引外资以弥补财政赤字

---

　　[1]　Daniel Drezner, "Will Currency Follow the Flag？" *International Relations of the Asia-Pacific*, Vol.10, No.3, 2010, p.392.

　　[2]　Jonathan Kirshner, "Globalization and National Security," in Jonathan Kirshner, ed., *Globalization and National Security*, New York: Routledge, 2006, p13.

的考虑，美联储在 1979 年以及 1981 年三次单方面提高了利率，此时的平均利率从 6.25% 上涨到 24%，[①] 此举让不少美元回流美国。由于大部分发展中国家都持有美元债务，这一举措引发了发展中国家的债务危机。不发达国家需要偿付的利息陡增，使得它们面临艰难的选择，要么宣布无力偿还债务，要么接受非常不利的条款，就债务问题与美国进行磋商。1982 年墨西哥出现债务危机，国际资本大规模撤离，巴西也受到严重冲击。当巴西偿付外债困难的时候，巴西的"经济奇迹"就走到了尽头。1983 年，巴西经济陷入衰退的泥潭，国民收入跌入二战后的最低值；巴西工业受到了最为严重的冲击，工业产值下跌了 7.9%，商业产值下跌了 4.4%，农业的产出下跌了 2.1%，巴西的 GDP 下跌了 5%，人均 GDP 下跌了 7.3%。[②] 在美元储备枯竭的情况下，1983 年 2 月，巴西不得不求助于国际货币基金组织，接受了该组织严苛的救助方案，接踵而来的是巴西与国际货币基金组织之间发生的一系列争执和经济的继续衰退，同时承受繁重的债务负担。1984 年，巴西居民每生产 1619 美元的产值，就得用 781 美元去偿还外债。[③] 因此，不发达国家居高不下的债务使得它们的经济风险增加，这是不发达国家在金融上依附于发达国家的重要体现。

在贸易依附、金融依附之外，还有一种依附形式就是投资依附。外国资本控制的日益加强限制了不发达国家建立独立的民族工业。处于外国垄断集团的控制下，不发达国家难以反抗。因为这些外国资本集团掌握了技术、资本和管理技能。这样，不发达国家最终被外国资本集团所控制和操纵。[④] 这些跨国公司从不发达国家获得了丰厚的经济盈余，但这些资金并没有留在东道国，而是以利息以及红利的名目，转移到了母国，输送到了发达国家。[⑤] 作为东道国的不发达国家却没有足够的资金进行投资。至于本地

---

① Marcos Arruda, *External Debt: Brazil and the International Financial Crisis*, London: Plato Press, 2000, p.12.

② Thomas Skidmore, *The Politics of Military Rule in Brazil: 1964-1985*, New York: Oxford University Press, 1988, p. 238.

③ Marcos Arruda, *External Debt: Brazil and the International Financial Crisis*, p.11.

④ ［巴西］特奥托尼奥·多斯桑托斯：《帝国主义与依附》，第 291 页。

⑤ ［美］保罗·巴兰：《增长的政治经济学》，第 274 页。

资本，它们集中程度不足，难以达到和外国垄断资本竞争的规模，只好选择那些非竞争的补充部门，如买办贸易和服务部门。[①]

此外，还有一种依附形式——技术依附。不发达国家对发达国家的技术依附主要体现在：首先，不发达国家没有掌握技术的自主权，他们需要向发达国家购买技术、机器和材料，使得不发达国家受制于中心国家对技术的控制。垄断资本能绝对掌握技术价格，[②] 不发达国家不得不以高昂的代价获得这些技术。因此，技术依附是不平等交换的又一个方面。

其次，依赖发达国家的技术损害了不发达国家自主掌握技术的能力。技术的发展有很强的累积性，不发达国家长期引进技术，导致其技术出现"引进"到"持续引进"的恶性循环，制约了不发达国家自身的技术能力的发展和积累。有学者研究发现：对一些发展中国家而言，技术引进不仅没有带来技术进步，反而导致了这些国家出现技术倒退。[③]

最后，依赖于发达国家的技术，致使不发达国家不能主导自己的技术轨迹。一般而言，不发达国家人口众多，应该采用劳动密集型的技术。资本主义的渗透给不发达国家的农村带来了危机，导致大量农业人口流入城市。这样一来，不发达国家对劳动密集型技术的需求更加迫切。但是，由于不发达国家引进的是发达国家的技术，而这些技术大都是资本密集型技术，这使得不发达国家的技术发展和自身的需求严重脱节。在经济增长的过程，不发达国家的技术引进带来的就业机会并不多。比如在巴西，这里的企业长期致力于发展资本和技术密集型产业，以服务于巴西富人的需求；但巴西却缺乏劳动密集型产业以满足普通民众的需求。[④] 在这样的技术结构下，巴西面临严重的就业问题。巴西城市剩余劳动力的持续增长消耗了经

---

① ［埃及］萨米尔·阿明：《不平等的发展》，第176页。

② ［埃及］萨米尔·阿明：《不平等的发展》，第127—128页。

③ Devora Grynspan, "Technology Transfer Patterns and Industrialization in LDCs: A Study of Licensing in Costa Rica," *International Organization*, 1982, Vol.36, No.4, pp.795–806.

④ Celso Furtado, *Economic Development of Latin America*, New York: Cambridge University Press, 1976, p.64, p.178.

济发展带来的收益，也让巴西社会的不平等问题长期难以得到有效解决。[①]
新技术的采用给不发达国家的居民带来了灾难性的后果。"企业结构不能吸
收农村中被解放的劳动力和一般增长的人口"[②]，造成贫困人口持续增加。
技术依附导致了不充分的工业化，不充分的工业化造成失业，造成了没有
工业化的城市化。

由于存在贸易、金融、投资、技术等方面的依附，依附论学者认为，
阿根廷等国家与美国的差距会越来越大，资本主义体系就如一群卫星环绕
着的中心，经济决策是依据发达国家的要求和利益来制定的。归根到底，
依附是建立在各种形式的经济剥削之上的。[③] 因此，不发达国家的社会普遍
特征是：经济增长率较低；资源耗尽；在边缘国家投资的跨国公司将大量
利润汇回母国；居高不下的外债；经济更加不稳定等。在不发达国家，传
统社会被扭曲到无法辨认的程度，它们失去了独立性，其主要职能是为世
界市场而生产。而这样的依附性发展几乎没有进步的前景。所以，不发达
国家并不能实现现代化。它们彻底地变成了依附的、外围的、边缘的社会。
不发达国家在依附的状态下深陷绝境，它的前进路子都被堵塞了。[④]

那么，这些国家的民族资产阶级是否可以给这些国家带来希望，推动
不发达国家实现工业化和现代化呢？依附论认为，这样的希望很渺茫。因
为依附不仅是这些国家的外部情况，也反映了不发达国家的内部情况。[⑤] 不
发达国家对发达国家的依附要持续下去，不仅需要外部环境，也需要内部
支持。"统治中心中占主导地位的利益集团和依附性社会中占主导地位的利
益集团必然联系在一起……外部统治只有得到当地国家内部一些从外部统治
中获益的阶层的支持才能实现。"[⑥]

---

① Cristobal Kay, "Agrarian Reform and Industrial Policy," in Richard Boyd, Benno Galjart and Tak-Wing Ngo, eds., *Political Conflict and Development in East Asia and Latin America*, New York: Routledge, 2006, p.46.

② ［巴西］特奥托尼奥·多斯桑托斯：《帝国主义与依附》，第 293—294 页。

③ ［巴西］费尔南多·卡多佐、恩佐·法勒托：《拉美的依附性及发展》，第 30 页。

④ ［埃及］萨米尔·阿明：《不平等的发展》，第 281 页。

⑤ ［巴西］费尔南多·卡多佐、恩佐·法勒托：《拉美的依附性及发展》，第 24 页。

⑥ ［巴西］特奥托尼奥·多斯桑托斯：《帝国主义与依附》，第 307 页。

　　国际上的依附塑造了不发达国家国内的阶级结构。在世界资本主义渗透到不发达国家的过程中，宗主国的资本家重塑了不发达国家的阶级结构。他们把农村的社会结构转变为至今尚存的依附于资本主义的结构，而把旧时代的地主变成了世界资本主义的代理人。[①] 巴兰指出：英国培养出许多新的阶层和既得利益集团来维护它的统治，这些阶层和利益集团的利益和英国的统治联系在一起，他们所享有的特权是以英国的统治为基础的。[②] 拥有大庄园的买办资产阶级成为欧洲资产阶级利益的传送带。正是国内各阶级的内在联系使依附成为可能。[③] 这里的有产阶级最终变成帝国主义在本国的代理人——买办阶级。不发达国家的买办阶级和帝国主义的利益绑定在一起。因此，"国家统治集团不是作为经济阶层，而更像是作为政治统治阶级而同外国企业相联系"。[④]

　　因此，不少依附论学者指出：在不发达国家内部有一个与国际体系相联系的内部剥削体系。这些人过着奢侈的生活，住着豪华住宅，拥有大量的仆役。他们和中心国家的资产阶级一道，共同剥削不发达国家的工人。不发达国家要发展，不能寄希望于这里的资产阶级。但是，依附论也遇到了重要的挑战：如何解释一些边缘地带实现了发展？中国的学者对这一重要问题做出了自己的回答。[⑤]

　　阿明等人指出：中心国家的资产阶级剥削世界各地的无产阶级，既包括中心国家的，也包括外围国家的，而对外围国家无产阶级的剥削尤其残酷。[⑥] 在不发达国家，工人阶级受到的剥削特别严重。在中心地区实现了和谐的同时，外围地区则日益呈现不和谐。[⑦] 阶级斗争不是在国别范围内进行的，而是在世界范围内展开的。[⑧] 无产阶级的核心是在外围地区而不是在中

---

① ［德］安德烈·冈德·弗兰克：《依附性积累与不发达》，第95页。
② ［美］保罗·巴兰：《增长的政治经济学》，第237页。
③ ［巴西］费尔南多·卡多佐、恩佐·法勒托：《拉美的依附性及发展》，第35页。
④ ［巴西］费尔南多·卡多佐、恩佐·法勒托：《拉美的依附性及发展》，第85页。
⑤ 王正毅：《边缘地带发展论：世界体系与东南亚的发展》，上海人民出版社1997年版。
⑥ ［埃及］萨米尔·阿明：《不平等的发展》，第164页。
⑦ ［埃及］萨米尔·阿明：《不平等的发展》，第312页。
⑧ ［埃及］萨米尔·阿明：《不平等的发展》，第307页。

心地区，因为外围的无产阶级受到的剥削更为残酷。[①] 阿明也将未来社会变迁的希望寄予不发达国家的无产阶级。

在依附论之后，马克思主义的政治经济学家跟随先行者的步伐继续前行。伊曼纽尔·沃勒斯坦（Immanuel Wallerstein）的世界体系论把分析单位更为明确地放在"世界体系"。中国的发展也和这一世界体系息息相关。[②] 而约翰·罗默（John Romer）等分析马克思主义者则以"个人"为单位来分析马克思的"剥削"等问题。这些发展都和经典马克思主义倡导的阶级分析有所差异，分析单位出现了上升和下移。不管马克思的跟随者有哪些变化，这一派的政治经济学家始终秉持着马克思毫无保留的批判精神。

---

① ［埃及］萨米尔·阿明：《不平等的发展》，第 309 页。
② 王正毅：《世界体系论与中国》，商务印书馆 2000 年版。

第六章　政治经济学中的国家视角
——李斯特与汉密尔顿的遗产

弗里德里希·恩格斯（Friedrich Engels）曾指出："德国人早已证明，在一切科学领域内，他们与其余的文明民族不相上下，在大部分领域内甚至胜过它们。只有一门科学，在它的大师们当中，没有一个德国人的名字，这就是政治经济学。"[①] 而我们这一章涉及的经典，就有两个德国人撰写的篇章，一是弗里德里希·李斯特（Friedrich List）的《政治经济学的国民体系》（*The National System of Political Economy*），一是马克斯·韦伯（Max Weber）的《民族国家与经济政策》。韦伯的研究领域相当广泛，《新教伦理与资本主义精神》是以文化为中心的视角，而《民族国家与经济政策》则是以国家为中心的政治经济学重要作品。本章还将介绍两位作者及其作品，一位是英国人托马斯·孟（Thomas Mun），他的代表作是《英国得自对外贸易的财富》（*England's Treasure by Foreign Trade*），他写作这部作品时，英国正试图从荷兰手中争夺世界经济霸权。另一位是亚历山大·汉密尔顿（Alexander Hamilton），美国的开国元勋，独立战争后担任美国的第一任财长。汉密尔顿试图让美国跻身世界强国之林，在当今美联储发行的 10 元美钞正面，就印着他的头像。

本章所讨论的四位以国家为中心的政治经济学代表人物都是后发展国家或者一国处于后发展时期的作者。在国际政治经济学中，现实主义流派

---

① 《马克思恩格斯全集》第十三卷，人民出版社 1962 年版，第 524 页。

的政治经济学与之相呼应；在比较政治经济学中，国家主义的政治经济学是其回响。在历史上，以汉密尔顿、李斯特等人为代表的这一学派有着诸多的名称，包括经济民族主义、重商主义、经济统治论、保护主义、新保护主义等，不过其中心思想却是经济活动要服务于国家建设的大目标，要服务于国家利益。[①] 以国家为中心的政治经济学为我们提供了一个全然不同的视角，在经济史上被不少后发展国家奉为圭臬，也引发了无数的争议。我们将从几个问题引出这一视角的主要论点。

一 为什么要靠军队讨债？

1838 年墨西哥政府宣布停止支付欠法国投资者的债务。为了帮助法国侨民收回债务，法国军队在墨西哥的韦拉克鲁斯（Veracruz）登陆，实行武装讨债。1861 年，墨西哥政府又决定停止支付拖欠英国、法国和西班牙的债务。结果，1862 年 1 月，英国、法国和西班牙派出了更大规模的军队前往墨西哥，英国派遣了 700 艘舰艇，法国与西班牙共派出了 8500 名士兵，这支庞大的联军一起攻打墨西哥。法国对墨西哥的占领一直持续到 1867 年。[②] 1876 年，埃及和土耳其无法按期偿还债务，法国和英国又将军队开到了小亚细亚半岛和北非。[③]20 世纪初，委内瑞拉欠英国 250 万美元，欠德国 1250 万美元，同时也欠了意大利债务，却无力偿还。1902 年，德国和英国联合出兵干涉，英德军队封锁委内瑞拉的港口，击沉委内瑞拉的

---

① ［美］罗伯特·吉尔平著，杨宇光等译：《国际关系政治经济学》，上海人民出版社 2006 年版，第 29 页。

② ［美］玛莎·芬尼莫尔著，袁正清等译：《干涉的目的：武力使用信念的变化》，上海人民出版社 2009 年版，第 27 页。

③ Michael Waibel, *Sovereign Defaults before International Courts and Tribunals*, New York: Cambridge University Press, 2011, p. 30.

炮舰。海牙国际仲裁法庭对此做出裁定：英国和德国的干涉是正当的。[①]

　　第一次世界大战结束后，战败国德国所欠下的巨额债务就源自战争——战胜国向战败的德国索要巨额战争赔款。1921 年，赔款委员会公布德国所需支付赔款的总额为 1320 亿金马克，相当于 350 亿美元的黄金。这个额度对新成立的魏玛共和国是沉重的打击，德国内阁因此瓦解。[②]德国难以负担如此高昂的战争债务。1922 年底，赔款委员会宣布德国没有按时交付煤炭和原木。为了讨债，1923 年 1 月，法国和比利时军队开进了德国鲁尔工业区。法国总理雷蒙·庞加莱（Raymond Poincare）表示，出兵占领鲁尔区是不可避免的，是必要的恶。[③]占领鲁尔区使得整个德国经济陷入停顿，引发了严重的混乱。国际危机加剧了德国的国内危机。

　　为什么在人类历史上，不少国家都需要靠军队去讨要债务？事实上，不少债务也是战争造成的。现实主义的政治经济学是以国家为中心的政治经济学，它假定国家互动，包括国家间经济交换的背景是无政府状态（Anarchy）。什么是无政府状态呢？我们来看下面的历史。

　　20 世纪 70 年代初，因美国等西方发达国家在阿拉伯世界与以色列的冲突中偏向以色列，石油输出国组织决心采取一致行动来表达对美国等西方国家的不满，他们大幅度抬高油价，致使西方国家经济遭受重创。1974 年，美国国务卿亨利·基辛格以武力相威胁，对石油输出国组织的涨价行为发出警告。[④]很多时候，国际石油市场的买卖不是自愿的，定价也不是自主的。在无政府状态下，使用暴力或威胁使用暴力的阴霾始终笼罩着市场交换。

　　1846 年，美国总统詹姆斯·波尔克（James Polk）派一个代表团到墨西哥去商谈购买加利福尼亚事宜，但墨西哥政府拒绝谈判。遭到拒绝后，美国派兵占领了墨西哥首都。最终，墨西哥被迫将加利福尼亚等州划归

---

①　［美］玛莎·芬尼莫尔：《干涉的目的：武力使用信念的变化》，第 27 页。

②　Eric Weitz, *Weimar Germany: Promise and Tragedy*, Princeton: Princeton University Press, 2007, p.132.

③　Conan Fischer, *Europe between Democracy and Dictatorship: 1900-1945*, Malden: Wiley-Blackwell, 2011, p.157.

④　Seyom Brown, *The Faces of Power: Constancy and Change in United States Foreign Policy from Truman to Obama*, New York: Columbia University Press, 2015, p.285.

美国。①

这就是现实主义政治经济学假定世界政治经济运行的环境，即"无政府状态"。这也是霍布斯所说的：那样就是回到混乱状态当中去，回到每一个人对每一个人的战争状态当中去。②在这种状态下，"最糟糕的是人们不断处于暴力死亡的恐惧和危险中，人的生活孤独、贫困、卑污、残忍而短寿"。③霍布斯指出，国际社会所处的状态和国内社会不同，国内社会有中央政府。而在这样"无政府状态"下，主权国家之上再没有更高的权威，当墨西哥不愿意将领土卖给美国时，美国要强买，它们之上没有更高的权威作为仲裁者。因此，"国王和最高主权者由于具有独立地位，始终是互相猜忌的，并保持着斗剑的状态和姿势。他们的武器指向对方，他们的目光互相注视；也就是，他们在国土边境上筑碉堡、派边防部队并架设枪炮；还不断派间谍到邻国刺探，而这就是战争的姿态"。④

贾雷德·戴蒙德（Jared Diamond）在其《枪炮、病菌与钢铁：人类社会的命运》（*Guns, Germs, and Steel: The Fates of Human Societies*）一书中展示了新几内亚部族的状况：当一个又一个女人被要求说一说她的丈夫时，她会一连说出好几个死于非命的丈夫。典型的回答是这样的："我的第一个丈夫被埃洛皮族（Elopi）的袭击者杀死了。我的第二个丈夫被一个想要我的人杀死了，这个人就成了我的第三个丈夫。这个丈夫又被我第二个丈夫的兄弟杀死了，因为他要为他哥哥报仇。"⑤这就是无政府状态造成的混乱。

汉密尔顿敦促美国要建立强大的联邦，就是因为他认识到无政府状态的存在，"国与国之间敌对的原因不胜枚举。"⑥汉密尔顿告诫说，世界政治

---

① ［美］埃里克·方纳：《给我自由！——一部美国的历史》（下），第604页。
② ［英］托马斯·霍布斯著，黎思复等译：《利维坦》，商务印书馆1985年版，第150页。
③ ［英］托马斯·霍布斯：《利维坦》，第95页。
④ ［英］托马斯·霍布斯：《利维坦》，第96页。
⑤ ［美］贾雷德·戴蒙德著，谢延光译：《枪炮、病菌与钢铁：人类社会的命运》，上海译文出版社2000年版，第302页。
⑥ ［美］汉密尔顿、杰伊、麦迪逊著，程逢如等译：《联邦党人文集》，商务印书馆1980年版，第24页。

经济运行的这一背景已经长期存在，并且仍会长期存在，"假如把缺乏这类斗争的动机作为反对斗争存在的理由，那就是忘记人是野心勃勃、存心报仇而且贪得无厌。指望几个相邻的独立而未联合的国家一直和睦共处，那就是无视人类事变的必然过程，蔑视数世纪来积累的经验"。[1] 马克斯·韦伯也提到经济政策背后有大国竞争的背景，提醒人们要注意"政治"因素，注意世界强权会影响国内政治。世界强权的地位使国家不断面临权力政治的重大决策。[2] 李斯特也认为，国与国之间的无序竞争是人类社会恒久的状况。他指出意大利的威尼斯尽管赚取了大量的财富，但却没有应对无政府状态政治经济环境的军事。它的执政者目光短浅，没能同其他意大利城市的海军力量联合，"威尼斯本身的倾覆，似乎也是间接由于这种目光短浅的政策"。意大利各个城市如果能团结一致，建立海军，它们不仅可以在残酷的国际竞争中立足，还能发展壮大。但是，包括威尼斯在内的意大利诸城市各自为政，因而无法应付无政府状态的国际环境。"威尼斯只顾保全自己，结果自己也不能保全，它受到了它兄弟之邦以及邻近的欧洲强国的攻击，终于崩溃。"[3] 在无政府状态下，没有强大的军事力量，国家财富是难以保全的。

　　我们再来看澳大利亚土著的例子，澳大利亚与世隔绝的程度超过了南美洲南端和非洲南端，是世界上一块孤立的大陆。长期的孤立使得澳大利亚的土著缺乏抵抗外来强权的能力。当历史的演进把澳大利亚卷入无政府状态的国际社会时，他们悲惨的命运就开始了。"如果拥有繁荣的文明和广泛的农业社会的美洲印第安人无法抵抗白人，那么，处于旧石器时代的澳大利亚人显然更没希望了……不幸的土著居民大批地被英国移民残忍地杀死。"[4] 1853 年，维多利亚女王时代的一位移民在以下这番颇有代表性的话

---

① ［美］汉密尔顿、杰伊、麦迪逊：《联邦党人文集》，第 23—24 页。
② ［德］马克斯·韦伯著，甘阳、李强等译：《民族国家与经济政策》，生活·读书·新知三联书店 1997 年版，第 105 页。
③ ［德］弗里德里希·李斯特著，陈万煦译：《政治经济学的国民体系》，商务印书馆 1961 年版，第 12 页。
④ ［美］斯塔夫里阿诺斯著，吴象婴等译：《全球通史：1500 年以后的世界》（下卷），上海社会科学院出版社 1998 年版，第 111 页。

中，暗示了澳大利亚人所受到的待遇："澳大利亚土著种族同莫希坎人以及其他许多已知的部落一样，由于天意，似乎注定要在文明的进步面前从其本土消失。"[①] 短短数十年间，大部分塔斯马尼亚人被消灭。最后一名男子死于1869年，最后一名女子死于1876年。"这位女子名叫特鲁加尼尼，生于1803年，即白人入侵的头一年。因此，她的一生跨越了其民族遭灭绝的整个时期。她临终曾恳求不要解剖她的尸体，尽管她的请求很可怜，她的骸骨还是被陈列在霍巴特博物馆——这是一个……注定灭亡的民族的命运的适当纪念物。"[②] 如韦伯指出，事情常常是这样，"每当我们认为自己最彻底地逃脱了我们自身的局限性时，恰恰也就是这种局限性最强烈地束缚我们之时。说得略为夸张一点，如果千年之后我们再度走出坟墓，我们在那些未来族类的面相中首先希望看到的就是我们自己族类的依稀印记。"[③]

现实主义学者爱德华·卡尔在其著作《20年危机（1919—1939）：国际关系研究导论》中引用了卡尔·皮尔逊（Karl Pearson）的一段话："在人类前进的道路上，到处可见灭亡民族的残骸断骨，到处可见劣等民族的荒冢坟墓，到处可见牺牲者的尸首遗体，他们无法找到通往更加完美境界的崎岖小路。然而，正是这些倒下的尸体，成为人类前进的铺路石，使人类走进了今天更加崇高的精神生活和更加丰富的感情天地。"卡尔认为，所谓的"利益和谐"，不过是通过牺牲弱势的非洲人和亚洲人来实现的。[④] 无政府状态下，国际政治关系与国际经济关系难有真正的和谐。

在无政府状态下，国家的命运往往与个人的成功乃至存活绑定在一起。个人在经济上的成功离不开一个强大的国家。在这样的状态下，以国家为中心的政治经济学和自由主义的政治经济学的一个基本不同就在于，自由主义的政治经济学总体是乐观的（马尔萨斯是例外），而现实主义政治经济学的总体基调却是悲观的。韦伯对德国经济发展的担忧在这里表现得入

---

① ［美］斯塔夫里阿诺斯：《全球通史：1500年以后的世界》（下卷），第111页。
② ［美］斯塔夫里阿诺斯：《全球通史：1500年以后的世界》（下卷），第111页。
③ ［德］马克斯·韦伯：《民族国家与经济政策》，第91页。
④ ［英］爱德华·卡尔著，秦亚青译：《20年危机（1919—1939）：国际关系研究导论》，世界知识出版社2005年版，第48页。

木三分。"我们能传给子孙的并不是和平及人间乐园，而是为保存和提高我们民族的族类素质的永恒斗争。我们决不能沉溺于乐观主义的期望之中。"[1] 为什么不要如此乐观呢？韦伯讲道："各民族之间的经济斗争从不停歇，在经济的生死斗争中，永无和平可言。"因为在无政府状态下，国家之间永远会存在斗争，从政治竞争到经济竞争。"只有那些被和平的外表迷惑的人才会相信，我们的后代在未来将享有和平和幸福的生活。众所周知，庸俗的政治经济学就是在于它以不断配置普遍幸福的菜谱为己任。根据这种庸俗的经济学观，政治经济学唯一可理解的目的就在于添油加醋地促进人类生存的愉悦和平衡。"[2] 韦伯说："无法相信在这个尘世生活中除了人与人之间的残酷斗争以外还有什么其他方式可以创造人类自由行动的机会。"[3] 既然这样，他更悲观地告诉世人，政治经济学的学者要记住："政治经济学的工作不能以对幸福的乐观主义期望为基础。就和平和人类幸福的梦想而言，我们最好记住，在进入人类历史的未知将来的入口处写着：放弃一切希望！"[4] 如果太过乐观，忘记世界政治经济运行的背景是无政府状态，那么，就可能再犯威尼斯的错误，重蹈澳大利亚土著的覆辙。

李斯特坦言，不少自由主义经济学家倡导的世界团结与和谐是美好的愿景，但是，他们倡导的理想化的世界政治经济的运行环境还没有实现。"世界联盟这一原则是合理的，然而它不过是一个原则而已，并不是一个既成事实。"[5] 因此，政治经济学家需要记住，在世界联盟出现之前，各国政治经济的运行状态是无政府状态。那么，世界贸易的加强是否有助于化解这样的"无政府状态"呢？

现实主义的政治经济学者对此持悲观态度，他们认为国家之间的相互依赖并不一定带来和平。在第一次世界大战前，各大国之间经济相互依赖已经达到了很高的程度。商业自由主义尤其关注贸易以及商业对和平的促

---

[1] ［德］马克斯·韦伯：《民族国家与经济政策》，第 92 页。
[2] ［德］马克斯·韦伯：《民族国家与经济政策》，第 89—90 页。
[3] ［德］马克斯·韦伯：《民族国家与经济政策》，第 90 页。
[4] ［德］马克斯·韦伯：《民族国家与经济政策》，第 90 页。
[5] ［德］弗里德里希·李斯特：《政治经济学的国民体系》，第 158 页。

进作用。他们认为，国际贸易为世界带来了繁荣与和谐。就进出口总额占国内生产总值的情况而言，一战爆发前的几年，德国占38%，英国占52%，法国占54%，它们之间相互展开贸易。英德两国之间的经济联系尤其突出，英国为德国提供了五分之一的原材料、食品。伦敦为德国贸易融资，英国银行为德国商船提供担保。一战前，英德两国贸易总额超过了英法贸易总额；1905年到1913年，英国与俄国的贸易仅为英德贸易的一半。英国还是德国最重要的市场之一，1913年，德国14.2%的出口商品输往英国。[①]但是，我们看到，德国和英国较高的贸易水平并没有阻止大战的爆发。一战中有超过1500万人死亡，除了巨大的人员伤亡，参战国经济都遭受巨大损失。

有研究对1870—1938年间的国际冲突做了检验并发现：从统计上看，经济依存度对战争爆发的概率没有显著影响，但对国际军事冲突却有影响。当双方的经济依存度从较低走向中等强度的时候，冲突的概率在逐渐降低，这似乎印证了贸易和平论；但当双方的经济依存度从中等强度走向紧密联系的时候，双发爆发的冲击概率也随之上升。这是一个倒U型的曲线。[②]这一统计对我们理解国家之间的经济联系与军事冲突有重要意义。

另外，值得注意的是，大国之间的冲突与合作和小国有较大的不同，大国是国际体系的改写者，而小国往往是接受者。大国之间的权力转移数量少，把大国战争与所有战争一道纳入大样本的统计，可能掩盖大国权力转移时期更具特殊性的特征。还有研究指出：高度的相互依赖既不必然导致战争，也不必然带来和平；其具体走向取决于双方对贸易的预期。只有当国家对未来贸易预期是积极的时候，较高的相互依赖程度才会是和平导向的。[③]但问题是，大国之间是否会持续保持高度相互依赖的意愿？国与国之间的经济交往推动了世界各国的相互依赖，而相互依赖却有脆弱性

---

① Paul Papayoanou, "Interdependence, Institutions, and the Balance of Power: Britain, Germany, and World War I," *International Security*, Vol.20, No.4, 1996, pp. 54–55.

② Katherine Barbieri, "Economic Interdependence. A Path to Peace or a Source of Interstate Conflict," *Journal of Peace Research*, Vol.33, No.1, 1996, pp. 29–49.

③ Dale Copeland, "Economic Interdependence and War: A Theory of Trade Expectations," *International Security*, Vol. 20, No. 4, 1996, pp. 5–41.

（vulnerability）和敏感性（sensitivity）。① 而这种脆弱性和敏感性在大国之间尤其明显。

贸易和平论认识到了贸易会使双方的利益被绑定在一起，这使得支持和平的因素发展壮大。这一理论为解释战争与和平提供了一个微观基础。但是，如果一个像德国这样的新兴大国的经济成长过于依靠海外市场，那么它有几个方面会影响到霸权国家。首先，新兴国家的经济成长往往会伴随产业升级。如此一来，新兴国家可能逐步占据新兴产业的制高点，掌握国际市场的定价权，抢占更广阔的原材料产地与销售市场，这对霸权国家的产业利益构成了经济上的冲击。其次，新兴国家的经济成长带来经济实力与产业实力的增强，让更多的资源释放到军事用途成为可能，这也会对霸权国家构成安全上的冲击。再次，高度的经济联系把国内利益团体与外部世界绑在一起，这些外向型的经济团体不仅会积极维护和平，也可能会积极推动军事竞争与战争，因为他们需要国家权力去保障海外的原料产地与销售市场。最后，由于与海外市场高度的经济联系、频繁的信息交流，一国经济的迅速成长则更容易被外界感知，甚至被夸大。有研究指出：大国的经济成长具有危险性。当一国的经济的成长使得国家对外贸易、对外活动增加的时候，不同国家之间的利益冲突日渐增加。因此，经济成长迅速的国家容易卷入国际冲突、危机与战争。②

汉密尔顿告诫美国人，不要相信贸易会减少战争，"到现在为止，商业除了改变战争的目的以外，还做了些什么呢？爱好财富同爱好权力或荣誉不都是一种凌驾一切和冒险的激情吗？自从商业成为各国的普遍制度以来，起因于贸易动机的战争，不是和以前由于对领土或统治权的贪婪而引起的战争同样频繁吗？"③ 汉密尔顿还警告美国人，不要相信民主国家爱好和平。在英国，人民的代表组成全国立法机关的一部分。多少年来，发展商业是

---

① ［美］罗伯特·基欧汉、约瑟夫·奈著，门洪华译：《权力与相互依赖：转变中的世界政治》，北京大学出版社 2002 年版，第 11—20 页。

② Nazli Choucri and Robert North, *Nations in Conflict: National Growth and International Violence*, San Francisco: W.H. Freeman, p.1.

③ ［美］汉密尔顿、杰伊、麦迪逊：《联邦党人文集》，第 26 页。

英国政府的重要目标。然而，很少有国家在战争次数方面超过英国；而且它所进行的战争，在许多场合下是由人民引起的。[①]经济全球化改变不了民族国家之间的竞争。全球经济共同体的扩展只不过是各民族之间相互斗争的另一种形式。[②]相比于自由主义的政治经济，以国家为中心的政治经济学，尤其其中的现实主义政治经济学对现实问题的看法更为悲观。

只要国际体系冲突频仍，经济民族主义就会保持其强大的吸引力。[③]在无政府状态下，如韦伯所说，政治经济学就成了政治的科学。他指出："我们的子孙后代冀望我们在历史面前能够担起的责任，并不在于我们留给他们什么样的经济组织，而在于我们为他们在世界上征服了多大的自由空间供他们驰骋。说到底，经济发展的过程同样是权力的斗争，因此经济政策必须为之服务的最终决定性利益乃是民族权力的利益。政治经济学乃是一门政治的科学。政治经济学是政治的仆人！"[④]从国家层面看贸易与从个人层面看贸易，会看到非常不同的后果。由于世界政治经济运行的背景是无政府状态，此时，谈政治经济就不能不谈权力，而谈权力又离不开国家。现实主义与国家主义的政治经济学，其分析单位不是个人，不是阶级，而是国家。

最后，值得我们注意的是，现实主义政治经济学强调国家所处的国际环境是无政府状态，而现代国家并非如霍布斯描述的自然状态那样脆弱。[⑤]国际关系史上，政治实体间激烈的军事竞争跌宕起伏、异常残酷。为了确保生存，国家在实施对外经济战略时往往无所不用其极。"为什么国际关系的现实不像一个人处于自然状态时那样污秽、野蛮和短暂？一个重要的原因是国家不像自然状态的人那样脆弱"。[⑥]在自然状态下，人很容易被

　　①　[美]汉密尔顿、杰伊、麦迪逊：《联邦党人文集》，第27页。

　　②　[德]马克斯·韦伯：《民族国家与经济政策》，第92页。

　　③　[美]罗伯特·吉尔平：《国际关系政治经济学》，第47页。

　　④　[德]马克斯·韦伯：《民族国家与经济政策》，第93页。

　　⑤　黄琪轩：《对外经济战略、大国关联利益与战后秩序——两次世界大战后美国对外经济战略与德国问题》，《当代亚太》2016年第3期。

　　⑥　Robert Jervis，"Cooperation under the Security Dilemma," *World Politics*，Vol.30，No.2，1978，p.172.

他人伤害或者杀害，而在当代的世界政治中，国家却并非如此脆弱，对
当代的大国而言尤其如此。连肯尼思·沃尔兹（Kenneth Waltz）也坦
言："在国际政治中，国家的消亡率非常低。在19世纪下半期，仅有四个
国家灭亡了，它们是爱沙尼亚（Estonia）、拉脱维亚（Latvia）、立陶宛
（Lithuania）和帝汶（Timor）。在竞争的经济体系中，很多企业破产倒
闭，而在国际体系中，却罕见国家灭亡。"[①] 那么霍布斯所说的无政府状态的
程度在今天是否有所降低，是否还需要对此加以如此强调呢？

二　为何俄罗斯的市场化改革步履维艰？

杰弗里·萨克斯（Jeffery Sachs）于1980年获得了哈佛大学博士学
位，并取得了哈佛大学的教席。他在两年后又获得了哈佛大学经济学系的
终身教席，那年他还不到28岁。萨克斯的名声不仅在于他卓越的学术能力，
还因他积极投身政策实践，帮助拉美和东欧国家向市场经济转型。1985年，
拉美国家玻利维亚遭遇了恶性通货膨胀，通胀率达到了24000%。萨克斯
应邀参与了玻利维亚的经济改革，帮助其控制了恶性通货膨胀。随后，萨
克斯又积极参与到波兰的经济改革中，同样获得了很大的成功。但是，萨
克斯在参与俄罗斯经济改革的过程中，却遭遇了失败。萨克斯改革的中心
任务是将中央计划型的前苏联经济模式迅速变为市场经济。在《贫穷的终
结：我们时代的经济可能》中，萨克斯回忆了这几次改革，以及改革失败
的教训。

俄罗斯的改革步履维艰。1994年，俄罗斯的GDP比1991年下降了

---

① Kenneth Waltz, *Theory of International Politics*, Reading, MA: Addison-Wesley, 1979, pp.137-138.

40%。^①经济的全面下滑影响到普通民众的工资、养老金、住房、幼托、医疗、假期等生活的方方面面。1996年的一项调查显示，只有30%的俄罗斯人能按时足额地领到工资；而有39%的人根本领不到工资。^② 20世纪90年代中期，只有1/10的俄罗斯人能获得最低养老金，但这点微薄的养老金也在最低生存线之下，有时甚至还不到最低生存线的一半。^③ 1992年到1993年，至少有1/3的俄罗斯人属于贫困人口，这个数字是1991年的3倍。到1999年，仍有超过38%的俄罗斯人属于贫困人口。^④由于物资匮乏，超过一半的俄罗斯人开始自己种植土豆、洋葱、大蒜、黄瓜和西红柿。为了生存，不少俄罗斯人退回到了前现代社会自给自足的生活模式。^⑤俄国人的健康状况也急剧恶化，20世纪末21世纪初，18岁以下的俄罗斯青少年，有1/6被诊断患有慢性疾病。^⑥ 20世纪90年代，俄罗斯的死亡率上升了30%，出生率下降了40%。俄罗斯人变得沮丧、愤世嫉俗，悲观失望，自杀率增加了三成，高居世界第三（1992年、1993年，自杀的人数占俄罗斯非正常死亡人数的1/3）。^⑦据调查，大约有60%的俄罗斯民众认为他们是这次转型的受害者。^⑧

当时的俄罗斯政府常常好几个月发不出工资，甚至连军队的工资也无法正常支付。有时上级军官只好建议下级军官去打猎、钓鱼、种地以维持生计。有些军人甚至穿着便装上街乞讨。由于缺乏公共资金，俄罗斯的机器老化失修，事故频发，如2000年，俄罗斯核潜艇库尔斯克号爆炸，全体船员罹难。由于缺乏医疗、体育设施等基本的公共服务，俄罗斯人的身体状况也在恶化，人均寿命下降。每年新召入伍的士兵中，有大量的新兵被

---

① Michael Kort, *A Brief History of Russia*, New York: Checkmark Books, 2008, p.236.

② Allen Lynch, *How Russia Is Not Ruled: Reflections on Russian Political Development*, New York: Cambridge University Press, p.91.

③ Stephen Lovell, *Destination in Doubt: Russia since 1989*, New York: Zed Books, 2006, p.114.

④ Bertram Silverman and Murray Yanowitch, *New Rich, New Poor, New Russia: Winners and Losers on the Russian Road to Capitalism*, Armonk: N. E. Sharp, 2000, pp.17–18.

⑤ Harley Balzer, *Russia's Missing Middle Class*, Armonk, NY: M. E. Sharpe, 1996, p.177.

⑥ Allen Lynch, *How Russia Is Not Ruled: Reflections on Russian Political Development*, p.99.

⑦ Allen Lynch, *How Russia Is Not Ruled: Reflections on Russian Political Development*, p.106.

⑧ Stephen Lovell, *Destination in Doubt: Russia since 1989*, p.114.

发现身体不合格。

　　为什么俄罗斯激进的市场化改革没有获得预期的成功？这需要我们回到卡尔·波兰尼（Karl Polanyi）的《大转型》（*The Great Transformation*）。波兰尼强调：经济史向我们揭示，全国性市场的形成，不是靠政府逐步放松对经济控制的结果。相反，它需要政府有意识地、强有力地干预才能产生。[①]即便是美国这样市场经济的典型，在建立国内统一市场的过程中，也遇到了各个地方的政治挑战。美国统一市场的形成不是因为美国有优越的自然地理环境，也不是美国人民有这样的文化偏好，它靠的是政治建设。在整合国内市场的过程中，整个美国弥漫着政治气息，也布满了血迹。[②]美国内战就是市场整合过程中的重要一环，美国通过内战这样残酷的方式，实现了国内市场的统一。自由市场需要政治基础。俄罗斯的市场化改革寄希望于市场，但是，当国家解体以后，自由市场的运行却没有了保障。俄罗斯的改革只看到了市场，却忽视了国家。

　　国家（state）是政治经济学的重要分析单位。它是一组制度的集合，它拥有专业化的人员，对一定疆域内民众生活的重要方面进行管制，并通过税收从民众那里汲取资源，如果必要的话，它的管制以武力为后盾，在国际上，它也被其他国家所承认。国家具有四个重要的要素：第一，国家都具有管制的特征；第二，国家机器有强制的一面；第三，国家从民众那里汲取资源；第四，国家是国际关系中的行为体。[③]现代经济需要政治基础，即它需要现代国家。

　　美国独立后，汉密尔顿呼吁制定一部新宪法。因为他意识到，有强大的国家，美国才能生存，才可能有安全，在此基础上，民众才能实现其福祉。"要请你们为美利坚合众国慎重考虑一部新的宪法。这个问题本身就能

---

　　① Karl Polanyi, *The Great Transformation: The Political and Economic Origins of Our Time*, Boston: Beacon Press, 1944, p.258.

　　② Richard Bensel, *The Political Economy of American Industrialization, 1877-1900*, New York: Cambridge University Press, p.291.

　　③ Francisco Herreros, "The State," in George Kurian, James Alt, Simone Chambers, Geoffrey Garrett, Margaret Levi, Paula Mcclain, eds., *The Encyclopedia of Political Science Set*, Washington D.C.: CQ Press, 2011, pp. 1594-1598.

说明它的重要性；因为它的后果涉及联邦的生存、联邦各组成部分的安全与福利，以及一个在许多方面可以说是世界上最引人注意的帝国的命运。"①德国的李斯特抱怨传统的、当时占主流地位的政治经济学忽略政治，忽略国家，"流行经济学派要我们相信，政治和政治力量是不能放在政治经济学里来考虑的"。②"我所发觉的是流行学派并没有考虑到国家，它所顾及的，一方面是全人类，另一方面只是单独的个人。"③李斯特指出，在个人与整个人类之间还有一个中介，就是国家。④而这个中介在政治经济生活中扮演着不可替代的角色。他旗帜鲜明地提出，政治经济学离不开政治，也离不开国家。

李斯特甚至认为传统的政治经济学搞错了分析单位，他认为政治经济学的分析单位不应该从个人出发，而应该从国家出发，"政治经济或国家经济是由国家的概念和本质出发的，它所教导的是，某一国家，处于世界目前形势以及它自己的特有国际关系下，怎样来维持并改进它的经济状况"。⑤李斯特之后，韦伯回答了这样一个问题：为什么要德国政府出面收购东部土地，为什么要保护东部的德国人免受波兰人的冲击？他说："对此的答复尽在于：我们的国家是一个民族国家。"⑥经济政策的终极价值标准就是"国家理由"。⑦

以国家为中心的政治经济学，无论是国际政治经济学中的现实主义，还是比较政治经济学中的国家主义，其分析单位都是国家。李斯特指出：世界主义经济学与政治经济学两者之间是有区别的。⑧他认为以往的政治经济学往往关注个人而忽略国家，而政治环境却是经济成长的前提。"有些政治经济学理论硬要我们把国家的物质福利完全归因于个人的生产，与上述

---

① ［美］汉密尔顿、杰伊、麦迪逊：《联邦党人文集》，第 3 页。

② ［德］弗里德里希·李斯特：《政治经济学的国民体系》，第 124 页。

③ ［德］弗里德里希·李斯特：《政治经济学的国民体系》，第 4 页。

④ ［德］弗里德里希·李斯特：《政治经济学的国民体系》，第 152 页。

⑤ ［德］弗里德里希·李斯特：《政治经济学的国民体系》，第 109 页。

⑥ ［德］马克斯·韦伯：《民族国家与经济政策》，第 89 页。

⑦ ［德］马克斯·韦伯：《民族国家与经济政策》，第 93 页。

⑧ ［德］弗里德里希·李斯特：《政治经济学的国民体系》，第 5 页。

的一些观察相对照时即不难看出，这种论调实在是不切实际的，不足取的，它完全忽视了一个事实，即一切个人的生产力，在很大程度上是取决于国家的社会环境与政治环境的。"① 因此，李斯特等人提出，传统的政治经济学应该转型，把分析单位上移。这类政治经济学者大部分都有比较浓厚的民族主义情节。他们不相信世界主义的政治经济学，也不相信有世界主义的价值标准。除了李斯特，韦伯也宣称："一个德意志国家的经济政策，只能是一个德国的政策；同样，一个德国经济理论家所使用的价值标准，只能是德国的标准。"②

《政治经济学的国民体系》的第一部分是历史描述。用现在方法论的话来说，李斯特采用了"比较历史分析"（comparative-historical analysis）。纳入他分析框架的国家有意大利、荷兰、英国等，当然还有他寄予厚望的美国和德国。李斯特展示了一个经济体兴衰成败背后的"国家"因素。他指出：意大利过去有很多繁荣的城市，曾经煊赫一时。但是，历史上的意大利"却独独缺少一件东西，因此使它不能达到像今天英国这样的地位，因为它缺少了这件东西，所以一切别的繁荣因素都如风卷残云，一霎时化为乌有了；它所缺少的是国家统一以及由此而产生的力量"。③

不仅意大利如此，德国的历史也给后人提供了镜鉴。因为德国历史上的汉萨同盟也经历了意大利城市同样的命运。李斯特认为那些德国汉萨的城市遵循自由主义的教导，只看到生意，看不到政治，"由于专心致志地追求物质财富，对于政治利益的促进这一点就完全置之不顾"。在强国竞争中，这样一个联盟没有现代国家作为支撑，它的发展注定是昙花一现。"汉萨城市所曾一度拥有的巨额财富，除了十三、十四世纪黯淡模糊的历史记录以外，大部分现在已杳无影踪。"④ 缺乏现代国家，这正是汉萨同盟一败涂地的原因。

如果说意大利的城市和德国境内的汉萨同盟是失败的案例，那么，荷

---

① ［德］弗里德里希·李斯特：《政治经济学的国民体系》，第 75 页。
② ［德］马克斯·韦伯：《民族国家与经济政策》，第 91 页。
③ ［德］弗里德里希·李斯特：《政治经济学的国民体系》，第 11 页。
④ ［德］弗里德里希·李斯特：《政治经济学的国民体系》，第 27—29 页。

兰是中间案例，有过成功，最终却经历了失败。16 世纪末，荷兰从西班牙的统治下独立，并在当时君主国林立的欧洲成立了尼德兰联省共和国（Republic of the Seven United Netherlands）。此后，荷兰经历了一轮快速的经济增长，商业也取得突破性发展，其商业活动扩大到地中海、远东和波罗的海等地区，呈现出一派繁荣景象。[①]早期的"准工业革命"、围海造田、农业革新促使荷兰经济在 17 世纪中叶达到了欧洲最高水平，广阔的海外市场与发达的对外贸易使得荷兰经济加速成长，并赢得了"海上马车夫"的美誉。荷兰首都阿姆斯特丹也随之成为世界贸易的中心。但是，荷兰是联省王国，从未凝聚成一个强大的民族国家。当英国等国家纷纷变成强大的民族国家时，荷兰这样松散的联省王国就危险了。荷兰民众将大量资本投向英国，以至于当时有人感叹："荷兰有向英国人屈服的危险，国内有一大帮人策划投降。"[②]荷兰大商人在伦敦的社会环境中生活得很舒服，赚钱更多，甚至还能享受在节俭的阿姆斯特丹享受不到的娱乐。出乎荷兰人意料的是，尽管英国吸纳了巨额的荷兰投资，但在 1780 年到 1784 年爆发的第四次英荷战争中，英国依旧对荷兰兵戎相见，并把荷兰打翻在地。

李斯特指出，荷兰的衰落也说明："如果所处的外国环境不利，单靠私营工业是不足以维持整个地区或整个国家的工商业和财富的；还有一层，个人的生产力大部分是由政府的政治组织与国家的力量得来的。"[③]因此，要在世界政治经济中占有一席之地，离不开"国家"。李斯特对当时流行的，以个体为中心的政治经济学的最大抱怨就是他们只看到个人，看不到国家，"他们对于国家的是否继续存在根本不十分注意……他们对于国家的权力、尊严或光荣这些问题是不会去多操心的"。[④]这也是萨克斯在为俄罗斯设计"休克疗法"时所忽略的问题。

一个强有力的国家瓦解了，为现代经济运行提供的政治保障也随之消

---

① ［美］查尔斯·金德尔伯格著，高祖贵译：《世界经济霸权：1500—1990》，商务印书馆 2003 年版，第 153 页。

② ［法］费尔南·布罗代尔：《15 至 18 世纪的物质文明、经济和资本主义（第三卷）》，第 223 页。

③ ［德］弗里德里希·李斯特：《政治经济学的国民体系》，第 36 页。

④ ［德］弗里德里希·李斯特：《政治经济学的国民体系》，第 151 页。

失了。由于没有现代国家作为现代经济的保障，俄罗斯的经济运行备受困扰。解体后的俄罗斯开始遭遇犯罪频发的困扰。20 世纪 90 年代中期，俄罗斯境内有 5000 多个有组织的犯罪帮派，比 90 年代初期上升了 10 倍。黑帮控制了俄罗斯近一半的银行及近 1/3 的经济活动。黑帮活动严重扰乱了俄罗斯的国内秩序。当时，针对政府官员和商人的暗杀活动常常在光天化日下进行。[1]经济的困境、国家治理的失败严重动摇了民众对俄罗斯民主转型的信心。在这种政治环境下，自由市场也无法发挥作用。在非洲，有不少国家沦为失败的国家（failed state）。在那里，国家职能无法履行，社会秩序无法维护，常常陷入内战与纷争，经济发展失去了基本的保障。

　　自由主义学者布坎南在其《自由的界限》一书中举了一个买卖西瓜的例子。我们日常生活中，看似最平常不过的买卖西瓜，也离不开国家。尽管我和卖西瓜的老板相互不认识，但是顷刻之间就可以完成买卖。这样的买卖需要国家提供相应的保障。首先，我们要相互尊重双方的"产权"，也就是我承认西瓜是店主的，他承认我持有的货币是我的。而且，我们双方都相信，我们任何人要掠夺对方的所有物都会遭受政府的惩罚。因此，我不会抢他的西瓜，他也不会来抢我的钱。我们双方都要遵守交易过程中的法律。[2]事实上，布坎南的清单还可以列得更长：顾客希望商贩使用的度量手段是准确的，而不是欺诈的；商贩希望自己收到的货币是真实的，而不是伪造的，等等。[3]布坎南列举的买卖西瓜的例子向我们展示出，日常生活中的市场交易，背后都需要政治保障。

　　就买西瓜所使用的货币而言，民族国家是国家货币诞生的政治前提。本杰明·科恩（Benjamin J. Cohen）指出：一个国家控制一种货币是国际货币体系的威斯特伐利亚模式（Westphalian Model）。[4]在这种以国家为中心的货币体系里，国家在货币的发行和管理方面具有垄断权。在 1648 年

---

① Michael Kort, *A Brief History of Russia*, p.236.

② James Buchanan, *The Limits of Liberty: Between Anarchy and Leviathan*, Indianapolis: Liberty Fund, 2000, p.22.

③ 李强:《自由主义》,中国社会科学出版社 1998 年版, 第 229—230 页。

④ Benjamin Cohen, *The Geography of Money*, p.34.

《威斯特伐利亚条约》签订后，民族国家登上历史舞台。到了 19 世纪，欧洲各民族国家开始经历了一波新的民族主义浪潮，也启动了新一轮的政治权威集中化趋势，而国家货币则在此背景下应运而生。[①] 随着国家构建的展开，民族国家开始缔造国家货币，如果没有民族国家作为后盾，国家货币的基础是不牢靠的。[②] 国家合法地垄断着暴力，影响着国内经济的方方面面，拥有中央化的权威。因此，民族国家有着更强的能力让国内民众信任国家货币。民族国家，尤其是民族国家的国家构建进程，是国家货币诞生的重要政治前提。如果说国家货币是现代经济运行的重要构成，那么，现代经济生活的方方面面都离不开现代国家作为政治支撑。

所以，以国家为中心的政治经济学者才对国家如此情有独钟。在韦伯眼中，一个德国经济理论家所使用的价值标准只能是德国的标准。经济政策的终极价值标准就是"国家理由"。在以国家为中心的政治经济学者看来，如果政治经济运行的环境是无政府状态，那么，其基本行动单位就是国家。

三　非洲为何没有演化成现代经济体？

由于长期遭受西方国家殖民，近代以来的非洲命运多舛，二战结束以后，非洲国家陆续获得了国家独立，但是，大部分非洲国家仍没有建立起现代经济。这一状况在 20 世纪 80 年代以后更加恶化。一般而言，危机是

---

① Benjamin Cohen，*The Future of Money*，Princeton：Princeton University Press，2003，p.5.

② Nigel Dodd，"Globalisation of Money? National Sovereignty and the Management of Risk," in Emily Gilbert and Eric Helleiner, eds., *Nation-States and Money：The Past*，*Present and Future of National Currencies*，London and New York：Routledge，1999，pp.181–197.

相对短暂的，而非洲的困境却被称为"持续的危机"。①《科学》杂志提出这样的疑问：在撒哈拉以南的非洲，为何其贫困率在增长，人均寿命在减少？20世纪80年代，撒哈拉以南的非洲年人均收入不仅没有增长，反而还出现了倒退，每年减少1.2%。到20世纪90年代，当地居民年人均收入的增长率也仅为0.2%。2000年到2003年，撒哈拉以南的非洲年人均收入增幅有所提高，达到了0.5%。即便如此，如果继续保持这个增长速度，到2020年，其人均收入还是低于1980年时期的水平。②

为什么非洲国家积贫积弱，长期难以建立起现代经济？针对这个问题，杰弗里·赫伯斯特（Jeffrey Herbst）给出的解释是非洲国家间缺乏战争。③因为战争可以打破原有政治经济结构，使执政者能够加强对社会的汲取（extraction）能力，其结果是中央集权国家与现代国家的形成。在战争的过程中，一整套严密有效的现代国家官僚机构也会被塑造出来。此外，战争还会促发民族主义兴起，塑造有凝聚力的国际关系行为体。

政治经济史上，以国家为中心的政治经济学视角多和战争有关，包括历史上的重商主义作家、美国的第一任财长汉密尔顿、德国的李斯特以及马克斯·韦伯。重商主义被用来称呼1500年到1750年间流行的经济文献与经济实践。重商主义中最重要的贡献是英国人和法国人做出的。重商主义兴起，其背景是崛起中的民族国家日益强大，国家逐渐取代教会成为经济活动的重要参与者。这一时期，国际竞争逐渐加剧，可以说，重商主义的思想是在欧洲强权之间的对立和战争的背景下发展起来的。从1600年到1667年，欧洲只维持了一年时间的和平。④汉密尔顿面临的环境是美国需要从英国那里赢得独立，并保卫自己的独立成果，防止英国干预。因此，无论是他的《关于美国制造业的报告》，还是他在《联邦党人文集》中撰写的

---

①　Nicolas van de Walle，*African Economies and the Politics of Permanent Crisis*，*1979-1999*，New York：Cambridge University Press，2001.

②　Ha-Joon Chang，"Why Developing Countries Need Tariffs？How WTO NAMA Negotiations Could Deny Developing Countries' Right to a Future，" Geneva：South Centre，2005，p.72.

③　Jeffrey Herbst，"War and the State in Africa，" *International Security*，Vol.14，No.4，1990，pp.117-139.

④　［美］亨利·威廉·斯皮格尔：《经济思想的成长》（上），第85页。

篇章，都强调需要锻造强有力的联邦以防御外敌，发展经济。在李斯特的《政治经济学的国民体系》中（尽管不同的版本有出入），提到战争的次数在 100 次左右。因此，吉尔平指出，重商主义是一个富有争议的术语。历史上它一直与民族国家追求贸易盈余与财富联系在一起。而重商主义视角的本质在于：经济从属于国家以及国家利益，这一利益包括国内福利到国际安全等内容。[①]

自由主义认为经济关系是非零和的，而马克思主义和重商主义则认为经济关系在本质上是零和的。对马克思主义而言，财富在不同阶级之间分配，统治阶级与被统治阶级之间处于竞争状态；而对重商主义而言，就业机会、产业以及军事力量在不同国家之间分配，不同国家之间处于竞争状态。[②] 从汉密尔顿到李斯特，他们都有类似的假定，即国家间经济竞争的零和性。因此，他们都强调加强国家建设的重要性，以便能赢得国家间的竞争。对自由主义政治经济学而言，国家是私人利益的加总，政府政策是多元的社会力量互动博弈的结果。而在重商主义那里，国家有着自身的正当性，国家作为一个整体，大于部分之和。[③]

汉密尔顿敦促独立后的美国各州联合成一个强大的联邦，因为如果美国不这样做，就会面临战争威胁："我们在不联合的情况下将会招致外国武力和诡计的种种威胁。"[④] 李斯特指出，斯密的政治经济学是世界主义的政治经济学，但这样的政治经济学却不能代替"政治的"或国家的经济学。斯密"虽然在这里或那里不时提到战争，但只是偶然提到的。构成他理论基础的是持久和平局势的概念"。[⑤] 李斯特认为，保护主义的政治经济理论和实践兴起的背景离不开战争，"晚近的保护制度是战争所促成的"。[⑥] 那么战争如何促进了现代国家和现代经济的构建呢？

---

① ［美］罗伯特 · 吉尔平著，钟飞腾译：《跨国公司与美国霸权》，东方出版社 2011 年版，第 19—20 页。
② ［美］罗伯特 · 吉尔平：《跨国公司与美国霸权》，第 21 页。
③ ［美］罗伯特 · 吉尔平：《跨国公司与美国霸权》，第 22 页。
④ ［美］汉密尔顿、杰伊、麦迪逊著：《联邦党人文集》，第 23 页。
⑤ ［德］弗里德里希 · 李斯特：《政治经济学的国民体系》，第 107 页。
⑥ ［德］弗里德里希 · 李斯特：《政治经济学的国民体系》，第 159 页。

　　首先，国家构建的一个重要任务是统一（integration），而统一往往依靠战争来完成。国家构建不仅要实现领土统一，还要做到经济的统一。国家不仅需要消除地方武装势力，还需要消除地方的经济分隔，把国家整合成为一个统一的政治经济体。在不少发展中国家，尤其在非洲，统一的任务远没有完成，地方武装势力割据，市场也由各个地方势力所分割。发展现代经济也无从谈起。自由主义政治经济学往往假定存在一个自发的市场秩序；而事实上，统一的国内市场并不是自然形成的。国内市场的统一往往要靠国家大规模的、持续的干预才能实现。美国甚至不惜用内战这种极端的做法来将美国聚合成一个统一的政治经济体。而在这一点上，大量的后发展国家还有很多工作要做。独立后的美国需要维持一个坚强有力的政府。汉密尔顿指出，要想统筹全国的商业利益与政治利益，"只能通过统一的政府才能达到"。[①]李斯特也指出："国家的统一是国家长期发展的基本条件。"[②]而且，要先做到政治统一，才会有经济的统一。"历史上一切的成例告诉我们，领先的总是政治联合，跟着发生的才是商业联合。"[③]美国靠内战统一了全国市场，德国靠一系列的内外战争，完成了德国的统一。

　　其次，国家构建另一项重要任务就是民族主义，而战争过程的动员往往能强化民族主义。在现代国家构建的过程中，国家会逐渐消除地方势力、教会力量和贵族力量等与之抗衡的力量。把人们对宗教、地方的忠诚转化为对国家的忠诚。只有当国家有效地渗透到社会，国家才能将自身的政策贯彻实施。民族主义是国家完成渗透的重要工具，因此民族构建往往和国家构建交织在一起。有研究指出，西方世界的兴起离不开所谓的"资本主义精神"，但是资本主义精神却不是马克思·韦伯所讲的"新教伦理"，而是民族主义。[④]现代经济的持续增长不是自然而然的，它需要民族主义的激励和支撑。民族主义提供了一套新的思想理念和社会观念，赋予经济增长

---

① ［美］汉密尔顿、杰伊、麦迪逊：《联邦党人文集》，第 57 页。

② ［德］弗里德里希·李斯特：《政治经济学的国民体系》，第 143 页。

③ ［德］弗里德里希·李斯特：《政治经济学的国民体系》，第 112 页。

④ ［美］里亚·格林菲尔德著，张京生等译：《资本主义精神：民族主义与经济增长》，上海人民出版社 2004 年版。

以正面价值，并将分散的社会能量集中到经济发展上来。在不少发展中国家，绝大多数民众效忠的对象仍是自己的宗族、村落，却不知道有国家。在总结中国近代史上的教训时，历史学家蒋廷黻先生指出："西洋人养成了热烈的爱国心，深刻的民族观念。我们则死守着家族观念和家乡观念。所以在 19 世纪初年，西洋的国家虽小，然团结有如铁石之固；我们的国家虽大，然如一盘散沙，毫无力量。"他指责当时的湘军"充满了宗族观念和家乡观念，兵士只知道有直接上级长官，不知道有最高统帅，更不知道有国家"。[①] 当前，不少发展中国家与清末的中国并无二致，它们的情况甚至更糟，国家渗透的工作也远未完成。用独立后莫桑比克首任总统萨莫拉·马谢尔（Samora Machel）的话来讲就是："国家想要生，部落就必须死。"[②] 事实上，美国的内战很大程度上培育了美国的国家主义与民族主义。美国内战以后，在指代美国的时候，美国人更多用"国家"（Nation）一词；而在内战之前，则更多用"联盟"（Union）一词。1861 年的就职典礼上，林肯提到"联盟"达 20 次，却没有提到过"国家"；而 1863 年，林肯在葛底斯堡所做的演讲共有 269 词，"联盟"一词未再出现，"国家"则提到了 5 次。[③] 一般而言，是国家之间的战争促进了国家构建，美国的内战促进了国家构建与民族构建属于异常案例。

　　再次，国家构建还需要建立强大的官僚系统。有了强大的官僚系统，国家的统一工作、渗透工作以及与此相伴随的征税活动才能有效实施。西方发达国家强大的官僚队伍和其长期战争的历史紧密相关。由于需要为战争融资，政府发展出庞大的官僚队伍，渗透到社会，汲取社会资源。因此，较强的官僚队伍很大程度上是历史上战争的遗产。当前，发达国家政府雇员占总人口的比重远远高于发展中国家。正是由于发达国家有着庞大的官僚系统，其经济社会职能才能得到有效的履行。发展中国家由于政府雇员不足，很多基本的国家职能都无法履行，经济发展也无从谈起。因此，"在

---

①　蒋廷黻：《中国近代史》，上海古籍出版社 1999 年版，第 2、40 页。

②　［英］罗伯特·艾伦：《全球经济史》，第 113 页。

③　Eric Foner, *Give Me Liberty！An American History*（Vol.1），New York：W. W. Norton & Company，2008，p.523.

发展中国家，政府软弱、无能或者无政府状态，却是严重问题的根源"。[1]只有发展中国家有了较好的国家构建，才能有效为本国的经济发展和社会进步提供必要的帮助，也才有可能摆脱发展困境。非洲的困境的政治根源就在于，发展市场经济的同时，它并没有现代国家做支撑，国家能力不但没有增强，反而遭到了削弱。

最后，支撑现代经济的技术变革往往是战争催生出来的。[2]葡萄牙、西班牙之间的霸权竞争带来了航海技术的改进，推动了地理大发现。荷兰与英国的霸权竞争带来了科学革命的大发展。第一次工业革命始于18世纪60年代。技术革命首先发端于英国，随后法国也开始了技术革命。在第一次技术革命以前，英国与法国经历了激烈的权力竞争。没有对精度的要求，就难以实现第一次技术革命的关键技术——蒸汽机的改良。詹姆斯·瓦特（James Watt）改良蒸汽机的基础就来源于约翰·威尔金森（John Wilkinson）对大炮镗床的改进。而正是威尔金森的天才努力，加工了具有一定精度的汽缸，才使得瓦特"可以保证直径72英寸的汽缸在最差的地方加工误差也不会超过六便士硬币的厚度（即0.05英寸）"。[3]

第二次技术革命的标志性发明是内燃机、电力等技术。而第二次技术革命的出现和当时德国作为挑战国崛起以及作为领导国的英国对德国崛起的回应密不可分。作为第二次技术革命关键技术之一的内燃机，其工作原理就是引导性的爆炸：气体在某一有限空间（如汽缸）内迅速膨胀，推动物体（通常是活塞）向指定方向运动，而内燃机的原始雏形是火枪。[4]

第二次技术革命的一个重要投入品是钢材。而钢铁的兴起离不开当时英国和德国在争夺世界霸权的过程中，对新材料的需要。不仅造船需要新的钢铁材料，制造枪支也同样需要钢铁。在霸权竞争下，英德两国双方加强军备，炼钢业有了巨大进步，而军队是钢材最早的用户。最开始，钢材

---

① ［美］弗朗西斯·福山著，黄胜强等译：《国家构建：21世纪的国家治理与世界秩序》，中国社会科学出版社2007年版，序。

② 黄琪轩：《大国权力转移与技术变迁》，上海交通大学出版社2013年版。

③ ［英］大卫·兰德斯：《解除束缚的普罗米修斯》，第103页。

④ ［英］大卫·兰德斯：《解除束缚的普罗米修斯》，第279页。

的价格过于昂贵，甚至军方都感到难以承受。但是，军事竞争的压力迫使他们寻求技术上的改进。例如，大型钢铁厂曼德维尔和伯利恒的主顾就是海军而非普通民众，它们为海军制造装甲钢板。[①] 而当军队率先使用钢材，并逐步打开市场以后，其他民用部门才开始接受这一新材料。

苏联和美国基于国家安全考虑，在技术政策上做出了相应调整，推动了二战后重大的技术变迁。半导体、晶体管、互联网、载人航天等重大技术的突破就是美苏权力竞争下，在战争威胁下，因政府积极推动而出现的。而从表6-1我们可以看到，美国第一代计算机的发展，得到美国军方的全力支持，其中海军的作用最明显，美国空军也发挥了积极作用。（当时最重要的项目多半来自海军和空军的资助。）计算机成本巨大，如1951年麻省理工的旋风计算机（whirlwind），每台造价高达400万—500万美元。如果没有美国海军和空军的联合资助，这样耗资不菲的大型项目是难以筹集到足够资金的。而早在1944年，麻省理工学院就启动了旋风计算机项目，旨在为美国海军提供通用的飞机模拟器。

我们从表6-2可知，1962年，晶体管的平均价格为50美元。当时，国防采购了所有生产出来的晶体管，国防订单占据了100%的市场份额。后来，随着晶体管的改进，价格开始下降，民用需求也逐渐发育壮大。即使如此，国防需求对晶体管的研发仍起着相当重要的作用。20世纪60年代中后期，国防需求仍然占据了晶体管需求一半以上的份额。同时，也正是由于大量的国防需求，使得半导体和晶体管有了进一步改进的机会。

在战争威胁下，政府作为高新技术的资助者和采购者，对技术的成本并不是那么敏感；相反，政府却对产品的性能相当敏感，这有利于提高产品的精度。同时，政府的资助与采购也比较集中，这有利于技术瓶颈的突破。

---

① ［英］克里斯·弗里曼、弗朗西斯科·卢桑著，沈宏亮译：《光阴似箭：从工业革命到信息革命》，中国人民大学出版社2007年版，第241页。

表 6-1　美国第一代计算机及研发资金来源

项目名称	预计每台成本（千美元）	资金来源	开始时间
ENIAC	750	陆军	1945
哈佛马克二代	840	海军	1947
Eckert–Mauchly BINAC	278	空军	1949
哈佛马克三代	1160	海军	1949
NBS 过渡性计算机（SEAC）	188	空军	1950
ERA 1101(Atlas 一代)	500	海军以及 NSA	1950
Eckert–Mauchly UNIVAC	400—500	陆军通过统计局；空军	1951
MIT 旋风计算机	4000—5000	海军，空军	1951
普林斯顿 IAS 计算机	650	陆军，海军；RCA；AEC	1951
加州大学 CALDIC	95	海军	1951
哈佛马克四代计算机	—	空军	1951
EDVAC	467	陆军	1952
雷神飓风（RAYDAC）	460	海军	1952
ORDVAC	600	陆军	1952
NBS /UCLA 和风计算机(SWAC)	400	海军、空军	1952
ERA 后勤计算机	350—650	海军	1953
ERA 1102	1400	空军	1953
ERA 1103	895	海军以及 NSA	1953
IBM 海军条例研究计算机	2500	海军	1955

资料来源：Kenneth Flamm，*Creating the Computer：Government*，*Industry and High Technology*. Washington D. C.：Brookings Institution Press，1988，p.76。

战争缔造了现代国家，而现代国家又是现代经济的政治支撑。被西方国家殖民时期，非洲缺乏持续的战争威胁与洗礼。非洲国家赢得独立后，世界政治也变得更加"文明化"，非洲国家已没有生存威胁。因此，它们也很难像欧洲那样建立现代国家。目前，仍有不少非洲国家正长期饱受内战的创痛，为何美国的内战能促进其国家构建而非洲的内战则不能呢？

表 6-2　晶体管的政府采购

年份	平均价格（美元）	国防生产占总产出的份额（%）
1962	50.0	100.0
1963	31.6	94.0
1964	18.5	85.0
1965	8.33	72.0
1966	5.05	53.0

资料来源：David Mowery and Nathan Rosenberg，*Paths of Innovation：Technological Change in 20th-Century America*. New York：Cambridge University Press，1998，p.133。

四　为何 18 世纪的英国能成功开拓海外市场？

　　18 世纪后半期，面对欧洲强敌的竞争，寻找欧洲以外的市场对英国而言变得越来越重要。有一个故事反映出当时英国对海外市场的迫切需求：一位海军指挥官，在战时违反军纪、擅自决策，他指挥舰队横跨大西洋，从西班牙手中为英国抢到一块贸易区。皇家海军对此非常恼怒，海军军事法庭要对这位军官进行审判。这位军官招来英国的商团为自己辩护，竟成功地挽救了自己。[①] 这个故事也反映出英国拓展海外市场的政治前提——强大的海军。

　　汉密尔顿知道，英国能成为世界政治经济霸主，不仅是它能充分利用本国的天然资源，还在于通过海外贸易和占领殖民地，使得国外的天然资源也为其所用。[②] 因此，汉密尔顿呼吁美国政府建立强大的海军，"只要联邦在一个有效率的政府下面继续存在下去，不要很久，我们就有能力建立一支海军，这支海军即使不能同海上强国的海军竞争，至少在放到敌对双方

----

① ［英］大卫·兰德斯：《解除束缚的普罗米修斯》，第 240 页。
② ［德］弗里德里希·李斯特：《政治经济学的国民体系》，第 121 页。

中任何一方的天平上时也有相当的分量"。[1]

汉密尔顿指出，强大的海军不仅可以用于作战，还可以用于扩展海外商业利益，"可以很容易地看出非常有利的形势能使我们在争取商业特权的谈判中居于优势"。[2] 如果没有权力做保障，汉密尔顿说：我们的商业将处于式微状况，会成为互相作战国家粗暴干涉的牺牲品。一遇机会，这些外部强国就会毫无顾忌地或毫无怜悯地掠夺美国人的财产以供应他们的需要。中立的权利不是自然的，只有当一个国家有足够的力量保卫自己时，中立才会受到尊重。一个衰弱而卑下的国家，连中立的权利都会丧失殆尽。[3]

李斯特指出：国家的经济是基于权力的经济。国际政治体系是限制和决定市场运行的最主要条件。由于各个国家都试图对市场施加影响，以便让市场为自身的国家利益服务，因此权力在市场关系的建立与维持过程中，就显得格外重要。[4] 在李斯特看来，威尼斯衰亡原因与意大利的所有其他共和国走向衰落的原因如出一辙，不外是国家统一观念的缺失、国外强邻的优势、国内教会的统治，以及在欧洲更加强大而统一的国家的勃然兴起。[5] 在很多时候，"力量比财富更加重要，因为力量的反面——软弱无能——足以使我们丧失所有的一切，不但使我们既得的财富难以保持，就是我们的生产力量，我们的文化，我们的自由，还不仅是这些，甚至我们国家的独立自主，都会落到在力量上胜过我们的那些国家的手里"。[6]

从重商主义开始，以国家为中心的政治经济学就强调通过经济政策达到政治目的。通过对外贸易，积攒大量货币，积少成多，"以至能够维持一场长期的防御战，可以使战争结束或转移目标"。[7] 由于英国要求英国商船包揽航运业务，"英国商船事业由此获得了发展后，它的海军力量也有了相应

---

① ［美］汉密尔顿、杰伊、麦迪逊：《联邦党人文集》，第 54 页。
② ［美］汉密尔顿、杰伊、麦迪逊：《联邦党人文集》，第 54 页。
③ ［美］汉密尔顿、杰伊、麦迪逊：《联邦党人文集》，第 54 页。
④ ［德］弗里德里希·李斯特：《政治经济学的国民体系》，第 45 页。
⑤ ［德］弗里德里希·李斯特：《政治经济学的国民体系》，第 14—15 页。
⑥ ［德］弗里德里希·李斯特：《政治经济学的国民体系》，第 47 页。
⑦ ［英］托马斯·孟：《英国得自对外贸易的财富》，第 69 页。

的增长，从而使它有力量与荷兰舰队相对抗"。[1]1651 年和 1660 年英国航海法就是这种政策很好的例子。这项法律规定进口到大不列颠及其殖民地的商品，必须用英国及其殖民地的船只来运输，或者用原产国的船只运输。殖民地的某些商品只能销售到英国，其他商品在卖到外国之前也要先运到英国。殖民地的制造业受到严格控制。通过航海法，英国的海军获得了发展，让世界的分配朝着有利于英国的方向改变。

在托马斯·孟的时代，荷兰与英国的竞争在多个方面展开，其中包括海上捕鱼的竞争。荷兰的胡果·格劳秀斯（Hugo Grotius）撰文指出公海上有捕鱼的自由，而孟指出，政治权力决定了经济权利。"能否享有这种权利，只能靠刀剑决定，而不是靠谈判决定的。"[2]不仅海军等国家权力可以服务于国家利益，经济权力同样可以。

阿尔伯特·赫希曼（Albert Hirschman）在其著作《对外贸易的结构与国家权力》一书中，指出一个国家的贸易政策可以服务于国家权力。尤其当从事国际贸易的双方是不对等的时候，大国就可以将贸易政策作为国家的对外政策工具。大国可以牺牲暂时的经济利益，让小国日益依赖自己，扩大自身的影响力。当一个小国严重依赖于对一个大国贸易的时候，大国就获得了非常显著的经济权力。因为一旦大国中断对小国的贸易，小国将面临很高的退出成本。小国需要寻找替代的市场与资源，可能因此陷入贫困。[3]

夏威夷王国原本是由若干独立的小岛组成的。19 世纪上半期，种植了大量甘蔗的夏威夷王国希望和美国签署贸易互惠条约，为夏威夷的蔗糖寻找销路。美国国会曾一度拒绝和夏威夷王国签署这样的条约，而夏威夷王国寻找替代市场的努力也并未成功，因为其他大国难以在短时间内取代美国的市场地位。1873 年，夏威夷出口到美国的蔗糖为 1480 万磅，而出口到澳大利亚、新西兰的蔗糖只有 700 万磅，出口到英属哥伦比亚的仅为

---

① ［德］弗里德里希·李斯特：《政治经济学的国民体系》，第 41 页。

② ［英］托马斯·孟：《英国得自对外贸易的财富》，第 76 页。

③　Albert Hirschman, *National Power and the Structure of Foreign Trade*, Berkeley and Los Angles：University of California Press，1969，pp. v–xix，3–40，53–70.

120 万磅。[1]

　　由于担心英国、德国等其他大国染指夏威夷，1875 年，美国政府开始允许夏威夷生产的蔗糖免税出口到美国，附带条件是夏威夷王国要避免其他大国势力的渗透。需要注意的是，尽管夏威夷王国对美国的诉求是经济上的，但美国对夏威夷的政策目标却是政治导向的，因为夏威夷王国特殊的地理位置将夏威夷和美国的整个亚太利益联系在一起。如果此时夏威夷被英国或者德国所控制，美国在亚太地区的利益就会受到威胁。签署互惠条约正是美国用庞大的国内市场绑定夏威夷，用经济杠杆以实现其政治目的的手段。在和美国签署贸易互惠条约之后，夏威夷王国的蔗糖生产迅速扩张，速度惊人。此时，夏威夷生产的 92% 的蔗糖都出口到美国，而出口到英国的仅占 3.75%。[2] 同时，蔗糖生产商在夏威夷国内成为最为重要的经济利益集团，势力不断增长。夏威夷国内的偏好结构已经被美国所重塑。

　　随后，事情向更加有利于美国的方向发展。1890 年，美国国会通过了《麦金利关税法》，该法案规定所有进入美国的蔗糖都不用支付关税，并且美国国内生产的蔗糖会得到每磅两美分的补贴，这让夏威夷的蔗糖产业面临危机。美国广阔市场的诱惑使得蔗糖产业的种植园主进一步倒向美国。1893 年，夏威夷的种植园主联合起来推翻了土著女王，夏威夷王国灭亡。1898 年，夏威夷正式并入美国，成为美国的第 50 个州。从这个案例中，我们知道，政治经济中的国家权力不仅包括政治层面，还包括经济层面。要实现国家利益不仅可以靠武力，还可以灵活运用对外经济政策工具。美国凭借自己的经济实力，将贸易作为对外政策的工具，实现了自身的国家利益。[3]

　　吉尔平认为：二战结束后，美国的跨国公司之所以能在世界事务中发挥如此巨大的作用，关键是它们的做法符合霸权国美国的国家利益。跨国

---

[1]　Ravi Abdelal and Jonathan Kirshner, "Strategy, Economic Relations, and the Definition of National Interests," *Security Studies*, Vol.9, No.1, 1999, p.127.

[2]　Ravi Abdelal and Jonathan Kirshner, "Strategy, Economic Relations, and the Definition of National Interests," Security Studies, Vol.9, No.1, 1999, p.129.

[3]　黄琪轩、李晨阳：《美国海外市场开拓对中国 "一带一路" 战略的启示》，《探索与争鸣》2016 年第 5 期。

公司的地理扩张与美国政治势力的增长是同步进行的。跨国公司之所以兴盛，是因为它依赖于美国的权力，且与美国的政治利益相吻合。[①]

国际贸易尽管是企业或者个人层面的活动，但是国家的安全因素却能促进抑或阻碍企业层次和个人层次的决定。二战后，美国利用对外贸易这项治国方略，先是对苏联展开经济战（economic warfare）；当美苏关系缓和以后，对外贸易又充当缓和政策（détente）的工具。[②]当美苏之间政治关系良好，双方紧张程度降低的时候，美国政府就允许更多的美苏双边贸易；而当美苏双方关系恶化，双方紧张程度上升的时候，美国政府则开始为双边贸易设置障碍，使得双方贸易难以为继。[③]

现实主义政治经济学中的"霸权稳定论"强调，开放的国际经济是公共品，而这个公共品的提供需要一个政治前提，即霸权国家的存在。正是霸权国家的存在，克服了国家间合作难以逾越的障碍。其中一项重要障碍就是国家间合作需要克服强制执行的问题（enforcement）。合作的参与者需要能够界定哪些参与者违规了；当它们找出违规者以后，这些国家要有能力报复背叛者、惩罚违规者。同时这些国家还要有足够的意愿去惩罚违规者，而不是放任自流。[④]如果国家间的权力分布势均力敌，它们彼此没有足够的能力去监督执行国家间的合作协议。而且，势均力敌的国家难以克服搭便车的难题，它们也没有足够的意愿去强制执行合作协议。在这种条件下，国际经济合作则难以实现，国际安全合作则更难实现。[⑤]霸权国家的出现提供了一条出路，其显著的权力优势会发挥作用。霸权国享有独特

① ［美］罗伯特·吉尔平：《跨国公司与美国霸权》，第2—3、33页。

② Bruce Parrott, *Trade, Technology, and Soviet-American Relations*, Loomington: Indiana University Press, 1985, p.274.

③ Jonathan Chanis, "United States Trade Policy toward the Soviet Union: A More Commercial Orientation," *Proceedings of the Academy of Political Science*, Vol. 37, No. 4, 1990, p. 111.

④ Robert Axelrod, Robert Keohane, "Achieving Cooperation under Anarchy: Strategies and Institutions," *World Politics*, Vol. 38, No. 1, 1985, pp. 226–254.

⑤ Charles Lipson, "International Cooperation in Economic and Security Affairs," *World Politics*, Vol. 37, No. 1, 1984, pp.1–23.

的权力优势，它手中既有"胡萝卜"，又有"大棒"，[1] 它既能对遵守规范者进行奖励，又能对违规者进行惩戒。"在霸权体系下容易有开放的世界经济，因为单一的领导国家的存在，它对自由贸易的偏好使得其他成员国也认识到与其角逐政治权力不会有什么好的结局。因此它们就会屈从于霸权的诱导。"[2]

现实主义的政治经济学是以权力为基础的政治经济学。独立和权力的概念，就缘自"国家"这一概念。[3]一个经济体系不可能离开权力自行运转。每个经济体系都是建立在特定的政治秩序基础上的。[4]在严峻的安全环境下，每个国家，尤其是大国都需要增强自身的国家权力，增强国家权力的办法有很多：增强国家的经济实力；增强国家掌控关键经济部门的能力；增强国家与盟友之间的经济联系；增强国家的经济自主性；建设自身的重点工业；提升自身在全球价值链中的位置等。

五　美国政府为何要禁止商人出口技术？

随着中国的迅速崛起，美国加强了对华技术出口控制。即便是美国的商业集团愿意出口高新技术给中国，美国政府仍从国家安全考虑对技术出口给予诸多限制和控制。早在 2001 年上半年，美国半导体制造公司（SMIC）准备在上海投资 15 亿美元建立一座芯片工厂。然而，小布什政府的上台后，半导体制造公司从美国应用材料公司所申请的两项电子光束系

---

① Beth Yarbrough and Robert Yarbrough, "Cooperation in the Liberalization of International Trade: After Hegemony, What ?" *International Organization*, Vol. 41, No. 1, 1987, pp. 1–26.

② Joanne Gowa and Edward Mansfield, "Power Politics and International Trade," *American Political Science Review*, Vol. 87, No. 2, 1993, p.408.

③ ［德］弗里德里希·李斯特：《政治经济学的国民体系》，第 158 页。

④ ［英］罗伯特·吉尔平：《跨国公司与美国霸权》，第 32 页。

统技术遭到了美国政府的阻挠。美国国防部、商务部以及国务院组成的专门委员会实施的种种阻挠使得半导体制造公司最后不得不放弃了这两项技术的出口申请。美国不少大公司纷纷抱怨：自小布什政府上台以来，商界想要获得技术出口证书要费尽周折。一些美国技术出口公司抱怨美国政府的技术出口限制措施严厉，审批时间也比以前要长得多。美国商界认为美国政府对技术出口的控制使得他们失去了许多商机，损害他们在中国市场的销售份额和影响力。

2006 年 7 月，美国政府公布了《对中华人民共和国出口和再出口管制政策的修改和澄清及新的授权合格最终用户制度》草案，进一步扩大了对华出口管制范围，新草案新增 47 项出口限制项目，对技术出口的审批程序大大复杂化。根据中国商务部的统计数据，在高科技账户方面，2004 年，美国从中国进口达到 460 亿美元；而出口到中国的高科技产品仅为 90 亿美元，不足进口的 1/5。在高科技产品上的逆差几乎占其整个对华贸易逆差的 1/3。[1]

冷战期间，美国对苏联实施了更为严格的出口控制。1958 年 6 月，苏共领导人赫鲁晓夫就美苏贸易问题致信美国总统德怀特·艾森豪威尔，赫鲁晓夫在信中列出了一些苏联希望从美国购买的商品，这些商品具有非军事的用途。赫鲁晓夫也列出了一些苏联希望卖给美国的产品。赫鲁晓夫的提议遭到了艾森豪威尔总统的婉拒。艾森豪威尔指出美国的贸易是私人和公司的事情，而不是由美国政府操办的。[2]事实上，美国政府密切管控对苏贸易。美国召集其盟友成立了巴黎统筹委员会（Coordinating Committee for Export to Communist Countries，简称 CoCom），该委员会对苏联等东欧国家实施战略物资禁运。被禁运的物资有一系列清单，主要包括对苏联军事设备的出口禁运。1962 年，美国商务部对具有战略意义的商品提出了一份"积极清单"（positive list）。这份清单涵盖了很多能够增加苏联经

---

① 上述材料参见黄琪轩《大国权力转移与技术变迁》，第 178—179 页。

② Harold Berman, "The Legal Framework of Trade between Planned and Market Economies: The Soviet-American Example," *Law and Contemporary Problems*, Vol. 24, No. 3, 1959, pp. 525–526.

济潜力的商品。① 统筹委员会试图通过禁运来削减苏联在国际分工中可能获得的利益，进而损害苏联经济，削弱苏联在权力增长上的优势。

以斯密为代表的自由主义政治经济学看到了私人利益和国家利益的和谐。而不少现实主义政治经济学则看到了冲突。美国的通用汽车曾有个流行的说法：对通用汽车有好处的东西对美国也有好处。持重商主义理念的一群人则不同，他们知道个人从自己的利益出发可能和国家的利益发生冲突。② 尽管托马斯·孟自己是东印度公司的董事，但他认为自己的立场超越了商人的利益，会考虑国家利益。孟列举了商人需要具备的一些优秀品质，他指出："一个商人的优秀品质：还能为祖国的利益着想。"③ 而且，商人的利益并不会总是和国家利益相一致。在斯密看来，个人利益的加总就是国家利益，二者是和谐的。但孟却看到了对外贸易中有三种利益：国家的利益、商人的利益与国王的利益。孟认为：国家的利益可以在商人丧失利益的时候获得；商人在公平正当得利的时候，国家也可能成为损失者。④ 在竞争的国际体系下，汉密尔顿则担心：欧洲的强国"需要鼓励我们分裂并且尽可能阻止我们独立地从事积极的贸易的政策。这样就能符合以下三项目的：阻止我们干扰他们的航海事业，独占我们的贸易利益，剪掉我们的翅膀，使我们无法飞到危险的高度"。⑤ 对于是否需要国家制定政策保护德国东部边界的农民，韦伯的回答是肯定的，因为这符合德国的国家利益："在德国经济政策的一切问题上，包括国家是否以及在多大程度上应当干预经济生活，要否以及何时开放国家的经济自由化并在经济发展过程中拆除关税保护，最终的决定性因素要看它们是否有利于我们全民族的经济和政治的权力利益，以及是否有利于我们民族的担纲者——德国民族国家。"⑥ 李斯特

---

① Josef Brada and Larry Wipf, "The Impact of U. S. Trade Controls on Exports to the Soviet Bloc," *Southern Economic Journal*, Vol. 41, No. 1, 1974, p.47.

② ［美］亨利·威廉·斯皮格尔：《经济思想的成长》（上），第 84 页。

③ ［英］托马斯·孟：《英国得自对外贸易的财富》，第 3 页。

④ ［英］托马斯·孟：《英国得自对外贸易的财富》，第 25 页。

⑤ ［美］汉密尔顿、杰伊、麦迪逊：《联邦党人文集》，第 52 页。

⑥ ［德］马克斯·韦伯：《民族国家与经济政策》，第 93 页。

认为：流行的政治经济学完全否认了国家和国家利益的存在。[①] 这很大程度上基于他们分析单位的不同。李斯特批评斯密眼里的商人是世界公民，而不是国家公民，可以到处经营商业："只需有一点不如意，他就可以把他的资本连同他所进行的事业全部，从这一国移到那一国。"[②] 以国家为中心的政治经济学强调无政府状态是政治经济的运行环境，国家是最重要的行为体，它们的目标是追逐国家利益（national interest）。

18 世纪时，荷兰金融界对英国的国债特别感兴趣。[③] 显然，荷兰的资金流向英国背后既非"封建商业"心态作祟，也非爱国心缺乏，而是荷兰商人对更高收益的追求。七年战争（1756—1763）之后，英国获得了加拿大等新的殖民地，荷兰对英国的投资扩大到了英国东印度公司、英格兰银行、南海公司。荷兰商人还大量购入英国的政府债券。据估计，到 1758 年，荷兰投资者拥有多达 1/3 的英格兰银行、英国东印度公司和南海公司的股票。到 1762 年，荷兰人拥有近 1/4 的英国债务，伦敦的荷兰侨民的数量和富人人数均属空前，似乎英国市场已经被荷兰资本所征服。[④] 荷兰商人注入大量资金，推动了伦敦的繁荣，使得伦敦在竞争中稳操胜券。[⑤]

然而，在 1780 年到 1784 年的第四次英荷战争中，英国却将荷兰打败。战败后荷兰的颓势日益显著，阿姆斯特丹国际金融中心的地位被英国伦敦取代。17 世纪初期，荷兰阿姆斯特丹的股票市场就像一台大功率的抽水泵，把全欧洲的剩余资本吸到了荷兰的事业中去；一个世纪以后，它还是一台功率巨大的抽水泵，把荷兰的剩余资本抽到了英国的事业中去。这就是经济逻辑与政治逻辑的矛盾。荷兰商人按经济逻辑投资，现实主义政治经济学却认为荷兰商人此举扶植了荷兰未来的对手，损害了国家利益。正如李斯特所说的："有些在私人经济中也许是愚蠢的事，但在国家经济中却变成

---

① ［德］弗里德里希·李斯特：《政治经济学的国民体系》，第 144 页。
② ［德］弗里德里希·李斯特：《政治经济学的国民体系》，第 28 页。
③ ［美］伊曼纽尔·沃勒斯坦著，尤来寅等译：《现代世界体系（第二卷）：重商主义与欧洲世界经济体的巩固（1650—1750）》，高等教育出版社 1998 年版，第 360 页。
④ ［法］费尔南·布罗代尔：《15 至 18 世纪的物质文明、经济和资本主义》第三卷，第 291 页。
⑤ ［法］费尔南·布罗代尔：《15 至 18 世纪的物质文明、经济和资本主义》第三卷，第 272 页。

了聪明的事，反过来也是这样。"①荷兰投资者在做抉择的时候，他们考虑的是更高的回报。但是，对其国家利益而言，却是做了愚蠢的事情，因为他们资助了自己国家的竞争对手。

斯密在《国富论》中提到了托马斯·孟的作品。他认为《英国得自对外贸易的财富》，不仅是英格兰而且会成为所有其他商业国政治经济学的根本信条。②尽管从学理上看，重商主义，既没有一致的原则，又缺乏共同的分析工具，③但是，在实践中，该书的出版获得了英国国务秘书的许可，成为英国反对荷兰政策的思想武器。

重商主义看到了个人利益与国家利益的不吻合之处。重商主义者关心财富，认为财富是国家权力的基础。为了国家利益，孟认为需要实施进出口限制，"在一个国家里边，凡是战争所需的食料与军火，都是非常宝贵的，以致似乎必须完全限制它们的出口"。④从国家利益考虑，不是所有买卖都可以由私人来决定。李斯特也说：火药、子弹、军械的买卖在承平时是允许的，但是谁要是在战时向敌人供应这类物资，就要当作卖国贼来处分了。⑤现在，高新技术日益卷入战争，它的跨国流动开始受到管制。事实上，出于对国家利益的考虑，贸易是常常被高度政治化的议题。自由贸易会增加本国的收益，同时也可能增加敌对国家或者潜在敌对国家的收益。敌对国家或潜在敌对国家能从贸易中获得经济利益，而它们将经济利益转化为军事实力的可能性会带来安全外部性。因此，安全外部性使得自由贸易更容易在军事联盟内部进行，往往由一个军事力量较强的大国主导，促成联盟内的自由贸易。⑥

目前，不少学者批评重商主义过于重视积累金银。但从其理论产生的背景看，在那一时期的大国竞争中，积累金银是符合国家利益的。金银不

---

① ［德］弗里德里希·李斯特：《政治经济学的国民体系》，第 145 页。
② ［英］亚当·斯密：《国富论》（下），第 481 页。
③ ［英］马克·布劳格：《经济理论的回顾》，第 1 页。
④ ［英］托马斯·孟：《英国得自对外贸易的财富》，第 35 页。
⑤ ［德］弗里德里希·李斯特：《政治经济学的国民体系》，第 146 页。
⑥ Joanne Gowa, "Bipolarity, Multipolarity, and Free Trade," *American Political Science Review*, Vol. 83, No. 4, 1989.

仅在国际支付中发挥着重要作用，还可以作为国家重要的经济资源，以便在战争期间招募士兵、发放军饷、建造船舰、收买盟友、贿赂敌人。即便到了 20 世纪初，这样的逻辑还在运行。在一战爆发前的 15 年里，欧洲各国纷纷加强了对黄金的争夺。各国政府将黄金用于购置海外物资，为战争储备资源。在当时，各国政府通过法律禁止黄金出口。[1] 政治的逻辑压倒了经济的逻辑。一战前夕，悲观的预期使得德意志银行决定加强黄金储备并在世界大战爆发前的最后两年从伦敦大量购入黄金。当时，黄金成了名副其实的战俘。黄金一旦进入了各国中央银行的金库，就会被中央银行不惜一切代价保留下来。[2]

此外，以国家为中心的政治经济学之所以不认可自由主义者秉持的"比较优势"，是因为他们不信奉"绝对收益"（absolute gain）。孟、李斯特等人往往认为各国追逐国家利益的结果是零和博弈。自由主义政治经济学强调全世界生产资源的最优配置，希望这一问题与政治权力无涉。孟则依据实际的和潜在的、经济的和政治的国家利益来展开论述。在他看来，一个国家获益也就暗含着其他国家遭受了相应的损失。[3] 以孟为代表的重商主义者往往提倡通过鼓励生产、增加出口，以及抑制国内消费来增加国家财富。在他们眼中，一个国家的财富是依靠很多国家的贫困来支撑的。在众多重商主义者眼中，黄金跟领土一样，一个国家所得到的就是另一个国家所失去的。荷兰获得的多，英国的份额就少了。因此，孟、李斯特及其同道对"相对收益"（relative gain）更为关注，认为获得"相对收益"才符合国家利益。英国的重商主义者罗杰·库克（Roger Coke）说：只要我们的财富比邻国多，即便我们只保有当下财富的五分之一，我也不在

---

① Barry Eichengreen, *Globalizing Capital: A History of the International Monetary System*, Princeton: Princeton University Press, 1996, p.46.

② Marcello De Cecco, *From Monopoly to Oligopoly: Lessons from the Pre-1914 Experience*, in Eric Helleiner and Jonathan Kirshner, eds., *The Future of the Dollar*, Ithaca: Cornell University Press, 2009, pp.116–141.

③ ［美］亨利·威廉·斯皮格尔：《经济思想的成长》（上），第 102 页。

乎。[①]1990 年的一项调查显示，有 86% 的美国民众情愿看到美国和日本的经济增长速度都放慢，而不愿意看到两国经济都增长，日本却增长更快。这时候，美国民众为了拖垮日本经济，宁愿美国经济遭受损失。[②]

相对收益常常影响各国的政治经济决策。约瑟夫·格里克（Joseph Grieco）等人发现：国家担心别国获得更多的收益，因为现在收益的差距会削弱本国将来的独立以及自主（independence and autonomy）。[③]邓肯·斯纳德（Duncan Snidal）也发现，"在 20 世纪 50 年代和 60 年代，欧洲、加拿大以及第三世界在埋怨美国在国际投资与贸易中占据的主导地位；而到了 70 年代和 80 年代，就轮到美国开始担心海外势力，尤其是日本所获得的相对收益了"。二战结束时，"在国际贸易领域，美国还对欧洲和不发达国家实施特殊优惠条款。但到后来，美国开始按照其自身利益修改这些规则"。[④]迈克尔·马斯坦杜诺（Michael Mastanduno）的研究也发现：由于日本的崛起，美国开始关注美日技术合作中收益的不均等性，美国对日本的技术政策开始调整，涉及飞机、卫星等领域。[⑤]当时美国不少研究警告说，美国需要重新考虑对日本的高科技政策，因为不仅仅美国和苏联的冲突关系到国家安全，日本的技术领先同样威胁到国家安全。不少学者告诫美国政府，对日政策需要考虑相对收益，需要当心以后日本取代美国的霸权。为什么要追逐"相对收益"？因为在无政府状态下，国家的首要利益是国家生存，要确保国家生存，其相对的财富与军事优势就显得尤其关键。

---

① Jonathan Kirshner, "Realist Political Economy: Traditional Themes and Contemporary Challenges," in Mark Blyth, ed., *Routledge Handbook of International Political Economy*, London and New York: Routledge, 2009, p.39.

② Urban Lehner and Alan Murray, "Will the U.S. Find the Resolve to Meet the Japanese Challenge?" *Wall Street Journal*, July 2, 1990, p. Al.

③ Joseph Grieco, Robert Powell and Duncan Snidal, "The Relative-Gains Problem for International Cooperation," *American Political Science Review*, Vol. 87, No. 3, 1993, pp.727-743.

④ Duncan Snidal, "Relative Gains and the Pattern of International Cooperation," *American Political Science Review*, Vol.85, No.3, 1991, p.720.

⑤ Michael Mastanduno, "Do Relative Gains Matter? America's Response to Japanese Industrial Policy," *International Security*, Vol.16, No.1, 1991, pp.73-113.

只关心个人利益，而罔顾国家利益；只看重绝对收益，而忽视相对收益，这是以国家为中心的政治经济学对以个人为中心的政治经济学的最大批评。李斯特宣称："只有个人利益服从国家利益，只有世世代代地向同一个目标努力，国家生产力才能获得均衡发展，如果没有当代和后代各个个人对于一个共同目标的努力，私人工业就很少发展机会。"[①] 因此，国家需要追求"国家利益"，在与他国的竞争中，国家利益更多地表现为"相对收益"。

不过，需要注意的是，当代世界大国的利益半径在扩大，使得大国利益与竞争对手甚至边远小国的利益开始关联。随着技术的进步，大国影响世界政治的手段更加便捷，大国的权力投射（power projection）在空间上得到极大的扩展。沃尔兹用微观经济学中的完全竞争来比附国际体系。按他对国际体系的理解，正如完全竞争条件下众多公司作为价格的接受者（price taker）而不是价格的制定者（price maker）一样，大国在国际体系中受到一个超出自身控制的国际结构的影响。但是，现代国际结构并不同于微观经济学中的完全竞争结构，而类似于寡头竞争结构，各个寡头都可以是价格制定者，而不仅仅是价格接受者。[②] 连沃尔兹也坦言："国家，尤其是大国，就像大公司一样，它们既受到环境的限制，又能够通过行动来影响环境。大国不得不对其他行为体的行动作出反应，而后者的行动也会因为前者的反应而随之改变。因此，这就像个寡头市场。"[③] 换句话说，大国能成为国际结构的改写者，它们的选择可以重塑世界政治；反过来，世界政治中的大国也会受到自身行为的影响。由于大国的权力投射更广，以往和自身国家利益无关的安排，包括竞争对手的利益甚至地缘上相距遥远的国家的利益，现在都可能影响到国际安全和国际政治经济格局，进而影响到自身的安全。

一战结束后，参战各国面临的经济压力接踵而至。当时，协约国之间

---

① ［德］弗里德里希·李斯特：《政治经济学的国民体系》，第 143 页。

② Jonathan Kirshner, *Appeasing Bankers: Financial Caution on the Road to War*, Princeton: Princeton University Press, 2007, p.19.

③ Kenneth Waltz, *Theory of International Politics*, p.134.

的债务已达 230 亿美元，[①] 美国成为最大债主。英法希望美国免除它们欠下的战争债务，这样，它们就不需要向德国索要大额赔款。1922 年 8 月，英国政府发布了贝福尔照会（*Balfour Note*）。英国政府表示，如果能解决英国所欠债务，英国愿意放弃应得的战争赔款。[②] 但是，美国却始终拒绝减免英法的战争债务，这在很大程度上就是出于"相对收益"的考虑。减免债务后，英美的相对实力会发生变化。如果算上战争债务，美国的债权总额为 125 亿美元，英国为 170 亿美元；但是一旦所有的债务被取消，美国的债权将下降为 30 亿美元，而英国仍然有 140 亿美元。[③]

历史学家威廉·麦克尼尔（William McNeil）曾夸张地形容道："德国欠下的所有战争债务，只需要美国人掏出五美分就能偿还了。"[④] 但是，美国政府却始终不愿意掏出这"五美分"。美国坚持索要英法的战争债务，英法只好将经济压力转嫁德国，坚持向德国索要高额战争赔款。德国的经济被战争债务压垮了。20 世纪 20 年代早期，德国为偿还赔款，发行了大量的马克，导致严重的通货膨胀。到 20 年代晚期，杨格计划规定德国需要支付长期的赔款，直至 1987 年才能付清。德意志帝国银行总裁耶尔马·沙赫特（Hjalmar Schachter）曾警告说，杨格计划的要求超过了德国的支付能力。但是，这种预言并没有被认真地对待。[⑤] 德国被赔款以及美国经济所牵连。失业率也从 1929 年底迅速上升，失业人口从 1929 年 9 月的 130 万人上升到 1930 年 9 月的 300 万人；到 1933 年初，失业人口超过了 600 万。

---

① Robert Self, *Britain, America and the War Debt Controversy: The Economic Diplomacy of an Unspecial Relationship, 1917-45*, London and New York: Routledge, 2006, p.15.

② Alan Dobson, *Anglo-American Relations in the Twentieth Century: Of friendship, Conflict and the Rise and Decline of Superpowers*, p.53.

③ Denise Artaud, "Reparations and War debts: The Restoration of French Financial Power, 1919–1929," in Robert Boyce, ed., *French Foreign and Defence Policy, 1918-1940: The Decline and Fall of a Great Power*, p.91.

④ William McNeil, "Weimar Germany and Systemic Transformation in International Economic Relations," in Jack Snyder and Robert Jervis, eds., *Coping with Complexity in the International System*, Boulder: Westview Press, 1993, p. 193.

⑤ ［英］E. H. 卡尔著，徐蓝译：《两次世界大战之间的国际关系》，商务印书馆 2009 年版，第 102 页。

这意味着每三个德国工人就有一个处于失业状态。[①] 此时，希特勒在报纸上写道："我这一生从来没有像这些日子这么舒坦，内心感到如此满意过。因为残酷的现实擦亮了千百万德国人的眼睛。"[②]

20世纪20年代中期，道威斯计划开始实施。该计划旨在让德国在未来的四年内远离赔款问题的困扰。计划减少了德国在此后四年的赔款额，且赔款的偿还实行逐年递增的办法，到第五年，赔款额将达到最高值。因此，魏玛共和国中期，即1924—1929年，被誉为"黄金的二十年代"。1925年，欧洲主要国家签署了《洛迦诺公约》。贝福尔为此写信给张伯伦，庆祝公约的签署："世界大战在1918年11月结束，而和平却在1925年10月才到来。"[③] 在1924年的选举中，右翼的纳粹党遭受重创，选举产生了一个更为温和的国会。在1928年的选举中，温和的社会民主党重新执掌政权。繁荣使得德国人变得温和，并且越来越支持民主政体。这段时期也是纳粹运动时运不济的几年，希特勒的政治生涯到1925年变得停滞不前。在慕尼黑，纳粹党只剩下700名成员。[④] 从1925年到1929年，希特勒已经处于半退休状态。[⑤] 这一时期的物质繁荣和安定舒适的生活是不适于纳粹实现其政治目标的。在1928年5月20日的选举中，纳粹党几乎全军覆没。在3100万张选票中，纳粹党只得到81万张，在国会的491个席位中只占了12席。[⑥] 新闻界以大幅标题宣布"希特勒完了""纳粹党已经终结""鼓手没有敲响战鼓"。[⑦] 一战结束后，经过近十年的时间，魏玛共和国似乎站稳了脚跟。我们由此可以做一项反事实分析（counterfactual analysis），如果德国的繁荣继续下去，那么新生的魏玛政权就可能得以巩固，德国国内的温

[①] Eberhard Kolb, *The Weimar Republic*, New York：Routledge, 2005, p.111.

[②] ［美］威廉·夏伊勒著，董乐山等译：《第三帝国的兴亡》（上卷），世界知识出版社2012年版，第131页。

[③] Alan Sharp, "Anglo-French Relations from Versailles to Locarno, 1919-1925：The Quest for Security," in Alan Sharp and Glyn Stone, eds., *Anglo-French Relations in the Twentieth Century：Rivalry and Cooperation*, London and New York：Routledge, 2000, p.132.

[④] ［美］克劳斯·费舍尔：《纳粹德国：一部新的历史》，第194页。

[⑤] ［美］威廉·夏伊勒：《第三帝国的兴亡》（上卷），第112页。

[⑥] ［美］威廉·夏伊勒：《第三帝国的兴亡》（上卷），第113页。

[⑦] ［美］克劳斯·费舍尔：《纳粹德国：一部新的历史》，第194页。

和政治势力也可能发展壮大。德国纳粹党的崛起以及第二次世界大战并非不可避免。

一战后美国政府对战争债务问题的坚持，置大国之间的关联利益于不顾，反而阻碍了美国国家利益的实现。最终，美国没能如数得到债务，反而被卷入二战。从太平洋到大西洋，从东南亚到北非，从南美到中东，在全球范围内，美国都不得不做出牺牲以取得战争胜利。二战中，美国伤亡人数总计为 100 余万人，其中死亡 40 余万人。为了讨回麦克尼尔所说的"五美分"的战争债务，美国需要吞下自己酿下的苦果。我们可能需要反思，坚持以"相对收益"的视角看待国家利益，是否真能实现国家利益。

六 为何苏联要生产过时的计算机？

美苏冷战期间，安全考虑驱使苏联走出国际技术分工的模式，而专注于全面的技术建设。那时美苏两国均有大量的、训练有素的专业人员，他们分布于科学研究的各个领域。他们打破国际技术的市场分工，研发活动相互重叠，研究方法有所异同，得出的结论可能互补或者截然相反。换句话说，他们很大程度上在从事高水平的重复劳动。按经济逻辑，各国应该从事自己有比较优势的产业，也应该选择自身有比较优势的研发。但是，政治逻辑却驱使苏联做出不同的选择。当时苏联的研究几乎涵盖了科学研究的所有领域。有研究者宣称：在苏联，你很少能找到一个科学领域，是苏联科学家的研究没有涉及的。

最明显的案例就是苏联研发的个人电脑。当时，美国已经研究出了很先进的个人电脑，而这些个人电脑在很多非共产主义国家的零售商店就可以买到。由于美国在计算机技术上拥有绝对的优势，出于经济上的考虑，很多国家研发的计算机系统都力图与美国主导的系统兼容。但是苏联却耗费了大量资源，自主开发苏联的个人电脑。尽管苏联所制造的电脑比当时美国的前沿技术落后了两代，但他们还是乐此不疲。出于安全考虑，苏联选择完全不同的技术路线，他们发明的计算机系统与美国主导的系统有相当大的距离。为何苏联要研制落后的计算机？因为仅凭国际贸易，不可能购买到一个国家发展所必需的一切产品。托马斯·孟提醒执政者，贸易问题的背后是政治，"我们非但应该注意外来的侵略，而且还应该经常做好抗敌的准备。"[1] 为了做好抗敌的准备，苏联只得积极投入个人电脑等一系列技术的研发中。

1962 年，由于古巴导弹危机，原本贸易量就相当有限的美苏贸易还经历了一次大幅度的倒退。1961 年到 1962 年，美国对苏联的出口从 0.43 亿美元下降到了 0.153 亿美元。与此同时，苏联对美国的出口也从 1961 年的 0.22 亿美元下降到 1962 年的 0.16 亿美元。[2] 正如李斯特强调的，国际分工不同于国内分工。国际生产力的协作有着诸多的缺陷，遇到战争、政治上的变动、商业恐慌等变故，国际分工就往往会中断。[3] 一旦国际分工被打断，在国际贸易存在不对等的相互依存的情况下，就会给一些国家带来严重的政治和经济后果。政治上，国际分工会影响一个国家的自主性；经济上，国际分工会让该国的脆弱性加深。苏联的政策也在其他国家被效仿。

1956 年，毛泽东发表了《论十大关系》，他总结了新中国成立以来工业化建设的经验教训。人们从中看到了中国工业化调整的端倪。在重工业和轻工业、农业关系问题上，毛泽东认识到要多发展一些农业、轻工业；在沿海工业和内地工业关系问题上，要充分利用和发展沿海工业；在军事工业与民用工业上，中央把军政费用降到一个适当的比例，增加经济建设费用。但是，后来事态的发展背离了《论十大关系》的预想。尤其是在"三线"建设时期，中国政府更加强调发展重工业，更加强调内地工业基地的发展，更加强调军事工业。为何会这样呢？

---

① ［英］托马斯·孟：《英国得自对外贸易的财富》，第 78 页。

② Michael Gehlen, "The Politics of Soviet Foreign Trade," *The Western Political Quarterly*, Vol.18, No.1, 1965, pp.104–115.

③ ［德］弗里德里希·李斯特：《政治经济学的国民体系》，第 142 页。

　　20世纪60年代，日益严峻的安全环境促使当时的中国领导人对战争危险做了严峻的估计，从准备最坏的可能出发，立足于早打，大打，立足于几个方面来打。备战成为影响党的政治战略和经济战略的重要因素。[①]

　　与"三线"建设直接相关的是"三五计划"的制订。计划制订前，党中央原本的设想是以农、轻、重为序安排国民经济发展。1963年8月，邓小平在工业决定起草委员会会议上提出："我考虑，在一定时期内，我们工作的重点，必须按照以农业为基础的方针，适当解决吃、穿、用的问题。""第一要抓吃、穿、用的问题。"[②]这个意见成为正在酝酿的"三五计划"的指导思想。但是，随着外部局势日益严峻，加强国防被放到了越来越突出的位置，"三五计划"的指导思想也随之改变。1964年，毛泽东对李富春等人制订的着重恢复农业生产和人民经济生活的计划方案表示大不赞成，他说："（甘肃）酒泉和（四川）攀枝花钢铁厂还是要搞，不搞我总是不放心，打起仗来怎么办？"同年，毛泽东在中央工作会议上多次强调备战问题，"只要帝国主义存在，就有战争危险。我们不是帝国主义的参谋长，不晓得它什么时候打仗。但是决定战争最后胜利的不是原子弹，而是常规武器。要搞三线工业基地的建设，一、二线也要搞点军事工业。各省都要有军事工业，要自己造步枪、冲锋枪、轻重机枪、迫击炮、子弹、炸药。有了这些东西，就放心了。攀枝花搞不起来，我睡不着觉"。[③]毛泽东强调要准备应对帝国主义可能发动的侵略战争。现在工厂都集中在大城市和沿海地区不利于备战。工厂可以一分为二，要抢时间搬到内地去。会议决定，"三线"建设在人力、物力、财力上予以保证，新的项目都要建在"三线"。[④]为了保障中国国有工业的安全，在工业建设选址的时候，重要工业没有放在敌人飞机可以轰炸到的沿海地区。中央在审查厂址的时候，把厂址标在地图上，并用直线标出它与台湾地区、韩国、日本等美军基地的

---

　　① 中共中央党史研究室著，胡绳主编：《中国共产党的七十年》，中共党史出版社1991年版，第429页。

　　② 《邓小平文选》第一卷，人民出版社1994年版，第335页。

　　③ 《毛泽东在国家计委领导小组汇报第三个五年计划设想时的插话》，《党的文献》1996年第3期。

　　④ 丛进：《曲折发展的岁月》，人民出版社2009年版，第345页。

距离，说明美国的什么型号的飞机可以攻击到它。[①]

到了 1965 年，中共中央将中发（65）第 208 号文件下发至县团级党委，指示各级党委要加强备战："中央认为目前形势，应当加强备战工作。要估计到敌人可能冒险。我们在思想上和工作上应当准备应付最严重的情况。……我们对于小打、中打以至大打，都要有所准备"。[②] 而加强备战的认识也主导了中国共产党的九大报告。1969 年，九大的大会报告指出：美帝国主义和苏修社会帝国主义"妄想重新瓜分世界，既互相勾结，又互相争夺……我们决不可因为胜利而放松自己的革命警惕性，决不可以忽视美帝、苏修发动大规模侵略战争的危险性。我们要作好充分准备，准备他们大打，准备他们早打，准备他们打常规战争，也准备他们打核大战。总而言之，我们要有准备。"[③]"独立自主""重化工业优先发展"，这些经济理念的提出，离不开当时中国的外部环境。

因此，"三五计划"实施的"三线"建设是在"备战、备荒、为人民"的方针指引下展开的。它实质是一个以国防建设为中心的备战计划。中国政府从准备应付帝国主义早打、大打出发，把国防建设放在第一位，抢时间把"三线"建成战略大后方。"三五计划"预计投资 850 亿元，计划施工大中型项目 1475 个，加上 1965 年度补充安排项目，共有 2000 个左右。从 1965 年到 1972 年，国家投入建设资金 800 多亿元，在"三线"建成或初步建成了一批骨干企业，如攀枝花钢铁厂、酒泉钢铁厂、成都无缝钢管厂、四川德阳第二重型机械厂以及一批大型国有煤矿、发电站等。[④]

1970 年 12 月底制订的《第四个五年国民经济计划纲要》仍然继续贯彻了"三五计划"中战备第一的国有工业发展战略方针，提出"四五计划"期间仍然要准备打仗，集中力量建立不同水平、各有特点、各自为战、大力协同的战略经济协作区。这又回到了以国家为中心的政治经济学，出于安全考虑，国家需要在不同的安全背景下调整经济政策，目的就是保障国

---

① 薄一波：《若干重大决策与事件的回顾》（上卷），第 299 页。

② 《建国以来毛泽东文稿》第 11 册，中央文献出版社 1996 年版，第 359—350 页。

③ 《在中国共产党第九次全国代表大会上的报告》，《人民日报》1969 年 4 月 28 日。

④ 丛进：《曲折发展的岁月》，第 346—347 页。

家的经济自主性。[1]自主（autonomy）是以国家为中心的政治经济学的重要政策诉求。如果不做好准备，国家的生产会面临危机。原本的盟友可能变成了对手，影响贸易的进行。因此，从古至今，经济民族主义均认为国家权力与独立性是重要的目标，而且是压倒一切的目标。[2]

正如李斯特所说：战争对于国与国之间的商业关系是要起破坏作用的。[3]美国和苏联原本是一起抗击法西斯的盟友，但第二次世界大战胜利后，它们却变成对手。而封锁贸易市场以及禁止技术转让就被美国视为能够损害苏联经济的武器。[4]托马斯·孟指出：现金被称为战争的命脉，是因为它可以在战争的时候调动人力，购买军火和食品，"倘使这些东西在需要的时候得不到供应，那么我们拿着我们的现金能做什么呢？"[5]

李斯特也看到了一个国家实现经济独立自主的重要性。"由于利益的分歧，由于各国在追求独立与优势方面的争夺，也就是由于国际竞争与战争的自然结果：因此在国家利益上的这种冲突还没有停止以前，换个说法，就是一切国家还没有在同一个法律体系下合成一体以前，这个政策是不能舍弃的。"[6]而独立自主的政策包括很多方面：

其一，国家要保障自身的经济安全，要实现粮食供应的自主。一战期间，由于遭到英国的海军封锁，德国的粮食进口受到严重干扰。在战争后期，德国的民众深受饥饿困扰，1917年到1918年，德国民众的肉类消费为战前消费的19.8%；黄油消费为战前的21.3%。有历史学家估计饥荒人数达75万之多。[7]食品供应的短缺严重损害了德国民众的健康，也削弱了他们的士气。

其二，国家要实现原料供应的自主。一战爆发前，德国一直难以自主

---

① 黄琪轩：《在剑与犁之间——安全环境对中国国有工业的塑造》，《华东理工大学学报》（哲学社会科学版）2015年第3期。

② ［美］罗伯特·吉尔平：《国际关系政治经济学》，第32页。

③ ［德］弗里德里希·李斯特：《政治经济学的国民体系》，第158页。

④ Bruce Parrott, *Trade, technology, and Soviet-American relations*, Bloomington: Indiana University Press, 1985, p.274.

⑤ ［英］托马斯·孟：《英国得自对外贸易的财富》，第70页。

⑥ ［德］弗里德里希·李斯特：《政治经济学的国民体系》，第104页。

⑦ ［英］尼尔·弗格森著，董莹译：《战争的悲悯》，中信出版社2013年版，第223页，表9–11。

供应原料，这严重影响了德国在一战期间的经济供应。1887 年到 1912 年，德国的进口增长了三倍。1900 年至 1902 年，德国进口了价值 560 多万马克的商品；而 1911 年至 1913 年，德国的进口金额上升到了 1030 万马克，增长了约 60%。[①] 德国对进口的需求主要集中在能源、原料、粮食等工业化急需的领域。从 1900 年到 1913 年，德国国内的石油产出增长了 140%，但也仅能供应德国 1/10 的石油需求。1897 年时，德国还是铁矿石的净出口国，到 1913 年，德国开采的铁矿石增长了 120%，但接近 30% 的铁矿石仍需要靠进口。1913 年，德国有 57% 的原料需要进口。[②] 由于经济增长迅速，德国对能源、原材料的需求也在迅速增长，德国成为欧洲最大的原材料进口国。而在战争期间，德国却无法保障这些原料的供应。

其三，国家需要保障技术的自主。1979 年伊斯兰革命以前，伊朗空军和民航主要从美国采购飞机。伊斯兰革命爆发后，美国等西方国家对伊朗实施经济制裁，禁止向伊朗出售航空零部件，伊朗航空开始遭遇危机。由于无法购买新型客机和飞机零部件，近年来，伊朗空难频发。中国在 2006 年全国科技大会后，对技术自主性的诉求显著上升。中国政府制定了国家中长期科学和技术发展规划纲要，该纲要共安排了 16 个重大技术专项，国产大型商用飞机是其中之一。针对这一项目，北京大学路风教授指出："大飞机项目的成功还会使中国的空中力量发生质的飞跃，使中国在军事上更为安全。因此，由大飞机项目所推动的航空工业技术能力的跃升，将不仅足以使中国在世界经济中的地位发生结构性变化，而且将为保证中国的政治独立和国家主权提供强大的手段。这是一个强国之项目。"[③]

其四，国家需要保障安全产品的自主。安全产品属于国防供应，大部分国家都强调对这一产品的生产与供应，而不是依靠他国。托马斯·孟指出："在千钧一发之际来不及准备军火，国家就要灭亡了。所以我们可以说：一个在有急需的时候买不到东西的国王，是和一个没钱去买东西的国

① B. R. Mitchell, *European Historical Statistics*, *1750-1970*, London: Macmillan, 1975, p.494.
② Dale Copeland, "Economic Interdependence and War: A Theory of Trade Expectations", p.28.
③ 路风：《我国大型飞机发展战略研究报告》，载氏著《走向自主创新：寻求中国力量的源泉》，广西师范大学出版社 2006 年版，330 页。

王一样贫困的。"[①]在国家安全领域，一些重大武器装备和急需的关键元器件只能依赖进口的国家，则处处存在被他国"卡脖子"的危险。参与核武器研制的科学家贺贤土指出："一些跟国防有关的核心的高科技，西方国家不会卖给我们。"贺院士对中国依赖于外国技术予以很大质疑。他指出："现在我们的经济发展得很不错，势头也很好，高科技的生产已经占了较大比重。但是，大量的产值是合资企业生产的，是外面的公司在我们这里生产的高科技产品的产值。这虽然对发展我们的经济十分重要，但如果我们深入地想一想，就包含了某种风险在里面。一旦有风吹草动，外资可能会大批撤走，它的厂房可以留给你，机器可以留给你，但是核心的技术，他没有告诉你，这样生产就会受很大影响，甚至停顿。即使你能生产，但是知识产权不是你的，人家就会卡你。另外，在国防上，我们买了人家很多飞机、兵舰，自己没有掌握关键技术，受制于人，这也是很危险的事。因此在这一点上，我感到有某种危机感，只有真正掌握核心的技术，我们才不怕。20世纪60年代，前苏联撤走了以后，不光是核武器，整个国家很多大项目就处在停顿状态，建设受到较大影响。"[②]

作为美国的军事同盟，日本从20世纪70年代开始试图摆脱对美国武器生产的依赖，并着手研发自己的武器。在日本国防部、自卫队以及通产省官员的推动下，日本开始研发国产战斗机。[③]这与今天中国开始重新研发制造国产大飞机是惊人的相似。日本国产武器的供给从1950年的39.6%增加到了1982年的88.6%。如果以1981年作为基期，从1981年到1990年的十年间，日本国内的武器生产总共增长了220%，这个速度远远快于日本的经济发展速度，这一时期，日本的产业增长只有143%。[④]日本开始把握与安全息息相关的国防技术和产品的主导权，提高自给率。通过努力，日本

---

① ［英］托马斯·孟：《英国得自对外贸易的财富》，第70页。

② 贺贤土：《参加核武器研制的经历与体会》，载路甬祥主编《科学与中国：院士专家巡讲团报告集》（第一辑），北京大学出版社2006年版，第71页。

③ Michael Green, *Arming Japan: Defense Production, Alliance Politics, and the Postwar Search for Autonomy*, New York: Columbia University Press, 1995, p.25.

④ Reinhard Drifte, *Arms Production in Japan*, Boulder: Westview Press, 1986, pp. 11, 13, 21, 34.

船只的自给率达到了100%，军用飞机的自给率为90%，弹药的自给率为87%，枪支的自给率为83%。[1]

其五，国家需要保障市场的自主。自由主义政治学者理查德·罗斯克兰斯（Richard Rosecrance）指出，第二次世界大战结束以后，以往强调军事征服、领土占领的"军事—政治的世界"（military-political world）开始变成"贸易世界"（trading world），各国更加强调通过贸易来增强自身的实力，而日本则变成了"贸易国家"（trading state）。[2] 在罗斯克兰斯看来，历史上日本通过征服等手段获得外部市场，而二战后日本更强调自由无碍地与他国进行贸易以实现国家利益。不过，罗斯克兰斯赞许的"贸易国家"面临很大的脆弱性。

二战结束后，在美国的积极推动下，资本主义世界建立了相对统一的世界市场。出于对抗苏联的需要，美国鼓励日本和欧洲增加出口。美国也容忍对日贸易逆差，甚至鼓励日本对美实施歧视性的贸易政策。日本则利用全球资本主义市场，尤其是美国市场，在经济重建中取得了惊人的成就。但是，日本却没有掌握一个自主的市场。1980年的《科学》杂志援引美国众议院的报告指出："我们相信，日本工业化的成就给美国带来的冲击，会跟当时苏联的人造卫星上天给美国带来的冲击一样严重。"[3] 面对日本的经济冲击，美国开始考虑选择性地封闭国内市场。为此，美日双方展开了激烈的贸易谈判，美国利用其庞大国内市场，不断迫使日本接受"自愿"的出口限制。[4]

由于严重依赖霸权国美国的市场，又缺乏对该市场的控制能力，日本的发展最终遭遇了瓶颈。到20世纪80年代，日本年均出口增长率下跌至

---

① Andrew Hanami, "The Emerging Military-Industrial Relationship in Japan and the U.S. Connection," *Asian Suvery*, Vol.33, No. 6, 1993, pp.601–602.

② Richard Rosecrance, *The Rise of the Trading State: Commerce and Conquest in the Modern World*, New York: Basic Books, 1985, pp.23–26.

③ Constance Holden, "Innovation: Japan Races Ahead as U.S. Falters," *Science*, *New Series*, Vol.210, No.4471, 1980, p.751.

④ Andrew Gordon, *A Modern History of Japan: From Tokugawa Times to the Present*, New York: Oxford University Press, 2003, p.293

5.3%（20 世纪 70 年代为 14.6%）。日本产品在美国进口产品中所占份额从 20 世纪 80 年代的 18.5% 下跌到 21 世纪第一个 10 年的 10.7%。[①] 由于缺乏自己能掌控的市场，日本经济发展的脆弱性日益显现。[②]

　　事实上，如果缺乏市场的自主性，国家的很多对外经济战略都难以实现。1997 年 9 月，七国集团与国际货币基金组织在香港举行年会。在这次的年会上，日本财政大臣提议，由亚洲国家出资 1000 亿美元，打造亚洲货币基金组织，以应对当时和未来的金融与货币危机。日本政府会提供一半的资金，其余资金由其他亚洲国家筹集。日本的提议让不少人感到意外。美国财政部获悉日本政府的提议以后，立刻表示反对。时任美国财长劳伦斯·萨默斯（Larry Summers）深夜打电话给日本大藏省副大臣神原英姿（Eisuke Sakakibara）说："我原本以为我们是朋友。"他们在电话里面展开了激烈的讨论，长达两个小时。萨默斯批评日本人建立亚洲货币基金组织的尝试，是把美国排除在外，并试图让亚洲货币基金组织独立于国际货币基金组织。[③]

　　为推动亚洲货币基金组织的成立，日本政府展开了积极行动。1998 年，包括日本首相桥本龙太郎（Ryutaro Hashimoto）在内的日本政府领导人与官员频繁出访亚洲国家，包括印度尼西亚、泰国、马来西亚以及新加坡，向各国阐释其变更当前国际货币制度的理念，希望在亚洲国家内部达成共识。日本政府不仅做出了巨大的外交努力，还做出了巨大的经济努力。在泰国发生金融危机期间，日本的金融机构给予了泰国最大份额的贷款，借款高达 380 亿美元。相比之下，欧盟对泰国的贷款金额为 200 亿美元，美国为 40 亿美元。[④] 但是，日本的努力却难以成功。

---

　　① ［美］巴里·艾肯格林著，张群群译：《全球失衡与布雷顿森林的教训》，东北财经大学出版社 2013 年版，第 66 页

　　② 黄琪轩、李晨阳：《大国市场开拓的国际政治经济学——模式比较及对"一带一路"的启示》，《世界经济与政治》2016 年第 5 期。

　　③ Phillip Lipsey, "Japan's Asian Monetary Fund Proposal," *Stanford Journal of East Asian Affairs*, Vol.3, No.1, 2003, pp.95–96.

　　④ Phillip Lipsey, "Japan's Asian Monetary Fund Proposal," *Stanford Journal of East Asian Affairs*, Vol.3, No.1, 2003, p.98.

日本严重依赖出口，尤其是对美出口，日本大部分的厂商与美国利益是绑定在一起的。他们需要维持现有的国际货币制度安排，维持美元扮演的国际关键货币的角色，保持日本出口增长。因此，日本国内的出口商抵制日本政府推动日元国际化的战略，抵制政府"去美元化"的努力。[①]国内市场狭小，让日本的经济既缺乏自主性，也缺乏美国这样的影响力。相反，日本的国内出口集团受到美国市场的显著影响，让日本国内的意见也难以达成共识。日本变更国际货币制度在国内也难以得到支持。[②]

不仅日本如此，当年的大英帝国也遭遇过类似的困境。1873年至1896年出现了一轮世界性经济萧条，其间，英国的物价下跌了22%，美国物价下跌了32%，其他国家物价的下跌则更为显著。[③]面临经济萧条的压力，各国保护主义压力增大。而这一时期，兴起了第二次工业革命。钢铁作为第二次工业革命的代表性产业，在英国则陷入了相对衰退。关税壁垒妨碍了英国钢铁业的发展，保护了美国、德国和其他欧洲国家的市场，使这些国家的本土制造业迅速成长。美国国会在1890年引入的麦金利关税（*McKinley Tariff*）对英国的马口铁以及钢产业造成了巨大的冲击。[④]随着欧洲大陆国家开始工业化，其国内的工业生产替代了进口，英国出口的商品在欧洲大陆的市场份额日益下降。英国庞大的海外市场开始逐步萎缩，导致英国制成品的出口增长放缓。

如表6-3所示，到19世纪末，特别是19世纪80年代，英国的出口增长要明显慢于其他主要的工业化国家。1913年到1929年，国际贸易中制成品出口的年均增长率为2.9%，而英国制成品出口的年均增长率仅为0.5%。[⑤]英国产品在国外的销量迅速下降。

① Saori Katada, "From a Supporter to a Challenger？ Japan's Currency Leadership in Dollar-Dominated East Asia," *Review of International Political Economy*, Vol.15, No.3, 2008, pp.399-417.

② 黄琪轩：《国际货币制度竞争的权力基础——二战后改革国际货币制度努力的成败》，《上海交通大学学报》（哲学社会科学版）2017年第3期。

③ ［美］杰弗里·弗里登：《20世纪全球资本主义的兴衰》，第7页。

④ Sidney Pollard, *Britain's Prime and Britain's Decline: The British Economy, 1870-1914*, London: Edward Arnold, 1989, p.53.

⑤ Robert Matthews, Charles Feinstein and John Odling-Smee, *British Economic Growth, 1856-1973*, Oxford: Oxford University Press, 1982, p.467.

表6-3　各国制成品出口的年均增长率（%）

年份＼国家	英国	美国	德国	法国
1871/5–1881/5	2.1	7.1	—	2.2
1881/5–1891/5	0.4	2.7	1.7	1.2
1891/5–1901/5	1.7	9.1	4.3	2.5
1901/5–1913	3.6	6.1	3.3	5.0
1871/5–1913	2.0	6.2	—	2.3
1881/5–1913	—	—	3.7	—

资料来源：Folke Hilgerdt，*Industrialization and Foreign Trade*，New York：League of Nations，1945，pp.158–161。

自由主义政治经济学认为，在一个共同的法律框架下，理性的个人会实现分工。因此，根据要素禀赋，有的国家自然集中于生产高技术产品，有的国家则可能集中生产劳动密集型产品。通过国际交换，各国都实现了经济福利最大化，而经济独立无益于增进全球福利。李斯特却指出：这个学派拥护自由竞争的论点，实际上只能运用于属于同一国家的各个人之间的交换。[①] 国内贸易和国际贸是有很大差异的，国家内部的分工和国家间的分工也如此。李斯特强调：在目前世界形势下，任何大国要获得恒久的独立与富强的保障，首先要做到的就是使自己的力量与资源能够获得独立的、全面的发展。[②] 要保障一个国家经济的良好、稳定运行，关键时候需要能依靠自己的资源和力量。大国不仅在安全上要自助（self-help），经济上也要独立，也要自主，如此才能在安全上实现自助。李斯特重申："在目前世界形势下，只能依靠它自己的力量和资源来保持生存和独立。"[③] 那么，国家怎么才能实现本国产业的自主呢？现实主义和国家主义的政治经济学都强调国家实施积极的产业政策。

---

① ［德］弗里德里希·李斯特：《政治经济学的国民体系》，第151页。
② ［德］弗里德里希·李斯特：《政治经济学的国民体系》，第104页。
③ ［德］弗里德里希·李斯特：《政治经济学的国民体系》，第153页。

七　为何美国在内战后建立如此高的关税？

美国成为世界经济霸权之后，在世界范围内积极推动自由贸易，这让世人忽略了其早期实施保护主义的历史。事实上，无论是英国还是美国，都曾是保护主义最为盛行的地方。[①] 与欧洲相比，19 世纪中期的美国仍然是"后发展国家"。如果没有美国政府的积极保护，欧洲产品和技术将占据美国市场，主导美国的技术与产业。波拉尼写道：欧洲有组织的独立国家能保护自己免受自由贸易的冲击，而那些在政治上没有组织的殖民地人民就不能这样做了。欧洲的白种人能从自由贸易中保护自己，因为他们建立了主权国家，而那些有色人种则没有这么幸运，他们缺乏这样的政治前提，他们缺乏一个有力的政府。[②]

美国内战前夕以及内战期间，南北的冲突使得国家的保护政策受到挑战，关税曾有所下降。但内战结束后，伴随美国国家能力的提升，美国的关税又开始大幅度提高。从 19 世纪 60 年代中期到 1900 年，美国关税税率大致维持在 40%—50%。[③] 如表 6-4 所示，历史上，英国和美国在赶超时期，都通过实施高关税保护自身的产业。甚至到了 1820 年，即英国已接近第一次工业革命尾声的时候，其制成品的平均关税税率仍高达 45%—55%。第一次世界大战前夕，美国已经是世界上第一大经济体，它对制成品征收的平均关税税率仍高达 44%。

而一向被大家视为重商主义的法国，其关税却一直较低。让·科贝尔（Jean-Batiste Colbert）是法国的重商主义者，他推行的政策取得了成功。但是后来法国放弃了科贝尔的政策，李斯特感叹："已经发展起来的工业可以在几年之间一败涂地，已经受到摧残的工业要想用整整一个世代的时间

①　Ha-Joon Chang, *Kicking Away the Ladder: Development Strategy in Historical Perspective*, London: Anthem Press, 2002, p.17.

②　Karl Polanyi, *The Great Transformation: The Political and Economic Origins of Our Time*, p.192.

③　Gary Walton and Hugh Rockoff, *History of the American Economy*, Mason, Ohio: South-Western, 2010, p.179, Figure 10.2.

表6-4 1820—1990年主要发达国家制成品平均关税税率（%）

年份\国家	1820	1875	1913	1925	1931	1950	1980	1990
奥地利	—	15—20	18	16	24	18	14.6	12.7
比利时	6—8	9—10	9	15	14	11	8.3	5.9
丹麦	25—35	15—20	14	10	—	3	8.3	5.9
法国	—	12—15	20	21	30	18	8.3	5.9
德国	8—12	4—6	13	20	21	26	8.3	5.9
意大利	—	8—10	18	22	46	25	8.3	5.9
荷兰	6—8	3—5	4	6	—	11	8.3	5.9
俄国	—	15—20	84	—	—	—	—	—
西班牙	—	15—20	41	41	63	—	8.3	5.9
瑞典	—	3—5	20	16	21	9	6.2	4.4
瑞士	8—12	4—6	9	14	19	—	3.3	2.6
英国	45—55	0	0	5	—	23	8.3	5.9
美国	35—45	40—50	44	37	48	14	7.0	4.8
日本	—	5	30	—	—	—	9.9	8.3

资料来源：Paul Bairoch, *Economics and World History: Myths and Paradoxes*, Chicago: The University of Chicago Press, p.40。

使它恢复却不那样容易。"[1]如表6-5所示，号称自由贸易的英国的关税一直比大家认为实施保护主义的法国要高。19世纪早期，英国关税税率至少是法国的两倍。1821年到1825年，法国关税税率为20.3%；而英国的关税则高达53.1%。直到1876年以后，法国的关税才略微超过英国。

因此，不少经济史学家和经济学家的看法相左。经济学家的演绎展示了低关税的优势，而经济史学家则展示实施高关税是发展的必由之路。有了高关税保护，美国的幼稚产业才有机会依托美国庞大的国内市场成长壮大。1869年，进口的制成品占据了14%的美国市场份额；而到1909年，这一比重下降到了6%。1869年时的美国，几乎每个制造业部门都有10%

———————
① ［德］弗里德里希·李斯特：《政治经济学的国民体系》，第69页。

左右甚至更多的产品依靠进口；而到了 1909 年，这个比重仅为 5%。在这一时期，与经济成长密切相关的钢铁业取得的成效更为明显。钢铁产品的进口比重从 12% 下降为 1.5%。[①]

表 6-5　英国、法国平均关税率（关税收入与进口总额比）对比（%）

时间 \ 国家	英国	法国
1821—1825	53.1	20.3
1826—1830	47.2	22.6
1831—1835	40.5	21.5
1836—1840	30.9	18.0
1841—1845	32.2	17.9
1846—1850	25.3	17.2
1851—1855	19.5	13.2
1856—1860	15.0	10.0
1861—1865	11.5	5.9
1866—1870	8.9	3.8
1871—1875	6.7	5.3
1876—1880	6.1	6.6
1881—1885	5.9	7.5
1886—1890	6.1	8.3
1891—1895	5.5	10.6
1896—1900	5.3	7.0
1901—1905	7.0	8.8
1906—1910	5.9	8.0
1911—1913	5.4	8.8

资料来源：John Vincent Nye, "The Myth of Free-Trade Britain and Fortress France: Tariffs and Trade in the Nineteenth Century," *The Journal of Economic History*, Vol. 51, No. 1, 1991, p.26。

---

① Stanley Engerman and Robert Gallman, eds., *The Cambridge Economic History of the United States*, vol. 2, *The Long Nineteenth Century*, p.725.

　　长期以来，美国对内实施严格的关税保护，这种保护为美国本土的技术进步与产业升级提供了国内市场。美国为保护主义贡献了政策实践，而李斯特等则为保护主义贡献了思想来源。1847 年，在布鲁塞尔的经济学家聚会上，有人做了一个关于贸易保护主义的报告，内容非常沉闷。马克思激动地大声说道：报告人最好直接重复李斯特的讲话吧，他的讲话至少是尖锐、生动而大胆的。[①] 不过，由于斯密的政策试验场是当代的发达国家，故而斯密的学说获得了更大的影响力。而李斯特的政策试验场是当今的发展中国家，所以李斯特的声音往往被学界与政界弃之脑后。

　　以国家为中心的政治经济学常常讨论国家主导的产业政策（industrial policy），鼓吹发展民族工业。这伴随两个问题：第一，后发展国家为什么要发展自身的民族工业？按照比较优势发展农业就不行吗？第二，为什么需要国家介入来发展民族工业？让市场发挥作用，让企业家发挥作用不是很好吗？李斯特对第一个问题的回答包含四个方面的考虑。

　　首先，国际分工是有等级的，要优先发展有利于国家自主的工业。自由主义政治经济学强调分工，李斯特认为，他们的问题在于"提到商品时总是笼统来说的，并不考虑到问题是有关原料品还是制成品"。[②] 美国老布什政府的经济顾问委员会主席迈克尔·波斯金（Michael Boskin）的话表达了这样的看法："芯片就是芯片，薯片就是薯片，一国生产芯片还是薯片不重要。如果一国在薯片生产而不是计算机芯片生产上具有比较优势，那么它就应该出口薯片，进口计算机芯片。"[③] 这也是李斯特所指责的，卖农产品和卖工业品是有很大差异的。他认为，不区分农业品和工业品的看法存在误导性，"用农产品向国外交换工业品与自己建立工业，两者同样可以促进文化与物质生活的发展，尤其是社会进步；这样对国家经济的性质就完全陷入了误解"。[④] 因为，在国际分工中，售出制成品的一方占了优势，而只能

　　① ［俄］阿尼金：《改变历史的经济学家》，第 276 页。
　　② ［德］弗里德里希·李斯特：《政治经济学的国民体系》，第 150 页。
　　③ Robert Giplin, *Global Political Economy: Understanding the International Economic Order*, Princeton: Princeton University Press, p.127.
　　④ ［德］弗里德里希·李斯特：《政治经济学的国民体系》，第 156 页。

供应农产品的那一方则居于劣势地位。① 今天也一样，从事低端制造业和高端制造业同样处于不同的国际生产等级。这样的经济等级会影响国家的政治等级。国际分工会构成国家权力的重要基础。李斯特指出，要优先发展"按照它们对国家独立自主的关系来说，都有着头等重要意义的工业"。②

其次，一国如果只有农业而没有工业品，产品就容易被他国替代，且经济发展更为脆弱。李斯特明确指出其脆弱性：假定担任这一工作的十个工人并不住在一处，而是各居一国，那么由于战争、运输方面发生的障碍、商业恐慌等等，他们之间的协作就不免要时常中断。③ 在国际分工带来脆弱性的同时，不同国家的脆弱程度是不一样的。李斯特尤其担心战争给农业经济带来的危害。他指出，一旦爆发战争，"这一国的农业家因此不得不与别一国的工业家分手。这时工业家——尤其是属于有着广泛商业关系的海军强国的工业家——可以从容地向他本国农业那里获得补偿，或者与别的可以接触到的农业国家发生关系，而那个纯农业国家的居民，在这样关系中断的情况下，却要受到双重打击"。④ 生产农产品的国家容易被替代，这样的国家在国际竞争中无疑是脆弱的。李斯特的名言是："一个国家没有工业，只经营农业，就等于一个人在物质生产中少了一只膀子。"⑤ 如果说李斯特的时代，国家之间的产业差距在农业与工业，那么当今国家之间的产业差距更多体现在高端制造业与低端制造业。

2004 年举行的中国科学院院士大会上，有院士指出："中国高技术产业发展的现状无法令人乐观：产业技术的一些关键领域存在较大的对外技术依赖，不少高技术含量和高附加值产品主要靠进口。在信息、生物、医药等产业领域的核心专利上，中国基本上受制于人；在一些关键技术，尤其是具有战略意义的重大装备制造业，如航空设备、精密仪器、医疗设备、工程机械等高技术含量和高附加值产品，中国主要都是依赖进口；而在国

---

① ［德］弗里德里希·李斯特：《政治经济学的国民体系》，第 43 页。
② ［德］弗里德里希·李斯特：《政治经济学的国民体系》，第 156 页。
③ ［德］弗里德里希·李斯特：《政治经济学的国民体系》，第 133 页。
④ ［德］弗里德里希·李斯特：《政治经济学的国民体系》，第 158 页。
⑤ ［德］弗里德里希·李斯特：《政治经济学的国民体系》，第 141 页。

家安全领域，一些重大武器装备和急需的关键元器件只能依赖进口，处处存在被别人'卡脖子'的危险。甘子钊院士曾经考察过国内的一些集成电路企业，它们的特征是：核心技术深度依赖国外厂商，一旦国外停止供应核心技术，15 天之内只能停产。"① 跟当年只能从事农业生产的国家一样，今天只能从事低端制造业的国家经济和当年农业国一样面临被人替代的威胁，面临巨大的脆弱性。

再次，从事低级的分工难以有能力积累。技术的特点是有很强的积累性，且技术之间是互补的，"任何某一种工业的成功总不是孤立的，总是与许多别的工业的成就相辅相依的；任何一个国家，对于工业工作如果能代代相传，历久不懈，把前一代留下的工作由后一代紧接着继续下去，这个国家的生产力就必然会发展"。② 如果一个国家只有农业，是无法积累技术力量的。"我看到了工业力量与农业力量之间的差异。由此发现了这个学派论证错误的症结所在：它以那些只能适用于农产品自由贸易的理由为依据，借此来证明工业品自由贸易的正确。"③

技术发展是累积性的，是需要经验，需要连续进行的。自行车行业的发展为以后汽车产业的发展提供了熟练劳动力、商业圈、技术与设备。④ 此外，一个组织吸收新技术的能力也是靠前期积累才能发展起来。很大一部分的技术引进是在发达国家之间进行的，这正是由于技术转移需要本国企业的技术积累作为后盾。⑤ 我们来看"空中客车"（以下简称"空客"）的例子。随着"空客"在国际市场销售量的增加，其成本也在逐渐降低。当"空客"生产第一架飞机时，共耗费了 34 万工时来组装机身；到"空客"生产第 75 架飞机时，耗费的工时就急剧下降，共耗费了 8.5 万工时；而到

---

① 浦树柔、戴廉：《两院院士：缺乏自主创新核心技术是中国软肋》，中国新闻网，2004年6月7日。

② ［德］弗里德里希·李斯特：《政治经济学的国民体系》，第40页。

③ ［德］弗里德里希·李斯特：《政治经济学的国民体系》，第7页。

④ Nathan Rosenberg, *Perspectives on Technology*, New York：Cambridge University Press，1976，pp.9–31.

⑤ Moses Abramovitz, "Catching Up, Forging Ahead, and Falling Behind," *Journal of Economic History*，Vol. 42，No.2，1986，pp.385–406.

20 世纪 90 年代，"空客"组装机身的工时降至 4.3 万工时。[1] 德国的制造商耗费 25 天完成了第一架"空客"A321 机翼的组装，随着经验积累越来越多，此后只需耗费 4 天便可完成。据测算：在民用航空业，产量每增加一倍，单位成本下降 20%。由批量生产而带来的学习效应会使单位成本减少 80%—90%。[2] 因此，国家技术能力不是国际公共品，它需要由本国企业提供平台来积累技术能力。我们可以试想一下，美国波音公司将飞机设计图纸送给撒哈拉以南的非洲国家，这些国家有可能制造出波音那样的大飞机吗？几乎没有可能，因为这些国家缺乏相应的技术积累。没有自己的民族工业，就没有积累技术能力的平台。李斯特举了一个例子：假定有两个家族，家长都是地主，一个家族仅仅靠储蓄来获得利息，而另外一个家族则投资后代的教育与技能，那么"后一家族在精神力量和才能上获得了巨大的、种种不同的培养和发展，而且一代一代传下去"。[3] 同理，如果一个国家重视能力积累，它获致物质财富的力量将有增无减。

如果国际社会有生产农产品和工业品的划分，那么，一个国家生产什么样的产品就很关键了。李斯特指出"生产力"是国家的重要权力。要完成国家的经济发展，为它进入将来的世界集团准备条件，这不单单是一个经济任务，这是一个政治经济任务。[4]

事实上，在面临选择的时候，财务逻辑与产业逻辑是不同的。路风教授在研究中国液晶产业崛起的《光变》一书中指出：财务逻辑是投资带来回报，且回报越快越好；产业逻辑则是推动工业发展，而且是持续的发展，实现技术能力的攀升。如果投资都要追求短期的财务回报，那么像生产液晶面板的京东方这样的战略性新兴产业就发展不起来。[5] 在考虑对外贸易的时候，"决不可单纯地以任何特定时刻一些物质利益的所得为考虑的根据；

[1]　Ian McIntyre, *Dogfight: The Transatlantic Battle over Airbus*, Westport, CT: Praeger, 1992, p.36.

[2]　Marc Busch, *Trade Warriors: States, Firms, and Strategic-Trade Policy in High-Technology Competition*, New York: Cambridge University Press, 1999, pp.34–35.

[3]　［德］弗里德里希·李斯特：《政治经济学的国民体系》，第 123 页。

[4]　［德］弗里德里希·李斯特：《政治经济学的国民体系》，第 153 页。

[5]　路风：《光变：一个企业及其工业史》，当代中国出版社 2016 年版，第 290 页。

考虑这个问题时所片刻不能忽视的是与国家现在和将来的生存、进展以及权力有决定关系的那些因素"。[①] 在以国家为中心的政治经济学者眼里,当政治逻辑与财务逻辑相悖时,政治逻辑需要在财务逻辑之上。

最后,保护民族工业是增强国家权力的需要。李斯特强调:财富的生产力比之财富本身,不晓得要重要多少倍。[②] 为什么财富不如生产力重要?按经济史学家安格斯·麦迪逊(Angus Maddison)的估算:1820年,中国占世界GDP总额的32.9%,这样的经济份额和今天美国占世界经济份额相当。而当时的英国只占世界GDP份额的5.2%。即便到了1870年,屡战屡败的中国仍占世界GDP总额的17.2%,而英国也不过占到了9.1%。[③] 但是,当时的中国是富而不强,当英国这样掌握更先进生产力的大国打到中国的时候,清朝统治者毫无还手之力。李斯特认为:英国执政者所注意的是生产力的提高,而不是制造价格低廉、经久存在的工业品,英国的生产力"是在于代价虽较高而能够长期存在的制造力的取得"。[④]

李斯特指出:保护关税可能使财富有所牺牲,但却使生产力有了增长,足以抵偿损失而有余,"由此使国家不但在物质财富的量上获得无限增进,而且一旦发生战事,可以保有工业的独立地位"。[⑤] 实施产业保护政策,后发展国家才能发展现代工业,才能实现在世界政治经济中的自由。李斯特不断强调:"任何人如果安于现状,不求进取,结果他必将后悔莫及,一个国家也是这样,任何国家如果不求进取,它的地位必将逐渐降落,终至覆亡。"[⑥] 李斯特指出,国内贸易与国际贸易不同,因为关税保护这样反自由的国际贸易政策是实现自由的条件。"国内贸易方面的限制只有在极个别情况下才与公民的个人自由不相抵触;而在国际贸易方面,高度的保护政策却可以与最大限度的个人自由并行不悖。事实上最大限度的国际贸易自由,

---

① 〔德〕弗里德里希·李斯特:《政治经济学的国民体系》,第128页。
② 〔德〕弗里德里希·李斯特:《政治经济学的国民体系》,第118页。
③ Angus Maddison, *The World Economy*, *Volume 2: Historical Statistics*, Paris: OECD Publishing, 2006, p.263, Table B‑20.
④ 〔德〕弗里德里希·李斯特:《政治经济学的国民体系》,第44页。
⑤ 〔德〕弗里德里希·李斯特:《政治经济学的国民体系》,第128页。
⑥ 〔德〕弗里德里希·李斯特:《政治经济学的国民体系》,第13页。

它的结果甚至能使国家沦于奴隶地位。"① 因此，卡尔指出，不要认为存在普世的政治经济原则。自由放任是强者的武器，而保护主义则是弱者的工具。"自由放任主义，无论表现为在国际关系领域还是在劳资关系领域，都是经济强者的天堂。国家控制，无论是保护性立法的形式还是保护性关税的形式，都是经济弱者使用的自卫武器。"②

李斯特认为美国是实施关税保护的一个成功案例。他指出：亚当·斯密等人断言，美国"就像波兰一样"，注定应当经营农业。但美国寻求它国家幸福前途时所遵循的方向与绝对的自由贸易原则恰恰相反，这个学派不得不眼睁睁地看着这个事实。③1765 年，几个殖民地领袖决定抵制英国货物，使用北美自己生产的商品而不用英国产品。若干殖民地议会公开支持当地商人签署的不进口协议，北美民众也积极支持该决定，穿戴本土纺织的土布而抵制英国进口的华贵衣物成为北美的风潮。1768 年，塞缪尔·亚当斯（Samuel Adams）发动了对英国产品的大规模抵制活动。1774 年第一届大陆会议上通过的大陆联盟决议鼓励北美发展本土制造业，要求从1774 年 12 月 1 日起，抵制所有英国产品。④ 李斯特肯定了美国的保护主义举措，并预测："看上去在我们孙子一辈的时代，这个国家将上升到世界第一等海军与商业强国的地位。"⑤ 李斯特尤其指出了 1812 年第二次英美战争的重要性，因为英美战争，美国难以进口工业品，但也因此让美国领导人认识到保护自己产业的重要性。这使得美国的民族工业在第二次英美战争期间有所发展。"如果不是由于 1812 年的宣战而实行禁运，则毫无疑问，美国的工业面对着英国的竞争，将完全崩溃。"⑥ 李斯特看到德国和美国有很多共同之处，其中一个重大的共同点就是它们都面临先发国家英国的竞争。

因此，一个国家不能仅仅满足于生产农产品，满足于在国际产业分工中处于低端位置。在李斯特的时代，他强调一个国家要积极实现工业化，

---

① ［德］弗里德里希·李斯特：《政治经济学的国民体系》，第 16 页。
② ［美］爱德华·卡尔：《20 年危机（1919—1939）：国际关系研究导论》，第 57 页。
③ ［德］弗里德里希·李斯特：《政治经济学的国民体系》，第 91—92 页。
④ ［美］埃里克·方纳：《给我自由！——一部美国的历史》（上），第 226—243 页。
⑤ ［德］弗里德里希·李斯特：《政治经济学的国民体系》，第 87 页。
⑥ ［德］弗里德里希·李斯特：《政治经济学的国民体系》，第 89—90 页。

而在当代，按李斯特的逻辑，则是要实现从低端制造业转向高端制造业的转变，提升一个国家在全球价值链中的位置。那么，第二个问题是：为什么需要国家出面来完成这项工作呢？靠企业家、靠市场可以推动国家产业升级吗？

八 为何空中客车能占据世界民用航空业的半壁江山？

相对波音公司而言，"空客"是大型民用客机制造领域的后来者，也是当前世界上唯一成功跻身世界大型民用客机制造商的后来者。从1967年"空客"项目正式立项至今，"空客"经历了50多年的发展历程。在这段漫长的时间中，"空客"公司建立起了一套完整的商用飞机产品线（包括短程、中程、远程飞机），其产品也涵盖了从最小型到最大型的客运和货运飞机。

如表6-6所示，1975年，波音公司占据了全球商用飞机67%的市场份额，麦道公司占有33%的市场份额，而"空客"的市场占有率为0。随着"空客"的发展，到1985年，"空客"在全球商用飞机的市场占有率上升到17%；1990年，"空客"的占有率上升至30%；2005年至2007年，

表6-6 主要企业占据世界民用航空的市场份额变化（%）

	波音	麦道	空客
1975	67.0	33.0	0
1985	63.0	20.0	17.0
1990	54.0	16.0	30.0
2005—2007	50.8	—	49.2

资料来源：Thomas Oatley, *International Political Economy: Interests and Institutions in the Global Economy*, New York: Pearson&Longman, 2009, p.105.

"空客"的市场占有率上升至 49.2%。此时，波音公司在全球商用航空领域的市场占有率为 50.8%。"空客"最终获得了与波音公司在全球商用飞机领域平分秋色的地位。"空客"为何能在短短的几十年里，占据全球民用航空市场的半壁江山呢？

汉密尔顿和李斯特都关注过类似的问题。汉密尔顿在《关于制造业的报告》中指出：美国政府的帮助可以让本土企业打破生产农产品的惯性，而转向生产工业品。他的理由有四点：首先，政府的帮助可以促成企业转变。企业往往愿意生产业已习惯的产品，如果要让企业转变到新的领域，它们往往会反应迟缓。而政府的介入可以加快转变的速度。其次，政府可以帮助企业克服畏惧心理。企业对可能遭受的失败心存畏惧，而政府的帮助则可以克服这样的畏惧，给企业提供信心。再次，政府的帮助可以缩减本国与外国产品的差距。当时，作为后发展国家的美国，其产品质量和价格都难以和英国等先发展国家竞争。政府的帮助可以帮助美国企业克服落后的差距。最后，政府可以削弱外国政府补贴的影响。那些先发展国家常常补贴自己本国的企业，而美国政府对本国企业的帮助，则可以削弱他国政府对外国企业的支持力度。①

李斯特对上节末尾第二个问题的回答主要有三点。首先，先发展国家会钳制后发展国家的发展，因此需要政府介入产业政策，运用国家力量来推动工业化。李斯特曾形象地指出："一个人当他已攀上了高峰以后，就会把他逐步攀高时所使用的那个梯子一脚踢开，免得别人跟着他上来。"② 先发展国家不想后发展国家发展先进制造业。当先发展国家的工业产品具有优势的时候，自由贸易对他们有利。李斯特说道：英国人"将尽量用自己的力量和资本从事于发展他本国的工业，使他的工业产品推广到世界各国市场，在这个情况下，自由贸易制度是最能适应他的目的的，他决不会喜欢或想到在法国或德国来建立工业"。③ 因此，在取得了"先行者优势"以后，

① Alexander Hamilton, "Report on Manufactures," in Nikolaos Zahariadis, ed., *Contending Perspectives in International Political Economy*, Beijing: Peking University Press, pp.12–13.
② ［德］弗里德里希·李斯特：《政治经济学的国民体系》，第 307 页。
③ ［德］弗里德里希·李斯特：《政治经济学的国民体系》，第 116 页。

英国不愿意看到竞争对手制造业的发展。"英国人所订的一切商业条约总不脱离一个倾向，要在有条约关系的一切国家扩展他们工业品的销路，给予对方的表面利益则在农产品与原料方面。他们在这些国家随时随地所努力的是用廉价物品与长期贷款手段，摧毁这些国家的工业。"[1]不仅对对手如此，连自己的殖民地，英国也尽力钳制其工业的发展，"它甚至不许那些殖民地造一只马蹄钉，更不许把那里所造的输入英国"。[2]谈到这段历史，李斯特说："直迟至 1750 年，为了马萨诸塞州的一个制帽厂，还引起英国议会那样大的激动和猜忌，因此宣称，在北美任何种工业都是'妨害公众'的。"[3]英国人，"在表面上他们总是以世界主义者、博爱主义者自居，然而就其目的与企图来说，他们实际上始终是利益垄断者"。[4]这种情况下，后发展国家的企业家是难以和英国等先发展国家的政府对抗的，因此，需要后发展国家的政府介入，为其民族工业的成长提供保护，帮助它们克服先发展国家设置的障碍。

　　其次，后发展国家产业相对落后，需要保护主义来为幼稚产业营造发展空间。如果先发展国家的政府不压制后发展国家的产业发展，那么后发展国家的政府是否就应该遵循自由贸易的原则呢？李斯特认为，后发展国家的政府仍需要保护本国的幼稚产业，因为自由竞争是有条件的，"我清楚地看到，两个同样具有高度文化的国家，要在彼此自由竞争下双方共同有利，只有当两者在工业发展上处于大体上相等的地位时，才能实现"[5]。那么，如果竞争条件不平等，就需要国家介入。李斯特说：世界产业的竞争并不是平等的，先发展国家具有先发优势，"如果就目前世界形势来说，世界上已经有了一个国家处于强有力地位，并且早已在它自己领域以内有着周密的保护，处于这样的形势，在自由竞争下一个无保护的国家要想成为一个新兴的工业国已经没有可能"。[6]剑桥大学的发展经济学家张夏准认同李

---

① ［德］弗里德里希·李斯特：《政治经济学的国民体系》，第 64 页。
② ［德］弗里德里希·李斯特：《政治经济学的国民体系》，第 43 页。
③ ［德］弗里德里希·李斯特：《政治经济学的国民体系》，第 87 页。
④ ［德］弗里德里希·李斯特：《政治经济学的国民体系》，第 61 页。
⑤ ［德］弗里德里希·李斯特：《政治经济学的国民体系》，第 5 页。
⑥ ［德］弗里德里希·李斯特：《政治经济学的国民体系》，第 128 页。

斯特观点："如果我像不少落后国家的父母那样，把我五岁的儿子抛到劳动力市场，让他自己谋生。他可能成为非常机敏的擦鞋高手，也可能会是一名很有能力的非熟练工。但是，他几乎没有可能变成一名核物理学家或者注册会计师……同理，在培育出技术能力之前，后发展国家卷入自由贸易，它可能是很好的咖啡或者服装生产者，但是它几乎不可能变成世界一流的汽车与电子产品的制造者。"① 张夏准的著作《富国陷阱》，其英文名的直译就是：把梯子踢掉（*Kicking Away the Ladder*）。②

　　李斯特认为，即便后发展国家的幼稚产业能够在落后的情况下发展起来，但是，对后发展国家而言，产业发展的时间和速度很重要。"固然，经验告诉我们，风力会把种子从这个地方带到那个地方，因此荒芜原野会变成稠密森林；但是要培植森林因此就静等着风力作用，让它在若干世纪的过程中来完成这样的转变，世上岂有这样愚蠢的办法？"③ 因此，国家的介入可以加快民族工业成长的速度。沃尔兹指出，在当代的"全球化"时代，国家之间的竞争从军事竞争转向日益激烈的经济竞争，此时的经济增长速度对国家的兴衰十分关键，"旧的体系下，强的消灭弱的；新的体系下，快的消灭慢的"。④ 所以，国家必须要保护幼稚产业，推动国内工业化。

　　现在来看，当代后发展国家面临的产业进入壁垒更高，更加需要国家来帮助其克服进入的障碍。哈佛经济史学家亚历山大·格申克龙（Alexander Gerschenkron）的重要著作《经济落后的历史透视》（*Economic Backwardness in Historical Perspective*）根据历史经验指出：越是后发展国家，越需要政府的强组织力以促进产业变革。工业化起步较早的英国可以放手让私人企业来影响技术进步的方向；而起步较晚的德国则需要靠更强有力银行来推动工业化；起步更晚的俄国则不得不借助强大的国家来推动产业升级。因为后来者进入该产业的门槛更高，英国工业化

---

① Ha-Joon Chang, "Why Developing Countries Need Tariffs？ How WTO NAMA Negotiations Could Deny Developing Countries' Right to a Future," *South Center*, 2005, p.11.

② 张夏准著，肖炼译：《富国陷阱——发达国家为何踢开梯子》，社会科学文献出版社2009年版。

③ ［德］弗里德里希·李斯特：《政治经济学的国民体系》，第100—101页。

④ Kenneth Waltz, "Globalization and Governance," *Political Science & Politics*, Vol.32, No.4, 1999, p.695.

时期的纺织业是私人就可以完成的，而德国工业化时期的炼钢设备则是私人难以建成的。越是后来者，工业化的进入门槛也越高，越需要强组织力。而国家则是强组织力的重要方面。

最后，当代产业发展具有规模经济的特征，需要国家实施"战略贸易"来达到规模经济。战略贸易的提出者保罗·克鲁格曼并非现实主义或国家主义者。但是，他的理论却常常被以国家为中心的政治经济学家引用。二战以后，大规模生产开始成为主流，产业升级和技术进步需要巨大成本，只有足够庞大的市场、足够多的购买力，才能支撑大规模生产。钢铁、汽车、飞机等产业在狭小的市场空间是难以实现产业发展的。

形成经济规模，才能有效降低成本。我们前面提到的"空客"的案例显示由批量生产而带来的学习效应会使单位成本减少80%—90%。因此，国家介入是实现规模经济，降低生产成本的手段。

保罗·克鲁格曼等人倡导"战略贸易"，他们研究发现，工业的集中和一国的贸易模式并不单纯由要素禀赋造就，也是由于一些国家和地区偶尔在工业中取得领先地位造成的。如表6-7所示，在A的情况下，美国和欧洲国家对生产大飞机均没有补贴。此时，如果双方都生产大飞机（A-Ⅰ），可能造成世界大飞机的供给过剩，因此，双方都会亏损5亿美元。这样，欧洲公司可能就不会再生产"空客"，把国际民用航空市场拱手让给美国公司（A-Ⅱ）。此时，美国公司的盈利为100亿美元。相反，如果美国公司放弃大飞机的生产，而只剩下欧洲公司生产（A-Ⅲ），那么，欧洲公司的盈利也是100亿美元。当然，先发公司把市场让给后来者，这样的情况几乎不可能发生。那最后一种情况（A-Ⅳ），就是双方都不生产，没有盈利，也没有亏损。

如果欧洲国家介入，比如，只要欧洲的公司生产飞机，每年就能从政府那里获得10亿美元补贴，这样就会出现不同的局面（B）。此时，如果双方都不生产（B-Ⅳ），美国公司与欧洲公司没有盈利，也没有亏损。如果只有美国公司生产（B-Ⅱ），美国公司的盈利为100亿美元。但是，欧洲公司可能不会做出上面两种决策，因为欧洲国家的补贴会改变欧洲公司的选择。此时，如果双方都生产大飞机（B-Ⅰ），可能导致世界大飞机的供给过剩，因此，双方都会亏损 5 亿美元。但是，由于欧洲公司有国家补贴，会扭亏为盈。在美国公司亏损的时候，它还有 5 亿美元的盈利。如果这样的情况持续下去，美国公司会退出该领域，把市场留给欧洲公司，欧洲公司可能最终实现（B-Ⅲ）的局面，获得 110 亿美元的盈利。等到地位稳固以后，即便撤销补贴，它也能继续独霸民用航空市场。

表 6-7　补贴对美国、欧洲大飞机制造的影响

美国公司 ＼ 欧洲公司	生产	不生产
生产	−5，−5（A-Ⅰ）	100，0（A-Ⅱ）
不生产	0，100（A-Ⅲ）	0，0（A-Ⅳ）

A 均没有补贴

美国公司 ＼ 欧洲公司	生产	不生产
生产	−5，5（B-Ⅰ）	100，0（B-Ⅱ）
不生产	0，110（B-Ⅲ）	0，0（B-Ⅳ）

B 欧洲国家补贴

　　没有欧洲国家的补贴，"空客"就难以迅速崛起。美国方面对此十分不满。2005 年，美国政府向世界贸易组织提出诉讼，指出"空客"自其成立以来，仅仅在新产品投放市场贷款这一项上，就获得了政府 170 亿美元的补贴，并对"空客"实施制裁。欧洲政府也不甘示弱，指责美国政府在国防合同的掩饰下，在过去的 13 年间，为波音公司提供的研发补贴高达 230 亿美元之多。[1] 最终，欧洲国家凭借其自身庞大的市场，突破世贸组织的规则，对美国进行反制措施，限制美国波音进入欧洲市场，迫使美国放弃了

---

① Nikolaos Zahariadis，*State Subsidies in the Global Economy*，New York：Palgrave Macmillan，2008，p.10.

制裁。

在政府补贴的支持下，"空客"实现了规模经济，成本大幅降低。而且，由于长期制造大型民用客机，"空客"边干边学（leaning by doing），实现了"经验经济"。波音公司的副总裁曾指出：我们之所以做得好，一部分原因是因为我们制造了如此多的飞机，我们从我们的错误中学习，我们制造的每一架飞机都体现了我们从其他飞机中学到的所有东西。[①] 战略贸易理论把学习看作全球贸易竞争的重要方面，学习减少了生产成本。随着国内的企业在生产过程中保持学习，国内企业可以实现更有效率的生产，加强了这些企业在国际市场竞争的能力。当"空客"突破先发者设置的技术壁垒，成长为世界民用航空业的大企业，实现多头垄断或者寡头垄断时，就能获得额外的高利润率。因此，战略贸易理论不是完全竞争，而是顾及了"边干边学"、规模经济、贸易壁垒、高利润率以及研发竞争这些因素。[②]

战略贸易理论与传统的贸易理论唱反调，它呼应李斯特，认为一个国家的某些经济部门对整个经济的重要性要超过其他部门，因此需要政府的支持。战略贸易理论为采取保护主义措施，实施补贴和采取其他产业政策提供了理由。受到保护或者接受政府补贴的公司可以利用规模收益递增、技术累积过程和路径依赖等积极反馈增强自己在全球市场的竞争力。

值得注意的是，李斯特的保护主义并不是永远保护，他指出保护是暂时的，是权宜之计，保护幼稚产业的最终目的是希望它们能成长起来参与世界市场的自由竞争。"任何国家，借助于保护政策，据有了工商优势，达到了这个地位以后，就能够有利地恢复自由贸易政策。"[③]

在产业政策上，李斯特及其信徒要求后发展国家的政府摒弃斯密等人开出的药方，因为自由主义的政治经济学处处把国家权力、政府干预排除在外。李斯特指出："按照它的说法，国家权力对个人照顾得越少，个人生产就越加能够发展。根据这样的论点，野蛮国家就应当是世界上生产力

---

① John Newhouse, *The Sporty Game*, New York: Knopf, 1982, p.7.

② ［美］詹姆斯·布兰德：《战略性贸易和产业政策的依据》，载［美］保罗·克鲁格曼主编，海闻等译：《战略性贸易政策与新国际经济学》，中国人民大学出版社2000年版，第61—62页。

③ ［德］弗里德里希·李斯特：《政治经济学的国民体系》，第16页。

最高、最富裕的国家,因为就对个人听其自然、国家权力作用若有若无的情况来说,再没有能比得上野蛮国家的了。"[1] 张夏准也多次提及,在 19 世纪,那些落后国家是自由市场的典型。因为它们被先发展国家剥夺了关税主导权,没法实施产业政策。对此,李斯特开出的政策药方是"无须埋怨,也不必痴心期待将来的自由贸易那个救世主,赶快把世界主义制度扔在火里"。[2] 不过,李斯特指出,这样的保护不是永久的,也不会因为保护导致本国制造业产品的价格永远居高不下,因为在保护的过程中,政府也一定要保持国内制造业的竞争,这样才能提高产品质量,降低产品价格。"一切工业在开创时总不免有发生巨大损失和牺牲的危险,他们是要同这种危险作艰苦斗争的。但是在消费者方面尽可放心,这种非常利润决不会达到过高程度或长期存在,由于继起的国内竞争,不久必然会使价格降低,且会降低到在外商自由竞争局面下相当稳定的价格水平之下。"[3]

为了提高产品质量,中国台湾地区的地方政府没收了几吨劣质味精以及食品调味剂。当地政府发布命令,在台北市当众销毁了两万多只劣质灯泡。政府还威胁厂商,如果它们的产品质量得不到改善,政府将放开该产品的进口。随着台湾地区产品质量的改善,政府没有将其警告付诸实施。[4] 路风教授的研究展示:2009 年,国际市场上的液晶面板价格大幅度上涨。在中国亟需液晶面板的时候,韩国企业开始控制供应数量,提高产品价格。当中国的京东方形成自主生产能力时,液晶面板开始大规模降价。[5] 在自由主义政治经济学家看来,企业是在寻租,通过政府保护,获得垄断地位,进而获得租金。在李斯特看来,他们在提高国家的"生产力"。[6] 除了实施关税保护、政府补贴,国家还有哪些政策工具来扶助民族工业成长呢?

第一项措施是研发资助。研发资助是比较隐蔽的补贴,也是可行性较

---

① [德] 弗里德里希·李斯特:《政治经济学的国民体系》,第 150 页。
② [德] 弗里德里希·李斯特:《政治经济学的国民体系》,第 86 页。
③ [德] 弗里德里希·李斯特:《政治经济学的国民体系》,第 148 页。
④ Robert Wade, *Governing the Market: Economic Theory and the Role of Government in East Asian Industrialization*, Princeton: Princeton University Press, p.80–81.
⑤ 路风:《光变:一个企业及其工业史》,第 346 页。
⑥ [美] 亨利·威廉·斯皮格尔:《经济思想的成长》(上),第 361 页。

高的扶植民族工业的做法。1959 年，美国国会的一个委员会估计：美国电子产品的研发，超过 85% 的经费来自联邦政府。第一代计算机的研发，几乎无一例外是由美国政府部门，尤其是美国军方资助的。美国计算机企业的发展受益于军方所资助的半导体和晶体管的研究。美国企业能引领世界互联网信息技术的潮流，也离不开政府的研发资助。麻省理工学院设计的数字控制技术主要用于美国的飞机制造业，而美国空军对这一项目提供了大量的资助。①

第二项措施是政府引导融资。日本政府通过对银行系统的控制，将金融资源投向政府扶植的民族工业。除了联邦或中央政府，地方政府也常常发挥积极作用。事实上，在发展壮大过程中，中国的液晶面板企业京东方筹资的主要来源是地方政府，包括北京、合肥、成都、重庆、鄂尔多斯等。例如，京东方在合肥建生产线的时候，合肥市政府的助力使得民众更有信心，私人投资者踊跃认购企业债券。在合肥市出资了 30 亿元以后，京东方共筹集到 120 亿元的资金。②地方政府的参与让投资者有信心，让银行愿意放款，也让该项目更容易获得国家发改委和证监会的批准。

第三项措施是政府采购与军事采购。高科技产品面世初期的造价过高，普通消费者往往难以承受。例如，在 20 世纪 30 年代，计算器的雏形——机械计数器就已经出现了。当时每台计算器的价格为 1200 美元，相当于几辆家用汽车的价格。20 世纪 50 年代，晶体管也极为昂贵，不太可能步入寻常百姓家，贝尔实验室附属制造工厂生产的全部产品均销往军队。1952年，美国晶体管的生产厂家共生产了 9 万个晶体管，军队几乎将它们全部买下。最早的计算机都是销售到美国联邦政府部门，尤其是美国的国防部门和情报部门。美国软件业发展早期，其最大的客户就是美国联邦政府部门，尤其是美国国防部。即便到了 20 世纪 80 年代早期，美国国防部的采购仍占到美国软件销售近一半的份额。③美国联邦政府的采购以及军事需求刺激了大量新企业进入该行业，孕育了英特尔、IBM 等美国民族工业巨头。

① 黄琪轩：《大国权力转移与技术变迁》，上海交通大学出版社 2013 年版，第 133—140 页。
② 路风：《光变：一个企业及其工业史》，第 303 页。
③ 黄琪轩：《大国权力转移与技术变迁》，第 140—144 页。

第四项措施是政府推销。法国政府曾许诺印度政府,如果印度购买"空客"飞机,法国政府将为印度在世界银行进行游说,帮助印度获得世行的贷款。此外,法国政府还愿意帮助印度清理恒河。时任法国总统密特朗许诺,一旦"空客"A320试飞成功,他会是它的推销员。[1]如果国内市场不足,民族工业需要获得世界市场才能实现规模制造,进而降低成本。而政府推销有助于民族工业在成长初期获得国际市场,实现规模制造,降低成本。

第五项措施是市场交换。19世纪末,美国的企业能开拓拉美的市场,得益于美国政府与拉美国家的市场交换。1913年的时候,拉美大多数国家主要出口市场是美国。在拉美21个国家中,至少有11个国家把美国视为其最主要市场。1913年,洪都拉斯、巴拿马、波多黎各等国将80%以上的出口商品销往美国;古巴、墨西哥销往美国的商品则占其出口总额的70%以上。[2]美国出让本土市场的同时,为其民族企业的产品出口打开了市场,尤其对拉美北部国家而言,美国在一战前出口到这些国家的商品占其进口商品总额的54.1%。[3]19世纪末期,美国政府的市场交换为美国这一时期民族企业的成长提供了外部市场。

综上,以国家为中心的政治经济学强调国家对产业成长的积极作用,通过国家实施积极的产业政策,调整国内产业结构,生产高附加值产品。国家产业政策包括:关税保护、政府补贴、研发资助等多种形式,促进民族产业的成长,也实现了富国强兵的目标。

---

[1] Marc Busch, *Trade Warriors: States, Firms, and Strategic-Trade Policy in High-Technology Competition*, New York: Cambridge University Press, 1999, p.57.

[2] Victor Bulmer-Thomas, *The Economic History of Latin America since Independence*, New York: Cambridge University Press, 2003, pp.73–74.

[3] Victor Bulmer-Thomas, *The Economic History of Latin America since Independence*, pp.76–77.

九　为何巴西大农场主缴纳很低的税？

巴西军政府统治时期，巴西有一个显著特点：居住在各州的富人群体能影响地方政治，而联邦政治又受地方政治的显著影响。巴西的富人获得了大量的政府补贴，富人左右着巴西政府，巴西缺乏国家能力，在分配资源时，难以照顾到弱势群体。[①] 巴西拥有拉美最先进的金融市场，但70%的普通家庭根本没有渠道获得金融资源和服务。在巴西，金融资源成了少数人享有的特权，只有15%的巴西家庭拥有银行账户。[②] 尽管大量的信贷流向农业，但农业信贷是非常集中且有选择性的。1978年，只有20%—25%的巴西农场主能获得信贷。即便在这么小的群体中，信贷也会根据农场规模的不同进行极为不平地分配。1969年到1975年，分配给大农场的信贷增长了10倍，而分配给小农场的信贷还不到以往的两倍。[③]

巴西的社会福利也不能关照到那些最为需要的人，难以惠及贫民，而是给了那些需求并不是那么迫切的人。[④] 巴西教育是很典型的例子。巴西是世界上教育代际流动最差的国家，也是社会与经济机会公平最差的国家。[⑤] 在巴西，最好的中学都是私立的，富家子弟在这里读书，他们赢在了起跑线上。这些富家子弟再通过激烈的入学考试，进入巴西免费的国立大学读书。因此，巴西国立大学处处是富家子弟，巴西政府的教育拨款有一半流

---

① 黄琪轩：《巴西 "经济奇迹" 为何中断》，《国家行政学院学报》2013年第1期。

② John Price and Jerry Haar, "Introduction: Can Latin America Compete？" in Jerry Haar and John Price, eds., *Can Latin America Compete: Confronting the Challenges of Globalization*, New York: Palgrave Macmillan, 2008, p.19.

③ Ben Ross Schneider, *Business Politics and the State in Twentieth-Century Latin America*, New York: Cambridge University Press, 2004, p.242.

④ Sonia Draibe, "The Brazilian Developmental Welfare State: Rise, Decline and Perspectives," in Manuel Riesco, *Latin America: A New Developmental Welfare State Model in the Making*, New York: Palgrave Macmillan, 2007, p. 259.

⑤ Stephan Klasen and Felicitas Nowak-Lehmann, "Introduction," in Stephan Klasen and Felicitas Nowak-Lehmann, eds., *Poverty, Inequality, and Policy in Latin America*, Cambridge: MIT Press, 2009, p.6.

向了国立大学。政府忽视基础教育而重视高等教育的政策让贫民无法获得良好的教育机会。政府的教育政策不仅补贴了富人，也阻碍了贫民通过教育实现社会流动。[1] 除此以外，即便是城市基础设施的日常维护、改造建设以及新建工程也围绕着富人群体的需要展开，耗费了大量的公共资源。[2]

巴西的富人左右着政治，他们向政府索取很多，付出却很少。在巴西，像圣保罗、米纳斯吉拉斯等州能对联邦政府构成军事威胁。地方政府拥有的警察力量对联邦政府构成了有力的挑战。这些州甚至能有效反对巴西军政府的再分配方案，[3] 军政府也难以集中巴西的财政权。[4] 如此一来，各州政府保留了极大的财政权力，致使巴西的财政管理体制高度分散。巴西强大的地方富人群体影响了国家能力，且影响深远。即便到 20 世纪 90 年代早期，巴西联邦政府获取的税收仅占 GDP 的 3.8%，而南非的联邦政府税收则占 GDP 的 14.4%。[5] 面对强大的地方，巴西军政府难以渗透到社会，军政府只能分配有限的资源，而且这些资源还需要优先满足富人群体的需求，以换取他们的支持。

1964 年到 1967 年，巴西进行了税制改革，但最后的实施效果与最初拟定的实施方案大相径庭，巴西联邦政府发现改革后的税收变得更为复杂，更具有累退性，联邦政府获得的收入也更少。在巴西，政府难以对大农场主征税，导致 20 世纪 70 年代与 80 年代，农业所得税仅占国家所得税的 1%；与此同时，大农场则获得了政府巨额的补贴。国家所得税中的 10% 用于农

---

[1]　Thomas Skidmore, *The Politics of Military Rule in Brazil: 1964-1985*, p.10.

[2]　Ignacy Sachs, "Growth and Poverty: Some Lessons From Brazil," in Jean Dreze and Amartya Sen, eds., *The Political Economy of Hunger*, *Volume 3: Endemic Hunger*, New York: Oxford University Press, 1991, p.97.

[3]　Alberto Diaz-Cayeros, *Federalism*, *Fiscal Authority*, *and Centralization in Latin America*, New York: Cambridge University Press, 2006, p.211.

[4]　Frances Hagopian, *Traditional Politics and Regime Change in Brazil*, New York: Cambridge University Press, 1996, pp.1-36.

[5]　Evan Lieberman, *Race and Regionalism in the Politics of Taxation in Brazil and South Africa*, New York: Cambridge University Press, 2003, p.63.

业补贴，用于发放信贷或者购买农机与化肥，[①] 这些补贴集中流入了巴西的大农场。

历史上的中国具有"皇权不下县"的治理特征。这一情况从积极方面看是给予地方一定的自主权，中央政府不干预地方的治理。另一方面则反映了当时的国家能力比较弱，皇权难以控制到县以下的地方。

比较政治经济学中的"国家主义"是以国家为中心的视角，从这一视角来看，巴西政府难以将发展的好处惠及穷人，一个重要原因是它既缺乏国家自主性，也缺乏国家能力。国家权力往往划分为国家自主性（state autonomy）和国家能力（state capacity）。简单说，国家自主性是指国家不受社会集团干扰，独立决策的能力。韦伯指出：德国要发展，就要让国家摆脱容克地主集团的控制，就需要让德意志国家获得自主性，"直至今天，德国王室在普鲁士的政治基础一直依赖于普鲁士容克地主这一社会阶层。只有靠着与容克阶层的合作（同时也是为了抑制他们）王室才得以建立普鲁士国家"。[②] 因此，按韦伯的理解，民族国家不能像马克思所讲的那样，成为统治阶级的代理人，"民族国家绝非只是单纯的'上层建筑'，绝非只是经济上占统治地位的阶级的工具"。相反，"民族国家立足于根深蒂固的心理基础，这种心理基础存在于最广大的国民中，包括经济上受压迫的阶层"。[③] 和德国的容克地主集团一样，巴西存在强大的权势集团，国家是缺乏自主性的。政策被这些集团左右，政府难以独立制定政策，因此巴西的金融政策、教育政策都是偏向权势阶层。

国家能力则是指国家将政策贯彻实施的能力。国家能力越强，越容易将已有的政策贯彻实施。巴西政府试图贯彻其税收政策，但事与愿违。即便是巴西军政府也无法有效向富人征税。同巴西一样，不少发展中国家纷纷制订发展计划，但这些计划却根本实施不下去。

---

① Cristobal Kay, "Agrarian Reform and Industrial Policy," in Richard Boyd, Benno Galjart and Tak-Wing Ngo, eds., *Political Conflict and Development in East Asia and Latin America*, New York: Routledge, 2006, p. 41.

② ［德］马克斯·韦伯：《民族国家与经济政策》，第 100 页。

③ ［德］马克斯·韦伯：《民族国家与经济政策》，第 99 页。

普林斯顿大学的科利教授所著《国家引导的发展》指出：20 世纪 60 年代初期，韩国、印度、巴西以及尼日利亚的人均收入都差不多，过了 40 余年，这四国的经济绩效出现天壤之别（如图 6-1 所示）。为什么会出现这种情况呢？他解释了经济绩效差异的政治根源。

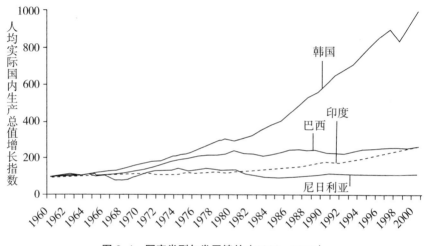

图 6-1　国家类型与发展绩效（1960—2000）

科利教授认为，韩国是凝聚性资本主义国家（cohesive-capitalist states）；印度以及巴西是分散性多阶级国家（fragmented-multiclass states）；而尼日利亚则是新世袭性国家（neopatrimonial states）。韩国的政府有着较强的国家能力，能深入社会内部，在追求快速增长的过程中，凝聚性资本主义国家渗透到社会，与社会主要经济团体联系密切，并掌握着有效的政治工具。这是韩国等国家成功的关键。而印度和巴西，则无法像凝聚性资本主义国家那样将目标聚焦于发展，也无法有效地追求这些目标。与其他国家的领袖相比，巴西与印度这样的分散性多阶级国家的领袖更担心他们所获得的政治支持。领导人必须同时追求几个目标，旨在满足各式各样的拥护者。这样一来，政策决策与实施往往被政治化。这或者是因为精英间的斗争，或者是因为国家权威无法渗透到社会，从而难以吸纳与控制下层阶级。因此，分散性多阶级国家的经济绩效不如凝聚性资本主义国家那样成功。而像尼日利亚这样的新世袭性国家，国家干预经济并非为了经济增长。那里的领导人干预经济，要么是满足个人贪欲；要么是将经济利益作为特权，恩赐给自己的核心支持集团，以便赢得短期政治支持。这些国家的政治不稳定，政策也难以持续，政策常常服务于个人利益和局部利益。因此，新世袭性国家阻碍了工业发展与经济增长。国家类型的不同会带来经济绩效的差异。这是现实主义政治经济学的国家与国家主义政治经济学的国家之间存在的差别。在国际政治经济学中，现实主义的政治经济往往假定国家是"一元"的，它们用一个声音说话，对国家利益有着统一的认识；假定国家是"自主的"，能不受社会各方利益影响，自行制定符合国家利益的政策；且假定国家是"理性的"。而在比较政治经济学中，国家主义的政治经济则挑战这样的假定，从国家与社会的互动出发，他们发现每个国家获得"国家自主性"以及"国家能力"并不是必然的。①

以国家为中心的政治经济学强调国家的生存环境是"无政府状态"，国家是政治经济运行的中心行为体；战争催生了现代国家，而现代国家则是现代经济的政治基础；权力不仅主导着国际政治，也影响着世界经济；国家有"国家利益"，且国家利益和私人利益并非和谐一致；国家常常以"相对收益"来看待国家利益；为了保障国家利益，各国需要保障自身的经济自主性。此外，他们倡议，一个国家需要调整国内的经济结构，发展"高附加值"的产业，如果有必要，可以实施关税保护，可以实施战略贸易政策。一个具备了较强国家自主性以及国家能力的国家，才能更好地发展现代经济。

---

① 关于国家主义的详细介绍，参见朱天飚《比较政治经济学》，北京大学出版社2006年版，第5章。

第七章　政治经济学中的制度视角
——从凡勃伦到诺斯

　　我们在前面几章介绍了以个体为中心的政治经济学，也介绍了以阶级为中心、以国家为中心的政治经济学。其实，政治经济学还有一个重要的分析视角，即以制度为中心的政治经济学。制度主义有旧制度主义与新制度主义之分。旧制度主义的代表人物如索尔斯坦·凡勃伦（Thorstein Veblen）、约翰·康芒斯（John Commons）以及韦斯利·米契尔（Wesley Mitchell）；而新制度主义的代表人物包括道格拉斯·诺斯（Douglass North）、罗纳德·科斯（Ronald Coase）、奥利弗·威廉姆森（Oliver Williamson）等人。这些人大部分是经济学家而不是政治学家，但他们的著作却对政治学产生了持久的、深远的影响。政治学中的历史制度主义与理性选择制度主义等分析范式大都能从制度主义的文献中找到思想渊源。制度主义的学者，无论是旧制度主义还是新制度主义，大都是美国人，至少大都出生在美国或者在美国大学工作。因此，"制度学派"也可以被称为政治经济学的"美国学派"。围绕着"制度"这一关键词，他们对当代政治经济展开了分析。

　　凡勃伦强调制度来源于人的竞争本性，有闲阶级已经形成制度，他们追求明显有闲、明显消费，影响至今。现代的制度研究者认为，制度在以下几个方面影响着当代的政治经济。制度在一段时间内是一个均衡，它对强者和弱者都有约束力，可以降低人们决策时的不确定性。好的制度需要保护人们的产权，而保护产权是西方世界兴起的关键。制度的一项重要作用是为人们的政治经济决策提供激励，让人们更愿意从事生产性活动，更愿意发明创造，更愿意投资人力资本，也更愿意合作。制度还有一项重要作用是降低交易费用，让经济运行得更为顺畅。同时，好的制度也可以提供可信承诺。但是，人们发现：低效的制度常常长期存在。这是因为制度具有路径依赖的特征，制度是有可能被锁定在低效的轨道上的。

一 为何美国富商会赞助大学？

美国不少一流的大学是私立的，很多享有世界声誉的私立大学大都是由富人资助创办的。芝加哥大学由石油大亨约翰·洛克菲勒（John Davison Rockefeller）出资建立；康奈尔大学由西联汇款（Western Union）电报业的创始人埃兹拉·康奈尔（Ezra Cornell）和安德鲁·迪克森·怀特（Andrew Dickson White）于 1865 年联手创办；斯坦福大学是加州铁路大王、曾担任加州州长的阿马萨·利兰·斯坦福（Amasa Leland Stanford）为纪念其小儿子，于 1885 年建立的；范德比尔特大学则是由美国铁路大亨科尼利尔斯·范德比尔特（Cornelius Vanderbilt）出资捐建。为何这些富人会出资创建大学？他们是在做慈善事业吗？理性选择视角的回答是：这是富人在做投资。通过出资创办大学，他们能获得好名声，进而能为他们带来更多的财富。而凡勃伦则以不同的视角看待这样的资助。

凡勃伦的经历和他的著作一样异于常人。他的学习和工作经历遍及美国各大名校，包括耶鲁大学、康奈尔大学、芝加哥大学、斯坦福大学等。在日常生活中，他穿得像流浪汉，生活懒散，不愿意浪费时间铺床，也不爱刷牙。他还是一个烟鬼。据说，他饭后往往将脏盘子堆在盆里，直到没有干净的碟子，才用水管冲洗。凡勃伦在生活上的掉以轻心也体现在教学和写作中。在教学上，他轻视学校的规章制度。对所有的学生，无论成绩好坏，他一律都给 C。他也不喜欢考勤。不仅如此，据说他的课堂枯燥乏味，讲授的内容也难以理解。凡勃伦上课的时候常常喃喃自语，且经常跑题。结果选他的课的人越来越少，乃至最后全班只剩下一个人。凡勃伦年少聪慧，据他的弟弟回忆："起初我以为他无所不知，随便问他什么问题，他都能原原本本地告诉我。后来我才知道，他所说的一切，有好多是捏造出来的，但是即便是谎话，他也捏造得很好。"①

《有闲阶级论》（*The Theory of the Leisure Class*）出版于 1899 年，这是凡勃伦的第一部作品。这部著作在出版前曾被出版社多次要求重写，因为做事漫不经心的凡勃伦不愿为其著作添加注释。《有闲阶级论》的副标题是"关于制度的经济研究"。这部书出版以后立刻引起很大的轰动，震惊了美国东海岸，成为当时知识界人士随身必备读物。②凡勃伦认为，以往的理论对美国社会的暴虐奢华视而不见，仅以刻板线条与无光泽的陈规描绘现实。他需要对学术上的陈规陋习加以改变。③凡勃伦不仅是传统政治经济学理论的批判者，也是商业文明的批判者。他和马克思一样尖刻地责难那个时代，声称那是个有罪的时代。④

凡勃伦将一些相对不变的、根本的人类行为特征称为"本能"。他认为人类有两组本能：作业的本能（instinct of workmanship）以及剥削的本能，也叫掠夺的本能（predatory instinct）。在凡勃伦那里，人类社会在进化的过程中，经历了野蛮时期、未开化时期、手工业时期以及机器生产时期。

在人类社会的野蛮时代，还不存在经济特权和分化，因而还不存在显著的"有闲阶级"。在生产力较低的情况下，人类社会是"作业本能"占主导。在这样以劳动维持生计的时代，人人都有工作，没有一种劳动是低贱的，因为只有这样才能保证个人和社会的生存。随着社会的发展，"掠夺

---

① ［美］罗伯特·海尔布隆纳：《经济学统治世界》，第 185—187 页。
② ［美］罗伯特·海尔布隆纳：《经济学统治世界》，第 192 页。
③ ［美］罗伯特·海尔布隆纳：《经济学统治世界》，第 184 页。
④ ［美］亨利·威廉·斯皮格尔：《经济思想的成长》（下），第 535 页。

的本能"才有了发展的空间。因为有了剩余物资，有人可以从掠夺中获益，靠武力和狡诈来获取财富。随着人类社会从野蛮阶段过渡到了未开化阶段，有闲阶级出现了。

　　要出现有闲阶级，凡勃伦指出需要具备两个条件：战争和相对丰裕。"要使这个制度能以明确的形态出现，显然必须具备的条件是：首先，部落必须具有以掠夺为目的的生活习惯，必须有战争或大规模狩猎活动，或者是两者俱备，这就是说，在这样情况下构成初期有闲阶级的男子们，必须习惯于用武力或策略来从事伤害行为；其次，生活资料的获得必须相当从容，从而有条件使部落成员中一个很大的部分可以脱离经常的辛勤劳动。"①这一时期，出现了侵占活动和生产活动的分化。从事打仗、狩猎等侵占活动的人往往脱离日常的生产活动，这些活动开始带有荣誉性质。"上层阶级按照习惯是可以脱离生产工作的，或者是被摒于生产工作之外的，是注定要从事于某些带几分荣誉性的业务的。"②他们将生产性的事务置身事外，生产业务和非生产业务之间出现了差别，因此人与人之间也出现了身份的差别。"这类非生产性的上层阶级业务，大致归纳起来是以下几项——政治、战争、宗教信仰和运动比赛。"③有闲阶级从事非生产性的活动，从事侵占活动，而由下层阶级从事生产活动。"列入侵占一类的业务是可敬的、光荣的、高贵的；而其他不含有侵占成分的业务，尤其是含有奴性或屈服意味的那些业务，是不值得尊敬的、低贱的、不体面的。"④这样，人类的侵占本能逐渐制度化，成为有闲阶级制度（The institution of a leisure class）。在这样的制度下，人类的掠夺本能压倒了作业本能。对有闲阶级而言，他们的工作是掠夺性的，靠武力和狡诈来占有财富，远离那些靠气力和技能来进行财富创造的活动。而在现代社会，这种区别仍然变相存在。制度是有惯性的，现在的社会分工仍然存在"有闲阶级"和终日忙碌流汗的阶级之间的差别，"对业务作出这样区别的这种观念，作为一种先入之见，实际

①　［美］索尔斯坦·凡勃伦著，蔡受百译：《有闲阶级论》，商务印书馆1994年版，第9—10页。
②　［美］索尔斯坦·凡勃伦：《有闲阶级论》，第5页。
③　［美］索尔斯坦·凡勃伦：《有闲阶级论》，第5页。
④　［美］索尔斯坦·凡勃伦：《有闲阶级论》，第15页。

上仍然是极其顽强地贯串在现代生活中"。①

凡勃伦强调动机对人们行为的影响,其中个人竞赛的动机对人们行为的影响尤其显著。"除了自卫本能以外,竞赛倾向大概是纯经济动机中最强烈的,而且是最活跃、最持久的。在工业社会里,这种竞赛倾向表现在金钱上的竞赛上。"②当"有闲阶级制度"占主导地位时,竞争的动机无时无刻不在驱使人们进行着"金钱竞赛"(pecuniary emulation)。凡勃伦认为,"有闲阶级"是和财产所有权同时出现的。私有产权制度出现以后,人与人之间就发生了金钱竞赛,无休止地占有更多的物品。"所以要占有事物,所以会产生所有权制,其间的真正动机是竞赛;而且在所有权制所引起的社会制度的进一步发展中,在与所有权制有关的社会结构的一切特征的继续发展中,这一竞赛动机依然活生生地存在着。占有了财富就博得了荣誉;这是一个带有歧视性意义的特征。"③在凡勃伦看来,财产之所以有价值,不是人们需要积累财产以供衣食住行等生存开销,而是因为持有财产则向社会传递了自身优越的信号。在社会生活中,财产是取得荣誉和博得尊敬的基础,是满足自尊心的必要手段。"财产之所以有价值……是由于借此可以证明其所有人比同一社会中其他个人处于优势地位。"④因此,财产的重要性远远不在于满足人的日常消费,而是个人成功和优势的象征。如果一个人要在社会上获得相当声望,就必须取得财产,累积财产,从而赢得金钱竞赛。

这样的金钱竞赛永远看不到头,这样的竞赛也使得个人处于无休止地与他人对比的煎熬中。"一个普通的、正常的人,如果在这样的对比下显然居于劣势地位,他就不免要一直在怨尤中度日,不能满足于当前处境;如果一旦达到了社会的或社会中属于他的那个阶级的所谓正常的金钱标准,他原有的长期不满情绪将为另一种心情所代替,那时他所片刻难安的将是,怎样使他自己的金钱标准与这个平均的金钱标准之间的差距能够扩大、再

---

① 〔美〕索尔斯坦·凡勃伦:《有闲阶级论》,第10页。
② 〔美〕索尔斯坦·凡勃伦:《有闲阶级论》,第81页。
③ 〔美〕索尔斯坦·凡勃伦:《有闲阶级论》,第22页。
④ 〔美〕索尔斯坦·凡勃伦:《有闲阶级论》,第24页。

扩大。"① 个人之间的这种歧视性对比是无止境的，人们一直在进行金钱竞赛。每个人的生活充满了攀比。每一个人都想通过积累财富，胜过别人，从而赢得荣誉，赢得别人的羡慕。

　　有了财富和权力需要拿出证明。"明显有闲"（conspicuous leisure）就是一项有效的证明。如果他们足够富有，他们就应该享有足够的闲暇，不事生产却能过着优渥的生活。"有闲阶级生活的主要特征是明显地不参加一切有实用的工作。"② 有闲阶级把参加劳动看作有损体面的事情。对有闲阶级而言，"摒绝劳动不仅是体面的，值得称赞的，而且成为保持身份的、礼俗上的一个必要条件"。③ 所以在古代中国，作为"有闲阶级"富人家的大小姐都要裹脚，这样就是"有闲"的证明。"处于这样情况下的女子不能从事生产劳动，势必游手好闲，由她的所有人抚养。"④ 丫鬟则不用裹脚，因为她们需要忙里忙外地从事劳务。为什么在不少人看来，穿着高跟鞋的女性更美，即便身材高挑的女士也喜欢穿高跟鞋？凡勃伦对此的解释是："穿上了这种高跟鞋，即使要从事最简单、最必要的体力劳动也将感到极度困难。"⑤ 这样，女士穿上高跟鞋就是"有闲"的证明。为什么人们觉得挂着拐杖的男子显得比较绅士？凡勃伦的解释是："手杖……表明持杖者的双手干有用劳动以外的事体，因此具有证明有闲的效用。"⑥

　　凡勃伦列举了几个极端例子："据说波利尼西亚地区的某些酋长，为了保持尊严，他们宁可挨饿，也不肯用自己的手把食物送到嘴里。"⑦ 他列举了一个更骇人听闻的例子，但却没有注明出处。"法国某国王，据说由于要遵守礼节，不失尊严体统，拘泥过甚，竟因此丧失了生命。这位国王在烤火，火势越来越旺了，而专管为他搬移座位的那个仆人刚巧不在身边，他就坚忍地坐在炉边，不移一步，终于被熏灼到无可挽救的地步。但是他

---

① ［美］索尔斯坦·凡勃伦：《有闲阶级论》，第 26—27 页。
② ［美］索尔斯坦·凡勃伦：《有闲阶级论》，第 33 页。
③ ［美］索尔斯坦·凡勃伦：《有闲阶级论》，第 33 页。
④ ［美］索尔斯坦·凡勃伦：《有闲阶级论》，第 109 页。
⑤ ［美］索尔斯坦·凡勃伦：《有闲阶级论》，第 125 页。
⑥ ［美］索尔斯坦·凡勃伦：《有闲阶级论》，第 190 页。
⑦ ［美］索尔斯坦·凡勃伦：《有闲阶级论》，第 35 页。

虽然牺牲了，却保全了最高贵的基督教陛下玉体的圣洁，没有被贱役所玷污。"① 这些有闲阶级都不愿意和劳务有任何沾染，要足够有闲才能保持声誉。

在凡勃伦看来："礼法是有闲阶级的产物和象征，只有在身份制盛行时，才有充分发荣滋长的机会。"② 因为礼仪需要花时间来学习，需要金钱成本，只有有闲阶级才有时间，才肯花钱来培养好的礼仪。因此，富人们彬彬有礼的价值在于它是有闲生活的确凿证明。不仅如此，高深学问也是有闲阶级的名片，最无用的古典学最能代表有闲。凡勃伦写道："古典学之所以能够在高级学识体系中占有特权地位，所以能受到高度的尊崇，被认为是一切学识中之最可敬的，就是由于它具有作为浪费时间与精力的证明这一效用，因而也就是由于它具有作为支持这种浪费所必要的金钱力量的证明这一效用。"③ 为什么现在还有不少人要去学已经只能看不能读的拉丁文？去学古英文？看过《围城》的人都知道，钱锺书能写出很好的白话文，那么为什么他还要用文言文写《管锥编》？用凡勃伦的话来回答，就是"古语的优点是在于它具有荣誉性；由于它是繁重的、艰难的、过了时的，由于它具有浪费时间和避免使用并且不需要使用直截了当的现代语言的证明作用，因此是具有荣誉性的"。④

除了自己要能享受"明显有闲"，有闲阶级还可以用"代理有闲"（vicarious leisure）的方式来展示自己的支付能力。豢养大量的仆役就是代理有闲的例子。"因为仆役的主要用途原是在于证明主人的支付能力。"⑤ 凡勃伦认为富人对学术的资助，比如富人出资创办一所所大学，也是学者们履行了"代理有闲"的职责，其荣誉归主人所有。

---

① ［美］索尔斯坦·凡勃伦：《有闲阶级论》，第36页。
② ［美］索尔斯坦·凡勃伦：《有闲阶级论》，第38页。
③ ［美］索尔斯坦·凡勃伦：《有闲阶级论》，第283页。
④ ［美］索尔斯坦·凡勃伦：《有闲阶级论》，第285—286页。
⑤ ［美］索尔斯坦·凡勃伦：《有闲阶级论》，第49页。

二　为何贾府的饭桌上要有"茄鲞"这道菜？

《红楼梦》第四十一回《栊翠庵茶品梅花雪　怡红院劫遇母蝗虫》中，刘姥姥来到大观园，贾母邀请刘姥姥一同用膳。刘姥姥吃到了一道特别的菜，菜名叫"茄鲞"。《红楼梦》里是这么描述的，贾母笑道："你把茄鲞搛些喂他。"凤姐儿听说，依言搛些茄鲞送入刘姥姥口中，因笑道："你们天天吃茄子，也尝尝我们的茄子弄的可口不可口。"刘姥姥笑道："别哄我了，茄子跑出这个味儿来了，我们也不用种粮食，只种茄子了。"众人笑道："真是茄子，我们再不哄你。"刘姥姥诧异道："真是茄子？我白吃了半日。姑奶奶再喂我些，这一口细嚼嚼。"凤姐儿果又搛了些放入口内。刘姥姥细嚼了半日，笑道："虽有一点茄子香，只是还不像是茄子。告诉我是个什么法子弄的，我也弄着吃去。"凤姐儿笑道："这也不难。你把才下来的茄子把皮去了，只要净肉，切成碎钉子，用鸡油炸了，再用鸡脯子肉并香菌，新笋，蘑菇，五香腐干，各色干果子，俱切成钉子，用鸡汤煨干，将香油一收，外加糟油一拌，盛在瓷罐子里封严，要吃时拿出来，用炒的鸡瓜一拌就是。"刘姥姥听了，摇头吐舌说道："我的佛祖！倒得十来只鸡来配他，怪道这个味儿！"从凤姐的描述可见，茄鲞的制作工艺非常复杂，过程十分考究。当然，菜名还取得别具一格。为何贾府的饭桌上需要茄鲞这样的菜肴？仅仅是因为茄鲞美味可口吗？

涉猎广泛的索尔斯坦·凡勃伦估计没有读过《红楼梦》，不然，贾府的茄鲞会是《有闲阶级论》一书中一个有趣的佐证素材。除了明显有闲，还有一样办法让他人知道自己富甲一方，就是"明显消费"（conspicuous consumption），也叫作炫耀性消费。炫耀性消费是人们博得荣誉的一个手段。不少人甚至需要为此忍受极大的痛苦，来实现"明显消费"，"为了装点门面，虚饰外表，而过前吃后空的日子"。[1]莫泊桑的小说《项链》中的女主角路瓦栽夫人为了体面地参加舞会，借来一条钻石项链，不慎遗失后

---

[1]　[美]索尔斯坦·凡勃伦：《有闲阶级论》，第66页。

让一家人的生活陷入了窘境。现实生活中有年轻人为了跟上苹果智能手机的更新，甚至靠卖肾来筹集买手机的花费。凡勃伦指出："一个人要使他日常生活中遇到的那些漠不关心的观察者，对他的金钱力量留下印象，唯一可行的办法是不断地显示他的支付能力。"[1]

马歇尔的价格曲线描述了这样的规律：价格上涨导致需求下降；价格下降使得需求增多。后来的学者根据凡勃伦的论点指出存在"凡勃伦商品"（Veblen Goods），[2]这类商品的特殊性在于，价格上涨反而会让消费者对此商品的需求上升；相反，价格下降会导致消费者需求下降。因为凡勃伦商品的定价不仅取决于其内在的品质，它需要向消费者索要高价，来展示消费者的支付能力，进而满足其"金钱竞赛"的需要。对"凡勃伦商品"而言，价格越高，消费者对它的需求越多。

如此一来，明显浪费（conspicuous waste）成了日常生活的行为准则。它深入影响到人们的服饰选择、宗教生活、审美等方方面面。有闲阶级的消费模式成了"有闲阶级制度"，塑造着人们的偏好，指导着人们的行为与选择。"在生活中，在对物品的消费行为中，哪些是正派的、光荣的，指导这方面思想习惯的形成的是明显浪费原则。"[3]比如在信仰上，"近代的一些最负盛名的教堂建筑，总是力求壮观，费用多少在所不计"。[4]对其服饰而言，"教士们的法衣总是代价很高、非常华丽的，而穿着却并不舒服……这些人的服装总是但求庄严而不顾到舒适与便利，而一般都觉得是应当这样的"。[5]在日常生活中，即使高仿的服饰与正品具有同样的美感，但由于仿制品不够昂贵，不具备明显浪费的标准，因此就不符合"审美"标准。凡勃伦指出："仿制品也许与真品惟妙惟肖，非经最精密的检验不易察觉；然而一经察觉，它的审美价值和商业价值都将一落千丈。"[6]因此，在审美上，

---

[1] ［美］索尔斯坦·凡勃伦：《有闲阶级论》，第 66 页。

[2] Harvey Leibenstein, "Bandwagon, Snob, and Veblen Effects in the Theory of Consumer Demand," *Quarterly Journal of Economics*, Vol. 64, No.2, 1950, pp.183–207.

[3] ［美］索尔斯坦·凡勃伦：《有闲阶级论》，第 86 页。

[4] ［美］索尔斯坦·凡勃伦：《有闲阶级论》，第 88 页。

[5] ［美］索尔斯坦·凡勃伦：《有闲阶级论》，第 89 页。

[6] ［美］索尔斯坦·凡勃伦：《有闲阶级论》，第 123 页。

明显浪费成了行为准则。"为了不被人看成是一个粗汉,他还得在爱好的培养上下些功夫,因为对消费品哪些是名贵的,哪些是凡陋的,应当能够相当正确地加以鉴别。"① 不少富人都会培养自己的爱好,这样的爱好一定要耗资不菲,才是高雅的爱好。洛杉矶盖蒂博物馆的创办人是美国石油大亨,该博物馆中收藏了近 500 年间世界各地著名艺术家的画作、雕塑、相片和其他艺术品。按凡勃伦的话来讲:对艺术品而言,"凡是代价不高的美术品,不能算作美的"。② 不少人会认为手工汤匙具有美感,而不喜欢机械制造的汤匙。这是因为手工汤匙尽管不那么实用,但却是一种浪费,所以大家会觉得它更美。也有不少人希望拥有手工的跑车而不是流水线制造出来的跑车。"此外还有一些花草,以真正的美感来说并不见得高于上述各种,但培植的时候花的代价很大,这就获得了某些爱花成癖的人的激赏,这些人的爱好是在高雅环境的严格指导下成熟起来的。"③

因此,贾府需要"茄鲞"这道菜。是"茄鲞"这道菜而不是"茄子豆角"具有"明显消费"的特征,乃至具有"明显浪费"的特征。古代中国的王恺和石崇"斗富"的故事人尽皆知。王恺用麦芽糖刷锅,石崇用蜡烛当柴烧;王恺将绸缎作为四十里长路面的帷幕,石崇则把五十里道路围成锦绣长廊。"要博取好名声,就不能免于浪费。"④ 这样的"明显消费"才能给主人带来足够的荣誉。

时至今日,有闲阶级的传统仍然被大量地保留了下来。现代社会的"炫耀性消费"不断见诸报端。土耳其珠宝商阿赫迈特·阿塔坎(Ahmet Atakan)制造出一款纯金打造的低胸背心短裙——用 7.8 万块金片缝制而成,重约 3 公斤。近年来,纯金打造的物品吸引着各大媒体的关注,有人用纯金打造跑车,有人用黄金打造圣诞树。更为夸张的是,澳大利亚还有一家公司推出过 22K 黄金打造的厕纸。为什么随着社会进步,这样的"炫耀性消费"仍然顽固地存在呢?

---

① [美]索尔斯坦·凡勃伦:《有闲阶级论》,第 57 页。
② [美]索尔斯坦·凡勃伦:《有闲阶级论》,第 97 页。
③ [美]索尔斯坦·凡勃伦:《有闲阶级论》,第 97 页。
④ [美]索尔斯坦·凡勃伦:《有闲阶级论》,第 73 页。

凡勃伦认为，历史遗留的制度并非能适应现代社会。就"有闲阶级制度"而言，由于其浪费的性质，因此和现代工业文明是格格不入的，至少它阻碍了人类社会的进步。"这个制度的作用足以降低社会的工业效能，足以阻碍人类性格对现代工业生活要求的适应。"[①] 那么，这样的陋习为何就能保留下来呢？此时，就需要理解凡勃伦的制度解释。

那么，什么是"制度"呢？按凡勃伦的理解，制度就是流行的精神态度或流行的生活理论。"制度实质上就是个人或社会对有关的某些关系或某些作用的一般思想习惯；而生活方式所由构成的是，在某一时期或社会发展的某一阶段通行的制度的综合，因此从心理学的方面来说，可以概括地把它说成是一种流行的精神态度或一种流行的生活理论。"[②] 凡勃伦更多地从社会心理学、人类学层面关注制度，他主要关注制度的文化层面，也是就我们以后会谈到的"非正式制度"。制度具有惯性，今天的制度来自昨天，而明天的制度也基于今天。

在凡勃伦那里，制度是由思想和习惯形成的，而思想和习惯又来自人类的本能，所以制度归根结底是受人本能支配的。个人行动和社会习俗都受人本能支配和指导。这些行动逐渐形成思想和习惯，进而形成制度。制度产生之后，就对人类的活动有约束力。因为有闲阶级制度来自人的本能，因此，人是很难改变的。凡勃伦指出："人们放弃有关明显消费的任何支出为什么会感到极度为难。作为这类习惯的依据的一些特性或性格特征是含有竞赛因素的；而这类竞赛性的，也就是含有歧视性对比作用的倾向，是自古以来就存在的，是人类性格的普遍特征。"[③] 但是，人具有不同的本能，比如"作业本能"与"掠夺本能"就是对立的。为何以"掠夺本能"为代表的有闲阶级制度能成为当下流行的制度呢？

凡勃伦强调选择与强制。"今天的形势是要构成明天的制度的，方式是通过一个淘汰的、强制的过程（a selective，coercive process），对人们对事物的习惯观念发挥作用，从而改变或加强他们对过去遗留下来的事物

① ［美］索尔斯坦·凡勃伦：《有闲阶级论》，第 176 页。
② ［美］索尔斯坦·凡勃伦：《有闲阶级论》，第 139 页。
③ ［美］索尔斯坦·凡勃伦：《有闲阶级论》，第 81 页。

的观点或精神态度。"①

凡勃伦向我们展示：制度的留存和流行离不开背后的权力。"一般形势，包括在任一个时期通行的制度，总是会使某一性格类型比其他性格类型格外有利于生存和统治；而这样汰存下来的民族，他们在继续保持过去遗留下来的制度并加以发扬光大时，将在很大程度上按照自己的爱好来改变这类制度。"②如果人们从达尔文那里看到"适者生存"，凡勃伦就从中看到了"适者"即强者，这些具备更强生存能力的群体在推广他们通行的制度。

有闲阶级制度不仅限于富人，穷人也浸染了有闲阶级的作风。对于富裕者而言，他们不是为消费而消费，消费是他们追逐社会地位的手段。他们之所以消费，是因为花钱越多，越能说明他们富贵荣华。不仅富人如此，穷人也如此。即便是较穷的人，即便是在生存线边缘挣扎的人群，他们的消费方式也包括了一些浪费的、炫耀性的因素。他们对生活和消费的看法是占支配地位的有闲阶级强加给他们的。"由此可见，有闲阶级制度，通过强制实行一种金钱礼俗方案，尽量向下层阶级汲取生活资料这类手段，发生了使金钱的性格特征得以在广大人民中保存的作用。结果是，下层阶级同化为原来只是为上层阶级所独有的那些性格类型。"③下层阶级被有闲阶级同化了。

凡勃伦指出：一旦形成制度，就构成了对个人选择的巨大约束，不适应这样的制度就会被淘汰。"有闲阶级制度影响到以后的经济生活的那许多传统习惯，正在逐渐形成，逐渐巩固，在那个时候上述原则是具有作为一种习惯法的力量的。人们是把这一原则当作消费行为必须遵守的一种规范的，如果发生了任何显然的背离，就要被认为是一种反常现象，迟早要在进一步的发展过程中被清除掉。"④这是凡勃伦运用达尔文的进化论来看待社会经济现象。制度一旦形成，就会出现适者生存的情形。"部分是由于一切

---

① ［美］索尔斯坦・凡勃伦：《有闲阶级论》，第 139 页。
② ［美］索尔斯坦・凡勃伦：《有闲阶级论》，第 139 页。
③ ［美］索尔斯坦・凡勃伦：《有闲阶级论》，第 175 页。
④ ［美］索尔斯坦・凡勃伦：《有闲阶级论》，第 56 页。

人的习性都受到了强制教化而与之相适应，部分是由于不相适合的那些个人和家族受到淘汰。"① 通过强制实行制度，灌输教化以及淘汰不适者，这样有闲阶级制度逐渐巩固。

不过，凡勃伦对这样的制度并无好感。在凡勃伦看来，这样的人类性格已经阻碍了社会进步。以斯密为代表的自由主义者对"竞赛"与竞争是持乐观态度的，他们通常都认为竞赛与竞争能推动人类社会进步，是可以促成社会福祉提升的。凡勃伦和斯密不同，他看到资本主义竞争性制度带来的是贪婪、浪费、无益、残忍、混乱、冲突。因此，凡勃伦著作的指向是：自由主义政策并不能使社会福利最大化，有闲阶级的消费模式阻碍了人类的作业本能。在凡勃伦看来，这样的消费是一种浪费。因此，政府可以对此进行干预，比如对炫耀性消费进行征税。②

这样的制度为什么就不能改变呢？"有闲制度"变成了制度化的力量，影响久远。即便时过境迁，这样的制度却不会马上被清除掉，很难在短时间内改变。凡勃伦指出制度具有惯性，即便大家看来"落后"的制度，也并不会马上被淘汰。"人们是生活在制度——也就是说，思想习惯——的指导下的，而这些制度是早期遗留下来的；起源的时期或者比较远些，或者比较近些，但不管怎样，它们总是从过去逐渐改进、逐渐遗留下来的。制度是已往过程的产物，同过去的环境相适应，因此同现在的要求决不会完全一致。"③ 即便过去的制度和现在的环境并不完全适应，但是制度却是难以变更的、非常保守的力量。为什么制度变迁缓慢？其中有人的因素，也有制度本身的因素。

首先，制度的维系有赖于既得利益团体的支持。有闲阶级是有闲阶级制度的重要基础。他们构成了阻碍制度变迁的利益团体。"当形势要求在制度上作进一步发展，对改变了的工业局势作重新调整时，它的反应在社会

---

① ［美］索尔斯坦·凡勃伦：《有闲阶级论》，第 154 页。
② ［美］威廉·布雷特、罗杰·兰塞姆著，孙琳等译：《经济学家的学术思想》，中国人民大学出版社 2004 年版，第 41 页。
③ ［美］索尔斯坦·凡勃伦：《有闲阶级论》，第 139—140 页。

各阶级中总是最迟钝的。有闲阶级是一个保守阶级。"① 既得利益群体会阻挠对其不利的制度变迁。

其次，制度会内化为普通人的共识。"有闲阶级制度不但对社会结构有影响，对社会中成员的个人性格也有影响。某一性格或某一观点，一旦获得认可，成为生活的权威标准或规范，就会在承认它为规范的那个社员中的成员的性格上引起反应，在一定程度上构成其思想习惯，对人们的素性和意向发挥监视作用。"② 一旦社会形成了"共识"，这样的共识就会塑造人的偏好与利益，最后影响人的行为，因此，要变革就比较困难。

最后，制度是一个整体，不同的制度具有互补性，很难变更一个制度而不改变另外的互补制度。"属于任何一种文化或任何一个民族的制度系统总是一个整体，其间任何一项制度都不是孤立的；这一点格外加强了人们在思想习惯上对任何改革的本能的反抗。"③ 因此，如果要改变制度，就要做整体上的变革，而不是进行边边角角的改变。然而，对制度的整体变革是非常困难的。"对于改革的抗力由于人类各种制度的彼此关联而像上面所说那样加强的后果是，在任何改革下进行必要的调整，必须付出比不存在这一情况时更大的力气。"④

据此，凡勃伦点明：制度是有惯性的，是保守的力量。"人们对于现有的思想习惯，除非是出于环境的压迫而不得不改变，一般总是要想无限期地坚持下去。因此遗留下来的这些制度，这些思想习惯、精神面貌、观点、特质以及其他等等，其本身就是一个保守因素。这就是社会惯性、心理惯性和保守主义因素。"⑤ 凡勃伦尝试为制度变迁提供部分解释，同时，值得我们注意的是，唐世平教授的《制度变迁的广义理论》对制度变迁提供了一个视野宏大的理论框架。⑥

在《有闲阶级论》一书中，凡勃伦试图指出：在有闲阶级这一制度的

---

① ［美］索尔斯坦·凡勃伦：《有闲阶级论》，第 144—145 页。
② ［美］索尔斯坦·凡勃伦：《有闲阶级论》，第 154 页。
③ ［美］索尔斯坦·凡勃伦：《有闲阶级论》，第 148 页。
④ ［美］索尔斯坦·凡勃伦：《有闲阶级论》，第 148 页。
⑤ ［美］索尔斯坦·凡勃伦：《有闲阶级论》，第 140 页。
⑥ 唐世平著，沈文松译：《制度变迁的广义理论》，北京大学出版社 2016 年版。

影响下，对广大民众而言，其痛苦主要是精神上的，因为他们不得不考虑：如何能自始至终地赶上别人的消费。对大部分人而言，这样的痛苦是无法弥补的。因此，在有闲阶级制度的影响下，人并非是获得更多，消费更多，就会越开心。因为人与人之间存在金钱竞赛。这样的攀比永无止境，痛苦也永无止境。人并不是在孤立的状态下追求快乐最大化。社会是一个复合体，在这里，个人影响着别人的见解和生活，也受别人见解和行为的影响。消费者对商品的消费，更多地取决于他人的消费方式、习惯、炫耀等等，而不是独立的、理性的计算。一旦他人的消费、文化影响了人们的消费决策，那么，消费者并非是自主的，并非知道自己想要什么。这样的人不是"经济人"，而是"社会人"。几乎没有人能幸免于制度的左右，因为人们会有样学样。凡勃伦对马克思的回应是：工人阶级并非想要取代资本家，而是想模仿他们。因此，凡勃伦有闲阶级理论的核心是一个社会稳定的理论。[1] 凡勃伦的制度分析被后来的学者，如道格拉斯·诺斯等学者所承袭。

三　哥斯达黎加为何能赢得对美国的诉讼？

1995 年 12 月，哥斯达黎加（Costa Rica）政府向世界贸易组织提出诉讼。原因是 6 个月前，美国对哥斯达黎加等国的棉花、人造纤维衬衣实施了进口限制。美国此举是为了防止国内的衬衫制造业受到包括哥斯达黎加等国家进口产品的冲击。哥斯达黎加政府认为美国违反了世界贸易组织的规则，因为美国政府并没有充足的证据显示其国内相关产业已岌岌可危。在缺乏证据的情况下，美国政府却单方面采取了行动。像哥斯达黎加这样一个小国对美国这样一个强大的经济和军事大国提起诉讼，这在世界贸易

---

① ［美］罗伯特·海尔布隆纳：《经济学统治世界》，第 196 页。

组织成立以来尚属首次。1996年，世贸组织做出了有利于哥斯达黎加政府的裁决，美国政府提请复议，1997年，世贸组织做出了维持原有决议的裁决。美国政府接着宣布其进口限制失效。世贸组织还将这一案例放在了它的网站上。[1]

制度主义者约翰·伊肯伯里（John Ikenberry）在其著作《大战胜利之后：制度、战略约束与战后秩序》中指出：为何世界主要资本主义国家没有挑战美国霸权？他认为，二战结束后，美国的霸权是不情愿的霸权，但同时也是民主的、开放的霸权。美国在战后建立的制度对自己形成约束，并建立了一套将各大国捆绑在一起的政府间制度安排。这样的制度安排将世界各国锁定在有利的战后秩序中。[2]即便是霸权国美国的利益改变了，它仍然受原有制度的约束。例如，在二战结束后初期，美国设计了农产品贸易保护制度，创建了特殊例外条款。美国此举是为了保护自身的农业部门的利益。但是，当美国农业变得具有竞争力，希望扩大海外市场时，欧洲、日本等国家却利用该条款来保护自己的农业，抵制美国的农产品。[3]制度一旦形成，就具有约束力，制度不仅约束弱者，也约束强者。

道格拉斯·诺斯认为，制度是一套社会的博弈规则，它们是人为设计的、型塑人们互动关系的约束。[4]因此，作为游戏规则的制度，在一定时期内是一个均衡（equilibrium）。在这个时段内，这一均衡即便对强者都有约束，即便对美国这样世界政治中的强者也有约束。这样的规则与均衡意义在于，制度通过为人们提供日常生活的规则，通过建立一个人们互动的稳定结构来减少不确定性。[5]

---

① https://www.wto.org/english/res_e/booksp_e/casestudies_e/case12_e.htm。

② ［美］约翰·伊肯伯里著，门洪华译：《大战胜利之后：制度、战略约束与战后秩序重建》，北京大学出版社2008年版，第2—3页。

③ Judith Goldstein, "Creating the GATT Rules: Politics, Instituions, and American Policy," in John Guggie, ed., *Multilateralism Matters: The Theory and Praxis of an Institutional Form*, New York: Columbia University Press, 1993, pp.201-232.

④ ［美］道格拉斯·诺斯著，杭行译：《制度、制度变迁与经济绩效》，上海人民出版社2008年版，第3页。

⑤ ［美］道格拉斯·诺斯：《制度、制度变迁与经济绩效》，第4、7页。

1934 年，美国制度创新带来了贸易政策的改变。[①]美国当时的国内制度经历了两个变迁：首先，它使得美国的关税减让是互惠的而不是单边关税削减；其次，国会只要以简单多数而不是绝对多数就可以通过关税减让条款。以往的情形是，每当民主党执政，就通过降低关税的法案；而当共和党执政的时候，为保护其北部制造商利益，就增加关税。由于此次制度变迁，美国民主党和共和党在关税问题上的分歧逐步弥合。制度变迁把关税主导权从国会手中转移到了美国总统那里。制度变迁带来了新的规则，实现了新的均衡，使得美国总统在签署关税减让协定时不需要获得三分之二的国会投票就能通过。美国总统由全国选举产生，这让美国总统更具有全局性的眼光，愿意缔结自由贸易条约来改善整个国家的福利。因此，与国会议员比较而言，美国总统往往更加支持自由贸易。总统主导下的制度均衡有利于美国在二战结束后建立一个全球自由市场。此外，1934 年的制度变迁还具有"自我增强"的特点。由于签署了越来越多的贸易协定，美国产品大量涌入其他国家，伴随着出口的增加，出口产业的数量增多，行业规模变大，盈利上升。日益增大的出口机会抵消了进口品带来的竞争，让支持出口和贸易自由化的人越来越多，制度变迁使得美国支持自由贸易的群体压过了贸易保护主义者，让制度获得了自我增强的效果，让制度的影响更为持久。

因此，在一定时期内，制度是一个"均衡"，这个均衡的意义在于降低行为体之间互动的不确定性。"政治和经济市场的不稳定关系带来的结果是，个人和组织的权利及特权随时可能被剥夺，所以这种无序增加了不确定性。"[②]由于制度实现的均衡降低了不确定性，这样的均衡甚至对弱者有益。正如哥斯达黎加这样一个小国能通过世界贸易组织这一国际制度安排起诉美国一样，正是具有"均衡"特点的制度安排能更好地减少无序，促进合作。但必须说明的是，并不是所有的均衡都能给社会带来安定与繁荣。有时候，

[①]   Michael Bailey, Judith Goldstein, and Barry Weingast, "The Institutional Roots of American Trade Policy：Politics, Coalitions and International Trade," *World Politics*, Vol.49, No.3, 1997, pp.309–338.

[②]　［美］道格拉斯·诺斯著，钟正声等译，《理解经济变迁过程》，中国人民大学出版社2008年版，第 7 页。

一个社会可能会陷入低效率的制度均衡。那么，什么样的均衡可以促使一个社会通往繁荣之路呢？制度主义者围绕这一问题做了很多探索。

四　为何发展中国家有庞大的僵化资本？

秘鲁的学者赫尔南多·德·索托（Hernando de Soto）在其 1988 年出版的《资本的秘密》（*The Mystery of Capital*）一书中指出：在第三世界国家和前共产主义国家，穷人所掌握但并不合法拥有的房地产的总值至少有 9.3 万亿美元。这笔钱是什么概念？在当时，这笔钱大约是美国流通货币量的两倍，是世界银行过去 30 年贷款总额的 46 倍，也是截止到那时，所有发达国家对第三世界的发展援助总额的 93 倍。[①] 换句话说，这些贫困国家生活着大量的穷人，但这些穷人却掌握着大量的资产。他们貌似富裕，却对这些房产没有产权。所以，他们仍旧是穷人。

诺斯指出，产权（property rights）是个人支配其自身劳动及其所拥有之物品与劳务的权利。[②] 这些穷人对自己所拥有的物品没有支配的权力。这与历史上美国的情形并无二致。同一块土地，有一个人宣称他有所有权，这项权力是英国王室赋予的；另一个人宣称他从印第安部落手中买来的；第三人则宣称他用奴隶从州议会那里买来的，因此也拥有该土地的产权。[③] 美国的历史就是当今发展中国家的现状。如果你去巴布亚新几内亚投资，当你想买一块土地建厂房的时候，你往往会发现：一群人跑出来了，他们都声称这块土地属于自己。每个人都有部分证据，但是，他们都拿不

---

① ［秘鲁］赫尔南多·德·索托著，王晓冬译：《资本的秘密》，江苏人民出版社 2001 年版，第 27 页。

② ［美］道格拉斯·诺斯：《制度、制度变迁与经济绩效》，第 46 页。

③ ［秘鲁］赫尔南多·德·索托：《资本的秘密》，第 15 页。

出那块地属于他的完整证据。

由于大量的土地没有清晰的产权，所以，这些房产成了德·索托说的僵化资本（dead capital）。它们无法有效地在土地市场上进行交易，也无法实现有效率的资源流动与配置。稀缺的资源无法流向最能有效利用它的人手中。这样的制度是产权不明晰的制度。这样的制度安排导致的结果就是：手里握有大量资产的人却是穷人。在海地，有68%的城市居民和97%的农村居民的住宅没有明确的所有权证明。在埃及，有92%的城市居民和83%的农村居民也没有明晰的住宅所有权证明。在第三世界国家和前共产主义国家存在的大量僵化资本，导致大约85%的城市土地不能用来创造财富。[①]这样的制度安排造成了巨大的资源浪费，使得经济在低效率的状态下运行，成为这些国家通往富裕之路的屏障。

按制度主义经济学的理解，美国最终走向繁荣富裕，是因为美国逐渐建立了新的制度安排。它学习了英国的制度，对产权进行保护。随着美国西部疆域的拓展，政府将土地售卖。在售卖土地的过程中，大部分土地法令让民众有能力低价获得土地，每英亩土地只需一美元或者两美元；同时，售卖土地的门槛也在不断降低。1785年颁布的土地法令规定，最小售地面积为640英亩；1800年，国会规定的最小售地英亩数减半；1804年，再次减半。1832年颁布了新的土地法案，规定的最小售地英亩数降至40英亩。[②]这样，更多的低收入者就能购置土地。在出售土地的过程中，成效比较显著的是美国内战时期颁布的《宅地法》，该法案规定，申请者只需缴纳10美元的登记费，并在该土地上住满5年，就可以免费拥有该土地的所有权。德·索托认为，1862年的《宅地法》颇负盛名，因为它以法律的形式允许定居者可以免费拥有160英亩的土地，只要移民同意在土地上定居和开发土地。因此，与其说这是一个美国政府宽宏大量的法案，不如说它是

---

① ［秘鲁］赫尔南多·德·索托：《资本的秘密》，第25、27页。

② Stanley Engerman and Robert Gallman，eds.，*The Cambridge Economic History of the United States*，*Vol. 2: The Long Nineteenth Century*，New York：Cambridge University Press，2000，p.274–275，Table7.1.

对既成事实的确认。① 由于界定了清晰的产权，美国民众就可以自由地买卖土地，让它比较顺畅地流转，创造更大的价值。当这些僵化资本变成活跃资本的时候，美国民众和这个国家因此获益。要知道，美国通往繁荣的道路不是孤立的。

诺斯指出：有效率的经济组织是经济增长的关键；一个有效率的经济组织在西欧的发展正是西方兴起的原因所在。② 其中，一个重要方面就是产权制度的安排，"如果所有权使社会生产性活动成为合算的，便会出现经济增长"。③ 事实上，历史上大部分时期产权制度的安排都是缺乏效率的。因此，人类的历史大部分时段是由稀缺、贫困和无效率的社会构成的。只有摆脱无效率的产权安排，人类社会才会迈向富裕与繁荣。

如果你去参观江苏昆山的周庄，导游会告诉你那里曾是中国明代江南巨富沈万三的故居。沈万三聚财技巧高超，敛财无数。但是明朝的开国皇帝朱元璋却将其财产充公，将沈万三发配云南。导游的介绍或许有虚构的成分，但也足以反映古代中国商人的财产得不到保障的事实。不仅古代中国如此，古代的西方世界也是如此。圣殿骑士团（Knights Templar）成立于 1119 年，由法国贵族胡格·德·佩恩（Hugues de Payen）创建，因为他们在耶路撒冷所罗门圣殿废墟附近的圣殿山上居住，故得名"圣殿骑士团"。这个组织从西方的贵族家庭中招募那些没有希望继承财产和爵位的年轻人。骑士团成员过着简朴自律的生活，一天只吃两顿饭，一周吃三次肉。他们严格禁止骑士团成员拥有私有财产。骑士团的徽章上印着两名骑士共同骑着一匹战马，反映出骑士团创办初期的经济状况非常拮据。当时去耶路撒冷的朝圣之旅是非常危险的，常有强盗出没劫掠朝圣者。佩恩召集了 9 名骑士，保护那些朝圣者。骑士团的成员英勇善战、无惧死亡，在十字军东征时立下赫赫战功。教皇多次发布训令予以表彰。骑士团也从教会和世俗君主那里获得了大量的特权。

很多信徒和被保护者对骑士团慷慨解囊，使得他们得到了巨额财富。

---

① ［秘鲁］赫尔南多·德·索托：《资本的秘密》，第 105 页。
② ［美］道格拉斯·诺斯著，厉以平等译：《西方世界的兴起》，华夏出版社 1999 年版，第 5 页。
③ ［美］道格拉斯·诺斯：《西方世界的兴起》，第 13 页。

那些参与十字军东征的贵族也常常在出征时将自己的财产寄放在骑士团，让他们帮忙打理。凭借着捐赠和经营，骑士团积累了大量的财富。他们购置了农场和葡萄园，还涉足手工制造业以及进出口行业，购置了自己的舰船，修建了自己的城堡。骑士团从一个规模较小的团体发展成一个强大的军事与金融组织。在高峰时，他们拥有 7000 名骑士和 870 座城堡。[①]

骑士团建造的城堡非常坚固，在一些地方，一座城堡就是一座半岛。在兵荒马乱的时候，这些城堡成了牢固的财富保险箱。法国国王菲利普二世（Philip II）统治期间，圣殿骑士团在巴黎的分支机构俨然就是法国的财政部。1261 年，英格兰的国王亨利三世（Henry III）与英国贵族发生冲突，他就把王冠和珠宝转移到圣殿骑士团在巴黎的城堡里。此外，亨利三世也向骑士团借钱，用来发动对贵族的战争。[②]圣殿骑士团不但成了十字军的财务托管人，也成了欧洲王室和教皇的财务经纪人。

从某种意义上讲，圣殿骑士团是世界上最早的国际银行家组织。一些朝圣者在离开家乡之前把财产寄存在当地的骑士团分支机构，到了耶路撒冷再用票据兑换，就像今天的支票。由于骑士团的分支机构遍布各地，这些城堡形成了一个庞大的网络，从地中海沿岸延伸至巴黎、伦敦等欧洲主要城市。他们为顾客提供当地货币。这样一来，一位顾客就可以在巴黎存钱，然后到伦敦或者耶路撒冷兑换金额相当的本地货币。骑士团为此收取一定的费用，同时也从事着其他一些相关的金融业务，和今天的银行类似。骑士团的城堡就像今天银行的柜台一样，为顾客提供存取货币的服务。他们的顾客名单就是当时的名人录，从王室成员、教会成员到富商贵胄。

不过，好景不长，1263 年，英格兰的爱德华王子与贵族发生冲突，他闯进了骑士团的金库，打开保险箱，抢走了贵族和商人们储存在那里的钱财。到了法国的菲利普四世（Philip IV）执政时期，由于长期对外征战，国库空虚，国王遭遇了严重的财政危机。菲利普四世用尽一切办法搜刮民

---

① Jack Weatherford, *The History of Money*, New York: Crown Publishers Three Rivers Press, 1997, p.67.

② Sean Martin, *The Knights Templar: The History and Myths of the Legendary Military Order*, Basic Books, 2004, p.51

脂民膏，包括重铸货币、对僧侣征税、榨取银行家和犹太人的钱财等。但仍无法解决财政危机。最后，菲利普四世盯上了骑士团的城堡。他率先发动宣传攻势，败坏了骑士团的宗教名誉。1307 年，菲利普四世以教皇的名义，用突袭的办法逮捕了骑士团的领袖，指控他们违反了一系列道德，例如否认耶稣基督的存在、朝十字架上的耶稣像吐口水、做下流的亲吻动作、异端、叛教、邪恶崇拜、同性恋等。[1]菲利普四世罚没了骑士团的财产。对其成员的审判历时近五年，在严刑逼供下，很多人屈打成招，被判有罪，甚至被处以火刑。菲利普四世清算了骑士团的财产，财富被王室成员占有，土地被租赁。

最开始，教皇克莱蒙特五世（Clement V）认为法国国王冒犯了他的权威。虽然教皇和法国国王曾讨论过此事，但是教皇并没有授权法国国王采取行动。不过，在法王的威逼利诱下，教皇也加入了掠夺的行列。1312 年，教皇克莱蒙特五世宣布撤销圣殿骑士团的神职，并敦促其他国家的国王也效仿法王，力图把骑士团的财产转移到其他教会机构的名下。

无论是沈万三还是圣殿骑士团，由于当时没有对财产权的保护，在积累了巨额财富后，他们的命运即如出一辙。在缺乏有效产权的制度下，大量的钱财也只能成为"僵化资本"。因此，诺斯才感叹：与停滞或衰退相比，增长要少见得多。这一事实表明："有效率的所有权在历史上并不常见。"[2]

有一个问题一直困惑着史学家，那就是工业革命为何率先发生在英国，而不是遥远的东方，或者欧洲大陆？要知道，在 18 世纪，欧洲大陆有两个国家长期是英国的有力竞争对手——法国和西班牙。法国有辽阔的国土，西班牙则掌握着来自新大陆源源不断的金银，为什么机遇最后落到了英国人头上？诺斯给出的答案是：在工业革命之前，英国率先发展出了有效的私有财产权制度。与此形成对照的是，法国和西班牙却没有建立这一制度安排。在法国和西班牙，私人财产常常遭到政府的掠夺，缺乏产权保护扭

---

[1] Malcolm Barber, *The Trial of the Templars*, New York: Cambridge University Press, 2006, p.1.

[2] ［美］道格拉斯·诺斯，厉以平译：《经济史上的结构和变革》，商务印书馆1992年版，第7—8页。

曲了当地社会的激励结构。那里的居民会优先选择从事非生产性的事务，比如从事教会活动、加入军队和进入官僚机构，因为只有这些地方才能免受王室的骚扰。长此以往，法国和西班牙的衰败在所难免。诺斯指出：当国王财政困难加剧的时候，"侵占、没收或是单方面改变合同便成了屡见不鲜的事情，最终会影响工商业和农业的发展，结果人们被迫抛弃了生产性的职业"。① 要么当学者，要么当僧侣；或者当乞丐或者做官僚。

　　在财产权没有被清晰界定并予以有效保护的地方，经济交易难以进行，人们也没有激励和动机去保护财产，让自身的资产增值。那么，界定好产权，保护好产权就一劳永逸了吗？

　　如果相信建立起财产权保护这样的制度安排，就能自动带来经济增长，这样的想法就过于简单了。巴西的经济成长道路一波三折，其经历向我们展示：保护财产权以促进经济增长需要一定的外部条件。1930 年到 1947 年，巴西经济以年均 6% 的速度增长，年均工业增长率达到 9%。② 1967 年到 1973 年，巴西的国内生产总值以年均 11.5% 的速度增长，与此同时，巴西的工业化取得了巨大的成绩，巴西制造业以年均 12.9% 的速度增长。③ 1980 年，巴西的人均收入要高于当时的韩国、新加坡、香港地区以及中国台湾地区。④ 进入 20 世纪 80 年代以后，巴西经济遭遇危机，与其他拉美国家一道进入"失去的十年"。在 1980 年还成绩骄人的巴西，到了 1990 年，其人均收入被韩国、新加坡、香港地区以及中国台湾地区超越。20 世纪 70 年代，巴西的年均国内生产总值增长率为 8.5%；到了 80 年代，下跌至 3%；90 年代，更是下跌至 1.8%。⑤ 1981 年到 2003 年，巴西经济出现负增长的年份就占到了 11 年。如果我们把时段拉得更长，1960 年到 2003

---

① ［美］道格拉斯·诺斯：《西方世界的兴起》，第 164 页。

② ［美］阿图尔·科利著，朱天飚等译：《国家引导的发展——全球边缘地区的政治权力与工业化》，吉林出版集团有限责任公司 2007 年版，第 173 页。

③ Teresa Meade, *A Brief History of Brazil*, New York：Facts on File，2010，pp.167–168.

④ Eul–Soo Pang, *The International Political Economy of Transformation in Argentina，Brazil，and Chile since 1960*, New York：Palgrave Macmillan，2002，p.124.

⑤ Vinod Thomas, *From Inside Brazil：Development in a Land of Contrasts*, Palo Alto：Stanford University Press，2006，p.13，Table 1.1.

年，巴西出现经济危机的年份占总年份的 30% 左右，巴西的经济成长极不稳定。[1]

巴西的问题不在于没有保护产权。相反，在一个贫富严重分化的社会，保护财产权固化了社会分化，这样的政治经济结构不仅不能为持续的经济发展提供良好的制度框架；这样早熟的制度安排反而加剧了该国的政治经济问题，导致经济成长难以持续。[2]

在巴西这样严重贫富分化的社会，保护财产权不仅不会给人带来激励，反而会扭曲激励。严重分化的社会给贫困人口带来冲击财产权的激励，让现有制度难以有效运转。巴西的无地农民占领土地、冲击政府机关、摧毁道路收费站，他们屡屡使用暴力，成为这一时期长期的不稳定因素。[3] 到了 20 世纪 70 年代后期，占领土地的事件以及其他形式的抗议活动开始增加；80 年代早期，这些活动更为流行并逐渐扩散。少地和无地的农业工人为争取土地而进行斗争。[4]1964 年到 1989 年，有 1566 人死于争夺土地的纠纷。[5] 即便是在巴西军政府执政时期，巴西的产权安排也一直受到冲击与挑战。

巴西"经济奇迹"的破灭与东亚地区的经济绩效形成鲜明对比。东亚地区通过打破产权的行动，带来了比较平等的社会经济结构。韩国与中国台湾地区的土地改革在工业化之前实施，有效地再分配了农村财富。韩国与中国台湾地区在二战后打破旧有产权的行动，为其长远的产权保护与经济发展奠定了基础。

在中国台湾地区，土地改革获得了巨大的成功。1956 年，佃农占农业家庭的比例降至 16%，而拥有土地所有权的农民增加到近 60%，剩下的

---

① Andrés Solimano and Raimundo Soto, "Economic Growth in Latin America in the Late Twentieth Century: Evidence and Interpretation," in Andrés Solimano eds., *Vanishing Growth in Latin America: The Late Twentieth Century Experience*, Cheltenham: Edward Elgar, p.21, Table 2.3.

② 黄琪轩：《巴西"经济奇迹"为何中断》，《国家行政学院学报》2013 年第 1 期。

③ ［巴西］博勒斯·福斯托：《巴西简明史》，第 301 页。

④ Gabriel Ondetti, *Land, Protest, and Politics: The Landless Movement and the Struggle for Agrarian Reform in Brazil*, Pennsylvania: The Pennsylvania State University Press, 2008, p.13.

⑤ ［美］胡安·林茨、阿尔弗莱德·斯泰潘著，孙龙等译：《民主转型与巩固的问题：南欧、南美和后共产主义欧洲》，浙江人民出版社 2008 年版，第 182 页。

大部分农民也摆脱了单一的佃农身份，他们自己拥有一部分土地，同时也租赁一部分土地。[①] 此后，中国台湾地区的土地改革继续稳步向前推进。到 1960 年，家庭所有的小块土地占全部土地比重的 76%。[②] 到 1965 年，佃农数量下降到 5%。[③]

韩国曾是日本的殖民地，1945 年日本战败时的韩国还是一个农业国家，有五分之四的人口居住在农村。此时韩国的土地非常集中，不到 5% 的韩国农户拥有全国一半左右的土地。大部分的土地要么是租赁给佃农耕种，要么雇佣农业工人耕作。在当时的社会经济条件下，大部分的韩国佃农仅能维持生计。国际局势与朝鲜半岛的局势变迁推动了韩国的土地改革。在苏联支持下，朝鲜进行了土地改革。受此影响，韩国的一些农民开始武装反抗，土地改革的呼声日益高涨。为了抵制北方土地改革的压力，美国驻扎在韩国的军队开始稳步推进韩国进行土地改革。韩国土地改革以后，大部分佃农获得了土地的所有权。20 世纪 30 年代晚期，3% 的韩国地主拥有近三分之二的土地，而土地改革以后，70% 的农村家庭拥有了土地所有权，1965 年，韩国佃农数量下降到了 7%。[④] 韩国的阶级分化逐渐减小，阶级斗争也大幅度减少。韩国的土地改革实现了其初衷，给韩国农村带来了政治稳定。此外，1961 年韩国军政府上台后，一项重要举措就是将一些大企业家关进监狱，并将他们的财产充公。这一破坏财产权的举措，打破了以往分化的经济社会结构，为韩国未来几十年的进一步发展奠定了基础。

不仅韩国和中国台湾地区如此，东亚的日本也进行了土地改革。二战结束后，为了激发日本农民的劳动积极性，防止共产党影响力渗透到日本农村，日本农林省的官员提出了一份改革方案，将土地重新分配给农民。

---

① Gerrit Huizer, *Peasant Movements and their Counter Forces in South East Asia*, New Delhi: Marwah Publications, 1980, p.53.

② ［美］斯蒂芬·哈格德著，陈慧荣译：《走出边缘——新兴工业化经济体成长的政治》，吉林出版集团有限责任公司 2009 年版，第 271 页。

③ Cristobal Kay, "Agrarian Reform and Industrial Policy," in Richard Boyd, Benno Galjart and Tak-Wing Ngo, eds., *Political Conflict and Development in East Asia and Latin America*, New York: Routledge, 2006, p.28.

④ Alice Amsden, *Asia's Next Giant: South Korea and Late Industrialization*, New York: Oxford University Press, 1989, p.147.

但是占领军则认为这一改革方案不够彻底。在占领军的主导下，日本对土地改革方案进行了重新讨论，1946 年 10 月，日本国会通过了修改后的方案。这次土地改革方案规定，对不在农村的地主所持有的土地，政府有权强制购买；对居住在农村的地主所持有的土地，如果超过一公顷，政府也有权购买其超过部分。之后，政府再按管制价格将土地出售给佃农，而且规定此方案要在两年内完成。通货膨胀大大削减了政府对地主的实际补偿价值，结果日本的土地改革几乎无偿没收了地主的土地。[1] 日本土地所有者对此提起诉讼，认为农地改革方案侵害了宪法赋予他们的财产权。1953 年 12 月，日本地主的诉讼被日本最高法院驳回，法院认定农地改革符合宪法。此后，日本的土地改革得以展开，约 80% 的佃耕农地被出售。[2] 到了 1965 年，日本的佃农数量下降为 7%。[3] 农地改革使得战后日本农村的资产比较平等化，在农村形成了繁荣的国内市场。[4]

东亚国家和地区冲击不平等的财产权的举措，使得这些国家和地区出现了一个比较平等的社会结构，这样才能为以后实施产业政策、教育政策等提供良好的社会基础，才能为实施保护财产权等良好的制度搭好社会经济框架。

不仅东亚国家如此，美国的经济发展也经历了类似的过程。1783 年美国赢得独立后，政府对财产进行了再分配。首先，对于继续效忠英国的移民，美国政府没收了他们的财产，让他们移居加拿大，没有进行任何补偿。美国政府第二次冲击产权结构的行动发生在 19 世纪 60 年代的内战时期。经过这两次大规模的行动，美国建立起一个更为平等的社会，到 1900 年，美国 3/4 的家庭拥有了自己的土地。而拉美则没有这样平等化的举措。19 世纪中期，拉美大部分国家适宜耕种的土地，只有不到 5% 由家庭来经营。家庭农场（雇工不超过 4 人即可称作家庭农场）耕种土地面积仅占阿根廷

---

① Ronald Dore, *Land Reform in Japan*, London: Oxford University Press, 1959, pp.1–60.

② ［日］浜野洁、井奥成彦、中村宗悦等著，彭曦等译：《日本经济史（1600—2000）》，南京大学出版社 2010 年版，第 213 页。

③ Cristobal Kay, "Agrarian Reform and Industrial Policy", p.28.

④ ［日］浜野洁、井奥成彦、中村宗悦等：《日本经济史（1600—2000）》，第 214 页。

适宜耕种土地的 5%；巴西、哥伦比亚为 3%；墨西哥为 2%。与此形成鲜明对照的是，美国为 60%，加拿大为 64%。[1] 这样的结构一直被延续了下来，到 1980 年，巴西的家庭农场占国家适宜耕种土地的 20%；同一时期的美国为 54%，加拿大为 66%。[2] 拉美没有初始破坏不平等的财产权的举措，导致这里存在广泛的、持续的破坏财产权的压力。储蓄和投资永远处于不安全的状态，法治也无法有效实施。严重的贫富分化导致财富与权势集中，国家软弱无力。

事实上，产权保护在一个收入分配更接近正态分布的社会会发挥更显著的效果，而当一个社会的收入分配处于哑铃形的状态，那么，加强产权的保护反而可能固化社会分化，影响激励机制。不仅如此，底层民众会持续冲击现有产权安排，让产权的保护无法真正地、持久地实施。诺斯强调：出现在西方世界的制度，如产权和司法体系，是不能够原封不动地复制到发展中国家的。问题的关键在于创造激励结构，而不是对西方制度的盲目模仿。[3]"关键在于创造激励结构"，这指出了制度的又一项重要作用。

五　为何教育水平的提升不能提高经济绩效？

长期以来，人们对一个观点深信不疑：教育对经济发展能起到积极的促进作用。但是在非洲，教育的进步并没有带来经济的发展。如图 7-1 所示：从 1965 年到 1985 年，非洲国家的教育规模急剧扩张。在人力资本迅速增长的同时，非洲的经济却停滞不前，这一情况和东亚地区形成了鲜明

---

[1]　Sebastian Edwards, *Left Behin: Latin America and the False Promise of Populism*, Chicago: The University of Chicago Press, 2010, pp.173-174.

[2]　Tatu Vanhanen, *Prospects of Democracy: A Study of 172 Countries*, New York: Routledge, 1997, pp.215-216.

[3]　［美］道格拉斯·诺斯：《理解经济变迁过程》，第 143 页。

对比。这些经济没有受益于教育发展的国家包括安哥拉、莫桑比克、加纳、赞比亚、马达加斯加、苏丹和塞内加尔等。学者们研究发现：在非洲，教育和经济增长之间没有相关性，甚至呈现负相关。[①]

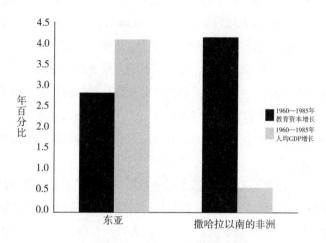

图 7-1　非洲的教育与经济增长

资料来源：William Easterly, *The Elusive Quest for Growth：Economists' Adventures and Misadventures in the Tropics*, Cambridge：The MIT Press，2001，pp.75-76，Figure.4.1；Figure.4.2。

威廉·伊斯特利（William Easterly）指出问题的关键不在于教育，而在于"那些有知识的人如何运用他们的知识"。[②]不同的制度安排下，人们对知识的运用是有极大差异的。

以制度为中心的政治经济学经常强调制度对经济发展起着重要作用。制度的一项重要作用在于塑造激励机制。诺斯指出：有效率的组织需要在制度上做出安排和确立所有权以便造成一种刺激，将个人的经济努力变成私人收益率接近社会收益率的活动。[③]为何带来好的激励的制度安排很重要

　　① ［美］威廉·伊斯特利著，姜世明译：《在增长的迷雾中求索》，中信出版社 2005 年版，第69—71 页。

　　② ［美］威廉·伊斯特利：《在增长的迷雾中求索》，第 77 页。

　　③ ［美］道格拉斯·诺斯：《西方世界的兴起》，第 5 页。

呢？诺斯举了一个例子：在历史上，为了航海的需要，人们需要确定经度和纬度以便确定船只的具体位置。但是确定经度的工作比较困难，需要有精度比较高的计时工具。西班牙的菲利普斯二世悬赏 1000 金克朗，荷兰则把悬赏金额提高到 10 万弗罗林。英国的悬赏金额为一万到两万英镑。这笔赏金在 18 世纪由英国人约翰·哈里森（John Harrison）获得，他为这个问题耗去了半生精力。[①] 有人耗费半生精力，发明了高精度的计时工具，社会从中获得了很大收益。但是，如果没有给发明者提供任何补偿，他们会陷入一贫如洗的境地。如果哈里森的辛劳难以获得任何补偿，他的私人收益就远远比不上社会收益。就像我们耳熟能详的那些大作曲家，从莫扎特到贝多芬，给世人带来如此巨大的精神财富和享受，他们自己却毕生穷苦潦倒。

从图 7-2 我们可以看到，在很长一段时间，人类不断发现新技术，但是发明新技术的速度却很缓慢，而且时断时续。诺斯认为其主要原因在于：长期以来，"制度环境是令人沮丧的，因为没有发明家或企业家能确信可以从自己的成果中获得全部收益或大部分收益。保密是防范各方面仿制的唯一对策。在这种约束下，研究和发明是不可能以接近社会最优规模发生的"。[②] 如果制度环境不好，如果发明者不能从自身的发明中获益，那么他们不会有足够的激励去从事发明创造活动。"发明新技术的刺激偶尔才发生。一般而言，创新都可以毫无代价地被别人模仿，也无须付给发明者或创新者任何报酬。技术变革速度缓慢的主要原因在于，直到相当晚近都未能就创新发展出一整套所有权。"[③]

制度主义者认为，作为产权制度中的一环，专利制度的建立对英国工业革命的发生有直接而显著的影响。早在 1624 年，英国就颁布了《专利法》，该法案规定：发明人享有 14 年的专利和特权。1642 年的垄断法不仅禁止了王室的垄断权，还制定了专利制度，鼓励创新。[④] 这样的制度安排很

① ［美］道格拉斯·诺斯：《西方世界的兴起》，第 7—8 页。
② ［美］道格拉斯·诺斯：《西方世界的兴起》，第 59 页。
③ ［美］道格拉斯·诺斯：《经济史上的结构和变革》，第 161 页。
④ ［美］道格拉斯·诺斯：《西方世界的兴起》，第 184 页。

快在西方国家扩散开来。制度环境的改善鼓励了创新，使私人的收益接近于社会的收益。[①] 因此，激励对人很重要，当制度提供足够的激励时，人类的技术进步会不断地、更快速地提升。

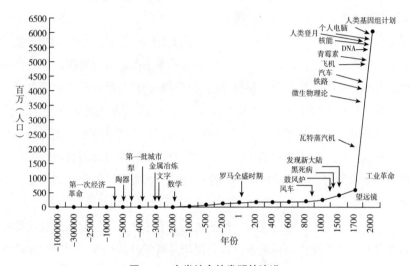

图 7-2　人类社会的发明的演进

资料来源：Douglass North，*Understanding the Process of Economic Change*，Princeton：Princeton University Press，2005，p.89，Figure.7.1。

制度提供的刺激让人们更愿意发明创造，更愿意努力工作，更愿意合作。或许有人会说，发明创造不需要激励，创新靠的是人们对美的追求：雕塑艺术的需要促使人们去研究新的合金；为了保持彩色玻璃色泽光亮，人们开始用新工艺加工玻璃；为了让布料看起来更为美观，人们开始尝试化学染料。[②] 诺斯的回答是：人都有好奇心，也有创新的欲望，关键在于"什么在决定着历史上发明活动的速度和方向"。[③] 不仅创新的速度重要，方向也重要。鲁迅在《电的利弊》一文中写道："外国用火药制造子弹御敌，

[①]　［美］道格拉斯·诺斯：《西方世界的兴起》，第 191 页。

[②]　Cyril Stanley Smith，"Metallurgy and Human Experience，"*Metallurgical Transactions*，Vol.6，No.4，1970.

[③]　［美］道格拉斯·诺斯：《经济史上的结构和变革》，第 17 页。

中国却用它做爆竹敬神；外国用罗盘针航海，中国却用它看风水；外国用鸦片医病，中国却拿来当饭吃。"怎样才能让更多的人坚持不懈地为改进技术而努力？怎样才能使人们付出的辛劳朝着对经济增长有贡献的方向发展？诺斯认为好的制度安排能为人提供激励，这样的制度能提高私人收益率。按诺斯等人的理解，技术进步速度的加快，不仅应该归功于斯密理论框架下的市场规模扩大，还要归因于发明者从发明创造中获得了更大的份额。[①]就像非洲那些接受良好教育的人不愿意去从事生产性活动那样，那里的制度框架没有提供好的激励，导致人们没有意愿将自身所受的教育运用到对经济增长有帮助的领域。许多接受过良好教育的非洲精英更乐意投身官场、军队，甚至积极参与腐败，从事掠夺性工作而非创造性的工作。

不过，对于制度提供的"激励"对创新以及经济发展而言是否发挥了足够重要的作用，一直受到众多学者的质疑。如表7-1所示，英国专利制度并没有给发明者提供足够的保护，不少发明者不仅没能从其专利中获利，还因为专利而破产，遭受攻击，死于贫困。有幸获益的发明家的收入也并非来自专利制度保护，而是来自议会拨款等资助。因此专利制度对发明者提供的"激励"可能是存疑的。

因此，制度安排和制度的实际运行存在很大的差异。既然专利制度难以为创新者提供实际保护，为何英国的发明者还不断涌现呢？可能不是专利制度的"激励"，而是其他方面的"激励"在起作用，比如以议会拨款奖励等不同形式的政府资助。

制度主义者强调制度提供的"激励"非常重要，不仅在经济增长领域如此，在其他领域也是如此，我们看下面一个例子。在世界贸易中，农业贸易是最难改革的部门，当工业品的绑定关税（bound tariff）已下降到5%的时候，农业部门的绑定关税仍高达60%。2001年的报告显示，消除农业保护，每年可以使全球福利增加560亿美元。1960年到1989年，农业贸易的争端占了关贸总协定争端中的一半。1986年，日本对农业的资助占其GDP的比重的2.4%；在欧洲，这一数字为2.6%。但人们发现，日本

---

① ［美］道格拉斯·诺斯：《经济史上的结构和变革》，第162—163页。

政府逐渐取消了农产品的配额；欧洲政府也开始实施更为透明的关税。这一切是如何发生的？有研究者指出，这是因为制度变迁为农业关税改革提供了激励。[①]

表 7-1　工业革命时期专利制度的保护绩效

创新者	技术发明	结果
约翰·凯（John Kay）	1733 年发明飞梭	为维护其专利多次提起诉讼，因此耗尽家财；1753 年，其房子被机器破坏者摧毁，陷入贫困，在法国死去
詹姆斯·哈格里夫斯（James Hargreaves）	1769 年发明珍妮纺纱机	发明没有申请到专利；受到机器破坏者攻击，于 1768 年被迫出逃，于 1777 年死于贫民习艺所
理查德·阿克莱特（Richard Arkwright）	1769 年发明水力织布机	在 1792 年去世的时候，已经拥有 50 万英镑的家产，但是，其大部分家产是 1781 年以后，即在其专利失效后，才挣得的
塞缪尔·克朗普顿（Samuel Crompton）	1779 年发明骡机	没有尝试去申请专利。制造商人奖励了他 500 英镑；1811 年英国议会又奖励了他 5000 英镑
埃德蒙·卡特怀特（Edmund Cartwright）	1785 年发明动力织布机	专利没有为其带来经济价值；1790 年，其工厂被机器破坏者烧毁；1809 年，英国议会赠予其 1 万英镑
伊莱·惠特尼（Eli Whitney）	1793 年发明轧棉机	专利没有为其带来经济价值；此后成为政府军火商
理查德·罗伯茨（Richard Robert）	1830 年发明走锭纺纱机	专利收入勉强与研发投入持平，1864 年在贫困中死去

资料来源：Gregory Clark, *A Farewell to Alms: A Brief Economic History of the World*, Princeton: Princeton University Press, 2007, p.235, Table.12.2.

在以往的农业贸易谈判中，制度安排是单个部门的谈判，也就是美国的农业部门和欧洲、日本的农业部门谈。这样，各国农业部门之间的谈判很难达成协议。1983 年，美国和日本在牛肉问题上的谈判就无果而终；1991 年，美国和欧洲就牛肉问题的谈判也没有取得任何进展。1986 年，"乌拉圭回合"启动时，印度和巴西等发展中国家根本无意讨论服务业自由

① Christina Davis, "International Institutions and Issue Linkage: Building Support for Agricultural Trade Liberalization," *American Political Science Review*, Vol.98, No.1, 2004, pp.153-169.

化。道理很简单，农产品贸易的谈判部门是利益相关者，削减日本和欧洲农产品的补贴会损害这些利益相关部门的利益。但是，后来的游戏规则或者说制度变了，变成议程联系的制度。这样的制度提供了新的激励。

一揽子解决（package negotiation）是重要的议程联系。美国政府想要打开日本与欧洲的农产品市场，并非和日本与欧洲的农业部门谈，而是将农产品的市场开放与其他议题联系在一起，如汽车的关税减让、家电的关税减让等。现在的制度安排使得谈判的议程范围扩大了，如果双方能谈妥，日本可以获得一系列的成果；如果在农业问题上谈不妥，日本就将一无所得。这一制度安排的特点是：要么全得，要么一无所得（all or noting）。

一般而言，本部门更偏好自身部门的利益，农业部门肯定以保护农业利益为首要目标。制度的调整把日本其他领域的利益集团和其他部门的官僚集团动员了起来。在制度改变前，对于日本农业部门的保护主义政策主张，其他政府部门可能无动于衷。而现在，为了获得计算机、电子产品、汽车等产品的出口利益，其他工业部门必须动员起来，一起反对日本的农业保护。在以往的谈判中，只有日本的农业部有发言权，而现在，由于制度安排的变更，议程联系带来了新的激励机制，让日本的通商产业省等部门都积极行动起来。他们积极介入以往农业部门主导的议题。制度安排的改变让日本的出口工业集团有了反对日本农业集团的激励。当日本农业集团利益固化时，制度的改变带来了新的激励，扩大参与者的数量，使得打破僵局成为可能。在制度主义者那里，制度之所以重要，一个重要的原因在于它能提供激励。

哈林顿在《大洋国》中举了一个例子：假如两个小姑娘需要分享一块蛋糕。其中一位小姑娘对另一位说："你分吧，我来选；要不然就我分你选。"分法一旦定下来，分蛋糕的问题就解决了。分蛋糕的小姑娘如果分得不均，自己是要吃亏的，因为另一位小姑娘可以先选，她会把更大的一块蛋糕拿走。因此，分蛋糕的小姑娘会分得很平均。哈林顿感叹道："卓越的哲学家争论不休而无法解决的问题，以至国家的整个奥秘，竟由两位娇憨的姑娘给道破了。国家的奥秘就在于均分和选择。"[①] 这就是著名的"均分与选择"，通过制度安排，提供激励，而不是诉诸人的道德之心，让怀有自利之心的个人有动力去做公平的事情。制度提供激励解决了人们做事的意愿，但是愿意做事的人也不一定能做成事。因为他们可能面临高昂的交易费用。

六　为何海外侨民会增加母国的跨国投资？

当今世界的国际直接投资不断增长，但是，大量的国际直接投资都是从一个发达国家流向另一个发达国家。与发达国家相比，发展中国家吸引的国际直接投资并不多，资本并没有流向穷国。不过，有研究者发现，如果一个国家的海外侨民比较多，则可以显著提高该国国际直接投资的流入。[②] 为什么海外侨民能让母国的国际直接投资增多呢？从制度主义者的视角看，其中一个重要的原因就是海外侨民可以减少跨国公司在侨民母国投资的交易费用。

交易费用（transaction costs）最早由诺贝尔经济学奖得主罗纳德·科斯提出，是与生产费用相对应的概念。事实上，不仅生产过程会产生费用，交易的过程也会产生高昂的费用。交易费用是在一定的制度安排下，人们自愿交往、彼此合作达成交易所支付的成本，它包含搜寻信息的成本、谈判成本、监督成本、执行成本等。[③] 诺斯认为，实施经济交易的过程中会有交易费用，它包括为了进行交易，需要收集相关信息的搜寻费用，

① ［英］詹姆斯·哈林顿著，何新译：《大洋国》，商务印书馆1963年版，第23页。

② David Leblang, "Familiarity Breeds Investment: Diaspora Networks and International Investment," *American Political Science Review*, Vol.104, No.3, 2010.

③ P. K. Rao, *The Economics of Transaction Costs Theory: Methods and Applications*, London: Palgrave Macmillan, 2003, p. xvi.

就交易条件进行协商的商议费用，还有确定实施契约步骤的实施费用。[①]

通常情况下，在发展中国家做生意，交易费用很高，而生产费用则可能是其次的，比如开办一家企业。德·索托在秘鲁做了一项实验："我和我的研究小组在大多数新移民定居的利马郊区开办了一家小型服装加工作坊。我们的目标是创立一家完全合法的新企业。研究小组的人员开始填写表格、排队、坐公共汽车到利马市中心，领取根据法律文书规定所需的全部证明文件。他们每天花 6 个小时从事这项工作。最终在 289 天之后把企业注册下来。"[②] 这个过程耗资不菲，德·索托指出：尽管这家作坊只需一名工人就可以经营，办理法律注册登记却花费了 1231 美元——是当地工人最低月薪的 31 倍。为了得到在国有土地上建造房屋的法律许可，德·索托及其伙伴用了六年零十一个月的时间——需要在 52 个政府办公室里办理 207 道行政手续。[③] 秘鲁是例外吗？绝对不是，德·索托发现不少国家和秘鲁一样。

德·索托重复了实验。在菲律宾，如果某人在国有或私有的城市土地上把住宅合法地买下来，整个过程包括 168 道手续，要同 53 个公共和私人机构打交道——或者说要花 13—25 年的时间。在埃及与海地，德·索托发现同样如此。在埃及，要用 14 年的时间，与 31 个公共或私有机构打交道，经过 77 道官僚程序才能合法地购买公有土地；而在海地，这一过程则需要 19 年的时间并完成 176 道手续。[④] 要知道，德·索托在秘鲁花了 10 个月完成的企业登记，在美国纽约只需要花 4 个小时。[⑤] 制度主义者用"交易费用"来解释这样巨大的差异。

交易费用的主要来源包括很多方面，其中，比较显著的来源是：第一项是机会主义（opportunism）。交易各方为寻求自我利益而常常会采取欺诈手法，导致交易过程会有高昂的监督成本，进而降低了经济效率。以购

---

① ［美］道格拉斯·诺斯：《西方世界的兴起》，第 119—120 页。

② ［秘鲁］赫尔南多·德·索托：《资本的秘密》，第 17—18 页。

③ ［秘鲁］赫尔南多·德·索托：《资本的秘密》，第 18 页。

④ ［秘鲁］赫尔南多·德·索托：《资本的秘密》，第 18，76 页。

⑤ Norman Loayza, "The Economics of the Informal Sector: A Simple Model and Some Empirical Evidence from Latin America," *Carnegie-Rochester Conference Series on Public Policy*, Vol.45, No.1, 1996, pp.129–162.

买保险为例，机会主义的行为存在于购买保险前或者购买保险后。在购买保险前，一般身体状况不太好的人才更愿意购买健康保险；身体状况很好的人反而没有意愿去购买，这被称为"逆向选择"，即"事前的机会主义"。在购买保险以后，受保者可能会"赖上"保险公司。原本开车很小心的司机会更加大意，因为出事后可以向保险公司索赔；原本出门会检查门窗是否关好，现在投保人变得粗心大意，因为失窃后也可以向保险公司索赔，这叫"道德风险"，即"事后的机会主义"。

第二项是信息不对称（asymmetric information）。不少研究将信息成本视为交费成本的核心。交易双方往往掌握着不同程度的信息，拥有信息优势的一方可能凭借其优势，损害信息较少一方的利益。而处于信息劣势的一方要获得真实的信息，往往代价高昂。

第三项是不确定性与复杂性（uncertainty and complexity）。由于环境因素中充满不可预期性和各种变化，交易双方常常希望将未来的不确定性及复杂性纳入契约中。但是，大量的不确定性却难以被预测，难以被写进契约。不确定性与复杂性增加了签订契约时的谈判成本，同时也使得交易更为困难。

此外，资产专用性（asset specificity）等问题也会产生交易费用。[①]例如，一家伐木厂希望有一条铁路将其原木运送到港口。这家伐木厂就和铁路公司签订合约。铁路公司从木材厂到港口间建一条铁路。建成以后，每运输一吨原木，伐木厂会付给铁路公司 20 元的运费。一旦铁路公司投资建好这条铁路，这条铁路就会成为专用资产，因为它只能为该伐木厂运输原木。问题就出现了，如果伐木厂利用铁路公司此时的弱势谈判地位，不愿意按原有协议支付运输费用，而只愿意支付原先一半的运价，那铁路公司就会面临尴尬的处境。因此，由于资产专用性的问题，两家厂商的谈判将面临高昂的交易费用，往往难以达成协定。

制度主义学者的研究显示：在不同国家和地区，其经济绩效差异很大

---

① ［美］奥利弗·威廉姆森著，段毅才等译：《资本主义经济制度——论企业签约与市场签约》，商务印书馆 2002 年版，第 78—84 页。

程度上可以用交易费用来解释。诺斯指出，以往的研究存在重大的缺陷，它们"所涉及的社会是一个无摩擦的社会，在这种社会中，制度不存在，一切变化都是通过完善运转的市场发生的"。[①]事实上，经济的运行往往存在摩擦，也就是交易费用。当你要买一本书的时候，你需要搜寻信息，除了周围的书店，看哪里还可以买到更便宜的书。这时，你上当当网、京东网以及亚马逊，还有孔夫子旧书网。你可以搜集到这些书的价格和相关评价。当你需要购买或者装修新房时，你需要和房地产公司、地产中介以及装修公司进行细致的磋商，这是一个异常烦琐的过程，需要签署大量的文件。在多年前，你邮购的产品没有发到你的手中，你除了抱怨，几乎无可奈何。现在，互联网公司开发出来的第三方支付极大地降低了交易费用，当你收到产品以后，经过你确认，第三方机构才将你的货款打到卖方手中。我们日常生活中有形形色色的交易活动，你要买卖一项货物，你要租赁一栋房屋，你要雇用一位助理，这些交易过程中都存在大量的摩擦，即交易费用。有时候交易费用过于高昂，让你对交易望而却步。

比如，你要雇用一位经理人，倘若你不幸遇到詹姆斯·达特（James Dutt）这样的经理人，你会作何感想？比泰斯（Beatrice）是一家美国食品公司，创建于 1891 年。在詹姆斯·达特担任公司的首席执行官期间，他没有发起过新的投资意向，反而把公司的资金浪费在管理层感兴趣的其他事宜上。公司搬进了更大、更豪华的办公室，总部人员大幅度增加，从 1976 年的 161 人增加到 1985 年的 750 人。公司大搞以塑造达特个人形象为中心的宣传活动。公司还资助了两个赛车队，这是因为达特对赛车这项运动有着高度的热情，他也对收藏汽车有着特殊的嗜好。事实上，比泰斯公司的业务和赛车毫无联系。从 1979 年到 1985 年，比泰斯的股价大约损失了 20 亿美元。由于股价持续下跌，董事会最终解聘了达特。他的墓志铭最为悲惨：在得知他被解聘以后，比泰斯的股票价格大涨了 6 个百分点。[②]这就是雇用交易过程中产生的委托—代理问题。雇用过程伴随着高昂的交

---

① ［美］道格拉斯·诺斯：《经济史上的结构和变革》，第 7 页。
② ［美］拉古拉迈·拉詹、路易吉·津加莱斯著，余江译：《从资本家手中拯救资本主义》，中信出版社 2004 年版，第 35—36 页。

易费用，因为你可能会碰到不合格的代理人。由于交易费用太高，不少中国商人就放弃了寻找职业经理人的努力，选择由家族成员世代经营企业。

当人们惊叹于为何落后的发展中国家没有实现经济赶超时，制度主义学者会告诉你，是不良制度在起作用，[①] 其中一个原因是大部分国家经济运行过程中的交易费用太高。从全球来看，要开办一个普通的企业，平均而言，创业者需要经历 10 道官僚程序，花费 63 天的时间和相当于 1/3 的年收入的费用。在有的国家，这些限制尤其严重，比如在玻利维亚，就需要经历 20 道程序和 2.6 倍的年收入费用。[②]2005 年，世界银行列举了世界上 20 个容易做生意的地方，这些地方经济运行的交易费用比较低。（见表 7-2）而那些交易费用高昂的地方，会让投资者望而却步。在多伦多开办一个新企业需要两天，而在莫桑比克的首都马普托（Maputo）则需要 153 天。如果别人欠债不还，在韩国首尔，向法院申请执行债务合同需要花费 1300 美元，大约为债务总额的 5.4%；而在印尼的雅加达则需要 2042 美元，为债务总额的 126%。这意味着，在雅加达，几乎没人愿意通过法律去追回欠债。在芬兰的首都赫尔辛基，注册商业地产只需要 3 个步骤；而在尼日利亚的首都阿布贾（Abuja），则需要 21 个步骤。

如果债务人无清偿能力，陷入破产，各国的债权人讨债的结果也会有很大差异。在东京，债权人的债务约有 90% 的份额能获得清偿；而在孟买，债权人只能得到其债务份额的 13%。[③] 如果贷款人违约，不偿还债务，债权人可以申请索取其抵押的房产。在英国，贷款人申请获得违约债务人的房产，通常要耗时 1 年左右，同时需要支付占该房产价值 4.75% 的手续费；而在意大利，同样的事情则需要花费 3—5 年的时间，债权人还需要支付占房产总价值 18%—20% 的手续费。这两个国家的人均 GDP 很接近，交易费用差异却如此巨大，所以导致了这种情况：英国抵押贷款总金额占英国

　　① 傅军：《国富之道：国家治理体系现代化的实证研究》，北京大学出版社 2014 年版。

　　② ［美］拉古拉迈·拉詹、路易吉·津加莱斯：《从资本家手中拯救资本主义》，第 137 页。

　　③ World Bank, *Doing Business in 2005: Removing Obstacles to Growth*, Washington D. C.: World Bank, The International Finance Corporation, 2005, p.3.

GDP 的 52%，而意大利只有 5.5%。[①]

表 7-2 世界上经商容易程度的国家和地区排行榜

名次	国家 / 地区	名次	国家 / 地区
1	新西兰	11	瑞士
2	美国	12	丹麦
3	新加坡	13	荷兰
4	中国香港	14	芬兰
5	澳大利亚	15	爱尔兰
6	挪威	16	比利时
7	英国	17	立陶宛
8	加拿大	18	斯洛伐克
9	瑞典	19	博茨瓦纳
10	日本	20	泰国

资料来源：The World Bank，*Doing Business in 2005: Removing Obstacles to Growth*，Washington D.C.: Oxford University Press，2005，p.2，Table.1.2。

诺斯指出，专业化和分工是《国富论》的关键。但长期以来，学者在构建他们的模型时，对专业化和分工所需的成本一直忽略不计。[②] 实际上，交易费用却长期困扰人们。熟人社会的交易费用会因为社会网络和重复博弈而降低。但是，现代社会的交易不同于熟人社会的交易。随着经济的发展，大量的交易从人格化的交换发展到非人格化交换（impersonal exchange）。此时，就需要有相应的制度安排来降低交易费用。

如图 7-3 所示，在美国，有超过 45% 的国民收入被用在了交易上；而在一个世纪以前，这一比例大约为 25%。用于交易的经济资源已经具备相当规模而且在不断扩大。[③] 但在律师费用、审计费用等交易费用占国民生产总值的比重不断上升的同时，日常经济的运行则变得更为顺畅。

① ［美］拉古拉迈·拉詹、路易吉·津加莱斯：《从资本家手中拯救资本主义》，第 8 页。
② ［美］道格拉斯·诺斯：《经济史上的结构和变革》，第 1 页。
③ ［美］道格拉斯·诺斯：《制度、制度变迁与经济绩效》，第 38 页。

　　一般而言，能降低交易费用的制度安排，就能更好地促进经济增长。除了能提供激励、降低交易费用，好的制度安排还有一项重要的作用：提供可信承诺。

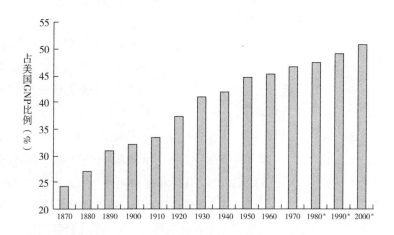

图 7-3　美国交易费用占国民生产总值的比重（1870—2000）

资料来源：Douglass North，*Understanding the Process of Economic Change*，Princeton：Princeton University Press，2005，p.93，Figure.7.6。

七　为何英国能在战争中借到更多的债？

　　国际关系史上，英法两国为争夺欧洲霸权进行了旷日持久的战争。英国光荣革命后，从 1689 年到 1815 年，英法之间爆发战争的年份累计为 69 年。在此期间，英法两国爆发了七次战争，英国赢了六次，输了一次。要知道，此时的法国经济实力并不逊于英国，而且，法国在很多方面还拥有巨大的优势。英国光荣革命以后，法国的人口是英国的三倍，经济体量是英国的两倍；法国还比英国拥有更多的资源。[①]英国在对法战争中获得了更多的胜利，并赢得了世界霸权，其中一个重要的原因在于英国有着更卓越的筹资能力，它通过发行债券筹集到更多的战争资金。那么，为何别人愿意购买英国发行的债券，而不愿意购买法国的债券呢？这需要从光荣革命引发的一项重要制度变迁讲起。

在英国光荣革命，尤其是英国资产阶级革命爆发前，它和法国的筹资能力并无二致。由于英国王权任意而专断，斯图亚特王朝的大部分贷款都是通过胁迫的方式取得的"强制贷款"。这一时期，如果你借钱给英国国王，这笔钱可能就打水漂了。1604 年，英国国王詹姆斯一世（James I）通过"强制贷款"，筹集到 11 万英镑的资金。名义上，这是为期一年的贷款，但是，詹姆斯一世却不信守承诺。不少贷款直到 1609 年才予以偿付。1611 年，詹姆士一世故技重演，以 10% 的年利率筹集到资金，尽管国王支付了利息，但却拒绝偿还本金。此外，国王还单方面要求延长贷款期限。随后几年，国王甚至没有支付利息，且年复一年地延长了还款期限。1617 年，詹姆斯一世再次强行向民众借款，这笔贷款直到 1628 年才偿付。

此外，当时英国的税收也有很大的随意性。国王在向公众征税时，不必征得议会同意，甚至可以随意罚没商人财产。一个极端的例子发生在 1640 年，当时国王的卫兵冲进了伦敦塔，没收了存放在塔内价值 13 万英镑的金条。这些金条是英国商人出于安全目的而存放在塔内的。国王此举使得不计其数的商人倾家荡产。[②]面对如此恣意妄为的王权，有谁敢借钱给国王？

事情的转折点出现在英国光荣革命时期。光荣革命使得英国发生了相应的制度变迁，有几个重要方面值得一提：光荣革命确立了"议会至上"的原则，这意味着没有议会的同意，国王无权征税。光荣革命还伴随一项更为关键的制度变迁：议会能废黜国王。此举建立起了议会对国王可信的

---

① Kenneth Schultz and Barry Weingast, "The Democratic Advantage: Institutional Foundations of Financial Power in International Competition," *International Organization*, Vol. 57, No.1, 2003, p.17.

② Christopher Hill, *The Century of Revolution, 1603-1714*, London and New York: Routledge, 2002, p.106.

威胁，如果国王做出不负责任的行为，议会可以将其废黜。^①这就使得制度具有了"可信承诺"（credible commitment）的特征。由于民众相信国王被制度捆住了手脚，相信国王不能再肆意赖账，他们才放心借钱给国王。英国政府才能通过发行债券筹集更多的资金。

如表7-3所示，光荣革命以后，由于对法战争的需要，英国政府需要发行债券筹集大笔资金。1693年，英国政府发行了70多万英镑的债券；1728年，英国政府发行的债券价值高达170余万英镑。但是，由于存在"可信承诺"这样的制度约束，政府为此支付的利息反而越来越低。1693年，政府需要支付的年利率为14%；1728年，这一数字降至4%；到了1739年，又降低为3%。

表 7-3　英国政府长期借款的利率变动（1693—1739）

日期	借款数量（英镑）	年利率（%）
1693 年 1 月	723394	14
1694 年 3 月	1000000	14
1694 年 3 月	1200000	8
1697 年 4 月	1400000	6.3
1698 年 7 月	2000000	8
1707 年 3 月	1155000	6.25
1721 年 7 月	500000	5
1728 年 3 月	1750000	4
1731 年 5 月	800000	3
1739 年 6 月	300000	3

资料来源：［美］道格拉斯·诺斯、巴里·维加斯特：《宪法与承诺：十七世纪英国公共选择的治理制度之演进》，载［美］奥利弗·威廉姆森、斯科特·马斯腾编，李自杰等译《交易成本经济学》，人民出版社2008年版，第479页。

在法国，专断的国王没有建立英国那样的可信承诺，民众不愿意借钱

① ［美］道格拉斯·诺斯、巴里·维加斯特：《宪法与承诺：十七世纪英国公共选择的治理制度之演进》，载［美］奥利弗·威廉姆森、斯科特·马斯腾编，李自杰等译《交易成本经济学》，第471—472页。

给国王。法国国王不仅难以通过发行债券为战争筹集资金，还需要支付比英国更为高昂的利率。如图 7-4 所示，1690 年到 1815 年，法国需要支付的贷款利率明显高于英国。

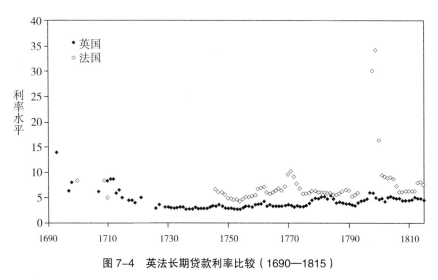

图 7-4　英法长期贷款利率比较（1690—1815）

资料来源：Kenneth Schultz and Barry Weingast，"The Democratic Advantage：Institutional Foundations of Financial Power in International Competition," *International Organization*，Vol.57，No.1，2003，Figure.3。

法国国王难以借款，只好大规模征税，而大规模征税不仅导致法国国内政治不稳定，还对经济增长造成负面影响。经济增长的放缓又导致法国的税收难以增长。法国政治经济遂陷入恶性循环。

英法战争期间，英国大幅度地提高战争开销，达到了其国民收入的 1.5 倍；而法国只能将国民收入的 50%—80% 用于战争。英国的融资优势，让它在对法战争中获得更多的胜利。

为什么"可信承诺"如此重要？因为人们会面临"时间不一致性"（time inconsistency）的问题。在不同的时候，参与博弈的双方做出最大化的选择以及面临的约束具有很大差异。人的偏好会随着时间的改变而变化。例如，在新学期开始时，任课老师如果想引导学生更努力地学习，他的最好策略是宣布期末要考试。为何此时宣布有期末考试是最优呢？因为学生有了考试的预期，他们会花更多时间、更认真地学习。而到了期末考试前夕，任课教师如果宣布取消期末考试，或者只提交一份期末作业，每个人的情况都会变好。在考试压力下，选课学生已经认真地学习了一个学期。在考前，取消考试缓解了学生备考的紧张情绪；同时也省却了教师批阅试卷的麻烦。因此，随着时间的变化，授课教师在学期初和学期末的最优选择是不一致的。教师在学期初的最优选择是宣布要考试，让同学们都相信并认真学习；在考试前，教师的最优选择是取消考试。这样前后不一致的行为对教师而言是最优的。[①]但是，如果教师总是出尔反尔，以后就没有学生再相信他了。

在借款前，国王会给你一个很好的还款承诺，因为做出这样的承诺会更容易借到钱；在选举前，候选人也会向选民做出承诺：当选后会稳定物价，做出这样的承诺会让候选人更容易当选；发展中国家缺乏资金，需要吸引国际投资，在投资到来前，政治家会做出承诺：他们坚决维护投资者利益，做出这样的承诺后能吸引到国际投资的概率更高。但事实上，随着时间的流逝，如果没有制度保障，此前的承诺会变得没有约束力。当国王借来大笔资金后，他会跟詹姆士一世一样赖账；当候选人赢得竞选上台执政后，他当选后的理性选择可能会实施扩张性的货币政策来拉动就业，导致通货膨胀；当投资到来以后，政治家可能会盘剥投资者，甚至罚没其投资，以实现收入最大化。因此，人们在不同时期面临的最大化选择不一样，如果没有制度做保障，他们可能将当年的承诺视为儿戏。时过境迁，他们都可能食言，可能违背自身先前的承诺。除非制度具有"可信承诺"的特征，否则难以保证他们不会食言，不会违背自己的承诺。

我们在第三章讲过，独立的中央银行就被视为一项可信承诺。中央银行的独立性有很多维度，例如，央行负责人不由政治家任命，而是由银行代表任命；央行管理者有一个较长的任期；央行制定货币政策无须征得政

---

①　[美] 阿伦·德雷泽著，杜两省等译：《宏观经济学中的政治经济学》，经济科学出版社2003年版，第97页。

府同意；央行的法定职责是保持物价稳定等。[①] 如果央行有独立性，不受政治家左右，那么政治家就无法决定货币的发行量，物价就会得到控制。1907年，美国建立了美联储，为美元走向世界提供了制度基础。[②] 美联储有着较强的独立性，能保证美国的货币发行免受政治干扰，从而可以较好地保持货币价值。

我们再来看国际直接投资，傅军教授曾做过制度变迁与中国国际直接投资的研究，他认为中国的制度变迁最有力地解释了20世纪90年代以来中国国际直接投资的增加。[③] 有研究者发现：民主国家吸引国际直接投资占GDP的比重，比非民主国家要高出70%。有人说是因为民主制度本身具有"可信承诺"的特征。[④] 国际直接投资难以随时撤资，因此，跨国公司对"可信承诺"尤其重视。民主国家存在多个"政策否决点"（veto points），比如分权与制衡，这样就能够有效约束政府行为，政策不会朝令夕改。除了立法和司法部门对行政机构的制衡，民主制度还存在"观众成本"（audience cost），民众可以影响政治家。一旦政府违背其先前的承诺，民主国家的领导人将会在下一次竞选时面临选举压力，即面临下台的风险。联邦制的分权模式提供了另外一项"政策否决点"。在分权体制下，即便联邦层面想要损害国际直接投资的利益，各个地方政府也会基于自身的利益而否决这样的政策转变。由于上述"政策否决点"的存在，民主制度更具有可信承诺的特征，也能够极大降低跨国公司可能面临的政治风险，故而能吸引更多的国际直接投资。

民主制度提供的可信承诺不仅体现在国际投资领域，还体现在制裁、援助等领域。在民主国家中，制度化的立法部门参与是承诺可信性的关键

---

① ［美］阿伦·德雷泽：《宏观经济学中的政治经济学》，第139页。

② Barry Eichengreen, *Exorbitant Privilege: The Rise and Fall of the Dollar*, New York: Oxford University Press, pp.9-38.

③ Jun Fu, *Foreign Direct Investment in China during an Era of Reforms*, Ann Arbor: The University of Michigan Press, 2001.

④ Nathan Jensen, "Democratic Governance and Multinational Corporations: Political Regimes and Inflows of Foreign Direct Investment," *International Organization*, Vol.57, No.3, 2003.

因素。[1]尽管立法部门的参与使得一国的对外经济政策显得更为烦琐，但这样的制度安排却让他国感到更可信。在民主国家，立法部门参与，使得一项外交政策得到立法授权，获得资金，也更容易执行。因此，领导人向他国做出经济制裁威胁时，其承诺更可信；领导人在做出对外援助许诺时，其承诺也更可信。相反，非民主国家的领导人在谈判桌上看似灵活，但是他们的承诺却难以被人视为可信承诺。因为他们随时可以收回自己的承诺。

八　为何拉美国家落后了？

早在 1492 年，欧洲殖民者尚未登陆新大陆之前，拉美地区的很多国家都比北美更加富裕。当时美洲经济最发达的地区不是如今的加拿大和美国，而是墨西哥、秘鲁和玻利维亚。直到 1700 年，拉美与英属北美的经济水平和发展程度仍相差无几。在当时，拉美的人均收入约为 521 美元，而英属美洲的人均收入约为 527 美元。[2]甚至，当美国于 1776 年发布《独立宣言》时，墨西哥、巴西和美国之间经济水平的差距也微乎其微。然而经历了 300 多年的变迁，美国经济蓬勃发展，一跃成为世界头号强国。而拉美却萎靡不振，经济停滞甚至一度倒退，饱受经济和社会问题的困扰，深陷贫困的泥潭。究竟是什么原因导致了两个截然不同的美洲？拉美和美国之间巨大的发展鸿沟是如何形成的？依附论学者认为拉美的困境源自拉美的依附地位，而制度主义者则另有高见。

诺斯指出，北美和拉美的殖民者不同。北美是英国的殖民地，因此，

---

① ［美］莉萨·马丁著，刘宏松译：《民主国家的承诺：立法部门与国际合作》，上海人民出版社 2010 年版，第 21 页。

② ［美］弗朗西斯·福山编著，刘伟译：《落后之源：诠释拉美和美国的发展鸿沟》，中信出版社 2015 年版，序论，第 1 页。

英国的制度遗产如民主、法治、权力制衡等遗留了下来；而拉美是葡萄牙、西班牙的殖民地。葡萄牙、西班牙在向拉美殖民的时候是没落的帝国，遗留的殖民遗产既没有民主，也没有法治和权力制衡。[①]北美和南美不同的制度遗产影响了当今的制度，导致了北美与南美的差异。

有些制度主义者会强调"关键时刻"（critical juncture）的重要作用。[②]比如19世纪后半期，德国与意大利都开始了国家统一的历史进程，这就是关键时刻；大战结束后的重建时期也是关键时刻。这个时刻或时期，历时虽然很短，可塑性却很强。因为关键时刻往往需要一个关键的行为者做出重要的选择，而他们的选择往往不是被一个外在结构决定的，而是行为者有目的、有意识的选择。关键行为体在做选择的时候，并不知道未来的后果是什么。但是关键时刻的选择一旦做出，对后来的政治经济制度会产生长期的影响。

诺斯指出，并非有效率的制度就会取代缺乏效率的制度，因为制度具有"路径依赖"（path dependence）的特征。在特定历史时期，制度变迁一旦走上了某一路径，它的既定方向会在以后的发展中得到自我强化。沿着既定的路径，经济和政治制度的变迁可能步入良性循环的轨道；也可能顺着原来的低效路径继续前进，结果在痛苦的深渊中越陷越深，甚至被"锁定"（lock-in）在某种无效率的制度安排下。一旦制度被"锁定"，要想脱身出来就变得十分困难，除非依靠政府或其他强大的外力推动。按制度主义的理解，拉美就被锁定在了低效的制度安排中，陷入了路径依赖。路径依赖说明了锁定效应和次优行为可能持久存在。

为什么电脑键盘上的第一行字母是按QWERTY……排列，而不是按ABCD……的顺序排列？[③]我们可以从键盘的第一行隐藏着两个英文单词

---

① Douglass North, "Institutions and Economic Growth: An Historical Introduction," *World Development*, Vol.17, No.9, 1988, pp.1319–1332

② Giovanni Capoccia, "Critical Junctures and Institutional Change," in James Mahoney and Kathleen Thelen, eds., *Advances in Comparative-Historical Analysis*, New York: Cambridge University Press, 2015, pp.147–179.

③ Paul David, "Clio and the Economics of QWERTY," *The American Economic Review*, Vol.75, No.2, 1985, pp.332–337.

（type writer）中寻找答案。早在 19 世纪，那时还没有电脑，也没有键盘，只有打字机。那时打字机的键盘是被"故意"设计成这样的。这样的设计不是要让打字速度更快，而是让打字的速度放慢。为什么要这样呢？因为受当时技术水平的限制，如果打字速度过快，相邻两个字母的长杆和字锤可能会卡在一起，从而发生"卡键"的现象。如果频繁出现卡键，反而会影响打字速度。因此，设计人员索性把打字机的字母排序弄得尽量杂乱一些，限制打字的速度，以防止卡键。1873 年，雷明顿（Remington）公司买下这一键盘式打字机的生产权，开始进行批量生产。越来越多的人开始使用这一键盘的打字机。虽然有新的打字速度更快的打字机被研发出来，但却未能取代 QWERTY 打字机。后来电脑出现了，电脑键盘也随之诞生，新的技术克服了以往"卡键"的问题，人们有很多机会改良旧式键盘的字母排列，提高打字的速度。不过，由于所有打字员都是在 QWERTY 键盘上学会打字的，制造商生产键盘又必须适合大多数打字员的使用习惯，于是，历史上由于机缘巧合而选用的标准键盘，就成了"一成不变"的技术路线。由此，我们可以得出结论：次优的安排在"路径依赖"的影响下，也可能会变成后来的主导设计。

我们再看另一个众所周知的案例。美国标准的铁路轨距是 4.85 英尺（约 1.48 米），这一铁路标准是如何制定的呢？[①] 因为英国的铁路就是这么建的。历史上，美国曾是英国的殖民地，它的铁路是英国移民修的，美国自然就沿用了英国铁路的标准。人们或许会进一步追问：为什么英国人要将铁路的轨距设定为 4.85 英尺？这是因为修第一条铁路的人过去是修电车的，他们采用的是英国电车的轨距。那么，电车的轨距又从何而来？修筑电车轨道的工人所使用的轨距来自英国马车的轮距。那么，英国的马车为什么会采用这一特定的轮距呢？以下的材料缺乏历史的确凿证据，却广泛流传。有人认为如果人们使用其他轮距，马车的车轮就会撞到长途古道上凹陷的车辙，多次撞击会撞坏车轮。因此，英国马车的轮距需要参照长途

---

① Douglas Puffert, "The Standardization of Track Gauge on North American Railways, 1830–1890," *Journal of Economic History*, Vol.60, No.4, 2008, pp.933–960.

古道上车辙之间的距离设定。而古道路面上凹陷的车辙就是4.85英尺。那么，这些标准为4.85英尺的古道是谁铺的呢？欧洲（包括英国）最早的路都是罗马帝国为古罗马军团铺设的，这些道路被沿用下来。于是，我们的问题就有了答案：美国铁路的标准轨距为4.85英尺存在历史起源，它起源于罗马战车的轮距。那么，罗马人为什么以4.85英尺作为战车的轮距呢？有人说了，原因其实很简单，当时罗马军团的战车用两匹马拉车，而4.85英尺恰恰是两匹战马屁股的宽度。这样的选择不仅影响了铁路，还影响了当今的航天事业。当美国航天飞机矗立在发射台上时，我们可以看到其主燃料箱的两侧有两个巨大的助推火箭。美国固体火箭助推器是犹他州的一家工厂生产的。设计助推器的工程师们本想把它们造得更大一些。但火箭的助推器需要从犹他州的工厂运送到火箭发射点，且需要铁路来运输。载着火箭助推器的列车在沿途需要穿过多个山间隧道。而铁路的隧道只比铁轨宽一点儿，而铁轨只有4.85英尺宽。因此，当今世界最先进的运输工具——火箭助推器的设计，在2000年前便由马屁股的宽度决定了。[1]人们将技术具有的路径依赖的特点运用到了制度分析中。事实上，尽管这一案例广为流传，但却难以找到坚实的历史资料。该案例的问题还在于：将当前技术轨迹形成的原因无限往前追溯。

众多研究者纷纷从土地制度、劳役制度、官僚制度等方面，以更可靠的证据，展示制度具有"路径依赖"这一特征。

有研究者展示了印度历史上的土地制度安排影响今天的经济绩效。在19世纪，殖民地时期的印度，英国殖民者改革了土地制度。殖民者将一部分地区的土地划归地主；一部分地区的土地留给土地耕种者。而土地制度一旦形成，就对后来印度各地区的发展产生了深远影响。尽管独立后的印度政府积极实施农业发展计划，引入高产作物。但是，历史上制度带来的惯性常常强于当代政府政策变迁的效果。在土地归大地主所有的地区，农民要求再分配土地的诉求更强烈；地方政府也更积极地实施土地再分配计划。在印度的这些地区，暴力犯罪也更高。而且，在这些地区，农业的生

---

[1] 赖建诚：《经济史的趣味》，第19—26页。

产率与投资率均更低。研究者还发现，历史上的制度安排不仅影响了今天的农业绩效，还影响到今天印度经济社会生活其他方面。在历史上土地归大地主所有的地区，当前对教育与医疗的投入也显著低于其他地区。相比土地所有权归大地主的地区，其他地区的平均小麦亩产要高23%，婴儿死亡率要低40%。[①] 因此，历史上的大地主土地所有制一旦形成，就具有"路径依赖"的特征，对现在的经济产生消极影响。

还有研究说明了历史上拉丁美洲的劳役制度对当前经济的影响。1573年到1812年，由于西班牙殖民者需开采银矿和汞矿，在秘鲁与玻利维亚的部分地区实施了米塔（Mita）制度。这是一种强制劳动制度。当地居民需要将其人口总额的七分之一送去矿区服役。在实施米塔制度的地区，一个显著特征就是，其辖区的大地主数量明显少于其他地区。尽管在世界其他地方，大地主往往是阻碍经济发展的力量，但是和米塔制度相比，他们则起到了积极的作用。在没有实施米塔制度的地区，由于存在大地主，他们在一定程度上抵消了西班牙强权的过度攫取。同时，因为这些大地主可以将其土地长期地、稳定地出租，因此他们积极为当地提供公共品。时至今日，曾实施过米塔制度的地区，公路网络的密集度更低，大部分居民仍属于维持生计的农民。这里的居民消费要比没有实施过米塔制度的地区低25%。同时，实施过米塔制度的地区，儿童发育迟缓的发生率比其他地区要高出6个百分点。[②] 因此，历史上的劳役制度也具有"路径依赖"的特征，影响持续至今日。

还有研究者展示了美国的保留地制度的持续影响力。从19世纪中期开始，美国政府开始建立保留地，将印第安人集中安置在某些地区。保留地制度也产生了深远影响。当时美国政府有意将一些印第安部落拆散，强行将不同部落并入同一块保留地，研究者称这样的制度安排是"强制共存"

---

① Abhijit Banerjee and Lakshmi Iyer, "History, Institutions, and Economic Performance: The Legacy of Colonial Land Tenure Systems in India," *American Economic Review*, Vol.95, No.4, 2005, pp.1190–1213.

② Melissa Dell, "The Persistent Effects of Peru's Mining," *Econometrica*, Vol.78, No.6, 2010, pp.1863–1903.

（forced coexistence）。可以想见，这些强行合并的保留地，内部争斗比其他地方更为显著。而这样的制度遗产影响了以后的经济绩效。尤其是在20世纪后半期，地方政府对经济发展的作用更为显现。历史上实施"强制共存"的保留地，其内部更不稳定，更不团结。频繁的内部斗争破坏了当地的商业环境。因此，"强制共存"制度也具有"路径依赖"的特征，这一制度遗产使得这些保留地比其他保留地更贫困。在今天，那些曾实施"强制共存"的保留地，其人均收入要比其他保留地低30%。[1]

一项有趣的研究展示了国家制度或者说官僚制度的当代遗产。自17世纪开始，越南存在南北两大帝国。大越帝国（Dai Viet）位于北部，它深受中国影响，承袭了古代中国的制度安排，实施官僚治理。大越帝国的国家能力较强，中央政府能有效集中权力。通过激烈考试竞争，大越帝国选拔出官僚来管理国家，村庄是该帝国的基本行政单位。越南南部，则是高棉帝国（Khmer Empire）。高棉帝国的国家能力较弱，庇护网络盛行，权力关系更具个人化特征。因此，在高棉帝国，中央政府更难以控制边缘地带。大越帝国和高棉帝国的疆界自1698年后逐步固定，历经几个世纪。即便经历了法国殖民以及社会主义建设等转折，历史上越南的制度遗产仍显著影响当今越南的发展。当年受中国影响较大，国家能力较强，官僚制水平更高的大越帝国，他们的后代享有更高的生活水平。这里村民能更好地组织起来提供公共品，实施再分配，也享有更高的生活水平。[2]因此，历史上的官僚制度也具有"路径依赖"的特征，且影响至今。

凡勃伦强调的"有闲阶级制度"就属于"非正式的制度"。传统、文化也可以被看作制度，当然它们是与国家、法律不同的隐性制度。虽然传统和文化的作用经常被人们忽视，但它们持续地、潜移默化地影响着人们日常的选择和行为。正式的制度，如法律、规章可以在一朝一夕变更，但非正式的制度变迁却十分缓慢。1990年后，西方国家的领导人试图在一夜之

---

① Christian Dippel，"Forced Coexistence and Economic Development：Evidence from Native American Reservations，" *Econometrica*，Vol.82，No.6，2014，pp.2131-2165.

② Melissa Dell，Nathan Lane，and Pablo Querubin，"State Capacity，Local Governance，and Economic Development in Vietnam，" *NBER Working Paper*，2015，pp.1-40.

间将东欧国家变成西方国家。他们请来西方的律师与会计师为东欧国家重写法律章程；他们为东欧国家起草了新的法案；他们也花了很大精力，培养当地精英学习西方的法律。东欧国家的议会通过了西式的法律草案，但新的法律却对当地民众的生活影响甚微。1994 年，阿尔巴尼亚出台了西式的《破产法案》，这是保护财产权的重要法案。换句话说，这是正式的制度变迁。不幸的是，阿尔巴尼亚非正式的制度却影响了该法案发挥作用。20世纪 90 年代中期，阿尔巴尼亚爆发了全国性的传销热潮，投资者的损失占到该国 GDP 的 60%。即便在这种情况下，阿尔巴尼亚的法院却只受理了一起到法院诉诸破产法保护的诉讼。[①] 因为当地的民众不愿意用法律来解决经济纠纷。如果东欧国家的民众都不相信破产法，即便正式的制度变了，非正式的制度仍然会影响民众的日常行为。非正式制度常常发挥更为持久的作用，这使得制度常常具有"路径依赖"的特点。

此外，不少研究者指出，权力也使得制度具有路径依赖的特点。[②] 尽管低效的制度损害了整个社会的福利，但却使既得利益者获得了巨大的好处，包括经济利益与政治特权。那么，民众为何不赎买这些既得利益者呢？民众可以承诺：只要既得利益集团同意推动制度变迁，经济效率改善后，他们将获益的一部分再分给他们。这样，大家的收益都会增加。但是，这恰恰难以实现。因为在政治领域，没有第三方的强制来执行可信承诺。在政治上，一旦掌权者同意放弃权力，就没有什么能保障他们获得之前被允诺的收益。他已经没有力量来惩罚食言以及改变原有契约的行为。因此，在政治上，缺乏第三方的强制，各方更难以达成协议，推动制度走向更高效率的变迁。[③] 既得利益者往往会维系低效的制度。由于制度的这一特点，并非高效的制度就能顺利取代效率低下的制度。

① 威廉·伊斯特利：《白人的负担：为什么西方的援助收效甚微》，第 76 页。

② Paul Pierson, "Power and path dependence," in James Mahoney and Kathleen Thelen, eds., *Advances in Comparative-Historical Analysis*, New York: Cambridge University Press, 2015, pp.123–146.

③ Daron Acemoglu, "Why Not A Political Coase Theorem? Social Conflict, Commitment, and Politics," *Journal of Comparative Economics*, Vol.31, No.4, 2003, pp.620–652.

后记

写到这里，我忽然感到身心轻松，因为这本书就要写完了。本书是对政治经济学这一学科的通识性介绍，它来自我的教学。2009年，我进入上海交通大学工作，2010年，我开设了"政府与市场"课程，随即又开设了"政治经济学经典导读"。在这两门课上，我从不同切入点向学生介绍政治经济学的入门基础。

经过几年努力，"政治经济学经典导读"成为上海交通大学的通识核心课。2015年，该课程获评上海市重点课程；2017年，又被评选为上海市精品课程。课程的建设与改革也获得了2017年上海市高等教育教学成果奖。在交大开设政治经济学通识课程的过程也是我成长的过程，我借此获得了上海交大"卓越教学奖""烛光奖"一等奖、首届"教书育人奖"以及上海市五四青年奖章等荣誉，在实现社会价值的同时，也发掘了个人价值。在教学过程中，我尝试用问题引导课堂，并获得了上海交通大学2016年本科教学研究项目资助。本书受益于该研究项目，也是我用问题贯穿写作的一项尝试。

我首先要感谢朱天飚老师，他于2017年3月12日在浙江大学人文高等研究院召集了几位学者，讨论本书初稿。这些学者除了朱天飚老师，还包括耿曙、刘宏松、张长东、白云真、包刚升、韩文龙。感谢诸位的建议与帮助，特别是耿曙老师的督促。

我也要感谢我的几位老师。我在四川泸州的高中老师高泽宏最早引导我学习马克思主义政治经济学。1999年我考入南开大学，在学习政治学的同时，开始双修经济学。南开大学的几位老师引导我进行了更深入的学习和研究。朱光磊老师的授课堪称典范，"政治学原理""当代中国政府过程"让我受到极大的启发，他授课的魅力与风采让人难忘。我现在仍以他为榜样，希望自己的课堂不仅能激发学生的兴趣，还能鼓舞学生勇往直前。杨龙老师带领大家学习政治经济学的经典文献，尤其从现实生活来阅读和反思经典。他对我的指导一丝不苟，让我牢记南开"敬业"的传统。学习王正毅老师的"国际政治经济学概论"课程，我的收获不仅在专业方面，还在王老师一直提醒我们要读"大气"的书、"大我之书"。

2003 年我进入北京大学，开始了硕士和博士的求学生活。我的指导老师是傅军教授，同时还有一个委员会共同指导我。傅军教授一以贯之地重视锻炼学生卓越的思维，他对研究"微观基础"的偏爱，对多元和包容的强调让我终生受益。朱天飚教授是罕见的好老师，也是在我所有老师中，和我交流最频繁的一位。他在北大的教学是对"甘于奉献、孜孜不倦"的最好诠释。他为学生付出了无数的时间与热情。我博士毕业时，他请我吃饭，跟我说过两句话，这两句话都是关于教学的。见我完成了这本政治经济学的通识读物，他的兴奋之情也溢于言表。朱天飚老师对教学的热情一直感染着我。他加盟浙江大学是浙大学生的幸运。路风教授一直有着强烈的使命感和责任感，这一点一直深刻感染和影响着他的学生。同时他将此贯穿于研究过程与学生培养始终。他的新书《光变》正是他学术品格的体现。傅军、朱天飚、路风这三位老师都是在美国获得博士学位，而宋磊老师则是在日本求学。宋磊老师让我领略了政治经济学的不同侧面，也让我体会了指导学生的不同之处。宋老师踏实认真、追求品质的学风不断鞭策我进步。

我还要感谢下面几位老师在我求学期间为我提供了各种帮助，他们是：杨敬年、车铭洲、蔡拓、葛荃、何自力、李元亨、宁骚、李强、晏智杰以及我在美国康奈尔大学公派留学时的指导老师彼得·卡赞斯坦（Peter Katzenstein）。感谢我的各位同学：华伟、吴正、段德敏、冯明亮、康尹、刘骥、叶静、刘伟伟、曹浩瀚、刘兴华、蔡莹莹、李俊、吴亮等，他们是本书初稿的第一批读者。

我要感谢上海交通大学国际与公共事务学院的各位同事和朋友。年轻老师会面临诸多压力，学院的两任院长胡伟教授和钟杨教授均对年轻老师关怀备至，帮助我们成长。我曾作为院长教学助理，做过章晓懿老师的助手。章老师的认真、坦诚、大度、宽容不断激发我对教学的热情。我还要感谢我们学院几位老师，他们为我的教学和本书的写作提供了宝贵的建议与帮助，他们是：俞正梁、林冈、吴建南、彭勃、樊博、郭树勇、谢岳、陈尧、陈映芳、吕守军、徐家良、刘帮成、郭俊华、王郁、莫童、张录法、魏英杰、陈慧荣、杜江勤、陈永国、郑晓华、韩广华、刘一弘、尤怡文、黄宗昊、史冬波、翟一达等。我所在的国际关系系的几位老师为本书提供了很多帮助，他们是：翟新、郑华、黄平、张学昆、左亚娜，尤其是张俊华、李明明以及陈拯这三位同事一直在支持本书的写作。

我对学院一流的管理与行政团队有着深切的感受。他们以卓越的工作为学院老师的教学和科研服务。我要感谢姜文宁、朱启贵、曹友谊、谢玮、李振全、沈建英、杨姗、谢琼、俞丹姣、张尤佳、徐珊、郝彬卉、高雪花、沈崴奕以及团委的方曦、李锦红提供的各种帮助。

感谢兄弟院校的几位老师和朋友，他们是：赵鼎新、牛铭实、陈明明、金应忠、陈志敏、陈玉刚、苏长和、门洪华、刘鸣、唐世平、顾昕、陈周旺、张建新、田野、郑宇、王正绪、王勇、武心波、陈志瑞、王存刚、宋伟、石斌、李巍、毛维准、罗祎楠、孙学峰、李俊久、林民旺、段海燕、杨宏星、朱杰进、孙德刚、贺平、陈玉聃、郦菁、张昕、李辉、熊易寒、胡鹏、陈小鼎、陈超、左才、钟振明、易承志、蔡亮、陈玮、刘丰、刘若楠、李振、孙亮、孙明、李钧鹏、周强、刘玮、杨毅、孙德刚、曲博、吴文成、顾玮、漆海霞、李开盛、释启鹏、汪舒明等。"国际政治经济学论坛"已成为国际政治经济学人的学术共同体，我的研究和写作从这个共同体受益良多，我要感谢王正毅、张宇燕、李滨、樊勇明、谭秀英、袁正清、高程、主父笑飞、赵远良、钟飞腾等。

在交大任教以来，学校的两个教学机构让我获益良多。上海交通大学教务处与教学发展研究中心各位老师的热情帮助让我感动。我需要向他们表达我诚挚的谢意，他们是：高捷、田冰雪、鲁莉、杨西强、谢艳梅、王竹筠、邢磊、邢海娜、余建波等。

在授课过程中，我常常会遇到挑战我、质疑我、批评我的学生，他们在不断促使我超越自我，我对这些学生尤其要表达我的谢意。我还要感谢几位学生，他们或者担任我的课程助教，或者给本书写作提供过宝贵的建议，他们是：姚炬、蒋佶颖、丁玎、晏子、李航、陈志忠、杨子澄、李疆、林浩舟、陈语霆、朱竑、孙志富、张心怡、胡茜、韩恒叙等。我尤其要感谢我的学生李晨阳，他协助我完成了本书的图表绘制。

经澎湃研究所李旭编辑的介绍，我认识了东方出版社热情、卓越的编辑人陈卓。没有二位编辑的努力和督促，我的书稿可能还会在电脑上待一段时间。

最后，我要感谢我的妻子邓师瑾、儿子黄琛现，我的父母黄兴友、罗安琼。本书献给我的家人。

黄琪轩

2018 年 7 月

图书在版编目（CIP）数据

政治经济学通识：历史·经典·现实 / 黄琪轩 著 . — 北京：东方出版社，2018.10
ISBN 978-7-5207-0525-7

Ⅰ.①政…　Ⅱ.①黄…　Ⅲ.①政治经济学　Ⅳ.① F0

中国版本图书馆 CIP 数据核字（2018）第 178242 号

政治经济学通识：历史·经典·现实
（ZHENGZHIJINGJIXUE TONGSHI：LISHI JINGDIAN XIANSHI）

作　　者：黄琪轩

策　　划：陈　卓

责任编辑：李　森

责任审校：金学勇　孟昭勤

出　　版：东方出版社

发　　行：人民东方出版传媒有限公司

地　　址：北京市朝阳区西坝河北里 51 号

邮　　编：100028

印　　刷：北京联兴盛业印刷股份有限公司

版　　次：2018 年 10 月第 1 版

印　　次：2019 年 12 月第 3 次印刷

开　　本：660 毫米 ×960 毫米　1/16

印　　张：24.5

字　　数：370 千字

书　　号：ISBN 978-7-5207-0525-7

定　　价：58.00 元

发行电话：（010）85924663　85924644　85924641
